KB154928

馬韓 墳丘墓 比較 檢討

마한 분구묘 비교 검토

2015년 12월 30일 초판 1쇄 인쇄
2015년 12월 31일 초판 1쇄 발행

지은이 임영진·김기옥·조가영·정해준·서현주·이택구·박영민·오동선·한옥민
펴낸이 권혁재

편집 권이지
출력 엘렉스프린팅
인쇄 한영인쇄사

펴낸곳 학연문화사
등록 1988년 2월 26일 제2-501호
주소 서울시 금천구 가산동 371-28 우림라이온스밸리 B동 712호
전화 02-2026-0541~4
팩스 02-2026-0547
E-mail hak7891@chol.net

ISBN 978-89-5508-336-1 94910
ⓒ 임영진·김기옥·조가영·정해준·서현주·이택구·박영민·오동선·한옥민 2015
협의에 따라 인지를 붙이지 않습니다.

마한 분구묘 비교 검토

임영진

김기옥

조가영

정해준

서현주

이택구

박영민

오동선

한옥민

학연문화사

분구묘는 마한지역에서 성행하였던 묘제 가운데 하나이지만 지역에 따라, 시기에 따라 그 구조와 출토유물에 있어 적지 않은 차이가 있습니다. 마한연구원에서는 2014년도 연구 사업으로 마한 분구묘의 구조와 출토유물이 지역적, 시기적으로 어떠한 특징을 가지고 있는지 검토해 보고자 하였습니다.

이를 위해 경기 · 충청 · 전북 · 전남 지역의 전문가들이 각 지역별 조사 현황과 연구 업적에 대해 연구사적 관점에서 정리하는 한편 발굴조사가 이루어진 분구묘 자료를 정리, 논의하는 세미나를 지역별로 개최한 바 있습니다. 이와 병행하여 각 지역별로 대표적인 유적을 선정하여 공동 답사함으로써 유적 현장에서 상호간의 이해의 차이를 좁힐 수 있는 시간을 갖도록 하였습니다. 또한 중국 강남일대의 토돈묘 유적들을 함께 답사하는 기회를 갖기도 하였으며, 2014년 한국고고학 전국대회에서 <마한 분구묘 사회의 비교 검토>를 주제로 분과 회의를 개최하여 지역별 조사, 연구 성과를 보다 종합적인 시각에서 비교 검토한 바 있습니다. 그동안 논의되었던 지역별 특징을 정리해 보면 다음과 같습니다.

경기지역에서는 최근 김포, 인천 등 한강 하류지역과 서해안 지역에서 상당수의 분구묘들이 조사되었습니다. 서해안 일대에서 조사된 분구묘는 방형 위주이며 매장주체부는 목관 혹은 목곽을 사용하였습니다. 추가장이나 다장은 찾아보기 어렵고 대부분 단장을 이루고 있습니다. 4~5세기 이후에는 백제 유물이 출토되고 있어서 백제의 영역확장으로 인하여 부장유물은 변화하였지만 분구묘 전통은 지속되고 있음을 알 수 있었습니다.

충청지역 분구묘는 내륙지역보다 해안지대를 따라 분포하는 특징을 보이며 3세기 이후에 급속히 확산되어 5세기까지 발전하였습니다. 2~4세기중엽에는 마한의 특징을 잘 유지하였지만 4세기후반~5세기 중후반에는 백제 요소들이 반영되고 있습니다. 이와 같은 변화는 역사적으로 4세기 중엽 근초고왕의 영역 확대와 관련된 것으로 보입니다.

전북지역 분구묘는 초기에는 단독장 위주의 소형 방형계로 시작된 후, 점차 추가장이 진행되었습니다. 이를 통해 분구와 주구의 확장이 이루어지면서 제형을 거쳐 장제형으로 발전하였습니다. 그 후 백제가 전북지역을 통합하면서 석곽이 매장주체부로 등장하고, 이어 백제 석실묘가 확산되면서 분구묘는 소멸하는 것으로 파악되었습니다.

전남지역 분구묘는 분형의 다양성과 규모, 출토 유물에 있어 같은 시기 다른 지역과 상당히 다른 면모를 보여주고 있습니다. 방형계 저분구묘를 시작으로 3~4세기에는 저분구의 제형분에 목관과 옹관이 함께 안치되었습니다. 5세기에는 기존 저분구의 마제형분과 제형분의 규모가 커지면서 수평확장이 본격화되며, 옹관이 중심 매장주체로 사용되기 시작하였습니다. 5세기후엽부터는 기존의 제형분이 수직확장으로 더욱 고대화되어 방형이나 원형분으로 발전하였습니다.

마한 분구묘가 가지고 있는 이와같은 지역별, 시기별 특징들은 마한 사회의 발전 과정을 이해하는데 있어 대단히 중요한 역할을 할 수 있을 것입니다. 그러나 마한 사회의 성격에 대해서는 아직 본격적인 논의가 이루어지지 못하고 있으며 앞으로 밝혀내야할 다른 과제 역시 적지 않습니다. 용어 문제에서부터 기원 문제, 장제 문제, 확산과 소멸 배경 문제, 북계와 동계 등 공간적 범위 문제, 마한 제국의 위치 문제 등은 계속해서 보완하거나 밝혀 나가야할 과제일 것입니다.

마한 분구묘에 대해 해결해야 할 과제들이 적지 않게 남아 있지만 마한 전 지역을 대상으로 조금이나마 새로운 연구 성과를 얻을 수 있었던 것은 전라남도의 지원 아래 경기·충청·전북·전남지역 분구묘의 비교 검토가 폭 넓게 이루어질 수 있었기 때문입니다. 이와 같은 성과를 얻을 수 있도록 지원하여 주신 이낙연 지사님을 비롯한 전라남도 관계자 여러분께 깊이 감사드리며 그동안의 성과를 엮은 이 책자가 마한 연구자 뿐만 아니라 마한 문제에 관심을 가진 일반인들께 조금이나마 도움이 되시기 바랍니다. 또한 여러가지 어려운 여건에도 불구하고 이 책을 출판하여 주신 학연문화사 권혁재 사장님과 권이지 선생님을 비롯한 편집진 여러분께 깊이 감사드립니다.

2015년 12월
마한연구원장 임영진

목 차

마한 분구묘의 조사·연구 성과와 과제 / 임영진   11

경기지역 마한 분구묘의 구조와 출토유물 / 김기옥   51

경기지역 마한 분구묘 사회의 연구 성과와 과제 / 조가영   65

충청지역 마한 분구묘의 구조와 출토유물 / 정해준   99

충청지역 마한 분구묘 사회의 연구 성과와 과제 / 서현주   163

전북지역 마한 분구묘의 구조와 출토유물 / 이택구   201

전북지역 마한 분구묘 사회의 연구 성과와 과제 / 박영민   237

전남지역 마한 분구묘의 구조와 출토유물 / 오동선   285

전남지역 마한 분구묘 사회의 연구 성과와 과제 / 한옥민   315

색 인   373

마한 분구묘의 조사 · 연구 성과와 과제

임영진 전남대학교

Ⅰ. 머리말

Ⅱ. 용어 문제

Ⅲ. 기원 문제

Ⅳ. 확산과 소멸 문제

Ⅴ. 사회 성격 문제

Ⅵ. 맺음말

Ⅰ. 머리말

경기 · 충청 · 전라 지역은 백제 건국 이전부터 마한 54개국이 자리잡고 있었 던 지역이다. 그러나 이 지역에서는 1990년 전후경까지 마한에 대한 고고학적 연구가 이루어지기 어려웠던 상황 속에서 삼국시대 고분들은 모두 백제에 해 당하는 것으로 인식되었다. 그동안 토광묘로 보고되었던 자료 가운데 분구묘 가 분명한 것도 섞여 있는 것은[1] 그와 같은 인식을 말해줄 것이다.

1990년대에는 천안 청당동 유적에서 눈썹형 주구를 두른 새로운 유형의 토 광묘들이 조사되고, 보령 관창리 유적을 필두로 충청 · 전라지역에서 방형주 구를 가진 고분들이 조사되면서 많은 관심을 끌게 되었다. 호남고고학회에서 1996년 3월에 개최하였던 <호남지역 고분의 분구>에 대한 학술대회에[2] 이어 한국고고학회에서 1996년 5월 <주구묘의 제문제>를 주제로 학술대회를 개최 한 것은[3] 이와같은 배경에서 이루어진 것이었다.

2000년에는 분구묘가 봉분묘와 구분되고 그 계통에 대한 견해가 발표되었 다[4]. 이는 그동안 주목되어 왔던 '주구를 가진 고분'에서 '매장주체부가 지상 분구에 위치한 고분'으로 시각이 전환되는 중요한 계기가 되었다.

---

1) 김영배 · 한병삼, 1969, 「서산 대산면 백제토광묘 발굴보고」, 『고고학』 2; 윤세영, 1984, 「가락동 백제고분 제1 · 2호분 발굴조사 약보」, 『고고학』 3; 안승주, 1985, 「백제 토광묘의 연구」, 『백제문화』 16; 임영진, 1990, 「전남지역 토광묘에 대한 고찰」, 『전남문화재』 2; 권 오영, 1991, 「중서부지방 백제토광묘에 대한 시론적 검토」, 『백제연구』 22.

2) 호남고고학회, 1996, 『호남지역 고분의 분구』(제4회 학술대회 발표자료집).

3) 전국역사학대회준비위원회, 1996, 『제39회 전국역사학대회 발표요지』.

4) 이성주, 2000, 「분구묘의 인식」, 『한국상고사학보』 32.

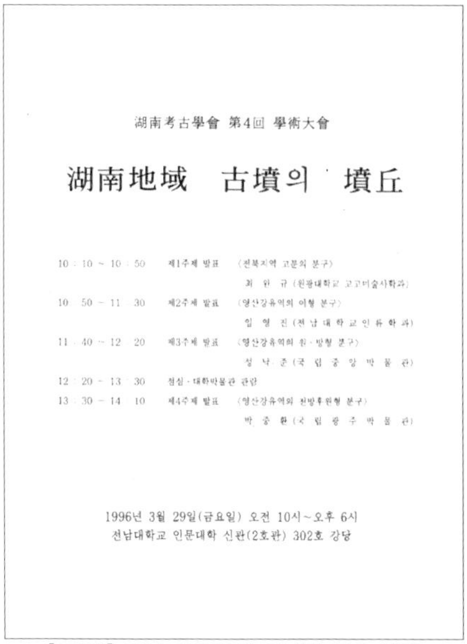

湖南考古學會 第4回 學術大會

湖南地域 古墳의 墳丘

10 : 10 ~ 10 : 50   제1주제 발표 (전북지역 고분의 분구)
                        최 완 규 (원광대학교 고고미술학과)
10 : 50 ~ 11 : 30   제2주제 발표 (영산강유역의 이형 분구)
                        임 영 진 (전남대학교 인류학과)
11 : 40 ~ 12 : 20   제3주제 발표 (영산강유역의 횡·방형 분구)
                        성 낙 준 (국 립 중 앙 박 물 관)
12 : 20 ~ 13 : 30   점심 · 대학박물관 관람
13 : 30 ~ 14 : 10   제4주제 발표 (영산강유역의 전방후원형 분구)
                        박 중 환 (국 립 광 주 박 물 관)

1996년 3월 29일 (금요일) 오전 10시~오후 6시
전남대학교 인문대학 신관(2호관) 302호 강당

第39回 全國歷史學大會
發表要旨

共同主題
韓國史時代區分論

■ 考古學部
• 오전 (10 : 00 ~ 12 : 30)   장소 : 31609호
                                  사회 : 權鶴洙 (서울대)
▷ 天安 淸堂洞遺蹟 周溝墓와 特徵 ……梁時恩 (국립중앙박물관) ·323
▷ 益山 水數洞 周溝墓 …………………崔完奎 (원광대) ·343
▷ 咸平 禮德里 萬家村古墳과 榮山江流域 古墳의
  現況 ………………………………………林永珍 (전남대) ·353

日時 : 1996年 5月 31日(金)~6月 1日(土)
場所 : 成均館大學校(明倫캠퍼스)

第39回 全國歷史學大會準備委員會
主管: 經濟史學會

[그림1] 호남고고학회 제4회 학술회의   [그림2] 제39회 전국역사학대회
발표자료집 표지와 일정(편집)   발표자료집 표지와 일정(편집)

　　2002년에는 호남고고학회에서 <동아시아의 주구묘>를 주제로 국제학술대회를 개최하여[5] 한 · 중 · 일 삼국의 주구를 가진 고분들을 비교 검토하였다. 그러나 주구 보다는 주구로 둘러싸인 분구가 더 중요하다는 점에서 주구묘 대신 분구묘 용어를 사용한 이들도 있었다.

　　분구묘의 특징이 '선분구후매장'으로 규정된 이후부터는 그와같은 축조 순서를 염두에 두고 보다 신중한 조사가 이루어지게 되었다. 또한 그동안 분구묘 조사 사례를 찾아보기 어려웠던 경기지역에서도 2003년 인천 동양동유적을 시작으로 김포 양곡과 양촌 등지에서 분구묘에 해당하는 고분들이 조사됨

---

5)　호남고고학회, 2002, 『동아시아의 주구묘』(창립 10주년기념 국제학술대회).

에 따라 분구묘는 백제 이전에 경기·충청·전라 등 마한 지역에서 사용되어 왔던 묘제임을 알 수 있게 되었다.

[그림3] 호남고고학회 창립10주년기념 국제학술회의 발표자료집 표지와 일정

그러나 경기·충청·전라권 각지에서 분구묘 조사 예가 급증하면서 '선분구후매장'이 아니라 '선매장후분구' 현상을 보여주는 사례들이 적지 않게 나타남에 따라 분구묘의 개념 규정에 있어 새로운 논의가 시작되었다. 2006년 전국역사학대회 고고학부 주제였던 <분구묘, 분구식 고분의 신자료와 백제>의 '분구식 고분'은 바로 그와같은 사정에서 새로 제기된 용어였다고 할 수 있다[6].

---

6) 한국고고학회, 2006, 『분구묘·분구식고분의 신자료와 백제』(제49회 전국역사학대회 고고학부 발표자료집).

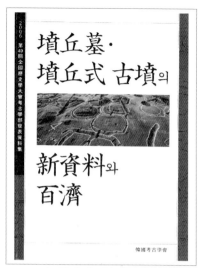

[그림4] 제49회 전국역사학대회 고고학부 발표자료집 표지와 일정

　　그동안 분구묘에 대해서는 연대, 기원, 지역 간의 관계 등 여러 가지 문제들에 대해 논의가 이루어졌지만 향후의 연구 진전을 위해 꼭 필요하다고 생각되는 문제들이 여전히 해결되지 못하고 있다. 2007년에는 지상 분구중의 매장주체부, 추가장, 주구 등 몇가지 공통점을 토대로 중국 토돈묘와의 관련성 파악을 위한 비교 검토가 있었고[7], 2010년에는 양 지역 자료의 구체적인 비교 연구를 위해 <한·중 분구묘 비교 연구>(古代東亞土墩遺存及社會)>를 주제로 한 학술회의가 중국 남경박물원에서 개최되었으며[8], 2011년에는 한·일 분구묘의 비교 연구를 위해 <분구묘의 신지평> 학술회의가 이루어졌다[9].

---

7) 임영진, 2007,「마한분구묘와 오월토돈묘의 비교 검토」,『중국사연구』51.
8) 호남문화재연구원 · 남경박물원, 2010,『한 · 중 분구묘 사회의 비교 연구』; 費玲伢, 2013,「古代東 亞土墩遺存及社會·'中韓土墩墓比較研究學術研討會'紀要」,『호남문화재연구』14, 호남문화재연구원.
9) 전북대BK21사업단, 2011,『분구묘의 신지평』(국제학술대회 발표료집).

[그림5] '고대동아시아 분구묘와 그사회'
발표자료집 표지와 목차(편집)

[그림6] '분구묘의 신지평' 발표자료집
표지와 목차(편집)

　　2014년에는 마한의 분구묘를 경기·충청·전북·전남지역으로 구분하여 지역별 조사, 연구 성과를 중심으로 <마한 분구묘 사회의 비교 연구> 학술회의가 이루어졌고[10], 2015년 1월에는 <마한 분구묘의 기원과 발전>을 주제로 국제학술대회가 개최되었다.[11]

　　이 글은 2014년의 학술회의에서 발표하였던 필자의 글을 보완하고 관련 자료를 보충한 것이다.

---

10)　마한연구원, 2014, 「마한 분구묘 사회의 비교 검토」, 『한국 고고학의 신지평』(제38회 한국고고학 전국대회 발표자료집).
11)　마한연구원, 2015, 『마한 분구묘의 기원과 발전』(2015년 마한연구원 국제학술회의 발표자료집).

[그림7] '마한 분구묘 사회의 비교연구' 발표자료집 표지와 목차

[그림8] '마한 분구묘의 기원과 발전' 발표자료집 표지와 목차

Ⅱ. 용어 문제

분구묘 연구에 있어 제기되는 가장 큰 문제점은 유사한 자료에 대해 다양한 용어들이 사용됨으로써 연구력이 집중되지 못하고 있다는 점일 것이다. 현재 사용되고 있는 관련 용어들은 주구묘, 분구묘, 성토분구묘, 즙석분구묘, 적석분구묘, 단순분구묘, 복합분구묘, 분구식고분, 분구분, 토축묘, 분구형토광묘, 주구토광묘, 관곽토광묘, 분구(토광)묘 등 대단히 다양하기 때문에 각 연구자의 논지를 일관성 있게 이해하기 어려운 실정이다.

고구려의 적석총을 대표로 하는 적석분구묘와 같이 축조 재료만으로 분명히 구분되는 것이 있는 한편, 계통적으로 구분되어야 할 것임에도 불구하고 유사한 용어로 표현됨으로써 혼란이 야기되는 것도 없지 않다. 또한 축조 당시의 원상을 파악하려는 노력이 생략된 채 발굴된 현상에 맞추어 명명됨으로써 원래 동일한 유형임에도 불구하고 서로 다른 것처럼 인식되어버리는 일도 없지 않다. 따라서 여러 가지 용어들을 최대한 일관된 기준에 따라 검토해 볼 필요가 있을 것이다.

1. 분구묘의 개념

한국에서 분구묘라는 용어가 처음 사용된 것은 1984년이지만 이때의 분구묘는 墳을 가진 모든 무덤을 칭했던 것으로서[12] 현재 한국에서 통용되고 있는 분구묘의 개념과는 다르다. 분구묘라는 용어 자체를 사용한 것은 아니지만 지금

---

12) 강인구, 1984,『삼국시대 분구묘 연구』, 영남대학교출판부.

의 분구묘와 상통하는 개념이 제시된 것은 1983년의 일이다. 영산강유역 옹관
묘의 축조 순서에 대해 '먼저 봉토를 조성한 다음 봉토를 굴착하여 옹관을 안치
하는 것'이라고 규정하고, '선분구조성 후옹관매장'이라고 표현한 것이다[13].

그러나 이와같은 견해는 영산강유역에 국한되어 대규모 옹관에 가려짐으로
써 별로 주목되지 못하였다. 이후 이와같은 특징을 가진 고분들이 다른 지역
에서도 속속 확인되어 나가면서 분구묘가 봉분묘와 구분되었다. 분구묘는 '먼
저 분구를 조성한 다음 그 안에 매장시설을 축조하는 것'으로 규정됨으로써[14]
본격적인 관심을 끌게 되었다.

중국에도 매장주체부가 지하와 지상으로 구분되는 묘제가 공존한다. 그러
나 중국에서는 분구라는 용어가 사용되기는 하지만 분구묘라는 용어는 찾아
보기 어렵다. 중국에서 사용되는 분구는 지하에 설치한 매장주체부를 보호하
기 위해 지상에 설치한 墳을 가리키는 것으로서 한국의 봉분과 상통하는 것이
라 할 수 있다.

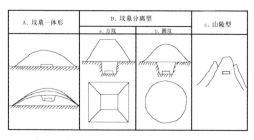

[그림9] 중국 고분의 분류 개념도(黃2003)

중국에서 매장주체부의 위
치가 지하와 지상으로 구분되
는 묘제를 규정하는것을 보
면, 매장주체부를 墓라 하고
이를 밀봉하는 시설물을 墳이
라고 부르면서 '분묘일체형',
'분묘분리형'으로 대별하고

---

13) 성낙준, 1983, 「영산강유역의 옹관묘 연구」, 『백제문화』 15.
14) 이성주, 2000, 「분구묘의 인식」, 『한국상고사학보』 32.

있다[15]. 여기에 '산릉형'을 추가하지만 이는 자연 산세를 이용하여 무덤을 조성한 것으로서 제왕릉에서 찾아볼 수 있는 거대한 것이기 때문에 함께 논하기는 어렵다. 분묘일체형은 지상의 분구중에 매장주체부가 안치되는 것으로서 강남지역의 토돈묘가 대표적인 예이고, 분묘분리형은 지하에 매장주체부가 안치되고 지상은 봉분으로 밀봉되는 것으로서 중원지역의 전통적인 목곽묘나 전실묘가 대표적인 예이다[16].

일본의 분구묘는 야요이시대 성토분을 가리키는 것으로서[17] 구조적으로 한국의 분구묘와 상통한다. 그러나 일본의 분구묘는 야요이시대에 국한될 뿐 동일한 구조를 가진 고훈시대 고분에는 적용되지 않는다. 분구는 일본에서도 중국의 분구와

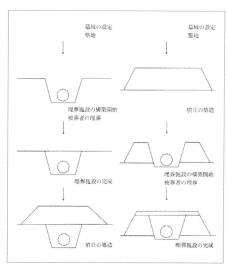

[그림10] 일본 고분의 분류 개념도(吉井2002)

---

15) 黃曉芬, 2003,『漢墓的考古學研究』, 岳麓書社.

16) 이와 비슷한 맥락에서 동아시아의 분묘를 분묘분리형, 분묘일체형, 선분후묘형으로 구분하되 분묘분리형은 중국과 마찬가지이며, 분묘일체형은 고구려 적석총과 같이 분구 축조 과정에서 매장주체부를 설치하는 것으로 재규정하고, 선분후묘형은 한국과 일본의 분구묘와 중국의 토돈묘에 해당한다는 견해도 나왔다(김용성, 2006, 「소위 분구묘·분구식고분의 개념과 관련된 의문(토론요지)」, 『분구묘·분구식고분의 신자료와 백제』, 한국고고학회).

17) 近藤義良, 1977, 「古墳以前の墳丘墓-楯築遺蹟をめぐって-」, 『岡山大學文學部學術紀要』 37.

같은 개념으로 사용되어 왔으며[18] 한국의 고분을 '분구선행형'과 '분구후행형'으로 구분하는 것을 보면[19] 지금도 분구와 봉분을 구분하지 않는 경향이 있음을 알 수 있다.

한국의 분구묘는 중국의 분묘일체형에 해당하는 것으로서 '선분구후매장'으로 규정되고 있지만 모든 분구묘가 그와같은 축조 순서를 갖는 것은 아니다. 필자는 한국 분구묘의 축조 과정을 다음과 같이 정리해 본 바 있다[20].

① 낮은 구릉을 선정하여 지면을 정지한다.

② 지면 위에 얕은 토광을 파서 목관이나 옹관을 안치하거나, 분구를 성토한 다음 토광을 파서 목관이나 옹관을 안치한다. 시신이 안치되는 공간에는 石床, 圍石, 燒土 등이 부가되기도 한다.

③ 목관이나 옹관을 충분히 덮을 수 있도록 성토하여 분구를 조성한다(중심분구). 분구를 성토하는 과정에서는 분구 주변을 따라 채토가 이루어지면서 자연스럽게 주구가 형성되어 독립된 분구묘가 완성된다.

④ 대형 분구묘에서는 분할성토하거나 중심부를 남겨두고 성토하여 凹자형을 이루게 한 다음 중심부에 매장주체부를 설치하는 것도 있다.

⑤ 추가장의 사유가 발생하면 다음과 같은 방식으로 추가장한다.

ⓐ 중심분구에 추가장한다(서산 부장리 4호분 등).

ⓑ 중심분구에 접하여 소분구를 조성하고 추가장한다. 추가장은 반복될 수 있으며 추가장이 종료되는 시점에서는 전체분구를 조성한다(서울 가락

---

18)   日本考古學協會, 1990(19版), 『日本考古學辭典』, 東京堂出版.
19)   吉井秀夫, 2002, 「朝鮮三國時代における墓制の地域性と被葬者集團」, 『考古學研究』 49-3.
20)   임영진, 2007, 「마한분구묘와 오월토돈묘의 비교 검토」, 『중국사연구』 51(일부보완).

동 2호분 등).

ⓒ 중심분구를 水平擴張하여 추가장한다. 이 경우에는 중심분구 주변의 주구에 추가장이 이루어지기도 한다(완주 상운리 1호분 등).

ⓓ 중심분구를 垂直擴張하여 추가장한다(나주 신촌리 9호분, 나주 복암리 3호분 등).

⑥ 기존 분구묘의 주구를 공유하면서 새로운 분구묘를 조성하는 경향이 있기 때문에 열을 이룬 분구묘군이 많다. 또한 대형 분구묘를 중심으로 중소형 분구묘가 밀집하기도 한다.

⑦ 축조와 매장 과정에서는 제사가 이루어지기도 하며, 제사용품들이 주구에 폐기되는 경우도 있다.

한국 분구묘의 이와 같은 축조과정에서는 '선분구후매장' 뿐만 아니라 '선매장후분구'도 발생하는데, 지금까지 발굴조사를 통해 확인된 분구묘의 조성 방식은 다음의 3가지로 구분해 볼 수 있다.

① 분구 성토시 중앙에 凹부를 조성한 다음 시신을 안치하고 추가 성토하여 완성한다.

② 분구를 조성한 다음 토광을 파서 시신을 안치하고 추가 성토하여 완성한다.

③ 지면에 수평면 조성 정도의 얕은 토광을 파서 시신을 안치한 다음 성토하여 완성한다.

한국 분구묘에서 관찰되는 이와 같은 3가지 조성 방식 가운데 ①과 ②는 주로 대형과 중형 분구묘에서 볼 수 있는 것으로서 '선분구후매장'의 전형이 된다. ③은 소형 분구묘를 중심으로 나타나는 것으로서 '선분구후매장'이 아니라

'선매장후분구'에 해당한다. 분구묘로 보고된 사례 가운데 성토된 분구에서 토광을 찾아볼 수 없거나 얕지만 토광을 가진 것이 있다는 점이 흔히 지적되고 있는데[21] 이는 위와같은 방식의 차이에 기인한 것이라고 생각된다. 초축 이후 이루어지는 추가장에 있어서도 분구가 수직적으로 확장되는 경우에는 대부분 '선분구후매장'에 해당하지만 분구가 수평적으로 확장되는 경우에는 '선매장후분구'에 해당하는 것도 적지 않다.

그러나 이와같은 차이는 분구묘의 축조 과정에 나타나는 순서의 차이에 불과할 뿐 분구묘의 본질에서 벗어나는 것은 아니다. 분구묘의 규정에서 나타나는 이와같은 문제를 해소하기 위해서는 그 규정에 있어 축조 순서 보다는 더욱 근본적인 특징이 제시될 필요가 있을 것이며, '매장주체부가 지하의 토광이 아니라 지상의 분구에 위치하는 무덤'으로 규정해 볼 수 있을 것이다. 시신을 안치하는 위치에 있어 지하와 지상의 차이는 단순한 지역적, 시대적 차이가 아니라 본질적인 문화 계통의 차이와 관련되어 있을 가능성이 크기 때문에 일차적인 기준이 되는 것이 바람직할 것이다. 또한 다른 유형의 고분에서는 찾아보기 어려운 중요한 특징을 반영함으로써 보다 분명히 구분할 필요도 있다. 수평적, 수직적 확장에 의한 추가장이 그것이다[22].

그러므로 이 글에서는 분구묘를 '매장주체부가 지상의 분구에 위치하고 추가장이 이루어지면서 분구가 수평적, 수직적으로 확장되기도 하는 무덤'이라고 규정하도록 하겠다.

---

21) 정해준, 2014, 「충청지역 마한 분구묘의 구조와 출토유물」, 『한국고고학의 신지평』(제38회 한국고고학대회 발표요지), 220쪽.

22) 임영진, 1997, 「영산강유역 이형분구 고분 소고」, 『호남고고학보』 5.

2. 분구묘와 주구묘

주구묘는 천안 청당동 유적과 보령 관창리 유적에서 조사된 주구를 가진 무덤을 포괄하여 사용되기 시작하였다[23]. 이어 양자가 가진 구조적 차이를 감안하여 후자에 대해서만 주구묘로 칭해야 한다는

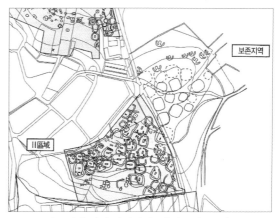

[그림11] 서산 기지리 유적(이 · 이 2009)

견해가 나왔다[24]. 원래 주구는 지상에 분구를 조성하는 과정에서 채토가 이루어지면서 형성되었던 부수적인 시설로 시작된 것이고[25], 주구묘는 분구가 확인되지 않고 주구만 남아있는 무덤을 칭하기 때문에 원상을 감안하여 분구묘라 칭하는 것이 좋을 것이다[26]. 서산 기지리 유적의 경우, 보존된 임야지역에는 분구가 남아있는데 반해 그 남쪽의 Ⅱ지역은 이미 밭으로 개간되어 대부분 주구만 남아있었지만 모두 분구묘로 보고었는데[27] 이는 이와같은 인식에서 이루어진 일일 것이다. 그러나 주구만 남아있는 경우에는 여전히 주구묘라 부르는 관행이 부분적이나마 계속되고 있다.

주구묘와 분구묘 사이에 나타나는 이와같은 문제는 한국에만 국한된 것은

---

23) 함순섭 · 김재홍, 1995,「천안 청당동유적 Ⅰ단계 조사보고」,『청당동 Ⅱ』, 국립중앙박물관.

24) 최완규, 1996,「익산 영등동 주구묘」,『제39회 전국역사학대회 발표요지』.

25) 임영진, 1996,「함평 예덕리 만가촌고분과 영산강유역 고분의 주구」,『제39회 전국역사학대회 발표요지』.

26) 임영진, 2002,「영산강유역권의 분구묘와 그 전개」,『호남고고학보』16.

27) 이남석 · 이현숙, 2009,『서산 해미 기지리 유적』, 공주대학교박물관.

아니다. 일본에서는 1950년대부터 방형주구를 가진 유구가 간헐적으로 조사되었지만 별 주목을 받지 못하다가 1964년에 東京 八王子市에서 조사된 4기에 대해 현장에서 '方形周溝特殊遺構'로 칭해진 다음 야요이시대 종말기의 무덤으로 인식됨으로써 方形周溝墓라고 명명되었다[28]. 그러나 1970년대에 야요이시대 중기 이후에 해당하는 동일한 성격의 무덤들이 墳을 갖춘 상태로 조사됨으로써 혼란이 발생하게 되었다. 결국 분구가 잔존하는 야요이시대 중기 이후의 무덤을 분구가 이미 삭평되고 남아있지 않은 그 이전 시기의 방형주구묘와 구분짓기 위해 墳丘墓라는 명칭을 사용하게 되었다[29]. 주구묘 역시 원래 성토가 있었을 것이라는 점에서 분구묘에 해당하는 것으로 보았다[30]. 하지만 그 외에도 방형대상묘·방형구획묘·사우돌출묘 등 구조적으로 상이한 사례들이 더 있을 뿐만 아니라, 야요이시대 전기에 해당하는 방형주구묘에도 墳을 가진 예가 나타나기 시작함으로써 그와같은 구분도 큰 의미를 갖기 어렵게 되고 말았다[31].

이와 같은 상황 속에서 보다 체계적인 분류가 시도되기도 하였다. 墳을 가진 야요이시대와 고훈시대의 모든 무덤을 분구묘로 포괄하고, 높이 2m를 기준으로 低塚系와 高塚系로 대별한 다음, 저총계는 저분구묘와 저총고분(저분구고분)으로 세분하고, 고총계는 고훈시대의 전방후원분·전방후방분·원분·방분과 야요이시대의 고총분구묘로 세분하였고, 북해도식고분·화장골취납방형묘·방형주구묘·방형대상묘는 저총계의 저분구묘로 분류하고, 방형분

---

28) 大場磐雄, 1966, 「方形周溝墓」『日本の考古學』Ⅲ(月報3), 河出書房.
29) 近藤義良, 1977, 「古墳以前の墳丘墓-楯築遺蹟をめぐって-」『岡山大學文學部學術紀要』37.
30) 都出比呂志, 1979, 「前方後圓墳出現期の社會」『考古學研究』26-3.
31) 茂木雅博, 1987, 『墳丘よりみた出現期古墳の研究』, 雄山閣.

· 전방후방형주구묘는 저충계의 저충고분으로 분류한 견해가 그것이다[32]. 이 견해는 계층적인 사회구조를 반영하는 점에서 의미가 있다고 보지만 시대별, 지역별로 다양한 무덤들을 치밀하게 연구하기에는 적절하지 못한 것으로 평가되고 있다[33].

일본에서 겪고 있는 이와 같은 시행착오를 한국에서 되풀이 하지 않기 위해서는 기존 용어를 보완해 나가는 방안도 있겠지만 보다 근본적인 문제점들을 해소하는 전향적인 방안을 마련하는 것이 더욱 바람직하다고 생각된다. 이를 위해서는 지금이라도 모두가 수용할 수 있는 합리적인 기준을 설정하여 분류하는 것이 좋겠지만 그동안 연구자마다 서로 다른 기준이 적용됨으로써 관행화된 분류 체계를 송두리째 바꾸는 것은 새로운 혼란을 야기할 수도 있을 것이다. 따라서 혼란을 최소화하면서 기존 개념을 재점검해 보는 차원에서 다음과 같이 정리해 보도록 하겠다.

앞에서 墓를 매장주체부로 하고 이를 밀봉하는 시설물을 墳이라 구분하는 중국의 용례를 소개한 바 있다. 필자는 墓와 墳은 분류 체계에 있어 동등한 범주에 속하는 것이 아니기 때문에 중국의 용례를 수용하기는 어렵다고 생각한다. 墓란 우리말 '뫼'의 한자 표기이며[34] 매장주체부 뿐만 아니라 시신을 묻은 독립된 매장시설 전체를 가리키는 용어이기 때문에 墓는 墳을 포함하는 상위 개념에 해당하는 것이다.

일반적으로 시신을 처리하는 방식은 土葬, 火葬, 水葬, 風葬 등으로 구분된다고 할 수 있다. 그 가운데 시신을 땅(흙)에 묻는 토장이 가장 보편적이라 할

---

32) 都出比呂志, 1986, 「墳墓」『岩波講座 日本考古學』 4, 岩波書店.
33) 京嶋覺, 2011, 「일본 방형주구묘의 연구성과와 방법」『분구묘의 신지평』, 전북대학교.
34) 신기철·신용철, 1986, 『새우리말 큰사전』, 삼성이데아.

수 있겠는데 토장에 있어서는 지하 깊은 토광에 안치되거나 지상의 분구 중에 안치되는 2가지 방식이 있을 뿐이므로 가장 먼저 구분이 되어야 할 것이다.

시신의 위치에 따른 2가지 매장 방식 가운데 전자는 지상에 墳이 설치되는 지의 여부에 따라 平墓와 墳墓로 구분될 수 있다. 平墓는 지상에 아무런 표식을 두지 않은 것으로서 중국 安陽의 婦好墓를 비롯한 商 무덤들이 이에 해당한다. 한국에서도 삼국시대 토광묘들이 매우 밀집된 상태로 조사되는 경우가 있는데 그 간격으로 보아 원래부터 墳이 없었던 것으로 추정되는 것이 적지 않다. 墳墓는 지상에 墳을 설치한 것으로서 중국 중원지역에서는 춘추시대부터 시작되어 전국시대부터는 거대한 규모로 변해 나간다.

시신의 위치에 따른 2가지 매장 방식 가운데 후자는 시신 안치를 위한 墳을 가지지 않을 수 없으며 응당 墳을 가진 무덤이라는 의미에서 전자와 마찬가지로 墳墓라고 부를 수 있을 것이다. 그러나 전자와 후자를 구분하는 것이 필요하기 때문에 전자를 封墳墓, 후자를 墳丘墓로 구분하는 안이 제시된 것이다.

앞에서 언급한 바와 같이 일본의 분구묘는 성토에 의해 형성된 무덤을 의미하는 동시에 야요이시대의 성토분을 고훈시대의 성토분과 구분하기 위한 용어였다. 대규모의 분을 가진 고분들이 성행한 시기를 고훈시대라고 규정한 상황에서 그 고분들에 앞서 墳을 가진 다른 무덤이 사용되어 왔다는 사실이 새로이 확인됨으로써 이를 구분하기 위한 용어로 출발하였던 것이다. 굳이 이와 같은 구분이 이루어진 배경은 고훈시대의 고분은 국가의 발생과 관련된 고고학 자료라는 확고한 의미를 부여받아 왔기 때문에 그보다 낮은 墳을 가진 그 이전 시기의 무덤을 별도로 구분할 수밖에 없었던 것이며 이를 분구묘로 규정하면서 전방후원분 성립 이전의 것임을 명확히 한 것은 바로 이와 같은 사정을 반영한 것이다[35].

한국에서는 高塚 혹은 高塚古墳이라는 용어가 대형 분구를 가진 무덤을 가리키면서 국가의 성립과 직결되는 것으로 이해되어 왔지만 다른 용어들은 그 차이가 명확하게 구분되지 못하고 혼용되어 왔다. 이와같은 문제로 인해 古墳을 지상에 봉토를 가진 무덤으로 정의하고 무덤의 발전 순서를 墳墓-古墳-高塚으로 상정한 견해가 제기된 바 있는데[36] 墳을 가진 무덤의 발전 과정으로 본다면 의미있는 견해이지만 墳은 지상의 시설물에 해당하는 만큼 墳이 없는 무덤은 포괄하지 못하고 있다. 墓 자체를 平墓라고 본 점에서는 필자의 견해와 차이가 있지만 모든 무덤을 墓-墳-塚으로 구분한 것은 이와같은 맥락에서 이루어진 것이라고 본다[37]. 또한 고분을 지상에 봉분을 축조한 무덤의 총칭으로 규정하고, 봉토나 분구가 원래부터 낮고 견고하지 못하였기 때문에 지금은 그 흔적을 찾아보기 어려운 고분들은 低封土墓와 低墳丘墓로 구분하고, 고대한 봉토나 분구가 있다면 封土高塚과 墳丘高塚으로 구분하자는 견해도 있다[38].

삼국시대 무덤들은 흔히 고분으로 표현되기 때문에 영산강유역권의 고분을 분구묘라 부르면 오해의 소지가 있고 호남지역에서만 고분을 대신한 용어로 사용됨으로써 다른 지역 연구자들에게 혼란을 줄 수 있다는 견해도 있다[39]. 분구묘는 삼국시대의 일반적인 고분을 지하매장식과 지상매장식으로 구분하여 각각 봉분묘와 분구묘로 나누어 부르는 것일 뿐이므로 고분이라는 용어를 대체하는 것이 아니라 고분의 하위 개념에 해당한다. 오히려 근자에 성용되는

---

35) 임영진, 2002, 「영산강유역권의 분구묘와 그 전개」, 『호남고고학보』 16.
36) 김용성, 1998, 『신라의 고총과 지역집단』, 춘추각.
37) 이희준, 1997, 「신라 고총의 특성과 의의」, 『영남고고학』 20.
38) 최병현, 2002 「주구묘·분구묘 관견(토론요지)」, 『동아시아의 주구묘』, 호남고고학회.
39) 최성락, 2007, 「분구묘의 인식에 대한 검토」, 『한국고고학보』 62.

옹관고분이라는 용어에 대해 숙고해 볼 필요가 있다. 이 용어는 1988년에 제기되었으며[40] 많은 연구자들이 수용하고 있는데 일반적으로는 매장주체부의 종류에 따라 옹관묘, 석실묘, 석곽묘, 전실묘 등으로 나누어질 뿐 석실고분, 석곽고분, 전실고분 등으로 칭해지지 않기 때문에 굳이 옹관묘만 옹관고분으로 칭할 필요는 없는 것이 아닌가 생각된다. 따라서 墳을 가진 삼국시대 무덤들은 古墳으로 통칭하되 분류 기준에 따라 封墳墓와 墳丘墓로, 매장주체부에 따라 옹관묘와 석실묘 등으로, 규모에 따라 低封土墓와 低墳丘墓, 封土高塚과 墳丘高塚 등으로 세분해 볼 수 있을 것이다. 주구묘는 원래 低墳丘墓였다가 분구가 삭평된 채 조사된 것이므로 분구묘라 칭해야 할 것이다.

3. 분구묘와 주구토광묘, 토광묘

주구토광묘는 전통적인 토광묘에 주구가 부가된 새로운 유형의 고분이 확인되어[41] 이를 기존의 토광묘와 구분하기 위해 제안된 용어였다[42]. 이어 주구묘와 주구토광묘가 구분되었으며[43], 주구토광묘는 저봉토묘에 해당하고 주구묘는 저분구묘에 해당하는 것으로 구분되었다[44]. 눈썹형 주구를 가진 주구토광묘는 기존의 토광묘에 주구가 부가된 것으로서 매장주체부가 지하에 마련되었다는 점에서 주구묘를 포괄하는 분구묘와 분명하게 구분된다[45]. 주구토광묘와 분구묘는 각각 비사주식 원형주거지와 사주식 방형주구묘의 분포권과

---

40) 성낙준, 1988, 「영산강유역 옹관고분 출토 토기에 대한 일고찰」, 『전남문화재』 창간호.
41) 한영희·함순섭, 1993, 『청당동』, 국립중앙박물관.
42) 강인구, 1994, 「주구토광묘의 몇가지 문제」, 『정신문화연구』 17-3.
43) 최완규, 1996, 「주구묘의 특징과 제문제」, 『고문화』 49.
44) 최병현, 2002 「주구묘·분구묘 관견(토론요지)」, 『동아시아의 주구묘』, 호남고고학회.
45) 임영진, 2002, 「영산강유역권의 분구묘와 그 전개」, 『호남고고학보』 16.

상응하며[46], 이는 축조집단의 차이를 반영하는 것으로 보고 있다[47].

한편 분구묘의 일부를 구성하는 '토광묘'나 분구묘에 인접하여 발견되는 '주구를 가진 토광묘'를 모두 주구토광묘로 포괄하는 견해도 있다[48]. 비슷한 맥락에서 주구묘와 주구토광묘를 관창리형과 청당동형으로 구분하되 주구 형태의 차이는 시간적, 공간적, 계층적 차이 등에 의한 것으로 보기도 한다[49]. 또한 분구묘와 주구토광묘는 구조나 분포권 등에서 차이가 있지만 다른 여러 가지 속성들이 유사하기 때문에 3~5세기 마한백제권의 흙무덤은 본질적인 차이가 없으며 관곽토광묘, 주구토광묘, 분구(토광)묘의 3가지 유형으로 구분할 수 있다는 견해도 있다[50].

전통적인 토광묘나 주구를 가진 토광묘와 분구묘의 차이에 있어 가장 중요한 것은 지하매장과 지상매장의 차이로서 이는 문화 계통상의 차이에 해당할 것이다. 그러나 발굴 현장에서는 구분이 애매한 유구가 조사되면 주구토광묘로 일괄해 버리는 경향이 있기 때문에 보고서만으로 정확한 성격을 파악하기 어려운 경우도 있다. 필자는 외형적으로 구분이 어려울 경우에는 다음과 같은 사항들을 검토해 볼 필요가 있다고 본다.

첫째, 지형 변화의 가능성이다. 분구묘들은 주로 잔구성 구릉에 위치하므로 1,500여년이 경과하는 동안 자연적인 삭평이 이루어지지 않을 수 없었을 것이

---

46) 김승옥, 2007, 「금강유역 원삼국시대-삼국시대 취락의 전개과정 연구」, 『한국상고고학보』44.

47) 이택구, 2008, 「한반도 중서부지역 마한 분구묘」, 『한국고고학보』66.

48) 최성락, 2000, 「호남지역의 철기시대」, 『호남고고학보』11.

49) 성정용, 2000, 「백제 한성기 저분구분과 석실묘에 대한 일고찰」, 『호서고고학』3; 박순발, 2003, 「주구묘의 기원과 지역성 검토 : 중서부지역을 중심으로」, 『충청학과 충청문화』2; 이훈, 2003, 「주구토광묘에 대한 소고」, 『국립공주박물관기요』3.

50) 이남석, 2010, 「백제 고분문화의 개관」, 『송산리고분군』, 공주대박물관.

고 경우에 따라서는 분구 뿐만 아니라 낮은 쪽의 주구까지도 삭평되었을 가능성이 있다.

둘째, 토광의 깊이와 장축 방향이다. 주구토광묘, 즉 주구가 부가된 토광묘는 토광이 깊고 등고선과 평행하는 경향을 보여주는데 반해 분구묘는 토광이 얕고 일정한 방향을 고수하지 못하는 경향을 보여주고 있다.

셋째, 토광의 성격이다. 분구묘에서는 분구중의 토광뿐만 아니라 생토면까지 파내려간 토광이 확인되고 있는데 이는 경시지에서 목관(곽)을 수평으로 안치하기 위해 경사면을 L자 형태로 파내거나 낮게 성토된 분구를 되파는 과정에서 생토면까지 굴착이 이루어지기 때문이다. 이와같은 경우는 목관(곽)을 지하에 안치하기 위해 상당한 깊이로 굴착하는 토광묘의 토광과는 분명히 구분되는 것이다.

넷째, 유적의 전체적인 성격이다. 분구묘가 토광묘나 주구토광묘와 공존할 가능성을 배제할 수는 없겠지만 지역별로 구분되는 경향이 강하기 때문에 유적의 전체 상황을 감안해 보면 서로 다른 성격을 가진 것들이 원래 공존했던 것인지 후대의 지형 변화 등에 의해 그렇게 발굴된 것에 불과한지 구분해 볼 수 있을 것이다.

다섯째, 부장품의 구성과 부장방식이다. 분구묘에서는 이중구연토기·양이부호·조형토기·철정 등이 목관(목곽)의 한쪽이나 양쪽에서 출토되는 경향이 있지만 주구토광묘에서는 발·원저단경호·마형대구 등이 목관내 구획된 부장칸에서 출토되는 경향이 있다.

분구묘인지 주구토광묘인지를 구분하는 가장 중요한 발굴조사 현장에서 그 구분이 애매한 경우에 위와같은 사항들이 검토된다면 보다 정확한 구분이 가능해질 것이다. 분구가 삭평되었다고 하더라도 주구가 잘 남아 있다면 분구묘로 명명되는 것이 당연하겠지만 원래 분구묘였던 것이 주구의 일부 혹은 대부분이 삭평되어 외형상 전형적인 분구묘와는 다른 모습으로 발굴되었다고 하더라도 위와같은 사항들을 감안하여 보면 보다 정확한 명칭을 부여할 수 있을 것이다. 전체적으로 보아 분구묘군이라고 할 수 있는 유적에서 주구가 삭평되고 얕은 토광만 확인된 것이거나 주구 일부와 얕은 토광만 남은 것은 토광묘나 주구토광묘일 가능성 보다는 분구묘에 해당할 가능성이 더 높을 것이다. 발굴 당시의 잔존 유구만으로 그 성격을 규정하기 보다는 전체적인 맥락을 감안하는 것이 오류를 피할 수 있는 길일 것이다.

4. 분구묘의 호수

분구묘에 호수를 부여하는데 있어서도 통일성이 요구된다. 독립된 분구묘에 독립된 호수를 부여하는 것은 당연한 것이지만 그 내부에서 확인된 서로 다른 매장주체부에 대해서까지 1호 토광묘, 2호 옹관묘 등으로 호수를 부여하는 경우가 적지 않다. 이는 보고서를 통해 정보를 얻고자 하는 많은 연구자들에게 상당히 큰 혼란을 야기하고 있다. 주구로 둘러싸인 독립된 분구묘에 독립된 호수가 부여되는 것은 당연한 일이지만 그 내부에서 확인된 매장주체부에 대해서는 그 종류를 감안하여 1호분 1호 목관, 1호분 2호 옹관, 1호분 3호 석곽 등 분류체계상 하위 범주에 해당하는 호수를 부여하는 것이 혼란을 막을 수 있는 방안일 것이다.

발굴현장에서는 독립된 주구로 둘러싸인 분구묘에 인접하여 얕은 토광만 조사되는 경우에도 1호 토광묘, 2호 토광묘 등으로 칭하고, 주구 일부와 얕은 토광만 남은 것을 1호 주구토광묘, 2호 주구토광묘 등으로 부르기도 한다. 이와 같은 경우에 있어서도 원래의 상태를 감안하여 원래 분구묘였던 것으로 판단되면 독립된 분구묘로서의 범위를 파악하여 독립된 호수를 부여히어야 할 것이다. 아울러 그에 포함되었다고 판단되는 매장주체부에 대해서는 1호분 1

호 목관, 1호분 2호 옹관 등의 하위 범주에 해당하는 호수를 부여하는 것이 바람직할 것이다.

5. 분구묘의 목관 · 목곽 · 목광

분구묘의 매장주체부는 목관이 일반적이지만 영산강유역권에서는 옹관을 거쳐 석실로 바뀌어 나갔다. 그러나 분구묘에서는 봉분묘에서 흔히 조사되고 있는 목곽이 확인되는 경우가 많지 않은데 이는 분구묘에서 뚜렷한 구조를 가진 목곽이 확인되지 못하였기 때문이라고 할 수 있지만 목관과 목곽에 대한 인식의 차이에 기인하는 바도 없지 않다. 동일한 구조를 가진 목관이라고 하더라도 단순히 시신만을 넣는 것과 시신 뿐만 아니라 다양한 부장품을 함께 넣는 것은 구분되어야 할 필요가 있을 것이며 후자의 경우에는 목곽으로 부르는 것이 타당할 것이다[51].

단순히 시신만을 담는 목관은 시신의 보호 뿐만 아니라 운구에도 필요하기 때문에 일반적으로 그 크기가 작은 편이다. 시신 외에도 여러가지 유물들을 부장하는 목관은 구조적으로 전자와 동일하더라도 규모에 있어서는 상당히 큰 편이다. 이러한 목관은 운구용으로 사용되었다기 보다는 미리 무덤에 마련된 다음 별도로 운구된 시신이 부장품과 함께 안치되었던 것으로 추정된다. 영암 내동리 옹관묘는 칠성판 위에 시체가 얹어져서 중간에 위치한 장경호가 이를 받쳐주었다고 보는데[52] 이 경우에 있어서도 운구시에는 목판과 같은 것이 사용되었을 가능성이 높을 것이다. 함평 만가촌 12호분에는 2호와 같이 길

---

51) 이재현, 1994, 「영남지방 목곽묘에 대한 연구」, 부산대학교 석사학위논문.

52) 김원용, 1963, 「영암 내동리 옹관묘」, 『울릉도』, 국립박물관 고적조사보고서 4.

이가 340cm에 달하는 대규모 목관이 소형 목관과 공존하는데[53] 모두 목관으로 통칭하기 보다는 목곽으로 구분하는 것이 합리적일 것이다.

목관이나 목곽의 범주에서 이해하기 어려운 사례도 찾아볼 수 있다. 굵은 나무 3~4개를 매장주체부의 두 장축에 배치하고 판자와 같은 것으로 벽을 만든 다음 그 내부에 목관을 안치하였을 것으로 추정되는 것이 그것이다. 이와 같은 구조를 가진 것은 목관과는 분명히 다르고 정연한 목곽과도 구분되므로 목광으로 구분하는 것이 좋을 것이다.

Ⅲ. 기원 문제

한국의 분구묘는 1990년대까지 영산강유역권의 대형옹관묘가 연구의 중심을 이루면서 옹관묘의 기원과 변천에 대한 연구에 치중되었다. 영산강유역권의 옹관묘는 분형·다장 등의 특징에 있어 서울 가락동·석촌동 일대의 고분들과 상통하는 것으로 보았으며[54] 영산강유역 옹관묘와 한강유역의 토광묘가 모두 지상의 분구에 매장주체부를 가지고 있다는 점에서 토축묘라 칭해지고 중국 장강유역의 토돈묘와 관련되었을 가능성이 언급된 바도 있다[55].

한국 분구묘의 기원에 대한 연구는 1990년대 중엽경부터 새로운 방향으로 전개되었다. 충청지역을 중심으로 주구를 가진 고분들이 조사되면서 주구의

53) 임영진·조진선·서현주·송공선, 2004,『함평 예덕리 만가촌고분군』, 전남대박물관.
54) 성낙준, 1983,「영산강유역의 옹관묘 연구」,『백제문화』15.
55) 강인구, 1984,『삼국시대 분구묘 연구』, 영남대학교출판부.

존재에 주목한 주구묘라는 용어가 등장하고 이 주구묘가 영산강유역의 옹관묘로 발전하였다고 보는 견해가 제기되는 한편[56] 주구묘의 기원과 발전에 대해 많은 관심이 주어졌다. 앞에서 언급한 바와 같이 주구묘는 분구묘의 분구가 삭평된 것으로서 원래 분구묘에 해당하는 것이므로 그 기원이 곧 분구묘의 기원이 될 것이다. 기원 문제에 있어 중요한 것은 출현 시기 문제이지만 매장주체부를 포함한 분구가 삭평된 상태에서 확인되는 경우가 많기 때문에 언제부터 시작된 것인지 판단하기 어려운 실정이다.

충남 보령 관창리 유적에서는 주구에서 출토된 송국리형토기 · 점토대토기 · 두형토기 등이 직접 관련된 유물일 것이라고 보고 있어서[57] 실연대로는 기원전 3세기까지 올라가는 것으로 추정해 볼 수 있겠지만 이를 단정할 수 있는 근거가 부족하다. 비교적 시기가 분명한 충청지역 분구묘 가운데 가장 이른 것으로는 서천 예천동 18호를 들 수 있으며 2세기 중후반경에 해당하는 것으로 보고 있다[58]. 이 문제에 있어서는 전남 영광 군동유적에서 주구가 부가된 전통적인 토광묘가 조사된 점을[59] 감안할 필요가 있다. 필자는 이에 대해 이미 주변지역에서 본격적인 분구묘가 사용되고 있었기 때문에 그 영향 아래 전통적인 토광묘에 새로이 주구가 부가된 결과일 것이며 출토된 흑도장경호로 미루어 늦어도 기원전 1세기경에는 전남 일원에 분구묘가 축조되고 있었던 것으로 보아야 할 것이라는 견해를 낸 바 있는데[60] 그 자체를 분구묘로 보

56) 최완규, 1996, 「주구묘의 특징과 제문제」, 『고문화』 11.
57) 윤세영 · 이홍종, 1997, 『관창리 주구묘』, 고려대학교 매장문화재연구소.
58) 최봉균 · 임종태 · 강모영 · 이수현 · 천윤정, 2012, 『서산 예천동 유적』, 백제문화재연구원.
59) 최성락 · 이영철 · 한옥민 · 김영희, 2001, 『영광 군동유적』, 목포대학교박물관.
60) 임영진, 2001, 「1-3세기 호남지역 고분의 다양성」, 『문화재연구 국제학술대회 발표논문 제10집』, 국립문화재연구소.

는 견해도 있는 것 같다.

2000년에는 한국 분구묘의 기원에 대한 본격적인 연구 성과가 나왔다. 한국의 고분들을 봉분묘와 분구묘로 구분하고, 봉분묘는 중원지역에서 낙랑을 통해 영남지역으로 확대된 것으로, 분구묘는 요녕지역 적석묘에서 예맥의 적석총을 거쳐 호남지역으로 이어진 것으로 본 견해이다[61]. 이어 주구묘와 주구토광묘를 구분하고, 주구묘를 송국리문화와 연결시키는 한편 주구토광묘를 중국 秦 圍溝墓와 관련시켜 秦 유민의 영남지역 이주 과정에서 마한지역에 나타난 것으로 보기도 하였다[62]. 秦을 중심으로 성행하였던 중국의 圍溝墓는 일본의 분구묘와 마찬가지로 주구[圍溝]를 가지고 있다는 점에서 일찍부터 주목된 바 있으며[63] 西周대에 청해성에서 시작되어 唐대로 이어지면서 섬서, 산서, 안휘, 절강 등지로 확산되고 있기 때문에 한국의 분구묘와도 비교될 수 있다는 견해가 제시되기도 하였다[64].

필자는 한국 분구묘의 특징 가운데 지상 분구중의 매장주체, 추가장에 의한 다장, 주구의 존재 등 여러 가지 면에서 중국 강남지역 토돈묘와 공통점을 가지고 있기 때문에 상호 관련 가능성이 있을 것으로 본 바 있다[65]. 하지만 중국의 토돈묘는 전국시대가 되면 소멸되는 것으로 알려져 있기 때문에 한국 분구묘와의 적지 않은 시기 차이로 인해 부정적으로 보는 견해가 많았다. 그러나 최근 새로운 자료들이 알려지면서 시간 차이는 점점 좁혀져 나가고 있기 때문

---

61) 이성주, 2000, 「분구묘의 인식」, 『한국상고사학보』 32.

62) 최완규, 2002, 「전북지방의 주구묘」, 『동아시아의 주구묘』, 호남고고학회.

63) 俞偉超, 1996, 「方形周溝墓」, 『季刊考古學』 54.

64) 呂智榮, 2002, 「中國發現的圍溝墓」, 『동아시아의 주구묘』, 호남고고학회.

65) 임영진, 2007, 「마한분구묘와 오월토돈묘의 비교 검토」, 『중국사연구』 51.

에 주시해 볼 필요가 있을 것이다[66].

한국에서 분구묘가 성행하였던 마한지역과 중국에서 토돈묘가 성행하였던 吳越 지역 사이의 문화적 관련 가능성은 유물을 통해서도 엿볼 수 있다. 경기도 파주 운정지구와 인천 운남동 등지에서 출토된 깔대기 형태를 가진 이형토기들은 넓은 쪽을 위로, 좁은 쪽을 아래로 상정하고 제의와 관련된 것으로 추정되고 있다[67]. 필자가 보기에는 넓은 쪽이 아래이고 좁은 쪽이 위일 가능성이 높으며 좁은 상부 쪽에 장대와 같은 깃을 꼽아 무엇인가를 지탱하는데 사용된 것이 아닌가 생각된다. 중국 江蘇省 無錫市 鴻山越墓에서 출토된 토기도 이와 흡사한데 鴻山越墓 출토품은 鼓座로 알려져 있다[68]. 조형토기 역시 중국과의 관계가 엿보인다. 특히 강소성 梁王城에서 출토된 예가 대표적이며[69] 마한권 조형토기의 기원과 관련된 것으로 추정된다. 마한권의 대표적인 토기인 양이부호에 대해 중국 강서지역 후한대 평저양이호가 충남 서부지역으로 수용되었던 것으로 보는 견해[70] 역시 중국 강남지역과의 관련성을 말해주는 것이다. 경기도 하남시 역사박물관이 소장하고 있는 경질 광구호는 한국에서 보기 어려운 것으로서 기형과 문양 등에 있어 중국 토돈묘 출토품과 통하는 것

66) 黃建秋, 2010, 「土墩墓及相關問題分析」『6-7세기 영산강유역과 백제』, 국립나주문화재연구소 · 동신대학교문화박물관; 胡繼根, 2011, 「전 · 후한, 육조 토돈묘의 성인과 특징」『호남문화재연구』, 호남문화재연구원; 胡繼根, 2013, 「중국 한대 토돈묘」『전남지역 마한제국의 사회성격과 백제』, 백제학회.

67) 경기문화재연구원 · 경기도박물관, 2009, 『경기 발굴 10년의 발자취』(도록).

68) 南京博物院 · 江蘇省考古研究所 · 無錫市錫山區文物管理委員會, 2007, 『鴻山越墓』, 文物出版社.

69) 2005년 2월, 江蘇省 徐州博物館 전시실에 전시되어 있는 것을 필자가 실견한 바 있음.

70) 김종만, 1999, 「마한지역 출토 양이부호 소고」, 『고고학지』 10.

이다[71]. 인천 운북동유적을 비롯한 한강 하류권의 유적들 가운데에는 기원전 1세기경부터 낙랑군이 아닌 지역에 출자를 둔 漢人 관련 유적이 있으며 몇몇 유적에서 출토되고 있는 백색토기는 중국 산동지역에서 제작된 것일 가능성이 높다고 보는 견해[72] 역시 이와 무관하지 않은 견해라고 생각된다.

마한권 분구묘의 기원 문제에 대해서는 앞으로 보다 엄밀한 분석을 통해 깊이 있는 논의가 이루어져야 하겠지만 기존 묘제와 전혀 다른 새로운 묘제의 출현을 자체적인 발전 결과로 보기는 쉽지 않을 것 같다. 구조적으로 잘 갖추어진 상태로 출발하면서 군집되어 있을 뿐만 아니라 중국에 기원을 둔 것으로 믿어지는 유물들이 출토되는 경향을 보여주기 때문이다. 중국의 토돈묘는 육조시대까지 이어지면서 지역적으로는 절강성에서 강소성을 거쳐 산동반도에 이르는 해안지대를 중심으로 성행하였기 때문에 중국 내부의 사회 혼란 등으로 인하여 산동반도를 거쳐 경기만이나 아산만쪽으로 간헐적인 이주가 이루어짐으로써 시작되었을 가능성을 배제할 수 없을 것이다.

[그림12] 곡성 대평리 분구묘(영해문화유산연구원 2012)

---

71) 임영진, 2007, 「마한분구묘와 오월토돈묘의 비교 검토」, 『중국사연구』 51.
72) 정인성, 2012, 「한강 하류역의 한식계 토기」, 『중부지역 원삼국시대 외래계 유물과 낙랑』(제9회 매산기념강좌), 숭실대학교박물관.

근년에는 진주 옥방 8지구를 비롯하여 춘천 천전리, 서천 오석리, 천안 운전리, 사천 이금동 등지에서 주구를 갖춘 청동기시대의 석관묘가 조사된 바 있다. 분포권에 있어 분구묘와 차이가 있을 뿐만 아니라 구조적으로나 시간적으로 연결된다고 보기는 쉽지 않기 때문에 분구묘와 구분되어 구획묘라 칭해지고 있기도 하지만 분구묘의 기원이 될 관련성이 거론되고 있다. 또한 광주 외촌과 곡성 대평리에서 조사된 청동기시대 주구를 가진 무덤은 석관묘와는 다르면서 시간적 간격을 해소해 줄 수 있는 자료로 주목되고 있다. 광주 외촌에는 삼국시대 주거지가 분포하는 북쪽 경사면에 기원전 4~3세기대의 유경식석검이 출토된 3호 토광묘에 눈썹형 주구가 부가되어 있는데[73] 주구석관묘의 주구와는 다르며 봉분이나 분구의 존재를 암시하지만 여러 가지 논의가 필요하다고 보고 있다[74]. 곡성 대평리에서는 정연하게 주구를 갖춘 토광묘 27기가 청동기시대, 초기철기시대, 원삼국시대로 구분되어 주구토광묘가 전남 동부 내륙지역에서 발전하는 과정을 보여주는 것으로 보고되었다[75]. 모두 중요한 자료로서 청동기시대 구획묘에서 발전한 것일 가능성을 완전히 배제하기는 어려울 것이다. 하지만 전형적인 분구묘의 중심 분포권이라고 할 수 있는 서해안권과는 멀리 떨어진 유적이기 때문에 적극적인 자료로 이용하기는 어려움이 남아 있다. 또한 주구토광묘가 경기 · 충청지역에서 시작된 이후 토착 사회에 영향을 끼쳐 분구묘의 등장을 가져왔던 것으로 보는 견해가 있고[76], 주구토광묘와 분구묘는 모두 전통적인 토광묘가 다른 방향으로 발전한 것이라

---

73) 호남문화재연구원, 2005, 『光州 外村遺蹟』, 47~48쪽.

74) 한옥민, 2014, 「전남지역 마한 분구묘 사회의 연구 성과와 과제」, 『한국고고학의 신지평』(제38회 한국고고학대회 발표요지), 302쪽.

75) 영해문화유산연구원, 2012, 『곡성 대평리유적』, 368~369쪽.

76) 이남석, 2011, 「경기충청지역 분구묘의 검토」, 『분구묘의 신지평』, 전북대학교.

는 견해도 있다[77]. 모두 분구묘의 기원 문제를 논하는데 있어 중요한 견해이지만 아직 해결되어야 할 과제가 적지는 않다.

최근에는 주구토광묘가 분구묘에 선행하면서 서로 유사한 요소를 공유하고 있기 때문에 주구토광묘가 경기·충청지역에 등장하면서 토착사회에 영향을 끼쳐 분구묘의 등장을 가져왔다고 보는 견해도 제기되었는데[78] 양자가 분포권에 있어 분명히 구분되는 이유가 해명될 필요가 있을 것이다. 또한 '현재까지의 연구 결과만을 놓고 본다면 한반도의 분구묘 문화는 일본에서 왔다고 보이기까지 한다'는 언급도 나온 바 있는데[79] 실제로 그렇게 보고 있다는 표현은 아니겠지만 현재 한국 분구묘 기원 문제 연구의 현주소를 보여주는 것이라 할 수 있을 것이다.

Ⅳ. 확산과 소멸 문제

분구묘의 확산 과정을 파악하기 위해서는 각 지역 자료에 대한 편년이 이루어져야 할 것이다. 중서부지역에 있어서는 분구묘의 구조적인 특징, 토기, 철기 등을 기준으로 4단계로 구분한 견해가 있다. Ⅰ단계는 기원전 2세기부터 기원전후까지이고 방형이나 마제형을 특징으로 하며 보령 관창리 유적이 대

---

77) 권오영, 2015, 「마한 분구묘의 출현 과정과 조영 집단」, 『마한 분구묘의 기원과 발전』, 마한연구원 국제학술회의 발표자료집, 89쪽.
78) 이남석, 2011, 「경기충청지역 분구묘의 검토」, 『분구묘의 신지평』, 전북대학교.
79) 이택구, 2011, 「일본열도 분구묘의 구조와 양상」, 『분구묘의 신지평』, 전북대학교.

표적이다. Ⅱ단계는 2세기중반~3세기중반으로 서해안 지역에서 고른 분포를 보여주고 마제형이 주류를 이루지만 고창 일대에서 제형이 등장하는 등 지역적 차이도 나타난다. Ⅲ단계는 3세기중반~4세기중후반이고 마제형이 주류를 이루면서 다장이 시작된다. Ⅳ단계는 4세기중후반~5세기중반에 해당하고 서산 부장리, 완주 상운리, 고창 봉덕 등지를 제외한 중서부 대부분 지역에서 소멸한다[80].

필자는 영산강유역권을 중심으로 분구묘의 변천을 검토한 바 있는데 방형, 제형, (장)방대형, 원형 등 분구의 평면형태와 목관, 목곽, 옹관, 석실 등 매장주체부를 함께 감안하여 方形木棺墳丘墓-梯形木槨墳丘墓-(長)方臺形甕棺墳丘墓-圓形石室墳丘墓 순서를 상정한 바 있다[81]. 이는 마한 사회의 변천을 초기(전3세기~기원전후), 전기(기원전후~3세기중엽), 중기(3세기중엽~4세기중엽), 후기(4세기중엽~5세기중엽), 말기(5세기중엽~6세기초) 5단계로 구분하였던 기존의 견해를 토대로 한 것으로서[82] 영산강유역권의 초기에 해당하는 것은 세형동검이 출토되는 적석목관묘 뿐이지만 이는 다른 지역에서도 마찬가지이고, 말기에 해당하는 것은 영산강유역권 뿐이기 때문에 마한 분구묘가 발전하는 과정을 가장 장기간에 걸쳐 살펴볼 수 있는 지역은 영산강유역권이 유일하다고 할 수 있을 것이다.

분구묘의 확산 문제에 있어서는 발생 이후의 지역별 편년안이 통합되는 작업이 이루어져야 하겠지만 아직까지 그와같은 편년안이 나오지 않았으므로

---

80) 김승옥, 2011, 「중서부지역 마한계 묘제의 성격과 발전과정」, 『분구묘의 신지평』, 전북대학교.
81) 임영진, 2002, 「영산강유역권의 분구묘와 그 전개」, 『호남고고학보』 16.
82) 임영진, 1997, 「나주지역 마한문화의 발전」, 『나주 마한문화의 형성과 발전』(학술대회 자료집), 전남대박물관.

위와같은 분기 구분을 감안하여 간략하나마 전체적인 변화, 확산 과정에 대해 약술해 보도록 하겠다.

초기에 해당할 가능성이 거론된 유적으로는 보령 관창리 유적이 대표적일 것이며 영광 군동 유적을 통해 기원전 1세기 이전에 분구묘가 존재하였음을 유추해 볼 수 있을 것이다.

전기에 해당하는 자료로는 2세기중후반에서 3세기전반에 해당하는 김포 운양동 Ⅱ-1기, 2세기중후엽경으로 추정되는 서산 예천동 18호, 전북과 전남지역에서 가장 이른 시기에 해당하는 일부 유적 정도를 들 수 있을 것이다. 평면형태는 방형 혹은 마제형을 띠고 있으며 단장 위주이다.

중기에 해당하는 자료는 경기 · 충청 · 전라 등 마한권 전역에서 확인되지만 대부분 서해안 지역에서 크게 벗어나지 못하고 있고, 전남지역에서 영산강을 따라 내륙으로 확산되는 추세를 보여주고 있다. 평면형태는 마제형과 제형이 공존하고 수평적 확장과 다장이 시작되며 전라지역에서는 옹관과 호형 분주토기가 사용되기 시작한다.

후기에는 영산강유역권을 제외한 다른 지역에서는 급속히 소멸하지만 영산강유역권에서는 수직적 확장이 이루어지면서 전용옹관과 원통형 · 호통형 분주토기가 장식되는 고총으로 발전한다.

말기에는 영산강유역권에서만 지속되면서 석실이 도입된다.

분구묘의 확산 과정에 대한 연구는 앞으로 지역별 비교 연구를 통해 더욱 구체적으로 진행될 것이며 확산 배경에 대한 연구 역시 마찬가지일 것이다. 특히 분구묘의 확산이 축조 집단의 이주에 의한 것인지 각 지역 주민들이 분구묘를 수용한 깃인지, 아니면 2가지 배경이 함께 작용한 것인지 등이 밝혀져 나갈 것이다.

필자는 간단하나마 전남지역을 중심으로 이 문제를 검토해 본 바 있다. 전북 고창 일대와 전남지역에는 국내에서 지석묘가 가장 밀집되어 있고 분구묘 역시 다른 지역보다 늦은 시기까지 지속되기 때문에 동일한 세력권을 이루고 있었다고 볼 수 있겠는데 이 지역에서는 분구묘 이외에는 기존의 수 많은 지석묘를 대체할 수 있는 다른 묘제를 찾아보기 어려울 뿐만 아니라 지석묘 군집지역과 3~5세기 고분·주거지 밀집지역을 비교해 보면 13개 정도의 소권역에서 일치하기 때문에 지석묘 축조인들이 분구묘를 수용하여 발전시켜 나갔을 가능성이 높을 것으로 본 바 있다. 아마도 농경을 기반으로 하였던 지석묘 사회가 기원전후경부터 수세기에 걸친 세계적인 기후 악화로 인해 위축되었다가 3세기경부터 시작된 온난한 환경 속에서 새로운 사회로 발전하면서 분구묘가 수용되었을 가능성이 높지 않을까 생각하고 있다.

전남지역에 대한 이와같은 추정에 대해서는 앞으로 다른 지역에서 분구묘의 확산 배경이 파악되어 나간다면 그 타당성 여부가 드러날 것이지만 모든 지역에서 동일한 배경으로 이루어진 것은 아닐 것이다. 경기지역에서는 대부분 서해안을 따라 분포되어 있지만 서울 석촌동 일대에는 가락동 1·2호분을 비롯한 상당한 규모의 분구묘군이 형성되어 있기 때문에[83] 분구묘 축조 집단이 서해안지역에서 들어왔던 것으로 보는 것이 합리적일 것이라고 생각된다.

분구묘의 소멸 역시 그 시기와 배경에 있어 지역별로 적지 않은 차이를 가지고 있을 것으로 추정된다. 영산강유역권에서는 후기와 말기에 웅장한 규모로 발전하였는데 6세기중엽경에 이르면 더 이상 축조되지 못할 뿐만 아니라 거대한 분구만 존재하고 매장이 이루어지지 못한 사례도 보인다. 몇몇 고분들은 상당한 규모의 분구를 가지고 있음에도 불구하고 중심부에서는 뚜렷한 매

---

83) 임영진, 2013, 「백제, 누구 세웠나 –고고학적 측면」, 『백제, 누구 언제 세웠나』, 한성백제 박물관.

장주체부가 확인되지 않았기 때문에 매장주체부가 후대에 파괴되었을 가능성이 거론되어 왔지만 필자는 파괴된 매장주체부의 흔적을 찾아볼 수 없기 때문에 원래부터 존재하지 않았던 것으로 보고 있다.

예를 들면, 무안 고절리 고분, 나주 횡산고분 등은 주인공이 미리 만들어 놓은 수묘였지만, 6세기 중엽경부터 백제의 강력한 규제가 시작됨에 따라 거대한 수묘에는 묻힐 수가 없게 되었던 것으로 판단하고 있다. 토착세력에 대한 규제는 이미 백제에 병합되었던 다른 지역에서도 마찬가지였을 것이지만 고총으로 발전하기 이전에 병합이 완료되었을 것이다.

필자는 분구묘의 도굴 문제에 대해서도 검토해 본 바 있는데 간단히 언급해 보기로 하겠다. 도굴은 모든 고분에 해당하는 것이 아니지만 지상의 분구 중에 매장주체부가 안치되어 있는 분구묘는 봉토묘의 경우보다 심했다고 볼 수 있다. 도굴 시점에 대해서는 막연히 근세라고 생각하는 경향이 있지만 몇가지 사례를 감안하여 보면 영산강유역권 분구묘들이 도굴된 시기는 의외로 이른 시기였을 가능성이 높다.

담양 서옥 2호분은 분구 정상부에서 파괴된 석곽 2기가 확인되었는데 석곽과 관련된 많은 양의 할석들이 주구 바닥쪽에서 출토된 바 있기 때문에[84] 고분 축조 후 그다지 긴 시일이 경과하지 않은 시점에 대대적인 도굴이 이루어지면서 석곽의 석재들이 주구로 버려졌던 것으로 추정된다. 광주 각화동 석실분과 영암 옥야리 방대형 고분에서는 도굴과 관련된 것으로 추정되는 통일신라 유물들이 매장주체부에서 출토되기 때문에 도굴이 이루어진 시점을 통일신라로 보아야 할 것으로 판단된다. 이는 백제 패망과 함께 이 지역 고분들의

---

84) 호남문화재연구원, 2007,『담양 서옥고분군』.

관리가 제대로 이루어지기 어려웠음을 말해줄 것이다[85].

V. 사회 성격 문제

　분구묘 사회의 성격을 살펴보는데 있어서는 취락, 출토유물 등과 함께 보다 종합적으로 검토하여야 할 것이지만 분구묘의 시기별 변화상과 구조적 특징을 감안해 보면 사회 성격의 일면을 어느 정도 파악해 볼 수 있을 것이다.

　분구묘가 가진 일반적인 특징으로는 주구, 추가장에 의한 다장, 수직적·수평적 분구 확장, 수묘 등을 들 수 있는데 이 가운데 가장 주목되는 것은 추가장에 의한 다장이라고 할 수 있다. 다장은 가족을 중심으로한 혈연공동체적인 유대 속에서 성행하였던 것으로 보이는데 다장의 분구묘가 성행하였던 지역은 농경이 발전하였던 지역으로서 전남지역의 경우 기존의 지석묘 사회와 마찬가지로 혈연 중심의 농업공동체 사회로 발전하면서 강한 유대감 속에서 다장 분구묘가 빠르게 확산되는 한편 한반도 서남쪽에 위치한 지정학적 편향성으로 말미암아 새로운 문화 요소의 지속성이 상대적으로 강하게 유지되었던 것으로 추정된다.

　분구묘에서는 철기 출토량이 많지 않은 사실 역시 간과하기 어려운 현상이다. 마한 지역의 농경은 부드러운 흙으로 이루어진 낮은 구릉을 중심으로 발전하였기 때문에 철기 대신 목기로도 충분한 경작이 가능하였다. 목제 도구는

---

85)　임영진, 2011, 「영산강유역권 분구묘의 특징과 몇가지 논쟁점」, 『분구묘의 신지평』, 전북대학교.

재료를 구하거나 제작함에 있어 특별한 기술상, 조직상의 제약이 없으므로 조직적인 세력의 역할이 필요하지 않았을 것이다. 따라서 이와 같은 환경에서는 철기 제작 뿐만 아니라 교역을 비롯한 경제 활동의 범위도 일정한 규모 이상으로 확대될 필요가 없었을 것이며 이를 장악하는 세력 역시 크게 성장하기는 어려웠던 것으로 보인다[86]. 분구묘 사회는 노동집약적인 농경의 특성상 혈연 공동체의 성격이 강했을 것이며, 이는 고대국가로의 발전을 막는 요인 가운데 하나가 되었을 것으로 생각된다.

분구묘 사회는 이와같은 한계 속에서 비혈연적인 계층화, 위계화가 이루어지지 못하였던 것으로 보이며 일반적인 사회발전단계로 표현한다면[87] 일단 chiefdom 사회에 해당하는 것으로 볼 수 있을 것이다. 그러나 그 가운데는 중국과의 교역을 주도하였던 國들도 섞여 있는 등 모든 國들이 동일한 사회 성격을 가지는 것은 아니었다. 권역별 핵심국들은 실질적으로 주변 제국들을 이끌어 나갔던 맹주국이 되었다고 할 수 있으며 한강유역권의 伯濟國, 아산만권의 目支國, 전남지역의 新彌國 등이 대표적인 예가 될 수 있을 것이다.

그러므로 이와 같은 國들은 chiefdom 사회 가운데에서 주변에 영향력을 행사할 수 있었던 great chief가 이끌었던 사회로 구분해 볼 수도 있을 것이다. 그러나 이들 가운데에는 한강유역권의 伯濟國 처럼 고대국가로 발전하였던 國도 있지만 대부분은 고대국가로 발전하지 못하고 백제에 병합되고 말았다. 비슷한 수준의 마한 제국 가운데 특정 세력이 부각되는 이유에는 여러가지가 있

---

86) 임영진, 2011, 「3~5세기 영산강유역권 토착세력의 성장 배경과 한계」, 『백제학보』 6.
87) Jonathan Haas, 1984, 『The Evolution of the Prehistoric State』, University of Columbia Press; Elman R. Service, 1971, 『Primitive Social Organization』(second edition), Random House, New York; Jared Diamond(김진준 역), 1998, 『총, 균, 쇠』, 문화사상사.

겠지만 중요한 이유 가운데 하나는 지정학적 위치에 따른 선진 지역과의 유기적 관계일 것이라고 생각된다[88].

Ⅵ. 맺음말

분구묘는 마한을 상징하는 중요한 고고학 자료 가운데 하나로 알려져 있지만 지금까지 밝혀진 사실보다는 아직 밝혀지지 않은 사실들이 더 많다. 그동안 조사되었던 분구묘들은 경기 · 충청 · 전라지역에 걸쳐 수백기를 헤아리게 되었지만 공간적으로 넓은 범위에 분포되어 있을 뿐만 아니라 시간적으로 장구한 기간 동안 발전해 나오면서 다양한 구조를 가지고 있으면서도 출토 유물이 많지 않기 때문에 시간적, 공간적, 내용적 차이에 대한 연구가 깊이 있게 이루어지지 못하고 있다.

앞에서 살펴본 바와 같이 고고학적으로 동일하거나 유사한 자료들에 대해서도 서로 다른 용어들이 사용되고 있을 뿐만 아니라 지역별 비교 검토가 원활하기 이루어지지 못함으로써 분구묘의 기원을 비롯하여 편년, 발전과정과 그 배경 등 기본적인 연구들이 충실히 이루어지지 못하고 있는 것이다.

이 글에서는 이와같은 현실적인 문제를 감안하여 향후 효율적인 연구에 필요한 몇가지 제안을 하는데 중점을 두었다. 이를 위해 기존 연구 성과를 몇가지 주제로 구분하여 종합적으로 검토한 다음 문제점을 지적하고 나름대로의

---

88) 임영진, 2013, 「호남지역 삼국시대 고고학의 연구 성과와 과제」, 『호남고고학보』 45.

대안을 제시해 보았다. 그 가운데 가장 중요하다고 생각되는 것은 지역별 연구에서 탈피하여 마한권의 전체적인 시각에서 연구해 나가는 것이라고 보며, 더 나아가서는 비슷한 성격을 가진 고분들이 분포되어 있는 중국이나 일본과의 비교 연구가 본격적으로 이루어져야 할 것이라는 점이다.

이를 위해서는 지역 연구자 사이에 학문적인 교류가 더욱 활성화되어야 할 것이며 무엇보다도 발굴현장 공개설명회가 잘 활용될 필요가 있을 것이다. 이는 기초 자료에 대한 인식을 서로 분명하게 하는 한편 중요한 문제점들에 대한 공통된 관심을 불러일으킴으로써 현안 문제들을 보다 효과적으로 해결해 나가게 할 수 있을 것이다.

경기지역 마한 분구묘의 구조와 출토유물

김기옥 한강문화재연구원

Ⅰ. 머리말

Ⅱ. 경기지역 마한 분구묘 유적

Ⅲ. 맺음말

Ⅰ. 머리말

　본고는 마한 분구묘에 대한 권역별 연구의 기초 작업의 일환으로, 최근 자료가 증가한 경기지역의 분구묘 유적 자료를 개관하고 이 지역 분구묘의 구조적 특징과 출토유물에 대해 간략히 언급해 보고자 한다.

　분구묘(墳丘墓)의 정의는 '하나 혹은 여러 개의 매장주체부를 담을 분구(墳丘)를 먼저 조성한 뒤 그 안에 매장시설(埋葬施設)을 축조하여 넣는 것' 이라는 이성주[1]의 견해를 따른다. 이 개념에서 분구묘와 봉토분을 구분하고 분구묘를 다시 저분구묘(低墳丘墓)와 분구고총(墳丘高塚)으로 세분할 수 있다[2]. 여기서 분구묘는 '성토분구묘'로 돌로 분구를 쌓은 적석분구묘와는 구분된다[3].

　한반도 내 분구묘의 개시 연대에 대해서는 영광 군동유적 및 익산 영등동, 보령 관창리 유적 등에서 출토된 흑도장경호 혹은 원형점토대토기로 보아 기원전후한 시기로 파악되고 있다. 이들 서해안 일대에 축조된 초기의 분구묘가 그동안 충청 호남지방의 서해안 일대에서 주로 발굴조사 되어 영산강유역의 옹관고분으로 계승되는 선행묘제로서 인식되어 왔다[4]. 그러나 최근 경기도의

---

1)　李盛周, 2000, 「墳丘墓의 認識」, 『韓國上古史學報 第32號』, 韓國上古史學會.

2)　최병현, 2002, 「주구묘 · 분구묘 소관 –최완규 교수의 '전북지방 주구묘' 토론에 붙여-」, 『東아시아의 周溝墓』, 호남고고학회 창립10주년 기념 국제학술대회.

3)　임영진, 2002, 「영산강유역권의 분구묘와 그 전개」, 『호남고고학보』16; 최완규, 2002, 「全北地方의 周溝墓」『東아시아의 周溝墓』, 호남고고학회 창립10주년 기념 국제학술대회; 김낙중, 2009, 『영산강유역 고분 연구』학연문화사; 김승옥, 2009, 「분구묘의 인식과 시공간적 전개과정」『한국 매장문화재 조사연구방법론 5』국립문화재연구소.

4)　崔完奎, 1997, 「錦江流域 百濟古墳의 研究」, 숭실대학교 대학원 박사학위논문; 임영진, 2002, 「영산강유역권의 분구묘와 그 전개」, 『호남고고학보』16.

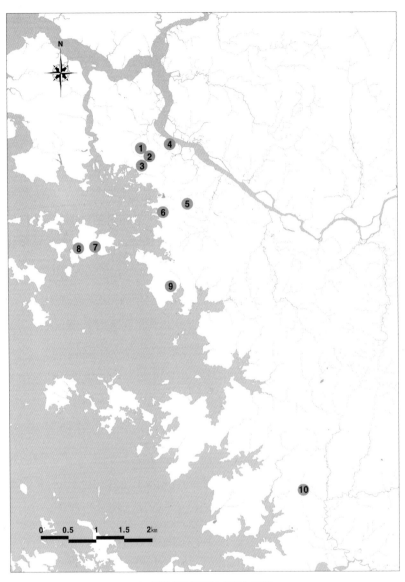

[그림1] 경기지역 분구묘 유적
1. 김포 양곡   2. 김포 구래동   3. 김포 양촌   4. 김포 운양동
5. 인천 동양동   6. 인천 연희동   7. 인천 중산동
8. 인천 운서동   9. 인천 구월동   10. 화성 요리

신도시 개발에 따른 구제발굴조사가 증가하면서, 김포 인천 등 경기도지방의 한강하류 및 서해안 지역에서도 분구묘가 조사되어 분구묘의 공간적 범위가 북쪽으로 확대되었고 아울러 불명확했던 마한의 영역 또한 한강 하류까지 포함됨을 알 수 있게 되었다.

경기 서해안 일대에서 조사된 분구묘 유적은 방형의 주구에 매장주체부는 목관 혹은 목곽을 사용하였으며 추가장이나 다장은 거의 없고 대부분 단장묘이다. 출토유물은 토기 1~2점에 철기류가 부장되며 특히 대형분의 경우 환두대도의 부장이 두드러진다. 시기적으로는 초기에는 마한의 유물이 출토되다가 4~5세기 이후에는 삼국시대 백제 유물이 출토되어 백제의 영역확장에 따라 부장유물은 변화하지만 묘제로서 분구묘의 전통은 삼국시대까지 계속 이어지고 있다.

II. 경기지역 마한 분구묘 유적

경기지역에서 현재까지 발굴조사된 분구묘 유적은 10개소, 조사된 분구묘는 146기에 이른다. 김포한강신도시, 영종하늘도시, 인천 동양지구 등 대부분이 2005년 이후 진행된 택지개발지구 내에서 확인된 유적으로 현재 잔존하는 유적은 거의 없다.

분구묘 유적의 입지는 〈그림 1〉에 표시된 바와 같이 모두 서해안 일대로 마한 분구묘 유적이 서해안을 따라 입지하고 있음을 보여준다. 현재까지는 김포 지역이 마한 분구묘 유적의 최북단에 해당된다.

유적은 '흙으로 낮은 분구를 성토하여 만든 후 매장주체부를 설치한' '성토

분구묘(盛土墳丘墓)'에 해당하는 유적만을 대상으로 하였다. 대상 유적에서 분구성토층이 확인된 사례는 김포 운양동유적과 화성 향남 요리 유적 등 소수밖에 없다. 따라서 유구의 잔존 형태는 목관 혹은 목관묘의 매장주체부와 주구로 확인된다. 이러한 형태는 주구토광묘와 혼돈될 수 있으나, 경기도 지역 분구묘 유적과 주구토광묘 유적은 유적의 입지, 유구의 형태 등에서 차이를 보이므로 금번 조사 자료에서는 분구묘 유적만을 대상으로 하고 주구토광묘와 단순 목관, 목곽묘만 조사된 유적은 제외하였다. 다만, 분구묘 유적 내에 주구토광묘나 단순목관묘, 옹관묘 등의 무덤형식이 공존하는 것으로 보고된 사례는 유적의 이해를 돕기 위해 내용을 포함한 사례도 있다.

경기지역 마한 분구묘 유적의 현황은 아래와 같다.

연번	유 적 명	원삼국~삼국시대 무덤	주요 출토유물	비고
1	김포 양곡유적	분구묘 4, 주구토광묘 4, 목관묘 1	이조돌대주조철부, 대옹	
2	김포 구래동유적	분구묘 1, 추정분구묘 1	대옹편	
3	김포 양촌유적	분구묘 33, 목관묘 10	환두대도, 낙랑계토기	
4	김포 운양동유적	분구묘 32, 목관묘 3	금제이식, 한국식동검, 철제무기, 낙랑계토기	
5	인천 동양동유적	분구묘 1, 목관묘 4, 옹관묘 1	단경호, 심발형토기	
6	인천 연희동유적	분구묘 56, 목관묘 1	환두대도, 철모, 철정	
7	인천 중산동유적	분구묘 2	환두대도, 단경호	
8	인천 운서동유적	분구묘 2	환두대도, 단경호, 궐수문장식	
9	인천 구월동유적	분구묘 13, 목곽묘 1, 목관묘 3	환두도, 직구소호	
10	화성 향남 요리유적	분구묘 1, 목곽묘 1, 토광묘 6, 옹관묘1	금동식리, 관모(목곽묘)	
합계		분구묘 146기		

[표1] 경기지역 분구묘 유적 현황

경기지역의 분구묘 유적은 모두 해안가에 인접한 저평한 구릉상에 입지하고 있다. 묘역의 조성 시기는 2세기 중후반에서 5세기까지 이어진다[5]. 현재까지의 자료로는 김포 운양동 유적의 Ⅰ-1기 분구묘가 경기지역에서 가장 이른 시기에 해당되어 2세기 중후반에서 3세기 전반에 경기지역에 분구묘가 조성되기 시작하였다고 볼 수 있다. 이후 경기지역에 분구묘 유적이 증가하지만 유구의 형태와 출토유물의 양상으로 보아 3세기 중엽의 같은 시기에 김포 인천지역 간의 차이는 보이지 않으며 축조방식, 매장주체부의 구조, 유물 부장양상 등에서 동일한 분구묘 전통이 김포 인천지역에서 삼국시대까지 지속된 것으로 파악된다. 그리고 최근 발굴조사된 화성 향남 요리 유적의 분구묘도 매장주체부가 확인되지는 않았으나 주구 내에서 중복관계를 보이는 토광묘 출토유물이 5세기 이후에 해당되어[6] 경기지역의 분구묘가 5세기 이후까지 사용되었음을 알 수 있다.

분구의 형태는 방형 혹은 장방형이 주를 이루며 3세기 중후반이 되면서 입지도 정상부와 가까운 사면으로 확장되고 분구의 형태도 약간씩 변화된다. 매장주체부는 목관 혹은 목곽묘로 주축방향은 능선에 평행한 방향이나 구릉 사면부에 위치하는 것은 직교하는 것도 있다.

목관의 규모에 비해 묘광의 규모가 큰 것이 특징인데, 묘광과 목관 사이의

---

5) 각 유적 및 출토유물의 편년은 해당 보고서의 고찰을 기본으로 하되, 철기가 출토된 경우 영남지방 철기에 대한 연구성과를 기초로 보완하였다.
李盛周, 1997,「辰·弁韓 鐵製武器의 樣相에 대한 몇가지 檢討 –起源期의 樣相과 變形過程을 中心으로–」,『嶺南考古學』21; 孫明助, 2012,『韓國 古代 鐵器文化 研究』, 진인진; 金새봄, 2011,「原三國後期 嶺南地域과 京畿·忠淸地域 鐵矛의 交流樣相」,『한국고고학보』81.
6) 한국문화유산연구원, 2014,『화성 향남2지구 동서간선도로(F·H지점) 문화유적 발굴조사 –제5차 학술자문회의 자료–』.

공간에 유물을 많이 부장하지 않았음에도 불구하고 묘광의 규모를 크게 하였다. 이것은 실용적인 목적보다는 매장관습에 의한 것으로 판단된다[7]. 목관과 목곽의 사용은 명확하지는 않지만, 김포 운양동, 양촌유적 등에서도 3세기 후반이후에 목곽묘가 매장주체부로 채택되고 인천의 연희동과 구월동 유적에서도 목관묘 이후에 목곽묘가 등장하는 것으로 파악된다.

김포 양촌 2-3지점 나-1호 분구묘를 제외하고 목관묘에 유물 부장칸은 별도로 설치되지 않았으며 유물의 부장은 대체로 빈약한 편이다. 청당동유형의 주구토광묘와 같이 원저단경호와 심발형토기가 공반되는 부장양상은 보이지 않는다.

토기는 매장주체부의 목관외부에 호 1점 정도가 부장되며 주구 내에는 대옹 혹은 단경호를 파쇄하여 매납한다. 3세기 전반에는 승문타날의 낙랑토기제작기법의 영향을 받은 단경호가 출토되나 3세기 중후반이 되면 평행타날단경호 혹은 견부가 강조된 평저외반호가 출토된다. 양이부호와 평저외반호가 모든 유구에서 출토되지는 않지만 서해안지역 분구묘 유적에서 공통적으로 출토되는 기종으로 판단된다.

토기류에 비해서는 철기류의 부장이 많은 편으로 3세기 전반 대형분의 경우 철검과 철모의 복수부장 등 철제무기류가 다수 부장된다. 그러나 3세기 중후반 이후에는 환두대도와 도자, 철검, 철부 각 1점 등으로 소량의 철기류가

---

7) 같은 시기 영남지방의 목곽묘가 낙랑의 상위계층의 대형목곽묘를 채용하면서 묘광의 규모가 커지고 여러 단계의 부장행위를 거치며 후장(厚葬)하는데(高久健二, 2000), 유물의 양은 영남지방에 비해 적지만 목관임에도 불구하고 묘광의 규모를 크게 하는 점, 목관 내·외, 보강토, 봉토 등 여러 단계의 부장행위를 하는 점 등은 역시 낙랑 상위계층의 묘제를 채용하는 과정에서 나타난 것으로 볼 수 있다.

부장되며 특히 환두대도의 부장이 두드러진다[8].대형분이 구릉의 정상부에 입지하고, 묘광의 규모가 커지며 구슬 등의 장신구류, 철검, 환두대도, 철모, 철촉, 철부, 철겸 등의 철기류 기종 구성을 보이는 것은 영남지방의 목곽묘 출현기의 양상과 동일한데 특히 환두대도, 철모, 철부, 철촉 등의 철제 무기류는 영남지방과 동일한 형식이다.

충청과 호남 서해안지역의 분구묘가 4~5세기대에 분구의 확장과 다장(多葬)이 이루어져 옹관고분으로 발전하는 것에 비해 경기지역의 분구묘는 분구의 확장 없이 단장(單葬)의 성토분구묘로 계속 유지되는 것이 특징이다. 그러나 화성 향남 요리 유적의 분구묘의 경우, 주구 내에서 분구 내 즙석에 사용되었을 것으로 보이는 다량의 할석들이 확인되어, 삼국시대 이후 경기지역에서 성토분구묘와 즙석분구묘의 관련성도 고려해 볼 필요가 있다. 그리고 영산강유역의 옹관고분에서 매장주체부로 사용되는 대옹이 경기지역에서는 주구 내에 파쇄되어 매납되는 등 의례행위로만 사용되었다.

이와 같이 경기지역의 분구묘유적은 서해안지역의 마한 분구묘라는 큰 범주 내에 속하지만, 경기내륙 지역의 주구토광묘와 구별되고, 유구의 구조 및 전개양상은 이 지역만의 특징을 지니고 있다.

경기지역 분구묘 축조집단의 성격에 대해서는 김포 운양동 유적의 금제이식과 철검 등의 유물로 보아 부여족과의 관련[9]이 언급된 바 있으며, 최근에는 한강 중하류의 묘제를 분석하여 김포 일대의 분구묘 집단을 마한 북단의 강력

---

8) 환두대도는 진·변한 대형 목곽묘 출현기에 새로이 출현하는 유물로 낙랑 대방과의 교섭을 통해서 도입된 한식 위세품(漢式 威勢品)으로 인식되고 있다(高久健二, 2000).
9) 申敬澈, 2011, 「백제문화의 원류, 부여와 고구려문화 토론문」, 『백제사람들, 서울역사를 열다』, 한성백제박물관 2011년 국제학술회의.

한 핵심세력으로서 기리영(崎離營) 전투에서 대방군을 공격한 신분고국(臣濆沽國)으로 비정한 연구[10]도 있다. 그러나 현재로서는 경기지역 분구묘유적의 양상이 동시기의 김포, 인천지역 등에서 차이가 보이지 않기 때문에 고문헌에서 확인되는 速盧不斯國, 臣濆沽國 등으로 구분하기에는 고고학적 증거가 불충분한 형편이다. 현재까지의 자료로 보아 경기지역의 분구묘 유적이 서해안 일대에 입지한 점, 철검·환두대도·철모·철촉 등 철제무기류를 소유한 점, 낙랑·부여 등 외래계유물이 출토되는 점으로 볼 때 해상활동을 기반으로 한 마한세력 중 낙랑, 부여, 진·변한과 독자적으로 교역활동을 할 수 있었던 유력 집단의 묘제인 것으로 추정된다.

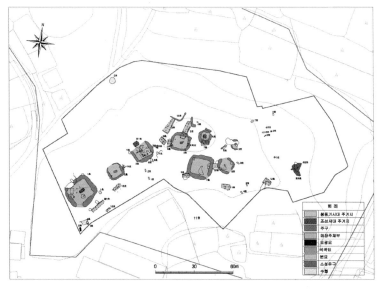

[도면1] 김포 양촌 유적 3지점 나구역 유구분포도

10) 車胤煥, 2011, 「原三國後期~百濟初期 漢江 中·下流域의 墓制와 地域集團 硏究」, 龍仁大學敎 文化財大學院 碩士學位論文.

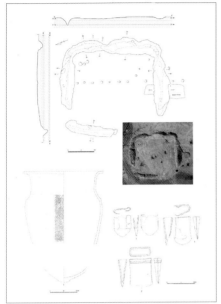

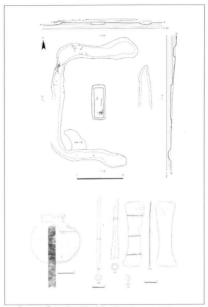

[도면2] 김포 양곡유적 3호 분구묘　　　　[도면3] 인천 연희동 유적 1–5지점 4호

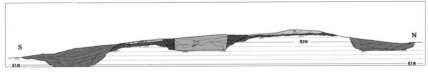

[도면4] 김포 운양동 유적

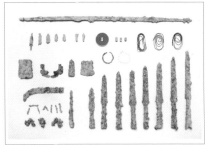

[사진1] 김포 운양동유적 12호 분구묘와 출토유물

[사진2] 김포 운양동유적 27호 분구묘 출토유물

[도면5] 화성 향남 요리 유적

Ⅲ. 맺음말

경기지역의 마한 분구묘는 서해안을 중심으로 분포하고 있으며 강의 하류나 서해안의 낮은 구릉 정상부와 이에 가까운 사면부에 입지한다. 유구는 매장주체부와 주구의 형태로 확인되는데 김포 운양동유적과 화성 요리유적 등에서 분구 성토층이 조사된 사례도 있다. 매장주체부는 추가장이나 다장은 거의 확인되지 않으며 단장묘의 전통이 초기부터 삼국시대까지 계속 이어지고 목관 혹은 목곽을 사용하였다. 충청, 전라지역에서 분구묘의 주묘제로 채택되는 옹관은 경기지역에서 주묘제로 채택되지 않았고 주구 내에 대옹을 파쇄하는 의례행위로 나타난다. 주구의 형태는 주로 방형으로 대형분의 예로 보아 분구 기저면의 형태는 직사각형에서 방형으로 변화해 가는 것으로 볼 수 있다. 유물은 호류의 토기 1~2점과 철기류, 장신구류 등을 부장하는데, 철제 무기는 영남지방의 원삼국시대 목관, 목곽묘에서 출토되는 것과 동일한 형태이다. 철제 무기류 중에서도 경기지역 분구묘의 대형분에는 환두대도의 부장이 많아 특징적이라고 볼 수 있다. 토기 중에는 양이부호와 견부가 강조된 외반구연호가 서해안지역 분구묘 유적에서 공통적으로 나타나고 철제 무기류는 삼한 전체가 동일한 양상을 보이지만, 철서 등 일부 유물은 서해안 지역에서만 나타난다.

경기지역의 마한 분구묘는 김포에 2세기 중후반에 조성되기 시작하여 서해안의 김포 인천 지역으로 3세기 중엽이후 확대된다. 인천지역과 최근 발굴조사된 화성 향남에서 5세기까지 분구묘 유적이 확인되는 점으로 보아 목관, 목곽묘의 매장주체부에 방형의 주구를 갖춘 형태의 분구묘 선통이 삼국시대까지 계속 이어지는 것으로 볼 수 있다.

경기지역 마한 분구묘 사회의 연구성과와 과제

조가영 서울대학교박물관

Ⅰ. 머리말

Ⅱ. 시기별 조사 성과

Ⅲ. 주제별 연구성과

Ⅳ. 맺음말

Ⅰ. 머리말

통상적으로 마한은 한반도 중서부지역에 위치하였고, 伯濟國이 고대국가 百濟로 성립되어 가는 과정에서 병합되는 정치체로 인식되고 있다. 고고학계에서 마한은 백제와 대등한 관계로 그려지거나, 고정된 성격을 유지하는 정치체로 오인되기도 한다.[1] 또한 백제와 마한의 선후 관계를 상정하여, 백제의 문화 요소가 보이지 않는 지역에서 마한의 존속을 논의하거나, 이후 백제로 편입되는 영역까지 마한의 영역으로 환치하기도 한다.

초기 국가 백제가 성립한 서울 강남의 대립항으로서 충청·호남지역이 마한의 영역으로 인식되고 있으며, 이 지역의 문화 요소를 통해 마한을 규정할 수 있는 물질 문화를 찾으려는 시도가 이루어지고 있다. 금강 이남을 중심으로 분포하는 사주식 주거지를 마한계 주거지로,[2] 주구가 있는 무덤을 마한계 분묘로 설정하고[3] 이 지역에서 출토 빈도가 높은 양이부호, 조족문토기, 마형대구, 청동의기와 세문경 등을 마한의 특징적인 문화 요소로 주목하기도 한다.[4]

마한의 소국으로 출발한 백제는 한강 유역에서부터 세력을 확장하여 4세기대에는 경기지역을 그리고 5~6세기대에 호남지역을 병합한다. 그러나 정작

---

1) 권오영, 2010, 「마한의 종족성과 공간적 분포에 대한 검토」, 『한국고대사연구』 60.
2) 김승옥, 2004, 「전북지방 1~7세기 취락의 분포와 성격」, 『한국상고사학보』 44; 김승옥, 2007, 「금강 유역 원삼국~삼국시대 취락의 전개과정 연구」, 『한국고고학보』 65,
3) 김승옥, 2011, 「중서부지역 마한계 분묘의 인식과 시공간적 전개과정」, 『한국상고사학보』 71.
4) 임영진, 1995, 「마한의 형성과 변천에 대한 고고학적 고찰」, 『한국고대사연구』 10.

마한 단계의 백제에 대해서는 알려진 바가 거의 없는데, 마한을 백제의 대립항으로 인식하는 과정에서 마한의 구성 요소로서 백제에 대한 접근은 이루어지지 못했기 때문으로 생각된다. 마한의 실체를 규정할 수 있는 문화 요소에 대한 연구 성과들은 충청과 호남지역을 중심으로 발표되어 왔으며, 한강 유역은 문화적 공백지대 혹은 예족 집단의 활동 영역으로 비정되는 등, '한'으로 인식되지 않는 경향이 짙었다.

한성 백제로 이어지는 마한 단계의 백제에 대한 논의 과정에서 마한의 물질문화에 대한 적용의 폭은 넓어진다. 석촌동 및 가락동 즙석분구묘의 지상 매장, 다장의 요소는 충청·호남지역의 분구묘들과 상통하는 것으로 보아 '광의의 마한권'의 특징으로 지목되기도 하였다.[5] 또한 한강 하류역에서 조사된 주구가 확인되는 분묘 유적들은 한강 유역에서 '한'의 실체에 접근할 수 있는 단초를 제공하고 있다.

이 글에서는 마한 단계의 백제에 접근하기 위한 선행 작업으로서 백제의 국가 형성기 전후의 시점의 경기지역에서 조사된 고분의 연구 성과들을 개관하고자 한다. 시기별로 조사 성과를 개관하고, 이를 바탕으로 한 연구 성과를 주요 쟁점에 따라 발제할 것이다.

---

5) 임영진, 2005, 「백제한성기 묘제의 다양성과 그 의미」, 『고고학』 4-1, pp. 6~7.

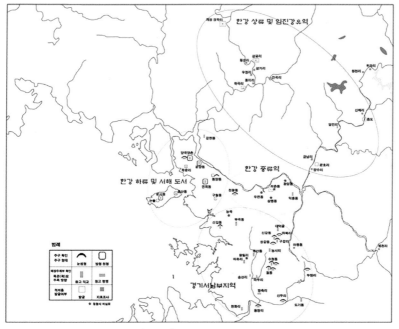

[그림 1] 대상 유적 분포도

Ⅱ. 시기별 조사 성과

시기에 따른 조사 성과의 축적과 증가는 백제에 대한 다양한 접근을 이끌어내는 원동력이 되고 있다.

일제강점기에 석촌동고분군이 백제의 분묘로 인식된 이래, 잠실지구 개발 과정에서 이루어진 서울 강남지역에 대한 발굴조사는 백제 중앙의 묘제와 토기의 변화상, 그리고 초기 백제의 출자 세력과 관련한 실마리를 제공하였다.

1980년대 전반에는 댐 건설 사업의 일환으로 임진강 및 한강 상류역에 대한 조사도 이루어졌다. 일련의 조사에서 강안 사구에 위치한 적석 유구에 대한 발굴이 이루어졌는데, 외형상 고구려 무기단식 적석총과의 유사성이 주목되었다.

1990대 경부고속철도 건설과 대규모 위성 도시 개발 사업의 여파로 '화성 마하리', '용인 대덕골' 등 경기 남부 일대의 대규모 토광묘 군이 조사되었다. 이 성과를 바탕으로 한성기 백제 고분이 토광묘 -> 석곽묘 -> 석실묘로의 계기적으로 변화하였음이 확인되었고, 다수의 한성 중앙 양식 토기가 출토되어 백제의 영역화 과정에 대한 논의를 촉발시켰다.[6]

2000년대 후반 발굴 규모가 커지게 되고, 한강 하류역에 대한 조사가 본격화되었다. 분구묘의 북한계선이 김포까지 북상하였고, 오산 수청동을 포함한 경기 남부 지역에서 금강 유역 중심으로 확인되던 주구토광묘가 조사되었다. 또한 화성 요리에서는 금동관모가 출토된 목곽묘와 봉분이 남아있는 분구묘가 조사되기도 하였다. 결과적으로 경기지역의 원삼국시대~삼국시대의 다양한 묘제의 병존이 확인되었다.

아래에서는 시간적 흐름을 바탕으로 조사 성과들을 살펴보되, 일부 성과들은 지역 단위로 묶어서 검토하였다.

1. 서울 강남지역 조사와 백제 고분의 인식: ~1990년대 후반

한강 중류역은 백제의 성장과 발전 과정을 이해하기 위한 핵심 지역이지만 서울의 개발 과정에서 대부분의 유적이 유실된 것으로 추정되며 축적된 조사 성과는 많지 않다.

---

6) 성정용, 2000, 「중서부 마한지역 백제영역화 과정 연구」, 서울대학교대학원 박사학위논문; 김성남, 2006, 「백제 한성시대 남방영역의 확대과정과 지배형태 시론」, 『백제의 변경』 4-1; 박순발, 2007, 「묘제변천으로 본 한성기 백제의 지방 편제 과정」, 『한국고대사연구』 48.

석촌동고분군에 대한 조사[7]는 일제강점기에 시작되었다. 이 유적은 1911년 <古跡及遺物保存規則> 제정을 위한 사전조사에서 최초로 존재가 확인되었으며, 백제 한성기 고분으로 인식되었다.[8] 1912년 9월 關野貞, 谷井濟一, 栗山俊一이 일대를 답사하며 간략한 기록을 남겼는데, 이 때 1916년에 간행된 <朝鮮古蹟圖譜>의 석촌동 일대의 고분분포도가 작성된 것으로 보인다.[9] 이 고분분포도는 묘제의 형식을 甲塚과 乙塚으로 나누어 표시하였는데, 甲塚 23기, 乙塚 66기의 존재가 확인된다. 1916년에는 고분의 분포와 현상에 대한 간략한 조사가 이루어지는데, 第1~4積石塚의 크기, 상대 위치 등에 대한 기록이 남아있다.[10] 본격적인 조사는 1917년에 실시된 것으로 보인다. 조사위원 谷井濟一을 중심으로 측량, 제도, 촬영을 위한 3인 이상의 실무 담당 조사원들이 현장 조사에 파견되었으며,[11] 일대의 고분 분포에 대한 도면 작성과 석촌리 제1~4호 적석총, 제6·7호분, 제8호분, 가락리 제1호분 및 제2호분 등에 대한 내부 조사 및 실측이 이루어진다. 이 때 작성된 분포도에는 석촌동 일대의 고분 293기의 밀집 분포 양상이 확인된다.

---

7) 석촌동고분군은 원삼국~한성백제에 걸쳐 축조된 것이기 때문에 일부는 백제의 마한 병합 이후에 축조되었을가능성이 있다. 그러나 마한의 시공간적 범위를 명확하게 설정하기 어려운 현 시점에서, 마한 고분과의 비교를 위해 간략하게나마 제 양상에 대해 언급하였다. 상세한 석촌동고분군의 조사 성과와 핵심 논쟁에 대해서는 아래를 참고하기 바란다.
임영진, 1995, 『백제한성시대고분연구』, 서울대학교대학원 박사학위 논문.
조가영, 2012, 『석촌동고분군 조성 연구』, 서울대학교대학원 석사학위 논문.
조가영 2013, 「석촌동고분군의 재인식과 해석」, 『한성지역 백제 고분의 새로운 인식과 해석』(제13회 백제학회 정기발표회).

8) 朝鮮總督府, 1914, 『朝鮮古蹟調査報告』.

9) 朝鮮總督府, 1916, 『朝鮮古蹟圖譜』三.

10) 朝鮮總督府, 1917, 『大正五年度古蹟調査報告』.

11) 이순자, 2009, 『일제강점기 고적조사사업 연구』, 景仁文化社, pp. 112~115.

1970년대 서울시의 잠실 개발 계획의 일환으로 文化公報部 文化財管理局 주관의 유적조사 계획이 수립되는데, 백제 건국과 관련된 지역으로 석촌동 일대가 주목되었다. 그 일환으로 고려대학교가 주관하여 1969년 가락동 1호분과 2호분에 대해 발굴 조사가 이루어졌다. 이는 해방 이후 이루어진 한강 중류 지역 최초의 매장 유적에 대한 조사라는 측면에서 의의를 찾을 수 있다. 조사에서는 복수의 매장주체부와 외부 즙석 등의 고분 구조가 파악되었고, 흑색마연토기, 이중구연호 등이 수습되었다.

이어 서울대학교박물관은 석촌동 3호분과 4호분을 1974년에, 파괴분과 5호분을 1976년에 조사하였다. 이 조사로 석촌동 5호분과 파괴분이 가락동 1호분, 2호분과 유사하게 복수의 매장주체부와 외부 즙석을 특징으로 하는 구조임이 확인되었다.

석촌동 3호분, 4호분, 5호분이 사적으로 지정되면서 3호분 상부와 주변의 민가가 철거되게 되었고, 1983년과 1984년, 그리고 1986년에 걸쳐 규모를 확인하기 위한 조사가 이루어졌다. 매장주체부가 확인되지 않았지만 3호분이 한변 50.8m에 이르는 대형분임이 밝혀졌으며, 최소한 3단의 기단을 갖춘 구조임이 확인되었다. 또한 기반층에서 동진대 청자반구호 구연부가 출토되어, 근초고왕릉으로 비정되기도 하였다.[12]

4호분은 3단 위에 횡혈식 석실의 구조가 확인되었다고 하였으나, 그 구조가 자세하지 않다. 보고자들은 이 구조에 대해 횡혈식 석실을 상징적으로 표현한 것으로 이해하였으나,[13] 1984년 추가 발굴의 담당자는 횡혈식 석실의 벽으로

---

12) 金元龍·李熙濬, 1987, 「서울石村洞3號墳의 年代」, 『斗溪李丙燾博士九旬紀念韓國史論叢』.
13) 서울大學校博物館·考古學科, 1975, 『石村洞 積石塚 發掘調査報告書』.

추정된 곳이 적석총 3단의 하부 구조이며 기존에 보고된 연도의 길이는 3단 석축의 폭을 반영하는 것으로 판단하였다.[14]

1986년에는 3호분의 일부를 훼손하도록 설계된 백제고분로가 지하차도로 변경됨에 따라 해당 공사구간에 대한 조사가 이루어지게 되었다. 3호분 동쪽 고분군으로 알려진 해당 조사에서는 토광묘, 옹관묘, 즙석봉토분, 화장유구 등 다양한 묘제가 확인되었다. 1987년에는 사적지 내부의 민가가 철거되고 고분 공원 범위에 대한 전면 조사가 이루어졌다. 이 조사는 연합발굴로 이루어졌는데, 1호분, 2호분 지역은 서울대, 5호분 주변 지역은 경희대, 그리고 4호분 주변 지역은 숭실대가 조사하였다. ㄱ자 트렌치를 조사 범위 전면에 설치한 다음 유구 주변을 확장하는 방식으로 이루어진 이 조사에서 1호분과 2호분의 규모와 구조가 확인되고, 다수의 유구가 노출되었다.

이러한 성과들을 바탕으로 석촌동에서 다양한 묘제가 확인되는 원인을 출자 세력의 구성에서 찾는 논의가 발표되기도 하였다.[15] 여기에서는 석축 내부를 점토로 구축한 1호분 북분, 2호분, 4호분 등을 토착지배집단이 고구려식 적석총의 일부 요소를 채용해서 만든 것으로 백제계 적석총이라 지칭하였다. 또한 즙석봉토분에 대해서는 전통적인 토광묘의 봉토 위에 할석이나 천석을 덮는 새로운 요소가 가미된 점이라는 측면에서 역시 한강 유역 토착민과 고구려계 이주민들이 접촉하는 과정에서 발생한 것이라고 보았다. 이에 대해 기단 내부가 흙이 아닌 돌로 채워진 것에 대해 고구려식 적석총이 서울 지역에 도입된 후 내부는 현지에서 구하기 힘든 돌 대신 흙을 채운 것으로 보는 시각이

---

14) 임영진, 2007, 「百濟積石塚의 發生 背景과 意味」, 『韓國上古史學報』57.
15) 임영진, 1994, 「서울 百濟土器古墳에 보이는 墓制의 複合性」, 『百濟研究』24.

제시되기도 하였다.[16] 이 두 관점은 적석총의 현지화라는 관점은 동일하지만, 그 배경에 대한 차이가 있다.

한편 임진강 유역에서는 적석 무덤이 확인되었다. 이 지역에서는 강변의 자연 사구 위에 강돌을 쌓아 만드는 무덤이 성행하는데, 현재까지 존재가 확인된 적석총은 모두 38기에 이르지만, 발굴 조사가 이루어진 고분은 일부이다.[17] 외형상 고구려 무기단식 적석총과 유사하여 그 축조 배경을 두고 다양한 의견이 제시되었으며, 관점에 따라 '(무기단식)적석총'[18] 이외에 '즙석식적석묘'[19], '즙석분구묘',[20] '적석분구묘'[21] 등으로 칭해지기도 한다. 조사 성과는 <표 1>과 같다.

이밖에도 달전리에서는 토광묘가 조사되었다.[22] 여기에서는 낙랑계 화분형토기와 평저단경호 세트가 세형동검, 쌍조두식 검파두식, 철단검, 환두소호, 철겸, 재갈 등과 함께 출토되어 학계의 주목을 받았다. 특히 평저단경호는 낙랑 이른 시기의 유적과 시간적으로 병행할 가능성이 높다고 판단되었다.[23] 이

---

16) 박순발, 1998, 「백제국가의 형성 연구」, 서울대학교대학원 박사학위논문.

17) 이동희, 2008, 「最近 硏究成果로 본 漢江·臨津江流域 積石塚의 性格」, 『韓國史學報』 32.

18) 황용훈, 1974, 「양평군 문호리유적 발굴보고」, 『팔당·소양강댐수몰지구 유적발굴종합조사보고』; 李東熙, 1998, 「南韓地域의 高句麗系 積石塚에 대한 再考」, 『韓國上古史學報』 28; 김성태, 2002, 「백제적석총의 역사고고학적 성격과 그 의미」, 『기전고고』 2.

19) 박순발, 1995, 「한성백제 성립기 諸墓制의 編年檢討」, 『先史와 古代』 6.

20) 김승옥, 2011, 「중서부지역 마한계 분묘의 인식과 시공간적 전개과정」, 『한국상고사학보』 71; 최병현, 2011, 「한국 고분문화의 양상과 전개」, 『동아시아의 고분문화』, 서경문화사.

21) 이성주, 2000, 「분구묘의 인식」, 『한국상고사학보』 32; 김승옥, 2009, 「분구묘의 인식과 시공간적 전개과정」, 『한국 매장문화재 조사연구방법론』 5, 국립문화재연구소.

22) 한림대학교박물관, 2007, 『가평 달전리유적』.

23) 이나경, 2013, 「중부지역 출토 낙랑계토기 연구」, 서울대학교대학원 석사학위논문.

는 고조선계 유이민의 이주 결과로 파악되거나,[24] 한군현의 직접 지배 영역으로 추정하기도 하였다.[25]

조사 연도	유적명	입지	기저부 규모 (m)	매장주체부			출토유물	보고서
				재료	수	크기(m)		
1972	양평 문호리	강안 충적대지 사구 (해발33m)	11×10×2.7	석곽	1	−	청동환 청동방울 관옥 철도자 꺽쇠 타날문토기	황용훈 1974
1981	춘천 중도	강안충적사구 (해발70m)	15×15×2	석곽	1	묘실 5.5×4.8	철도자 철정 청동환 직구호 타날문토기 이중구연호 꺽쇠	박한설 최복규 1982
1992~ 1993	연천 삼곶리	강안 충적대지 사고 (해발 30.5 ~36.5m)	28×11×1.3	석곽	2	2.7×1.4×1.1 2.5×1.4×1.1	철촉 청동환 단경호 구슬	문화재관리국 문화재관리소 1994
2001~ 2002	연천 학곡리	강안 충적대지 사구	25×10×1	석곽	4	2.7×1.0×1.1 2.3×2.0×1.2 1.8×1.3×0.7 2.4×1.7×0.6	철겸 청동방울 청동환 금박구슬 단경호 낙랑계토기 관옥	기전 문화재연구원 2004
2009~ 2010	연천 횡산리	강안 충적대지 사구 (해발39~42m)	58×58×1.2	−	−	−	관옥 철겸 철모 철촉	국방 문화재연구원 2009
1994	개성 장학리	산사면 말단	17×27 계단식	석곽	2	2.25×1.0 2.25×0.95	철도자 관정 구슬 타날문토기	조선 유적 유물도감편찬 위원회 1996

[표1] 임진강 및 한강상류역의 적석 분묘 조사일람표

24) 박성희, 2003, 「경춘복선 가평역사부지(달전리) 발굴조사」, 『고구려고고학의 제문제』 (제27회 한국고고학전국대회 발표문).
25) 김일규, 2009, 「가평 대성리유적의 원삼국시대 전기 취락」, 『가평 대성리 유적』.

2. 경기 남부 지역 조사와 백제 지방 고분의 분별: ~2000년대 중반

경기 남부 지역은 1990년대 이후 대규모 택지 개발과 경부고속철도 준설 등의 이유로 조사의 규모가 큰 매장 유적이 여럿 조사되었다. 이 지역의 연구 성과는 하나의 유적 내에서 다양한 묘제 조합이 확인된다는 점과 한성 중앙 양식 토기의 출토 빈도가 높다는 것이다. 묘제 조합은 시간성을 반영하는 것으로 해석되었고, 횡혈식 석실묘의 존재 여부는 지역 간의 위계를 보여주는 근거로 받아들여졌다.[26]

경부고속철도 건설 구간에 대한 조사로 마하리 일대에 500여기의 무덤군이 존재함이 확인되었다.[27] 발굴조사는 목관묘 15기, 목곽묘 1기, 석곽묘 49기, 횡혈식석실묘 1기 등에 한하여 이루어졌다. 마하리고분군에서 확인된 석곽묘와 횡혈식석실묘는 백제 지역에서 확인된 것 중 가장 이른 시기에 속하는 것이다. 마하리 석곽묘는 석곽 상부 벽석의 축조가 엉성하며 석곽 상부를 덮는 개석이 확인되지 않았음이 주목되기도 하였는데, 이는 처음부터 내부가 흙으로 충전되었을 가능성을 보여주는 것으로 석곽의 출현이 목곽의 벽을 대체하는 데에서 기원했을 가능성을 보여주는 것이라고 추정되었다. 마하리고분군에서는 다른 백제 지역 조사 분묘와 달리 심발형토기, 장란형토기가 다수 부장되고 있는데, 특히 심발형토기는 다른 취락유적에서 확인되는 것에 비해 대형화된 것이다. 이 밖에도 연질과 경질의 대형 직구단경호 등 한성백제토기 양식이 다수 확인되고 있어 4세기 무렵 마하리고분군 피장자와 한성 중앙과의 밀접한 정치적 관계가 형성되어 있었음을 알 수 있다.

---

26) 박순발, 2007, 「墓制의 變遷으로 본 漢城期 百濟의 地方 編制 過程」, 『한국고대사연구』 48.

27) 호암미술관, 1998, 『화성 마하리 고분군』; 숭실대학교박물관 · 서울대학교박물관, 2000, 『마하리 고분군』.

마북리에서는 주구가 부가된 토광묘가 확인되었다.[28] 이는 경기 남부 지역에서 주구가 확인된 최초의 사례로, 금동제 세환이식, 환두대도, 직구광견호 등이 출토되었다. 주구가 부가된 목곽묘에서 부장 유물의 수량이 가장 많으며, 보고자들은 4세기 후반의 연대를 설정하였다.

2006년 두창리에서도 토광목곽묘 22기가 확인되었는데, 대부분 주구가 부가되었다.[29] 유적은 3세기 말에서 4세기 전반에 걸쳐 조영되는 것으로 파악되었는데, 경기 남부 지역에서 확인된 대규모의 주구토광묘군이라는 점에 의의가 있다.

경기 남부 지역 고분군에 대한 활발한 조사 성과에 힙입어 2008년과 2009년에만 석사학위논문 4편이 작성되는 등 활발한 연구 업적이 발표되었다.[30] 논문마다 차이는 있지만 경기 남부와 충청지역의 지역 양상을 밝히는 것에 주력하고 있다. 경기 남부와 충청지역 주구부 토광묘의 대표적인 차이는 등고선과의 관계이다. 충청지역 주구부 토광묘가 등고선과 직교하여 축조되는 것과 달리 경기지역에서 조사된 주구부 토광묘는 등고선과 평행하도록 조성된 것이 다수를 점하고 있었다.

청당동을 상한으로 본다면 주구부 토광묘와 단순 토광묘는 혼재 조영 양상은 기원전 2세기 중반 편년되어 5세기까지 나타난다. 주구부 토광묘의 주구가

---

28) 기전문화재연구원, 2005, 『용인 마북리 백제 토광묘』.
29) 중앙문화재연구원, 2006, 『용인 두창리유적』.
30) 이미선, 2008, 『3~4세기 중서부지역의 목관(곽)묘 연구』, 한신대학교 대학원 석사학위논문; 김성수, 2009, 『중서부지방 3~5세기 주구토광묘 특성연구』, 공주대학교 석사학위논문; 조보람, 2009, 『3~4세기 중서부지역의 토광묘 고찰』, 고려대학교대학원 석사학위논문; 김은경, 2009, 『경기지방 3~5세기 토광묘 일고찰』, 숭실대학교 석사학위논문; 오승열, 2011, 『경기지역 주구분묘에 대한 연구-3~5세기 유적을 중심으로』, 인하대학교대학원 석사학위논문.

백제화되는 과정에서 탈락하는 것으로 보아 주구부 토광묘와 단순 토광묘의 빈도의 차이는 시간적인 차이에 기인하는 것으로 이해하기도 하였다.[31]

최근의 조사 성과들은 주구 탈락 현상이 시간 이외의 의미를 가질 가능성을 보여주고 있다. 오산 궐동 유적의 보고는 관곽토광묘와 주구토광묘의 변화양상이 뚜렷한 것으로 파악하였다.[32] 유적은 유개대부호와 원저 심발형토기 등을 대상으로 영남과의 교차 편년을 통해 2세기에 조성이 시작된 것으로 편년되고 있어 중부지역의 1~2세기대의 분묘의 공백을 메울 수 있는 자료로 주목된다.[33] 출토품으로는 유개대부호와 원저 심발형토기가 있다. 이 유물은 경기·충청지역에서 출토 예가 많지 않으며, 영남지역의 경우 목관묘에서 목곽묘로 전환되는 과도기적 단계에 간헐적으로 출토된다는 점도 주목된다.

수청동 유적에서는 310여기 거의 모든 무덤에서 출토된 심발형토기의 형식 변화와 마구·성시구 등과의 교차편년을 통하여 이 유적이 3세기 말~5세기 말에 걸쳐 축조되는 것으로 보았다. 토광묘와 주구토광묘가 혼재하고 있어서 연대 및 집단의 성격과 관련한 논의 다수 진행되고 있다. 매장주체부로는 목관묘의 비율이 압도적이나, 주구가 확인된 유구 중에는 목곽묘 혹은 이중목관묘의 구조도 있다.[34]

매장주체부에 주구를 두른 것을 특징으로 하는 묘제의 기원이나 확산 과정이 명확하지 않아 사실상 논의의 구체화는 이루어지지 못하였다. 다만 이른 시점에 충청지역을 중심으로 축조됨이 확인됨에 따라 마한의 묘제와 같은 도식이 이루어진 것이다. 특히 주구토광묘를 마한의 전통적인 묘제로 보고 한성

31) 성정용, 2009, 「中原地域 原三國時代 墳墓樣相」, 『中原의 古墳』 48.
32) 중앙문화재연구원, 2013, 『오산 궐동유적』.
33) 강지원, 2012, 「원삼국기 중서부지역 토광묘 연구」, 공주대학교대학원 석사학위논문.
34) 경기문화재연구원, 2012, 『오산 수청동유적』.

기 이후 토광묘로 전환되는 것으로 보아온 기존 시각과 달리, 오산 수청동에서는 중앙 양식의 직구단경호, 평저호, 은상감환두대도, 금동성시구, 중국청자, 금박구슬, 금제이식, 동탁, 재갈 등이 공반되고 있다.

오산 수청동, 궐동 등에서 이루어진 대단위 발굴 조사 성과는 향후 묘제의 변천 과정을 검증하는 작업의 바탕이 될 것으로 기대된다.

조사 연도	유적명	입지	토광묘	주구부 토광묘	출토유물	보고서
1996~ 1999	화성 마하리	구릉사면 (해발 65~75m)	16	–	직구단경호 장란형토기 유리구슬, 철정	호암미술관 1998 서울대학교박물관 2004
2000~ 2001	용인 죽전 대덕골	구릉사면 (해발90m)	15	–	직구단경호, 고배 광구장경호, 철겸 도자 외	기전문화재연구원 2003
2001~ 2001	용인 구갈리	구릉사면 (해발 80~100m)	1	–	직구광견호, 철겸	기전문화재연구원 2003
2003	용인 마북리	구릉사면 (해발 65~75m)	2	1	환두대도 직구광견호 세환이식, 철겸 철정 외	기전문화재연구원 2005
2005	용인 두창리	구릉말단 (해발 130~140m)	12	10	원저단경호 (연미)철모 철부, 구슬	중앙문화재연구원 2006
2005~ 2006	군포 부곡동	구릉사면 (해발 70m)	19	–	심발, 단경호 (연미)철모 철겸, 직구호 광구장경호	중앙문화재연구원 2008
2006	용인 상갈동	구릉사면 (해발 70~89m)	6	20	환두대도, 직구호 심발, 도자 (직기)철모, 철정 구슬, 수정, 관옥 철겸	고려문화재연구원 2008
2005~ 2006	안성 도기동	구릉사면 (해발100m)	38	–	환두대도, 재갈 성시구, 구슬 이식, 철모, 심발 단경호	중앙문화재연구원 2008
2005~ 2006	화성 화산동	구릉사면 (해발 41m)	4	–	심발, 단경호, 철모 구슬	경기문화재연구원 2010
2007~ 2008	평택 마두리	구릉사면 (해발 15~20m)	3	–	유개대부호 마형대구, 철겸 철모, 철겸, 구슬	한국문화유산연구원 2008

2008	용인 신갈동	구릉사면 (해발 107m)	1	9	금제세환이식 흑색마연직구광견호 직구단경호, 철겸 개배-뚜껑 유리구슬	경기문화재연구원 2010
2008~ 2009	안성 신두리	구릉사면 (해발 20~40m)	5	2	원저단경호, 심발 환두대도, 철모 청동환, 유리구슬	중앙문화재연구원 2010
2008~ 2009	평택 동창리	구릉사면 (해발 25~36m)	3	1	단경호	삼강문화재연구원 2011
2009~ 2011	오산 궐동	구릉성산지 (해발80m)	25	12	유개대부호 원저심발, 철겸 철겸, 구슬	중앙문화재연구원 2011
2006, 2007~ 2009	오산 수청동	구릉사면 (해발 60m)	130	155	환두대도, 철모 성시구, 재갈 운주, 직구단경호 구슬, 금동제이식 동탁 등	기전문화재연구원 2006 경기문화재연구원 2013

[표2] 경기 남부지역의 조사일람표

3. 한강 하류역 분구묘의 조사: 2000년대 후반 이후

한강 하류역의 원삼국시대 묘제에 대해서는 근래까지도 알려진 바가 거의 없었다. 다행히 2003년 인천 동양동 택지개발 지구에서 토광묘 4기와 방형의 주구를 갖춘 분구묘를 확인한 것을 시작으로 최근 10년 사이에 다수의 조사 성과가 축적되어 이 지역의 고분 문화의 얼개를 짤 수 있게 되었다.

인천 동양동 유적의 조사는 충청서해안지역까지 분포가 확인되었던 분구묘의 북한계선이 북쪽으로 이동하는 계기가 되었다. 보고자는 묘제가 마한의 주구묘(관창리형)라는 점을 들어 원삼국 III기인 3세기 중엽 이전으로 편년하였다.[35]

2000년대 후반 인천 및 김포 지역의 개발은 이 지역 원삼국시대 고분에 대한 조사 성과의 축적이라는 결과로 이어진다. 김포 학운리, 영종도 중산동에서

---

35) 한국문화재보호재단, 2007, 『인천 동양동유적』.

잇달아 분구묘가 확인되었으며, 특히 김포 양촌에서는 33기의 분구묘에서 환두대도, 금박유리옥, 낙랑계 옹, 심발, 직구호 등 다수의 유물이 출토되어 보다 세밀한 문화 양상에 접근할 수 있게 되었다.[36] 일련의 조사 성과는 분구묘 축조가 단발적이고 이례적인 현상이 아닌 이 지역의 문화 현상으로 인식되는 계기가 되었다.

김포 양곡[37] 및 김포 학운리[38]에서 눈썹형 주구부 목관묘와 분구묘가 함께 확인되면서 두 묘제 공존을 어떻게 해석할 것인가에 대한 문제가 제기된다. 대체로 이 지역을 두 묘제의 접경 지역으로 파악한 바 있다. 또한 조사 성과의 축적의 바탕으로 제의 유구로 보고되었던 영종도 는들 유적의 성격에 대한 재해석이 이루어지기도 하였다.[39]

2009년부터 2012년까지 이어진 김포 운양동 유적 조사에서는 분구묘 20여 기가 확인되었다.[40] 100cm이상의 장검 6점과 소위 북방계 금제 이식 및 탄옥 등이 출토되어 학계와 세간의 이목을 끌었다. 또한 층위상에서 성토 후 되파기하여 매장주체부를 축조하였음이 확인되어 분구묘의 축조 방법에 대해서도 상당한 접근이 가능하게 되었다. 보고자는 이 유적의 초축 시점에 대해 I-27호묘에서는 세형동검과 107cm의 철제 장검이 목관 내에서, 낙랑계 백색옹이 주구에서 출토된 것 등을 근거로 3세기 이전으로 소급될 가능성을 제시하였다.

일련의 조사 성과를 바탕으로 이 지역의 분구묘 문화의 특징에 대한 정리가

---

36) 고려문화재연구원, 2013, 『김포 양촌 유적』.

37) 경기문화재연구원, 2012, 『김포 양곡 유적』.

38) 한국문화재보호재단, 2009, 『김포 학운리 유적』.

39) 서현주, 2010, 「영종도의 원삼국문화」, 『영종도의 고고학』(인천학 학술대회).

40) 한강문화재연구원, 2013, 『김포 운양동유적』, 한강문화재연구원, 2013, 『김포 운양동유적II』.

시도되는데, 대표적으로 2010년에는 인천대학교 인천학연구원 주관으로 <영종도의 고고학>이라는 학술대회가 주최된다. 이후 2012년에는 숭실대학교에서 <중부지역 원삼국시대 외래계 유물과 낙랑>이라는 학술대회가 개최되기도 하였다.

확인된 한강 하류역 분구묘의 대표적인 특징은 낙랑계 유물의 부장이다. 유물은 특히 옹에 집중되며, 다른 기종은 거의 출토되지 않는다. 이러한 현상은 유물 유구 복합체가 서북한 지역과 동일하게 나타나는 중부지역의 낙랑토기 출토 지역과는 차별화되는 것으로 파악된 바 있다.[41] 한편 운북동 생활 유적 출토 니질계 토기가 석사립을 다량 혼입한 것으로 낙랑지역에서 찾아볼 수 없는 것이기 때문에 낙랑 이외의 한 문화와 관련되는 것으로, 이는 김포 지역의 상한을 보여주는 것으로 이해되고 있다.[42]

한강 하류역의 분구묘 축조 집단을 북방계이식과 철제장검, 이조돌대철부, 낙랑계 백색 옹의 출토를 들어 서북한지역 등에서 외래유물을 수용할 수 있었던 마한 지배계층으로 추정되기도 하였다. 또한 한강하류역이 서북한과 근거리에 위치하고 중국 해상 교통의 요충지임을 들어 중국의 한과 낙랑군 지역으로부터 선진문물을 수용하여 한반도 남부로 확산시키는 매개처가 되었을 것으로 보았다.[43]

김포로 대표되는 한강 하류 지역은 고대 독음 비교를 통해 우휴모탁국(優休牟國) 비정되거나[44] 무기 출토율이 높음에 주목하여 기리영전투의 주체 세력

---

41) 이나경, 2013, 「중부지역 출토 낙랑계토기 연구」, 서울대학교대학원 석사학위논문.

42) 정인성, 2012, 「漢江下流域의 漢式系土器」, 『중부지역 원삼국시대 외래계 유물과 낙랑』(제9회 매산기념강좌).

43) 김기옥, 2012, 「한강 하류역 원삼국시대 외래계 유물」, 『중부지역 원삼국시대 외래계 유물과 낙랑』(제9회 매산기념강좌).

44) 박순발, 2013, 「유물상으로 본 백제의 영역화 과정」, 『백제, 마한과 하나되다』, 한성백제

인 신분고국(臣沽國) 비정하기도 하였다.[45]

서울대학교박물관은 석촌동고분군 출토 유물에 대한 재보고 사업으로 미보고된 자료를 공개하였으며, 일대의 고분 축조 상황에 대한 이해를 도울 수 있는 도면을 제시하여 한성 중앙의 고분 양상에 대한 원사료를 제공하였다.[46] 이와 궤를 같이하여 가락동2호분에 재보고서도 간행되었는데, 이는 향후 고분 분석을 가능하게 할 것으로 기대된다. 가락동 2호분의 재보고에서는 차양주 등의 철기에 주목하여 이 고분에 대한 새로운 연대관을 제시하고 있다.[47]

이외의 한강 중류역의 고분 조사 성과는 매우 적다. 2002년 하남 덕풍동 수리골에서 2기의 토광묘가 조사된 것이 드문 조사 성과 중 하나이다.[48] 이 조사에서는 심발-단경호의 세트 관계가 확인되고 있고 한성 중앙 토기의 대표적 기종 중 하나인 직구단경소호가 출토되었다.

또한 최근에는 서울 천왕동 연지유적에서 마제형 주구와 등고선과 직교하여 주구토광묘가 1기 확인되었다. 원저단경호, 대도 등이 출토되었다.[49] 천왕동 유적은 주구토광묘의 북한계선을 서울까지 끌어올렸다는 점에서 주목되지만, 서울 강남 지역에 비해 인천 구월동 및 동양동 등과 거리상 가까울 뿐 아니라 한강 수계로 지리적으로 연결되어 있어 이를 통해 강남의 고분 요소를 미루어 짐작하기에는 무리가 있다.

박물관.

45) 김길식, 2014,「2~3世紀 漢江 下流域 鐵製武器의 系統과 武器의 集中流入 背景」,『百濟文化』50.

46) 서울대학교박물관, 2013,『석촌동고분군』I; 서울대학교박물관, 2014,『석촌동고분군』II.

47) 고려대학교·서울문화유산연구원, 2012,『可樂洞 二號墳』.

48) 기전문화재연구원, 2005,『하남 덕풍동 수리골유적』.

49) 기호문화재연구원, 2013,『서울 천왕동 연지유적』.

서울 우면동[50], 하남 광암동[51], 판교 삼평동[52], 시흥 능곡동[53], 성남 창곡동 [54] 등에서 지에서 횡혈식 석실묘가 확인되고, 가락동 3호분의 한성기 초축 가능성이 제시된 점[55] 등은 횡혈식 석실분의 확산이 중앙->지방으로 이루어졌을 가능성을 보여주는 것이라 생각되지만, 글의 범위에서 벗어남으로 자세히 다루지는 않겠다. 다만 우면동 석실분의 외곽으로 주구가 확인되는 점은 주목된다.

조사 연도	유적명	입지	토광묘	주구부 토광묘	분구묘	출토유물	보고서
1998~ 1999	영종도 는들	구릉상 평탄면 (해발 45m)	–	–	1	낙랑계 옹	서울대학교박물관 1999
2003~ 2004	인천 동양동	구릉상 평탄면 (해발 16m)	4	1	–	무문발 원저단경호 철도자	한국문화재 보호재단 2007
2004~ 2005	파주 갈현리	구릉상 평탄부 (해발 20~30m)	4	–	–	낙랑계 옹 평저단경호 원저단경호 대옹 철겸	상명대박물관 2007
2005~ 2007	김포 학운리	구릉사면 (해발 30m)	4	–	2	환두대도 (연미)철모 철도자 단경호	한국문화재 보호재단 2009
2005~ 2007	안산 신길동	구릉사면 (해발 17m)	1	–	1	원저단경호	고려문화재연구원 2009
2007~ 2008	영종도 운서동	구릉사면 (해발 20m)	–	–	2	환두대도 철겸 철모 궐수문장식 구슬, 수정옥 직구호	중앙문화재연구원 2010

---

50) 한얼문화재연구원, 2012, 『서울 우면동 유적』.
51) 세종대학교박물관, 2006, 『하남 광암동 유적』.
52) 한국문화재보호재단, 2007, 『성남 판교지구 문화유적 2차 발굴조사(지도위원회의 자료)』.
53) 경기문화재연구원, 2010, 『시흥 능곡동유적』.
54) 중앙문화재연구원, 2014, 『성남 창곡동유적』.
55) 홍보식, 2009, 「考古資料로 본 新羅의 漢江流域 支配 方式」, 『百濟研究』 50.

2007~2009	영종도 중산동	구릉사면 (해발 15m)	–	–	2	원저단경호 환두대도 소환두도 철겸 철부	중앙문화재연구원 2009
2007~2009	김포 양곡	주구토광묘- 구릉능선사 면 분구묘- 구릉평탄면 (해발 20m)	1	4	4	환두대도 철모, 철겸 철도 주구토기	경기문화재연구원 2012
2007~2011	김포 양촌	구릉상 평탄면 (해발 60m)	10	–	33	환두대도 금박유리옥 낙랑계옹 양이부호 직구호,심발 철모	고려문화재연구원 2013
2009~2011	인천 연희동	강안 평탄면 (해발 25m)	2	–	58	환두대도 낙랑계 평저단경호 (연미, 직기) 철모 철부, 단경호 이형토기, 뚜껑, 구슬 심발	서경문화재연구원 2010
2007~2013	김포 운양동	구릉상 평탄면 (해발 25m)	2	–	24	환두대도 구슬, 철겸 (연미)철모 탄옥, 수정 금제이식 낙랑계 옹	한강문화재연구원 2013a, 2013b
2011~2012	김포 구월동	구릉상 평탄면 (해발46m)	1	–	13	환두도 소호 타날문토기	한강문화재연구원 2013c

[표3] 한강하류 및 서해도서지역의 조사일람표

Ⅲ. 주제별 연구성과

1. 분구묘의 규정과 분포

1990년대 청당동과 관창리의 조사를 계기로 충청·호남지역을 중심으로 분포하는 주구 분묘가 부각된다. 주구 분묘는 주구의 형태와 유적의 입지, 매장주체부의 잔존 양상을 기준으로 청당동유형과 관창리유형으로 분류되었는데, 이 때, 청당동유형은 주로 구릉 사면에 입지하면서 경사면 윗쪽에 '눈썹형' 또

는 'ㄷ'자형 주구를, 관창리유형은 평탄한 구릉 정상부에 입지하며 매장주체
부 전체를 두르는 방형이나 원형, 장방형의 주구를 특징으로 한다. 지역적으로
청당동유형은 천안 공주 청주 등 내륙지역에, 관창리유형은 보령 서천 등 서
해안 지역에 많이 분포한다고 파악하였다. 특히 청당동 유형에 대해 매장주체
부가 토광묘이기 때문에 주구토광묘로 지칭할 수 있다고 하였는데, 이는 주구
를 갖춘 무덤을 봉토묘 계통의 주구토광묘와 분구묘 계통의 주구묘로 구분한
것이다.[56] 이후 학계에서는 봉토묘와 분구묘의 계통을 달리 보는 문제에 대한
일련의 논의가 이루어졌다.[57]

　　무덤의 계기적 발전 과정을 고려해 분구묘와 봉토묘의 계통을 나누어 접근
한 견해에 따르면, 경기지역의 고분은 임진강·남북 한강 유역의 적석분구묘,
백제의 즙석분구묘와 기단식 적석총, 서해안-영산강 유역의 마한-백제 성토분
구묘, 경기 내륙 마한-백제지역의 봉토묘로 유형화 할 수 있다.[58]

```
        ┌ 분구묘(또는 분구식고분): 저분구묘(또는 저분구식고분) → (분구식)고총
고분 │
        └ 봉토묘(또는 봉토식고분): 저봉토묘(또는 저봉토식고분) → (봉토식)고총
```

　　주지하다시피 분구묘와 봉토묘는 봉분과 매장주체부의 축조 순서에 따라
구분되며, 이 축조 순서의 차이는 매장관념의 차이를 반영하는 것으로 이해된

---

56)　최완규, 2002,「全南地方의 周溝墓」,『東아시아의 周溝墓』(호남고고학회 창립 10주년
　　　기념 국제학술대회 발표요지).
57)　이성주, 2000,「분구묘의 인식」,『한국상고사학보』32.: 崔秉鉉 , 2002,「周溝墓·墳丘墓
　　　管見-崔完奎 교수의「全南地方의 周溝墓」토론에 붙여」,『東아시아의 周溝墓』(호남고고
　　　학회 창립 10주년 기념 국제학술대회 발표요지).
58)　최병현, 2011,「한국 고분문화의 양상과 전개」,『동아시아의 고분문화』, 중앙문화재연
　　　구원.

다.[59] 그러나 이러한 기준의 적용은 쉽지 않다. 봉분이 삭평된 상태로 조사되는 대다수 유구의 경우 매장주체부의 축조 시점을 알기 어려우며, 이로 인하여 보고자와 이를 다루는 연구자의 견해가 일치하지 않는 사례, 혹은 보고자와 현장 조사자의 견해가 일치하지 않는 사례들이 확인된다.

매장주체부의 형식 구분도 쉽지 않다. 매장주체부의 구분은 목관과 목곽은 부장의 방식에 따라 구분되어야 하지만, 실제 중서부지역에서의 이러한 기준을 적용하기가 쉽지 않다. 2~3점의 토기가 목관과 구분되지 않을 정도로 작은 규모의 매납시설 안에 부장되거나, 부장 토기와 시신 매납 공간 사이를 구분하는 칸막이조차 확인되지 않는 경우도 다수이다.[60]

여러 연구자들은 주구라는 요소를 공유하는 분구묘와 주구토광묘의 판별기준을 찾기 위해 골몰해 왔으며, 대체로 지역에 따라 충청 내륙에서 확인되는 눈썹형 주구가 부가된 것을 주구토광묘로, 서해안에서 확인되는 방형의 주구가 부가된 것을 분구묘로 구분해왔다(표4).[61] 또한 한강 하류지역의 분구묘 양상과 충청 서해안 일대의 분구묘 양상도 일정한 차이를 가짐이 밝혀지기도 하였다.[62]

특징	분구묘	주구토광묘
분포	서해안(평야) 지역	충청내륙(산간) 지역
입지	저평한 구릉정상부 및 사면부	경사진 산 또는 구릉 사면부
장축방향 (대상부, 매장시설)	등고선과 직교·평행 혼재	등고선과 평행

59) 成正鏞, 2000, 「百濟 漢城期 低墳丘墳과 石室墳에 대한 一考察」, 『湖西考古學』3.
60) 성정용, 2011, 「목관묘와 목곽묘」, 『동아시아의 고분문화』 pp. 186~187.
61) 이택구, 2008, 「한반도 중서부지역 마한 분구묘」, 『한국고고학보』66.
62) 오승열, 2011, 『경기지역 주구분묘에 대한 연구-3~5세기 유적을 중심으로』, 인하대학교대학원 석사학위논문.

축조방법	선분구후매장	선매장후분구
매장시설	토광—목관묘(전남지역: 대형 옹관묘)	토광—목관(곽)묘(목곽묘는 유물부장을 위한 부곽이 존재)
추가매장시설 (동일 분구 내)	목관묘 및 옹관묘	–
출토유물 (빈도순) 토기류	단경호(원저·평저)류, 직구호, 이중구연호 등 – 副葬	원저단경호 발(토광 내 공반출토), 직구호 등 – 厚葬
철기류	철부, 철겸, 철도자 등	철부, 철모, 철촉 등

[표4] 분구묘와 주구토광묘의 속성 비교

한편 한반도 서해안 일대에서 집중적으로 빌견뇌는 분구묘를 마한계 묘제로 정의하고, 일부의 특성을 공유하는 석촌동의 즙석봉토분을 즙석분구묘로, 임진강일대의 적석총을 적석분구묘로 분류하는 시도도 이루어진다(표5). 이 과정에서 결과적으로 분구묘의 범주는 외연을 확장하고, 경기 지역을 분구묘 분포권으로 규정하게 된다. 이는 마한의 범위 문제, 특히 북계에 맞닿아있다.

묘제	입지	매장시설	주구	장제	분포지역	연대
성토분구묘	구릉 정상, 사면부	목관(곽), 옹관, 석곽	방형, 제형, 원형 등	다장, 단장(소수)	서해안일대	BC 2C(?) ~AD 5C 후반
적석분구묘	강안대지 사구	석곽	–	다장, 단장(소수)	임진강, 북한강, 남한강 일대	AD 2C 후반 ~3C 중반
즙석분구묘	평지, 구릉 정상 (소수)	목관(곽), 옹관, 석곽(소수)	방형?	다장	서울, 천안 일대	AD 3C 중반 ~4C 중반

[표5] 분구묘의 분류와 특징

이병도에 의해 마한의 공간적 범위가 충청·호남지역으로 상정된 이래, 마한의 강역은 한반도 서남부 지역을 중심으로 인식되었다. 다만 일부 문헌사의 성과들은 마한의 영역이 예성강·임진강 이남을 포함한 경기도에 이를 가능성을 제시하기도 하였다.[63] 마한 북계에 대한 성찰이 이루어진 예는 거의 전무하여, 한강 상류 및 임진강유역의 적석총 축조 세력과 관련한 논의에서 이 지

---

63) 노중국, 1987,「馬韓의 成立과 變遷」,『마한백제문화』10, pp. 23~48.

역에 대한 인식의 단면을 확인할 수 있을 뿐이다.

박순발은 경질무문토기, 즙석식적석총, 呂자형 주거지가 한강유역, 임진강 유역, 영동지방에서 분포를 같이하고 있음을 지적하고, 이를 '중도유형문화'라고 지칭하였다. 또한『삼국사기』말갈 침입 기사를 근거로 예의 본거지가 한강 유역 일대였을 것으로 파악하였다. 즉 한강 유역 및 임진강 유역을 삼국사기의 말갈, 삼국지의 예족 집단이라고 설명한 것이다. 이에 따르면 서울 강남 지역 역시 중도식 유형 문화권에 속하게 되어 백제 축조 집단의 정체성 문제와 접하게 된다.[64]

한편 임영진은 서울 강남 지역 적석총과의 차이에 근거하여 임진 한탄강 유역의 적석총 축조 세력을 영서말갈계로 보았다.[65] 이후의 논의에서는 한강유역을 포함한 경기 북부 지역에 대해 "서북한의 위만조선 및 낙랑, 그리고 서남한의 마한 중심지역 사이에서 발전의 기회를 상실하고 상대적으로 낙후되어 물질문화 양상이 뚜렷히 남아있지 않지만, 마한의 북계"라 하였고, 임진강·예성강 유역권은 마한 계통으로 볼 수 있는 묘제가 알려지지 않았기 때문에 마한에 속하는 하나의 권역으로 설정하기는 어렵다고 하였다. 이 입장 역시 임진강 및 한강 상류 지역의 적석총 문화를 마한과 구분되는 별개의 세력으로 보고 있다.[66]

고대사학계에서도 기리영 전투를 주도한 세력을 신분고국으로 보고, 魏의 보복에 한나혜 등 수십국이 항복하였음에 주목하고 있다. 즉 위의 보복이 백제에 직접 미치지 못한 상황에 미루어보아 임진강을 포함한 경기 북부 일대에

---

64) 박순발, 1996,「漢城百濟 基層文化의 性格 -中島類型 文化의 性格을 中心으로-」,『百濟研究』26.

65) 임영진, 2003,「積石塚으로 본 百濟 建國集團의 南下過程」,『先史와 古代』19, p. 88.

66) 임영진, 2005,「백제한성기 묘제의 다양성과 그 의미」,『고고학』4-1, pp. 27~28.

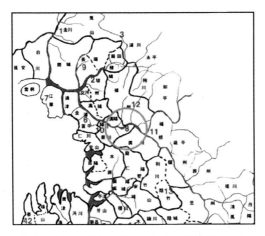

[그림 2] 경기지역의 마한소국 비정 (박순발 2013)

AD 3세기까지 상당수의 정치체가 존재한 것 볼 수 있으며, 이는 이 일대까지 마한 소국이 위치하였음을 보여주는 증거라 하였다.[67]

최근 마한 54국의 위치를 비정하면서 마한의 범위를 황해도 금천 일대까지 포함시킨 논의가 주목된다. 서울 강남을 伯濟로 두고 『삼국지』의 마한 54국명이 북쪽에서부터 기술되었을 것임을 전제하여, 고대 음운을 통해 제 소국의 위치를 비정하고 있다.[68] 그러나 앞선 논고의 '濊'와의 관련성에 대해서는 명확하게 언급하고 있지 않다.

여전히 경기 북부 일대의 중심 세력을 예족의 범주에서 이해하려는 시도도 이루어지고 있어 마한의 북계에 대한 더 정치한 논의가 필요할 것으로 생각된다. 다만 권오영의 지적과 같이 원삼국시대 중부지방의 물질 문화는 "예"로 총칭하기에 지역차가 크고, 한, 예, 마한의 단위를 시간적, 공간적, 인식의 주체에 따라 유동하는 것으로 보아야 한다는 인식이 바탕이 되어야 할 것이다.[69]

67) 김창석, 2008, 「古代 嶺西地域의 種族과 文化變遷」, 『한국고대사연구』 51.
68) 박순발, 2013, 「유물상으로 본 백제의 영역화 과정」, 『백제, 마한과 하나되다』, 한성백제박물관.
69) 권오영, 2010, 「馬韓의 종족성과 공간적 분포에 대한 검토」, 『한국고대사연구』 60.

2. 고분의 변천 양상

한강 유역의 고분 편년은 박순발의 토기 편년안을 기준으로 이루어져 왔다고 해도 과언이 아닐 것이다. 문제는 이러한 편년관에 입각해 볼 때 한강 유역의 원삼국 시대에 해당하는 유적이 지극히 소략하다는 점이다. 이로 인하여 한강 유역 일대는 기원 전후~2세기대가 공백으로 남아있으며, 이러한 현상은 북의 한군현, 동의 영서 말갈 세력, 남의 마한의 접경에 형성된 일종의 완충지로 이해하는 근거로 제시되기도 한다.[70]

이는 중도유형문화 정의에서 주거지 평면형태의 지역적 차이가 배제되어 있고, 한강 하류 지역의 제 양상이 반영되지 않았음에 이유가 있다. '예'로 추정되는 영동지방과 달리 영서 및 경기 일대는 예 또는 한으로 일괄할 수 없기 때문에 삼국지나 광개토대왕비의 "한예"명칭은 한과 예의 요소가 공존하는 서울·경기, 강원 영서의 지역 집단을 지칭하는 것이라고 볼 수 있다.[71] 그럼에도 1~2세기대 중부지역은 여전히 공백으로 남아있다. "환령지말 한예강성"기사를 통해 3세기 이후의 유적수가 급증하는 현상을 설명하고 있을 뿐이다.

한강 하류역의 조사 성과는 문화적 공백 지대로 인식되던 중부 지역의 2세기대 양상의 단초를 제공하고 있다. 김포 운양동, 양촌 유적 등이 그 예로, 다른 지역과 비교 가능한 복수의 연대 자료들이 출토되고 있어 앞으로의 연구성과가 기대된다. 특히 운양동 I-11구역 27호분구묘에서는 매장주체부에서 세형동검과 철제 장검, 철모, 철촉 등의 철제 무기, 구슬 등의 장신구가, 주구에서는 낙랑 백색옹이 출토되었다. 보고자도 지적하였듯이 세형동검은 BC 2~3

---

70) 임영진, 2005, 「백제한성기 묘제의 다양성과 그 의미」, 『고고학』 4-1.
71) 권오영, 2009, 「원삼국기 한강유역 정치제의 존재양태와 백제국가의 통합양상」, 『고고학』 8-2.

세기 대에 속하는 것이므로 시기를 결정하는 요소로 보기 어려울 것이다. 다만 분구묘가 매장 의례의 요소, 특히 주구에 대옹을 매납하면서 행해지는 일련의 의례행위와 함께 도입되었을 가능성이 있다고 생각되는데, 이 유구의 양상은 분구묘의 도입 과정에 낙랑의 영향을 반영하는 것일 가능성을 상정해 볼 수 있다.[72]

경기·충청지역 출토 철모와 영남지역의 철모를 교차 편년한 연구 성과에 따르면 기존 원삼국시대의 편년안과 50년 가량의 연대 차이가 확인되고 있어 상세한 검토가 필요할 것으로 생각된다.[73]

한편 백제 지역의 고분은 토광묘 -> 석곽묘 -> 석실묘로 이행한다고 알려져 있다. 박순발은 한성 백제 지역의 원삼국시대 분묘 변천 과정에 대해서 단독장 주구토광묘 -> 집단장 주구토광묘 -> 토광묘 -> 수혈식석실묘 -> 횡혈식석실묘의 순으로 발전한 것으로 보았는데, 묘제의 조합에 따라 4가지 군으로 나누어 출현 시점의 차이가 있음을 지적하였다.[74] 경기남부-충청 내륙지방에서 원삼국기 주구토광묘가 이용되다가 4세기 이후 주구가 없는 목관묘와 목곽묘로 발전하는 것으로 인식한 견해도 발표되었다.[75]

금강유역의 주구토광묘와 토광묘의 공존 현상은 주구묘의 주구가 탈락해 토광묘가 등장하는 계기적인 것으로 이해되고 있으며, 이 과정이 마한에서 백

---

72) 낙랑계 옹과 대옹은 대부분 장축 방향과 수직을 이루는 변에 매납되는데, 이는 고분 제사의 흔적과 두향을 반영하는 것일 가능성이 크다.

73) 김새봄, 2011, 「원삼국후기 영남지역과 경기·충청지역 철모의 교류양상」, 『한국고고학보』81.

74) 박순발, 2007, 「墓制의 變遷으로 본 漢城期 百濟의 地方 編制 過程」, 『한국고대사연구』48.

75) 권오영, 2009, 「원삼국기 한강유역 정치제의 존재양태와 백제국가의 통합양상」, 『고고학』8-2.

제로의 전환을 반영하는 것으로 파악되었다. 이는 관창리 유형의 주구를 가진 토광묘가 먼저 등장하고, 이후 어느 시점에 내륙에서 구릉 사면으로 무덤의 입지를 이동하게 되면서 청당동 유형이 등장했을 가능성이 있다. 또한 호남지역의 것은 관창리유형의 것이 점차 지상화되면서 분구묘화되어 거대하게 된 것으로 이해되었다.[76]

이러한 고분의 변천 방향은 백제의 영역화의 준거로 이용되어 왔으며, 유적 내 혹은 유적 간 단계를 설정하는 기준으로 적극적으로 이용되어 왔다. 이러한 인식은 거시적으로 고분의 발전 방향과 합치하는 것으로 생각되지만, 최근의 조사 성과는 고분의 변천이 그리 단순하지 않음을 보여준다. 5세기대 분구묘의 지속을 확인한 서산 부장리 발굴조사를 계기로 고분의 변화가 도식적인 발전 단계를 거치는 것은 아님이 알려지게 되었다. 5세기로 편년되는 금동관 금동신발과 같은 최고 위계의 유물이 분구묘에서 출토된 것이다.

그러나 경기 서남부지역의 조사에서 주구토광묘에서 토광묘로 이행되지 않는 유적들이 확인되었다. 실제 경기 서남부지역에서 확인되는 주구토광묘에 환두대도, 중앙토기(직구호, 직구광견호 등)의 부장은 묘역으로써 주구를 갖추는 고분이 무덤군 내에서 가지는 위상이 높았음을 짐작할 수 있게 한다.

이러한 상황을 고려한다면 문화의 일방향적 변화를 상정한 것으로, 재고의 여지가 있다. 즉, 새로운 묘제를 상위의 것으로 상정하고 의도적 모사(emulation)에 의해 확산되는 것을 묘제 변천의 동인으로 설정해 석실묘의 등장이 이루어진 것으로 보았다면 고분군의 지속과 확장을 위한 상징성의 구현 등 다양한 매커니즘이 반영될 수 있음을 고려해야 할 것이다.

---

76) 성정용, 2011, 「목관묘와 목곽묘」 『동아시아의 고분문화』.

3. 다양한 묘제 병존

국가형성기 경기지역 고분 문화의 특징은 '다양한 분묘의 공존'과 충청 호남 지역에서 집중적으로 분포하는 것으로 파악되던 '주구가 부가된 분묘의 확인'을 들 수 있다.

매장 관념의 보수성은 묘제를 통해 종족집단의 공간성을 추정하는 전제로 이용되어 왔다. 경기 지역의 고분에 대한 해석, 특히 서울 강남의 고분 축조 세력에 대한 제 관점 역시 고분이 집난을 반영하고 있으리라는 믿음에 기인한다. 동시에 묘제는 정치체 간의 영향 관계로 변화하는 대상으로 인식되었다. 백제의 영역화 과정에서 주구가 탈락한 토광묘가 등장하는 것으로 이해하는 것이 그 예이다.

5세기 대까지 분구묘가 사용되는 서산 부장리 같은 곳은 백제 지방화 이후에도 전통적인 묘제를 발전시킬 수 있는 사회적인 배경을 시사하는 것으로 파악할 수 있다. 정치 공학적 이유뿐 아니라, 전통적 묘제를 높은 위계의 것으로 유지 발전시키는 것은 종족 집단 안에서 매장 의례가 가지는 상징적 의미를 고려해야 할 것이다.

분묘의 계통 차이를 매장 의례와 관련시켜 살펴본 吉井秀夫의 관점이 주목된다. 吉井秀夫는 분구 선행형 무덤(분구묘)은 분구 위에서 피장자가 매장시설에 안치될 때 여러가지 의례행위가 이루어졌을 것으로, 분구후행형 무덤(봉토묘)은 분구가 축조되기 전 매장자를 매장시설에 안치할 때 매장시설 주변에서 여러 가지 의례가 이루어졌을 것으로 파악한 바 있다.[77] 부장품의 출토 위치와 맥락의 파악은 매장 의례의 일면을 보여줄 것이다. 주구부에 부장된 대

---

77) 吉井秀夫, 2012, 「무덤의 구축과정을 통해서 본 삼국시대 무덤의 비교연구」, 『삼국시대 국가의 성장과 물질문화』.

옹을 매장 의례의 결과로 본 시각도 이와 상통한다.[78] 수청동에서는 유리제 구슬이 철제무기와 배타적으로 출토되며, 목개 상부에 부장되는 것이 확인되어 일종의 의례행위가 그려진다.[79] 부장되는 유리구슬 역시 색, 성분, 구성 등에서 지역차가 확인된다.

　다양한 묘제가 공존하고 있는 이 지역의 묘제 양상을 일목요연하게 파악하기란 쉽지 않다. 성토분구묘와 주구토광묘로는 범마한계 묘제이지만 분포와 축조 방식이 상이한 지역형 묘제로 이해되어 왔다.[80] 경기지역의 묘제의 병존

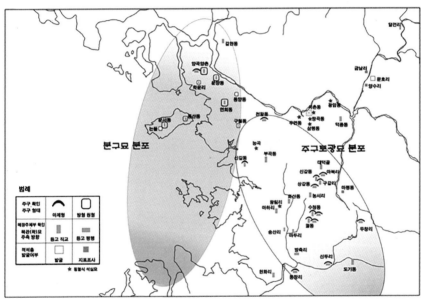

[그림3] 주구토광묘와 분구묘의 분포범위

78)　김낙중, 2011, 「분구묘와 옹관분」, 『동아시아의 고분문화』, 서경문화사.

79)　이창엽, 2012, 「오산 수청동 분묘군 출토 유물에서 확인되는 매장의례」, 『오산 수청동 백제분묘군』, 경기문화재단.

80)　김승옥, 2011, 「중서부지역 마한계 분묘의 인식과 시공간적 전개과정」, 『한국상고사학보』 71.

현상을 구체적으로 설명하고 있는 관점은 찾아보기 어렵지만, 유적간의 묘제의 병존 현상은 마한 제 소국의 다양성으로 해석될 수 있을 것이며, 일부 지역권의 교차 현상은 문화 접경 현상에서 이루어지는 것으로 판단된다.

Ⅳ. 맺음말

'경기지역 마한 분구묘 사회의 연구 성과와 과제'라는 제목을 접하였을 때, 발표에서 다루어야 하는 대상을 두고 고민하였다. 실상 '마한'도, '분구묘 사회'도 선명성이 낮은 개념으로 생각되었기 때문이다. 자료를 수집하는 과정에 고민은 더욱 깊어졌다. 조사 당시에 주구토광묘로 파악된 고분이 보고서에는 분구묘로 실리는 예를 보면서, 현장에서조차 주구토광묘와 분구묘의 구분이 쉽지 않음을 확인하게 되었기 때문이다.

경기지역의 고분 조사 성과는 가히 폭발적으로 증가했다. 발굴 성과를 바탕으로 경기 지역의 원삼국시대 문화상을 그리려는 시도도 함께 증가하였다. 그러나 대체로 다른 지역과의 공통점과 차이점을 확인하려는 목적에서 연구가 진행되고 있으며, 정작 '사회'를 다루는 사례는 드물다.

한성 백제의 등장 과정은 마한의 해체 과정과 맞닿아 있다. 경기지역에서 마한에 대한 접근은 두 가지 방법을 통해 가능할 것이다. 하나는 서울 강남의 물질문화를 확산을 통해 통합의 과정을 살펴보는 것이고, 다른 하나는 다른 지역과 차별화되는 지역의 문화상을 찾아냄으로써 마한 제 소국에 접근하는 것이다. 기존의 논의가 전자의 방법을 바탕으로 이루어졌다면, 기실 최근 발굴 성과들은 후자의 방법의 적용 가능성을 높였다.

국가형성기 경기지역의 고분 문화는 다양한 묘제의 병존을 특징으로 한다. 무덤이 종족 및 문화의 계통성을 반영하는 지표인가에 대한 성찰 과 마한 모호한 범주에 대한 적극적인 고민과 함께 각각의 묘제의 등장 배경에 대한 이해, 묘제 변천의 동력의 접근, 고분군 축조 과정의 다양한 매커니즘 고려, 고분군의 선후 관계에 대한 파악 등의 과제는 향후 고대 국가 백제의 기층 혹은 병존 세력인 마한을 규정하는 바탕이 될 것이다.

충청지역 마한 분구묘의 구조와 출토유물

정해준 백제문화재연구원

Ⅰ. 머리말

Ⅱ. 분구묘 자료 탐색

Ⅲ. 분구묘의 구조적 특징과 출토유물

Ⅳ. 맺음말

I. 머리말

삼국이 정립하기 전 한국고대 마한사회의 묘제는 墳丘墓를 비롯하여 토광묘·옹관묘·주구토광묘 등의 유형이 알려져 있으나, 주체부의 구조만 보면 크게 토광묘와 옹관묘 계열로 구분할 수 있다. 한국고대 묘제는 그 이전시기인 선사시대와 이후시기인 삼국간의 묘제유형을 보면 일정시간이 지나면 매우 단순한 양상을 보이는 듯 하다. 그러나 분구묘가 조영되던 시기에는 분묘마다 지역적 차별화가 인지되며, 특히 분구묘는 전개 발전양상에 따라 충청지역의 서해안지역에 밀집되어 2세기~475년 이전까지 분포하는 지역적 특징이 매우 크게 나타난다.[1]

분구묘는 마한의 대표적인 묘제로 알려져 있지만 최근의 조사자료를 통해 볼 때 백제시대까지도 지속적으로 사용되는 점을 감안할 때 백제 무덤의 일형식으로 구분해 볼 수도 있다. 분구묘가 처음 출현할 당시에는 마한의 토착적인 묘제로 영위되다가 백제의 남하에 의해 서서히 복속과정을 거치지만 분구묘라는 묘제는 지속적으로 시기를 달리하며 지역별로 그대로 유지하면서 부장유물만 마한토착적인 것에서 백제양식의 유물들로 변화되고 있어 정치·문화적인 측면에서 주목할 만하다.

따라서 충청지역에서 조사된 분구묘는 분묘로서의 고유기능 외에도 당시시대의 정치·사회적인 의미를 함축하고 있는 것으로 이해할 수 있다. 이들 분구묘의 구조와 출토유물 등을 검토함으로써 분구묘가 조영되던 기원후 2세기

---

1) 이택구, 2008, 「한반도 중서부지역의 마한 분구묘」, 『한국고고학보』 66.

~475년 이전까지 당시 사회구조의 단면을 조금이나마 파악할 수 있을 것으로 기대된다.

분구묘는 현재 마한지역에 해당하는 서울·경기도와 충청지역·전라도 전역에서 확인되고 있어 마한의 분포권역과 일치하고 있어 마한의 일묘제라는데에는 큰 이견이 없는 듯 하다. 그렇다면 이들 분구묘를 조영한 집단의 성격을 밝히기 위한 전제조건은 무엇으로 상정할 것인가? 이들 분구묘의 축조집단의 성격을 파악하기 위해서는 먼저 시간성을 염두해 두고 분석할 필요가 있다고 보여진다. 시간의 흐름에 따라 분구묘의 축조방식, 또는 부장유물에서 명확한 차이가 인지되기 때문이다. 따라서 필자는 충청지역에서 조사된 분구묘를 축조방식과 부장유물의 차이를 근거로 크게 2시기로 구분하여 살펴보고자 한다.

이는 역사적 사실과도 어느 정도 부합되는데, Ⅰ기는 서진으로 견사한 마한의 주체가 백제국으로서[2] 백제가 주변세력의 간섭을 벗어나 독자적으로 세력을 펼쳐나가면서 곡교천·미호천 일대로 세력을 확장해 나가는 기원전후부터 4세기전반까지이다. 따라서 이 시기는 곡교천·미호천 일대에 집중적으로 분포하는 주구토광묘 세력이 서서히 약화되면서 백제묘제인 토광묘로 서서히 전환되는 반면에, 분구묘가 다수 분포하는 서해안유역은 백제세력의 영향이 아직까지 강하게 미치지 못하여 분구묘 세력이 나름대로 미미하게나마 독자적으로 활동하던 시기로 판단된다. 이 시기에 조영된 분구묘의 특징은 하나의 분구묘가 독립적인 영역을 가지고 있으며 주구의 연접이나 확장 등은 거의 나타나지 않으며, 부장유물은 마한 토착적인 유물만 부장되는 시기이다.

Ⅱ기는 백제가 본격적인 세력확장을 펼쳐 나가는 시기로 근초고왕대(346~

---

2) 이기동, 1982, 「귀족국가의 형성과 발전」, 『한국사강좌』 고대편, p.137 ; 노중국, 1990, 「목지국에 대한 일고찰」, 『백제논총』 2.

375)부터 웅진천도 이전시기까지로 상정[3]하고자 한다. 이 시기는 백제가 주변으로 영토를 확장해 나가면서 국가체제를 굳건히 해 나가던 시기로 충청지역을 정치·문화적으로 어느정도 병합한 시기로 보인다. 따라서 분구묘내 부장유물이 이전양식과는 다르게 백제적인 양식의 유물들이 부장되기 시작한다.

이들 양 시기에 축조된 분구묘들이 시기마다 묘제의 구조에서나 부장유물에서 어떠한 양상을 보이는지 간략하게 살펴보고자 한다. 본고에서 분석하고자 하는 충청지역은 마한의 영토로써 존재해 오다 백제의 성장에 따라 서서히 정치적으로 편입되어가는 과정을 거치게 되는 곳이다. 따라서 이 지역 馬韓 政治體의 성장과 쇠퇴는 百濟의 성장과정과 表裏의 관계에 있다고 할 수 있다.

Ⅱ. 분구묘 자료 탐색

충청지역에서 조사된 분구묘는 대체적으로 기원후 3세기경부터 폭발적으로 출현하고 발전하여 일부지역에서는 기원후 5세기 중후반까지도 존재하는 것으로 알려져 있다. 그러나 분구묘가 이른시기부터 축조되었다고 보아 이를 조기(B.C 3세기~1세기), 전기(기원전후~A.D 3세기), 중기(A.D 3세기~4세기 전반), 후기(A.D 4세기전반~5세기 후반)로 분류하기도 한다.[4] 다만 현재까지 충청지역에서 조사된 분구묘 중에 가장 이른 시기로 편년할 수 있는 분구묘는

---

3) 아직까지 충청지역에서 웅진천도 이후에 조영된 분구묘는 확인된 바 없다. 따라서 분구묘의 하한시기를 웅진천도 이전까지로 설정하였다.
4) 최완규, 2000, 「호남지방의 분구유형과 그 전개」, 『호남지역의 철기문화』, 호남고고학회.

보령 관창리 유적 KM-437호묘로 분구묘와 토광묘의 동시성에서 검토여지는 있지만 대상부 중앙에서 약간 남쪽으로 치우친 곳에서 적석토광묘가 확인되었고, 내부에서 점토대토기와 흑도장경호, 동경, 관옥이 출토되어 상한은 기원전 2세기 전·중엽경, 하한은 3세기 후반경까지 추정하였다. 이후 상한시기는 B.C 2세기경으로 조정되어 여러연구자들에 의해 채용되었다.[5] 그리고 서산 예천동 유적에서 조사된 18호 분구묘에서 칠초철검이 출토된 것으로 미루어 2세기 중후반[6]에, 부여 증산리 6호묘의 주구내 출토 단면육각형 주조철부를 근거로 기원후 2세기 중엽에서 3세기대 편년되고 있어 적어도 기원 후 2세기대에 분구묘가 등장했을 가능성이 높아졌다. 나머지 분구묘들은 모두 3세기 이후에 축조된 것으로 편년되어 확산의 과정을 거친 것으로 보인다. 따라서 충청지역에서 2세기대에 조영되었다고 보여지는 분구묘는 개체수가 아직까지는 미미하며 자료가 좀 더 축적된 이후에 세부적으로 분기설정이 가능할 것으로 보인다.

충청지역에서 조사된 분구묘 중에 매장시설이 확인되는 경우 생토층을 낮게 굴광한 특징을 보이고, 매장시설이 토광묘라는 특징으로 인하여 청당동형과 관창리형으로 세분하고 모두 주구묘[7]로 명칭하기도 하고, 분포지역의 밀도 차이와 시간적 차이, 나아가 동일유적내에서 계층 차이로 연결될 가능성이 있

---

5) 이택구, 2008, 「한반도 중서부지역의 마한 분구묘」, 『한국고고학보』66.; 김승옥, 2011, 「중서부지방 마한계묘제의 성격과 발전과정」, 『분구묘의 신지평』, 전북대학교 BK21사업단·전북대학교박물관.
6) 예천동 18호 분구묘는 104기의 분구묘 중 유일하게 매장주체부가 2기 확인되었을 뿐 아니라, 주변의 분구묘가 3세기후반~4세기 초반에 편년되고 있어 보다 심층적인 검토가 필요하다.
7) 박순발, 2003, 「주구묘의 기원과 지역성 검토」, 『충청학과 충청문화』제2집, 충청남도역사문화원.

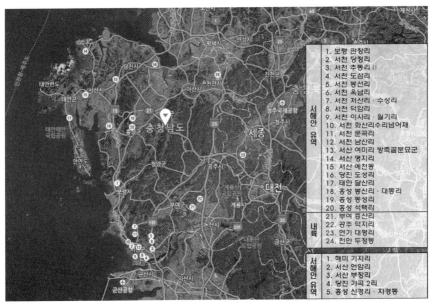

[그림 1] 충청지역 분구묘 분포도

어서 의미있다고 보고 관창리형 주구와 청당동형 주구로 세분되기도[8] 한다.

또한 주구토광묘와 주구묘는 입지상 차이가 있기도 하지만 동일 유적내에서 별다른 구별없이 공존하고 있기도 한 점에서 주구토광묘라는 큰 범주에서 동일계통의 무덤으로 보았다.[9]

그러나 충청지역에서 조사된 분구묘는 호남지역의 분구묘와는 달리 지반을 굴착(반지하식)하는 경우[10]도 있지만 대체로 표면을 대강 정지하여 묘광을 구

---

8) 성정용, 1998, 「3~5세기 금강유역 마한·백제묘제의 양상」, 『3~5세기 금강유역의 고고학』, 제22회 한국고고학전국대회 발표요지, 한국고고학회.

9) 이훈, 2003, 「주구토광묘에 대한 소고」, 『국립공주박물관기요』 제3집, 국립공주 박물관; 이호형, 2004, 「중서부지역 주구토광묘 연구」, 공주대학교 대학원 석사학위논문.

10) 서산 예천동 유적, 서산 여미리 방죽골 분묘, 홍성 석택리 유적 분구묘는 주구의 깊이

성하는 지상식의 경우가 대부분이며, 이로 인해 묘광의 잔존상이 불분명하고 목관(곽)만이 남겨지는데, 부장칸은 별도로 마련하지 않아 목관(곽) 범위 내부에 남겨지는 것이 일반적이다.[11] 따라서 충청지역 분구묘의 대상유적으로 관창리형 주구묘도 해안유역에 입지한 점, 사방으로 주구 굴착으로 인한 분구조성, 선분구-후매장[12] 등 분구묘의 여러요소가 보이기 때문에 분구묘의 범주에 넣어서 분석하는 것이 타당하다고 판단된다.[13]

충청지역 분구묘 유적의 편년 및 시기적인 기준과 방법은 원저단경호·양이부호·이중구연호 같은 마한 토착적인 유물만 부장된 분구묘 유적을 Ⅰ기(2세기~4세기 전반)에 조영된 마한분구묘 유적으로, 전형적인 백제토기 기종으로 볼 수 있는 삼족토기·고배·흑색마연토기·직구단경호 같은 유물이 출토되는 유적을 Ⅱ기(4세기 중반~475년)에 조영된 백제분구묘 유적으로 구분하여 살펴보고자 한다.

또한 지역적인 구분은 기술상의 편의, 유사한 문화양상을 표현하기 위하여 충청지역을 크게 서해안 유역과 부여·공주·천안·청주 등을 포함한 내륙지역으로 구분하고자 한다.

충청지역에서 조사된 분구묘 유적을 시기별·지역별로 구분하여 간략하게 살펴보면 다음과 같다.

보다 매장주체부의 깊이가 더 깊은 경우에 해당된다.

11) 이남석, 2014, 「백제 분구토광묘(분구묘)의 검토」, 『한성시대 백제의 고분문화』, 서경문화사, pp.54~126.

12) 충청지역에서 조사된 분구묘 중에 다수가 생토면을 낮게 굴착하고 조성하여 선매장-후분구(이훈)로 보기도 하며, 낮은 굴착깊이로 인하여 선분구-후매장(김승옥)으로 보는 견해가 제기되고 있어 통일된 의견을 도출하지 못하고 있다.

13) 한국고고학 강의 개정판(2010)에서는 청당동형 주구토광묘와 관창리형 주구묘로 나누어 언급되었고(193~195쪽), 관창리형 주구묘는 분구묘로 언급되기도 한다.(282~284쪽)

1. Ⅰ기(2세기~4세기 전반)에 조영된 분구묘 유적(마한 분구묘)

1) 서해안 유역

(1) 보령 관창리 유적[14]

관창리 유적은 남한지역 최초로 주구묘(분구묘) 99기가 확인되었는데, 대규모의 청동기시대 송국리형 주거지와 중복되어 확인되었다. 유적에서 확인된 분구묘는 해발 10~30m의 능선 정상부와 서사면에 집중 분포한다. 조사된 분구묘는 총 99기로 형태가 비교적 온전한 것은 83기이며 크게 3개 군집으로 나누어진다.

주구를 기준으로 A~G형까지 7가지로 분류하였고, 주매장시설은 3기가 확인되나 잔존상태가 좋지 않다. KM-423호와 KM-437호의 매장주체부를 보면 KM-423호의 경우 대상부 중앙에 토광묘 1기가 축조되었고, 내부에서 철모 4점이 출토되었다. 그리고 KM-437호에서는 대상부 중앙에서 약간 남쪽으로 치우친 곳에서 적석토광묘가 확인되었고, 내부에서 점토대토기와 흑도장경호, 동경, 관옥이 출토되었는데 분구묘와 관련된 유물인지는 정확하지 않다.

평면형태 및 분포양상을 보면 관창리 유적의 경우 총 99기가 조사되어 대형 군집분에 해당되며, 대형에서 소형에 이르기까지 분포양상과 규모면에서 위계화 및 시기차가 반영된 것으로 파악하였다.

대부분 평면형태가 방형을 보이며 동일 유구간의 중복관계가 없이 조성되었고, 매장주체부는 대상부의 성토부분에 안치했을 것으로 추정하여 거의 잔

---

14) 윤세영·이홍종, 1997, 『寬倉里 周溝墓』, 고려대학교 매장문화재연구소 연구총서 제6집.

[사진 1] 보령 관창리 분구묘 항공사진

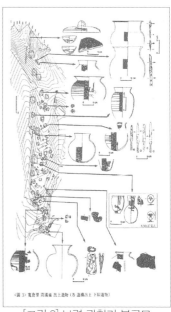

〈圖 3〉寬倉里 周溝墓 出土遺物 (各 遺構出土) 似遺物)

[그림 2] 보령 관창리 분구묘
출토유물(박순발 2003)

존하지 않는 것으로 파악하고 있다.

분구묘는 규모에 따라 대형이나 중형, 소형으로 구분되고, 군집에 의한 조성시기는 소형이 우세한 가장 남쪽의 사군에서 북동쪽에 위치한 가군으로 가면서 조성된 것으로 파악되고 있다. 주구내에서 출토된 유물은 점토대토기와 두형토기, 흑도장경호를 비롯하여 대형옹편, 연질토기편 등이며 약간의 시기차가 있다.

관창리 유적의 상한은 원저단경호와 KM-423호 분구묘의 매장주체부에서 출토된 철모로 보아 청동기 Ⅱ기 후반에 편년된다고 보았으며, 하한은 KM-416호 분구묘에서 출토된 직구옹의 속성이 송절동 93-B-4호 목곽묘에서 출토된 것과 유사한 점으로 보아 청당동 Ⅲ기보다 늦은 시기로[15] 보아 유적의 편년은 3세기 2/4분기~3세기말경으로 보았다. 또한 주구내에서 출토된 대옹을 하한의 편년으로 3세기 후반으로 두었다.[16]

(2) 서천 당정리 유적[17]

당정리 유적은 해발고도 26m내외의 저평한 구릉에 입지하며, 청동기시대 주거지 17기, 분구묘 23기가 확인되었다. 분구묘는 해발 50m내외의 나지막한 구릉에 위치하는데, 조사지역 남북으로 분포하며 서로 중복되지 않는다.

청동기시대 송국리형 주거지를 파괴하고 조성되었고, 매장주체부가 확인된 예는 17호에서만 확인되었는데, 깊이 5㎝정도의 토광흔적이 남아 있었다. 분구묘들은 북편(A군)과 남편(B군)에 크게 무리를 지어 노출되어 있다.

주구의 평면형태는 눈썹형으로 굴착된 17호를 제외하고는 모두 사방에 주구를 갖추고 있는 방형이다. 분구묘의 매장주체부는 17호를 제외하고는 전혀 확인되지 않으며, 17호는 다른 분구묘와는 규모나 형태가 매우 이질적인 양상을 보인다.

주구 바깥에서 반대편 주구까지의 길이가 20m이상, 15m내외, 10m이하 등으로 구분되나, 입지상 현격한 차이를 보여주는 것은 없다.

유물은 2호, 6호, 8호 주구내에서 대형옹관편들이 확인되었으며, 11호 주구

---

15) 함순섭, 1998, 「錦江流域圈의 馬韓에서 百濟로의 轉換」, 『3~5세기 금강유역의 고고학』, 한국고고학; 성정용, 1998, 「3~5세기 금강유역 마한·백제묘제의 양상」, 『3~5세기 금강유역의 고고학』, 한국고고학회.

16) 박순발, 2003, 「주구묘의 기원과 지역성 검토」, 『충청학과 충청문화』2, pp 147-149.

17) 국립부여문화재연구소, 1998, 『堂丁里』.

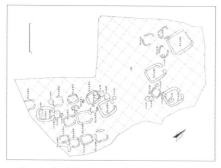
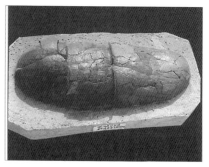

[그림 3] 서천 당정리 분구묘 유구현황도   [사진 2] 당정리 11호 분구묘 주구내 옹관

내에서는 합구식옹관이 확인되었다.[18] 주매장시설이 지하에서 확인되지 않는
점과 대형옹관편을 전남지방의 대형옹관과도 연관지을 수 있다는 점을 들어
연대를 3세기 후반에서 4세기 전반경으로 보고 있다.

(3) 서천 추동리 유적 Ⅱ지역[19]

추동리 유적 Ⅱ지역에서는 해발고도 20~70m의 야산 경사면에서 원삼국시
대 분구묘 3기가 확인되었다. 분구묘는 A지구 경사면에서 3기가 확인되었는
데 매장주체부가 확인된 분구묘는 A-1호 뿐이다. 나머지는 주구만 확인되었
다. A-1호는 매장주체부는 토광묘로 등고선과 평행하게 장방형으로 굴광하였
고, 경사면의 위쪽으로 '∩'자형의 주구가 돌려져 있다. 주구만 남아있는 유구
는 잔존형태와 타날문토기편의 출토 예로 보아 원삼국시대의 것으로 추정된
다. 분구묘내에서 출토된 유물이 없기 때문에 편년에 어려움이 있지만, 토광묘
인 A-2호에서 출토된 양이부호의 특징을 서천 오석리 유적 94-2호 주구토광묘

---

18) 15호 분구묘 주구 30cm깊이에서 분구묘 조성시기보다 후대로 편년되는 삼족토기 1
   점이 출토되었다.
19) 충청문화재연구원, 2006, 『서천 추동리 유적 Ⅱ』.

와 95-7호 토광묘 출토품, 그리고 서천 봉선리 유적 3-Ⅰ-17호 토광묘 출토품과 비교 검토하여 3세기 중엽으로 편년하였다.

(4) 서천 도삼리 유적[20]

도삼리 유적에서는 청동기시대 주거지 29기, 구상유구, 원삼국시대 토광묘 9기, 옹관묘 4기 등과 함께 분구묘 2기가 조사되었다.

분구묘는 조사지역의 평탄한 대지 선상부에 입지하는데, 중복관계가 보이는데 KM-010이 선행한다. 2기의 분구묘 가운데 KM-010은 평면 원형이며, 한 변에 개방부가 마련되었다. KM-011은 방형으로 두 모서리에 개방부가 마련되었다.

매장주체부는 KM-011에서 목관토광묘가 확인되었다. 부장유물은 KM-010에서 회색 연질의 원저단경호 1점이 주구에 매납되었고, KM-011에서는 주구에서 격자문이 시문된 타날문토기 동체부편과 철부가 출토되었다.

분구묘는 평면형태와 개방부의 위치에 따라 유형을 분류하였으며, 도삼리 유적에서 확인된 2기의 분구묘 가운데 KM-010은 평면원형이며, 한변에 개방부가 있는 일변개방형에 속한다. KM-011호는 방형으로 두 모서리에 개방부가 마련된 유형이다. 조영연대는 3세기후반으로 비정된다.

동일구역에서 조사된 토광묘는 대부분 목관으로 추정된다. 유물은 목관의 바깥쪽에 부장한 형태가 기본이다. 출토된 토기로는 타날문이 시문된 원저단경호·양이부호가, 철기류로는 철도자·철부·철겸·철준·판상철기 등이 출토되었따. 조영연대는 분구묘와 비슷할 것으로 추정된다.

---

20) 고려대학교 고고환경연구소, 2005, 『道三里 遺蹟』.

(5) 서천 봉선리 유적[21]

봉선리 유적은 서천-공주간 고속도로부지내에서 조사된 청동기시대부터 조선시대에 이르는 다양한 문화유적이 조사된 복합유적이다. 이들 유적 중에 원삼국시대 유구는 1지역과 2지역에서 주거지 10기, 3지역에서 분구묘 14기, 토광묘 70여기, 옹관묘 4기 등이 조사되어 생활유구와 분묘유구가 서로 분리되어 있음을 알 수 있다.

분구묘 매장주체부는 4기에서 확인되는데 모두 목관을 사용한 토광묘이다. 봉선리 유적에서 확인된 분구묘의 주구는 개방부 위치에 따라 이우일변개방형, 일우일변개방형, 사우개방형, 일변개방형, 이변개방형으로 나뉜다. 이들 주구의 형태는 분구묘가 위치하고 있는 지형과 어느 정도 관련이 있어 보이는데, 구릉의 평탄한 정상부에 입지한 분구묘의 주구는 사방으로 돌아가는 평면 'ㅁ'자형인 반면, 경사면에 입지한 분구묘의 주구는 경사면 아래쪽의 一邊이 개방된 평면 'ㄷ'자의 일변개방형이다. 주구의 규모는 길이 925~2,140cm, 너비 516~1,800cm, 깊이 18~105cm이다.

부장품은 3-Ⅰ구역 1호 분구묘의 매장주체부에서 양이부호 1점, 환두대도·철부·철겸 1점 등이 확인되었다. 3-Ⅰ구역 4호 분구묘 매장주체부에서는 토기와 철기류는 확인되지 않은 반면 장신구류인 구슬 4점만이 출토되었다.

주구에서는 토광과 옹관이 배장되기도 하면서 출토된 유물은 토기류와 철기류로 구분된다. 토기의 기종으로는 호형토기·파수부주구토기·심발형토기·파수부발형토기·시루·대형옹편 등 다양하다. 철기류는 철도자·철모·철

---

21) 충청남도역사문화원, 2005,『舒川 鳳仙里 遺蹟』, 한국도로공사.
강병권, 2009,『서천 봉선리 유적 -서천-공주간 고속도로건설공사 봉선리 노선 변경구간-』, 충청문화재연구원.

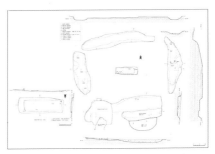

[사진 3] 서천 봉선리 3-ㅣ구역 분구묘 유구현황 [그림 4] 서천 봉선리 3-ㅣ구역 1호 분구묘

부·철촉·철겸 등이 출토되었는데, 대부분 피장자의 착장품으로 사용되는 것들이다. 따라서 분구묘의 주구내에서 출토되는 부장품은 매장자와 관련된 것으로 추정된다. 분구묘의 조영시기는 3세기말~4세기대로 편년된다.

(6) 서천 옥남리 유적[22]

옥남리 유적에서는 청동기시대 주거지 9기·옹관묘 3기·석관묘 1기, 원삼국시대 분구묘 9기·토광묘 4기, 백제시대 주거지 12기·옹관묘 1기·원형수혈유구 12기, 토기요 1기 등 다양한 유구들이 조사되었다.

옥남리 유적은 서태산과 중태산에서 남쪽으로 이어지는 해발고도 40m이하의 가지능선 말단부에 해당되며, 주변의 충적평야와 인접한 지역에 위치하고 있다.

분구묘는 갓재골 유적과 우아실 유적에서 9기가 조사되었다. 모두 중태산의 끝자락에 해당하기는 하나 거리상으로 1㎞정도 떨어져 있기 때문에 개별구릉으로 인식하여 지점별로 나누어 살펴보면 다음과 같다.

---

22) 류창선외 3인, 2008,『舒川 玉南里 遺蹟』, 충청문화재연구원.

갓재골 유적에서는 능선 정상부에 형성된 해발 30~32m높이의 평탄대지면에 분구묘 7기가 확인되었다. 분포양상을 보면 1호와 2호, 3호와 4호,그리고 5~7호가 능선 정상부를 따라 북쪽에서 남쪽방향으로 나란히 분포하는 정형성을 보인다. 분구묘는 기본적으로 평면 방형의 형태를 띠며, 한변 혹은 중앙 일부가 개방된 형태로 파악된다. 매장주체부는 대상부의 유실로 모두 확인되지 않았으며, 유물은 7호 분구묘의 내부 퇴적토 내에서 파손이 심한 원저단경호 1점이 출토되었다.

우아실 유적에서는 동사면 상단부 평탄면에 분구묘 2기가 확인되었으나, 모두 삭평되어 주구의 한변만 잔존하는 양상이다. 분구묘의 지형변경으로 인해 잔존상태가 양호하지 못하여 분묘의 속성을 파악할 수 있는 세부적인 구조는 파악하기 어렵다. 다만 1호 분구묘의 주구내에서 백제시대 옹관묘 1기가 중복[23]되어 조사되었다.

(7) 서천 저산리 · 수성리 유적[24]

서천 저산리 · 수성리 유적의 6-2지점에서 분구묘로 추정되는 주구 1기가 확인되었다. 주구의 잔존길이는 약 8.9m, 폭이 55~90cm이고, 잔존 깊이는 15cm 안팎이다. 주구내부에는 황갈색조의 사질토가 퇴적되어 있었으며, 내부에서 출토한 유물은 없다.

매장시설이 확인되지 않았지만 주구의 형태로 미루어 분구묘일 가능성이

---

23) 조사자는 백제시대 옹관묘가 중복된 것으로 보고 있으나, 중복이 아니라 원삼국 시대 옹관묘가 주구내 배장된 것으로 볼 수도 있어 검토의 여지가 있다.
24) 김성남 · 이화영, 2012,『서천 저산리 · 수성리 유적 –갈산~해미(서천판교우회)도로 건설공사구간내-』 부여군문화재보존센터.

높다고 판단된다.

(8) 서천 덕암리 유적[25]

서천 덕암리 유적이 위치한 곳은 해발 57m 정도의 동태산에서 남쪽으로 흘러내린 가지능선의 말단부 경사면 및 평탄부에 입지하고 있다.

발굴조사 결과 청동기시대부터 조선시대 생활유구가 조사되었으며, 원삼국시대에 해당하는 분구묘는 단 1기만 확인되었다. 분구묘의 주구 평면형태는 방형으로 조성되었으며, 매장주체부는 확인되지 않았다. 출토유물은 주구내부에서 무문토기편들만 확인되었기 때문에 조성시기는 명확하지 않다. 다만 주변의 분구묘 유적들과 비교 검토하여 원삼국시대에 해당한다고 보고 있다.

(9) 서천 이사리 · 월기리 유적[26]

서천 이사리 · 월기리 유적 발굴조사 결과 월기리 유적에서는 청동기시대 주거지 14기와 환호, 원삼국시대 구상유구 7기와 조선시대 분묘유구가 조사되었다.

보고서상에서 구상유구로 명명한 유구가 분구묘로 추정된다. 분구묘의 잔존상태는 매우 좋지 않으며, 매장주체부는 전혀 확인되지 않았다. 분구묘 주변에 돌린 주구의 형태도 삭평으로 인하여 일부만 확인되어 자세한 사항은 알 수 없다. 주구의 형태도 일부만 남아 있으며, KD-007호만 원형에 가깝게 주구가 돌아가고 있는 양상이 확인된다. 주구내부에서도 전혀 유물이 출토되지 않아 시기를 편년하기도 어려운 실정이다.

---

25) 충청남도역사문화연구원, 2009, 『舒川 德岩里遺蹟』.
26) 이홍종외 2인, 2005, 『舒川 梨寺里 · 月岐里 遺蹟』, 고려대학교 고고환경연구소.

(10) 서천 화산리 수리넘어재 유적[27]

서천 화산리 수리넘어재 유적은 서천-보령(제1공구) 도로건설 부지내에서 확인된 유적이다. 발굴조사는 모두 6지점으로 나누어서 진행되었는데, 원삼국시대 분구묘는 서천 종천리 산말골유적(2지점)에서만 확인되었다. 분구묘는 모두 14기가 조사되었으며, 수혈유구는 5기가 확인되었다.

분구묘는 지형의 삭평과 인위적인 훼손으로 인해 매장주체부를 비롯한 주구 대부분이 유실된 상태로 정확한 성격을 파악하기 어려운 점이 있다.

분구묘가 위치한 지역은 해발고도 30m내외의 낮은 구릉지대로 거의 평지화된 능선의 선상부를 따라 일정한 군집을 이루어 분포하며, 청동기시대 주거지와 중복되어 조성되었다.

군집된 양상을 보면 1구역의 경우 큰 규모의 4호 분구묘를 중심으로 3, 5, 6, 8호 분구묘가 인접하여 위치하였고, 서쪽으로 1호와 2호 분구묘가 나란히 배치되었다. 2구역에서는 정확한 군집양상을 파악할 수 없지만, 4호 분구묘를 중심으로 5기가 밀집되어 있는 것으로 판단된다.

분구묘의 평면형태는 대부분 말각방형의 형태를 띠고 있어 분구의 형태는 방대형으로 추정되며, 1호묘와 같이 원형의 형태도 확인된다. 매장주체부는 1호 분구묘에서만 1기 확인되는데, 내부에는 목관을 안치하였던 흔적이 확인되었다.

주구의 규모는 한변의 길이가 530~1,635㎝ 정도로 다양하게 나타난다. 이 중 원형의 평면형태를 가지는 1구역 1호 분구묘는 한변의 길이가 5.3m로 가장 작은 규모를 보이는데, 당시 분구의 규모와 피장자의 성격에 따라 평면형태를

---

27) 박대순 외 4인, 2013, 『서천 화산리 수리넘어재 유적』, 가경고고학연구소.

다르게 조성하였거나 또는 시간성을 반영하고 있는 것으로 추정된다.

서천 당정리 유적과 직선거리로 350m정도 떨어져 있고, 동일 구릉상에 입지하고 있으며, 분구묘의 배치, 군집상태, 개방부의 위치 등의 공통점을 보이고 있어 동일한 성격을 지닌 집단에 의해 연속선상에서 조성된 분묘로 보아도 무방할 것이라고 생각된다.

조성시기는 출토유물이 없어 축조시기를 가늠할 수 없지만, 당정리 유적의 분구묘가 3세기 후반~4세기 전반경으로 비정되고 있어 이와 비슷한 시점에 조성되었을 가능성이 높다고 생각된다.

(11) 서천 문곡리 유적[28]

서천 문곡리 유적에서 청동기시대 생활유구와 분묘유구를 비롯해서 원삼국시대 분구묘 1기가 조사되었다. 주구의 형태는 방형에 가깝고, 동쪽과 서쪽이 개방되어져 있으며, 장축방향이 등고선과 직교하고 있다. 매장주체부는 토광목곽목관묘로 묘광은 장축 430㎝, 단축 127㎝로 비교적 큰 편이며, 토광은 깊이는 33㎝이다.

유물은 주구에서 타날문토기편이 수습되었고, 목곽과 목관사이에서 무경식 철촉 1점과 유경식 철촉 1점이 수습되었다.

연대는 토광내 토층둑에서 채취한 토양시료를 바탕으로 OSL연대측정을 실시한 결과 기원후 3세기경이라는 편년이 나왔다.

---

28) 한얼문화유산연구원, 2011, 『서천 문곡리 유적』, 대전지방국토관리청.

(12) 서천 옥산리 발동 유적[29]

서천 옥산리 발동 유적에서는 분구묘 2기가 조사되었다. 1호 분구묘는 매장시설을 둥글게 감싸고 있으나 남쪽편의 일부분이 트여 있는 상태이다. 이러한 주구의 잔존 형태로 보아 분구의 평면형태는 원형에 가까웠을 것으로 추정된다. 잔존 규모는 남-북 길이 1,044㎝, 동-서 너비 768㎝이다. 2호 분구묘의 잔존 규모는 남-북 길이 898㎝, 동-서 너비 862㎝이다. 주구의 폭은 56㎝~110㎝ 내외이며, 깊이는 12㎝~28㎝ 내외이다. 분구묘 내에서 출토된 유물은 전혀 없다.

(13) 서산 여미리 방죽골 분묘군[30]

서산 여미리 방죽골 분묘군 조사결과 원삼국시대의 분구묘 16기, 토광묘 7기와 백제시대의 수혈식석곽묘 1기, 횡구식석곽묘 3기 등이 조성된 유적이다.[31] 이들 유구는 중복이 매우 심하다.

원삼국시대 16기의 분구묘 중에 매장주체부는 옹관묘의 8호와 매장주체부가 확인되지 않은 1호와 14호를 제외한, 나머지 13기는 모두 토광묘이다. 그리고 3호와 5호 분구묘의 주구에는 각각 대형옹형토기편과 대형 타날문토기편이 출토되었으며, 14호의 주구에서는 뚜껑이 덮여 있는 상태로 장동의 평저직구호가 횡치되어 조사되었다.

방죽골 분묘군에서 주목되는 점은 일부 주구가 중복되어 조사됨으로서 이들 중복관계를 통하여 분구묘의 상대적인 변화상을 살펴볼 수 있게 된 점이

---

29)　한얼문화유산연구원, 2014,『서천 옥산리 발동 유적』.
30)　이호형, 2005,『瑞山 余美里 방죽골 墳墓群』, 충청문화재연구원.
31)　발굴조사가 완료된 후 서술한 약식보고서에는 원삼국시대 단순토광묘 7기, 5호, 9호, 13호, 16호 4기는 눈썹형 주구를 두른 주구토광묘이며, 방형의 주구를 두른 분구묘는 10기가 조사되었다고 기록되었다.

[그림 5] 서산 여미리 방죽골 유구 현황도

[사진 4] 3호 분구묘 출토유물

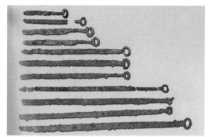

[사진 5] 서산 여미리 방죽골 분구묘
출토 환두도

다. 즉 분구묘의 주구형태는 마제형, 방형, 장방형, 원형의 것이 조사되었는데, 주구의 중복상태로 보아 주구의 형태가 마제형→방형→장방형→원형의 순서로 변화하였으며, 1호에서와 같이 늦은 단계의 원형 주구는 평면적으로 확장하였음이 밝혀졌다. 그리고 마제형 및 방형은 구릉 상단부의 경사면에, 장방형과 원형은 구릉 정상부의 평탄면에 조성되어 있어 분구묘의 입지도 경사면에서 구릉정상부의 평탄면으로 이동하면서 조성되었다. 또한 선행분묘의 대상부(분구)를 보호하기 위하여 주구만 중복시키면서 조성한 것으로 이해된다.

매장주체부 유물부장양상은 토기류는 단경호 22점, 양이부호 3점, 완 1점, 蓋 2점, 장동의 대형 직구호 1점, 대형 옹형토기 2점이며, 철기류는 환두도 11점, 철부 16점, 철겸 10점, 철모 3점, 철착 2점, 괭이형 철기 1점, 판상철부형 철정 8점, 철촉 11점, 철도자 2점, 철준 2점, 용도미상 철기 3점 등이 출토되었다.

방죽골 분묘 분구묘는 단장묘에서 합장묘로 이행되면서 양이부호 등 새로운 기종이 출현하는 Ⅱ단계는 3세기 중후반에 조성된 것으로, 그리고 단장묘이면서 단경호만 출토되는 Ⅰ단계는 이보다 앞선 3세기 중엽경에 조성된 것으로 이해할 수 있겠다. 그러므로 여미리 방죽골 분구묘는 3세기 중반에서 3세기 후엽까지 조성되었던 것으로 판단된다.

(14) 서산 명지리 고분[32]

서산 명지리 고분은 서산시 대산면 명지리에서 확인된 백제시대 토광묘군으로 알려져 있으나, 조사경위 및 분구 잔존현황 등을 미루어 볼 때 분구묘일 가능성이 높다.[33] 분구묘군은 크게 2개의 群으로 분포하고 있다.

1개의 群은 낮은 언덕에 15기 가량의 분구묘가 일군(一群)을 이루고 있는데, 분구묘는 경사면의 중앙부에서 위쪽에는 없고 중앙에서 계곡으로 내려오면서 약 10m정도의 간격을 두고 산재한다. 현재 확인할 수 있는 것이 15기 정도인데 분구는 경사면이기 때문에 많이 유실되어 지상 40~50㎝정도의 낮은 것들이다. 또 다른 일군(一群)은 완만한 경사면에 위치하는데, 이곳에는 불과 2~3기밖에는 확인할 수 없었다.

이 중에 발굴조사된 분구묘는 3기인데, 분구의 규모는 장축이 8~10m내외, 단축이 8m내외, 잔존높이는 40㎝이다. 분구내에서 매장부는 A호분에서만 확인하였으며, B호분과 C호분에서는 매장부는 확인하지 못하고 부장유물만 확인할 수 있었다.

A호분의 묘광의 크기는 남북 270㎝, 동서 60㎝인데 남벽의 서단(西端)이 약

---

32) 金永培·韓炳三, 1969, 「大山面 百濟土壙墓 發掘報告」, 『考古學』 2, pp.49~76.
33) 명지리 고분에서 조사된 토광묘 용어를 분구묘로 대체하여 기술하였다.

간 넓어졌으며 깊이는 동쪽이 10㎝, 서쪽이 6㎝정도로 매우 낮다. 부장유물은 철제환두도를 비롯하여 토기, 철부, 철제쇄스랑 1점이 바닥면에서 출토되었다.

B호분의 유물배치는 동쪽에 철부가 있었고 중앙부에는 환두를 서향한 환두도가 놓여 있었으며 서쪽에는 대형토기와 철정, 그리고 철겸이 토기밑에 놓인 형태로 출토되었다. 토광의 바닥은 A호분과 달리 화강암반보다 10㎝ 높았다. 그러므로 묘광의 윤곽을 밝히지 못하고 말았다.

C호분은 지표하 20㎝ 들어간 곳에서 대형토기 1점이 출토되었다. 토기가 출토된 곳은 중심에서 1m정도 서쪽으로 떨어진 곳이었다. 봉토 중심에서 동쪽과 북쪽은 지형이 낮아져서 유물이 높인 묘광의 저면이 이미 오래전에 지상에 노출되어 있었다. 그러므로 여기서는 묘광의 구조를 알 수 있는 아무런 흔적도 남아 있지 않았다. 부장유물은 파손된 회흑색의 대형 원저호이다.

(15) 서산 예천동 유적[34]

서산 예천동 유적에서는 청동기시대 주거지 6기, 초기철기시대 토광묘 2기 · 옹관묘 1기, 원삼국시대 분구묘 104기, 백제시대 옹관묘 2기 등 168기의 유구가 확인되었다. 특히 원삼국시대 분구묘 104기가 전 지역에 걸쳐 확인되며, 조사지역 외곽에서도 일부 확인되고 있어, 조사지역 구릉 일대에 대규모의 고분군이 형성되었을 것으로 판단된다.

분구묘는 해발 17~25m내외의 낮은 구릉상의 정상부와 사면부에 전체적으로 분포하고 있으며, 사면부의 경사는 매우 완만한 편이다. 분포상의 특징을

---

34) 최봉균외 4인, 2012,『서산 예천동 유적』, 백제문화재연구원.

살펴보면 분구묘간 독립된 묘역을 가지고 있는 경우와 주구만 일부 중복이 이루어진 경우로 구분된다. 이러한 점은 주구를 공유하거나 선행 분구묘에 인접하여 분구를 축조한 연접분의 형태를 이루고 있었던 것으로 추정할 수 있으며, 선행 분구묘의 존재를 인지한 상태에서 후행하는 분구묘가 축조되었음을 알 수 있다.

주구의 평면형태는 대부분이 방형으로 일부 제형이나 원형에 가까운 평면형태를 보이는 분구묘도 확인된다. 방형의 평면형태를 가진 분구묘의 경우 주구의 한변 중앙부가 개방된 경우 개방부는 대부분 매장주체부의 장축방향과 일치하고 있어 개방부가 경사방향에 상관없이 서쪽이라는 특정방향을 향하는 점이 주목된다.

조사된 분구묘 중 매장주체부가 확인된 분구묘는 36기이다. 이 중 복수의

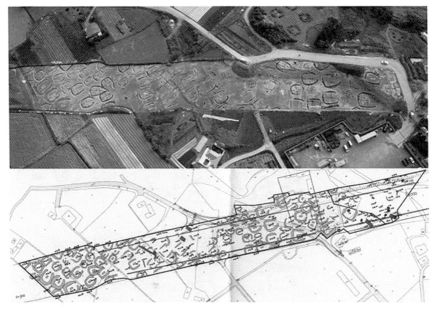

[그림 6] 서산 예천동 분구묘 유구 현황도

매장주체부를 가진 18호 분구묘를 제외한 나머지 분구묘는 모두 대상부 내에서 1기의 매장주체부만이 확인되어 단장묘로 판단된다. 매장주체부는 대상부의 중앙부에 위치하고 있으며, 장축방향은 대부분 대상부의 장축방향과 나란하게 조성되었다.

매장주체부의 조성방법은 대부분 생토층을 굴광하고 조성되었으며, 18호 분구묘와 74호 분구묘의 경우 묘광의 깊이가 주구의 잔존 최대 깊이보다도 깊게 굴착된 점으로 미루어 지상식보다는 반지하식에 가까운 구조가 아니었나 추정된다. 매장시설은 모두 조합식목관을 이용하였다.

분구묘에서는 모두 67점의 토기류가 출토되었다. 기종별로 매장주체부에서는 원저단경호, 원저소호, 양이부호, 이중구연호, 평저호, 고배형토기, 뚜껑 등이 출토되었으며, 주구 출토품으로는 심발형토기와 완, 옹형토기와 같은 기종이 출토되었다. 철기류는 총 85점으로 환두도 8점, 목병도 1점, 철검 3점, 철모 8점, 철부 15점, 철겸 12점, 철도자 9점, 철착 2점, 철정 24점, 철사 1점, 철제집게 1점, 미상철기 1점 등이 출토되었다.

예천동 유적의 분구묘에서 출토된 철기는 주변유적에 비해 많은 출토량을 보이며, 비교적 다양한 기종이 출토되었다. 칠초철검, 주조철부, 주조철착, 2단관식 철모 등이 18-1호묘에서 부장되어 2세기 중·후반을 상한연대로 비정할 수 있으며, 환두도, 철모, 철부, 철정 등의 철기 전반의 형태가 3세기~4세기 초반의 형태와 유사하므로 철기출토의 조영연대는 3세기~4세기 초반으로 판단된다. 이는 공반 출토된 토기의 양상과 맞물린다.

(16) 당진 도성리 유적[35]

당진 대중 골프클럽 조성부지내 유적에서는 청동기시대 주거지 1기, 원삼국시대 주거지 2기, 분구묘 5기, 조선시대 토광묘 5기 등이 조사되었다.

분구묘는 모두 5기가 확인되었는데 주로 조사지역의 경계에서 확인되는 양상으로 이를 확장하는 과정에서 확인되었다. 평면형태는 방형으로 매장주체부는 확인되지 않았다. 주구는 바닥면을 비교적 편평하게 'U'자형으로 굴착하여 조성하였는데 유실되어 정확한 형태를 파악할 수 없는 3호 분구묘와 왼쪽 모서리의 주구가 결절된 형태로 확인된 2호 분구묘를 제외한, 3기의 분구묘에서 주구가 결절없이 둘러진 형태로 확인되었다.

분구묘의 주구규모는 평면형태가 방형이기 때문에 장축과 단축간에 차이가 크지는 않다. 대체적으로 규모가 큰 것은 1,158㎝, 작은 것은 840㎝정도이다.

출토유물은 1호 주구내부에서 철부 1점이 출토되었으며, 다른 주구내부에서는 타날문토기편, 파수부편 등이 확인되었다.

(17) 태안 달산리 유적[36]

태안 달산리 유적에서는 원삼국시대 분묘는 1구간 중심능선에서 분구묘 10기와 토광묘 10기가 동일 구릉지에 공존하는 상태로 출토되었다. 분구묘는 지형이 평탄한 정상부와 사면부 전반에 걸쳐 확인되며, 토광묘는 서사면 중단부에 밀집분포하고 있다.

분구묘는 단독으로 조성된 것이 있는가 하면, 2~4호 분구묘와 같이 분묘의

---

35) 충청남도역사문화원, 2011, 『당진 도성리 유적 -대중 골프클럽 조성사업부지내-』.

36) 정태진외 2인, 2012, 『태안 달산리 유적 -원청~태안(제1공구) 도로건설공사구간내 문화유적 발굴조사-』 가경고고학연구소.

측면을 파괴하면서 연접조성된 것도 존재한다. 분구묘는 평면방형의 주구를 구획하였으며, 매장주체부는 거의 흔적만 남아 있거나 전혀 확인되지 않는 양상이다.

매장주체부는 1호, 2호, 6호의 잔존양상으로 파악할 때 단장목관묘를 사용하였다. 유물은 주구내에 대형옹, 원저단경호, 경질무문발형토기가 매납되었고, 매장주체부에서는 철모와 철도 등 소량의 철기류가 출토되었다.

조영시기는 방형의 墳形에 단장을 기본으로 하고 수평적으로 연접하여 축조되는 모습, 부장을 위한 별도공간이 존재하지 않으며 주구내부에 호 등의 유물을 매납하는 행위등을 전반적으로 고려하면 김승옥의 편년안 중 서해안 분구묘의 발전단계상 Ⅱ단계의 특징을 보여주는 것으로 이해된다.[37] 또한 주구내부에서 출토되고 있는 경질무문토기와 거치문이 시문된 대형옹, 격자타날 또는 격자타날 +집선문이 시문된 원저호의 형태적 속성 등의 유물상은 3세기대에 조성되었을 가능성이 높다.

(18) 홍성 봉신리 · 대동리 유적[38]

홍성 봉신리 · 대동리 유적은 도청이전신도시 부지에서 발굴된 유적이다. 원삼국시대 분구묘는 봉신리 유적 Ⅰ지구와 Ⅱ지구의 구릉 상부에서 총 6기가 확인되었다. 이 가운데 KM-003은 매장주체부가 확인되지 않았다. 주변에 시기미상의 구시설이 추가로 조사된 것으로 보아 더 많은 분구묘가 존재하였을 가능성이 높다. 분구묘는 약 2~3m거리를 두고 인접해 있다.

---

37) 김승옥, 2011, 「충청지역 마한계 묘제의 성격과 발선과정」, 『분구묘의 신지평』, 전북대학교 고고문화인류학과 BK21사업단 국제학술대회.
38) 이홍종외 2인, 2012, 『홍성 봉신리 · 대동리 유적』, 한국고고환경연구소,

잔존한 주구의 평면형태는 역 'ㄱ'·'ㅠ'·'ㄴ'·'ㅁ'자 등 다양하지만, 잔존상태가 양호하지 않아 모두 'ㅁ'자형이었을 가능성도 있다. 규모는 장축 8.2~14.9m, 단축 8.8~10.8m, 잔존깊이 10~25㎝ 정도이다. 매장주체부는 단독으로 조성되었으며, 내부에 목관을 안치한 것으로 확인되었다. 매장주체부의 깊이는 양호한 것이 29㎝(KM-004) 정도이며, KM-005호는 7㎝정도만 남아 있었다. 매장주체부를 확인할 수 있는 것은 KM-001호·KM-002호·KM-004호 뿐이다.

부장유물은 KM-002의 부장칸 중앙부에서는 양이부호 한점이, KM-004호 매장주체부내에서는 주조철부가 출토되었다. 또한 KM-004호의 주구내부에서 원저단경호가 출토되고, KM-006호의 주구와 연접해 대호 구연부편이 매납되어 있어 축조과정에서 제의가 행해졌을 가능성이 높다.

조영시점은 원저단경호의 동체부 평면형태가 편구형에 구연부가 외경의 형태를 띠고 있는 점을 근거하여 하봉리 유적 8-2호묘에서 출토된 것과 유사하여 '청당동 Ⅱ기 후반'의 3세기 중후반으로 추정된다.

(19) 홍성 동성리 유적[39]

홍성 동성리 유적에서 확인된 분구묘는 모두 5기이며, 매장주체부는 1기에서만 확인되었다. 분구묘는 낮은 구릉성 산지에 입지하고 있으며, 주변으로는 서해로 흐르는 와룡천이 위치하고 있다.

1호 분구묘에서 확인된 매장주체부는 내부에 목관을 사용한 목관토광묘이며, 부장유물은 양이부호 1점만 출토되었다. 분구묘는 모두 일정한 간격을 두고 위치하고 있어 분구묘 조성당시 서로 분묘조성에 대한 인지가 이루어진 상

---

39) 충청남도역사문화연구원, 2014, 『홍성 동성리 유적』, 충청남도역사문화연구원 제101책.

태에서 조성되었던 것으로 판단된다. 출토유물이 빈약하여 조영연대를 밝히기 어려우나 양이부호의 기형적 특징을 분석할 때 3세기말~4세기초반에 조영되었을 것으로 판단된다.

(20) 홍성 석택리 유적[40]

홍성 석택리 유적은 원삼국시대 환호취락이 조사된 유적으로 주거+의례+분묘+생산 공간으로 이루어져 있으며, 이를 보호하기 위한 환호시설, 그리고 도로가 갖추어진 체계적인 취락지의 면모를 보여준다.

원삼국시대 분구묘는 A-1지구에서 15기, A-2지구 2지점에서 3기, A-2지구 3지점에서 1기로 모두 19기가 조사되었다. 그러나 A-2지구 2지점 2호 분구묘와 A-2지구 3지점 1호 분구묘의 2~4호 매장시설은 주구와 매장시설의 위치를 고

[그림 7] 홍성 석택리 유적 유구 현황

40) 서정일, 2014, 「홍성 석택리 환호취락 검토」, 『내포신도시 원삼국시대 환호취락검토』, 제 29회 호서고고학회 학술대회, 호서고고학회; 한얼문화유산연구원, 2015, 『홍성 석택리 유적』.

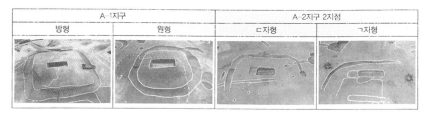

A-1지구		A-2지구 2지점	
방형	원형	ㄷ자형	ㄱ자형

[그림 8] 홍성 석택리 분구묘 유형

[사진 6] 홍성 석택리 분구묘 유물

려할 때 분구묘와 관련이 없는 단독 토광묘일 가능성이 높다. 분구묘는 환호
취락지(A-2지구 1지점)를 중심으로 반경 200m내외에 분포하며, 해발 55m의
구릉정상부(A-1지구)를 비롯해 해발 39~40m의 사면부(A-2지구 2지점 주거지
하단부)와 환호취락지에서 동쪽으로 약 200~300m정도 떨어진 해발 39m(A-2
지구 2지점 말단부) 또는 28m의 저평한 구릉지(A-2지구 3지점)에 조성되어
있어 입지에 차이를 보인다.[41]

---

41) 홍성 석택리 유적에서 조사된 주구토광묘는 매장주체부가 지하깊이 굴착한 전통으로
    인하여 주구토광묘로 보았지만 서산 예천동 유적처럼 주구의 중복 또는 연접현상, 주구
    의 형태, 매장주체부의 축조방법·부장유물 등이 서로 상통하기 때문에 분구묘로 보는
    것이 타당하다고 판단된다. 이와 같은 분구묘는 경기지역에서 조사된 분구묘와도 서로
    상통한다고 판단된다.

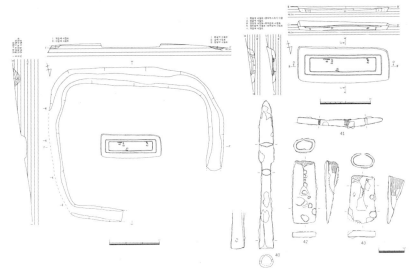

[그림 9] 홍성 석택리 A-1지구 15호 분구묘 도면

　특히 A-1지구의 분구묘는 독립된 구릉부에 15기가 운집해 있어 환호취락지의 중심묘역으로 추정되고 있다. 주구의 평면형태는 방형, 원형, 'ㄷ'자형, 'ㄱ'자형으로 구분된다. 매장주체부는 토광묘로 주구내부의 중앙부분에 단독으로 조성되어 있으며, 장축방향은 대부분 등고선과 나란하나 일부 직교하는 것도 확인된다. 묘광의 깊이는 30~86㎝정도이며, 내부에 목곽을 시설한 후 목관을 안치한 것(8기)과 목관만을 사용한 것(10기)으로 구분된다. 출토유물은 양이부호, 원저단경호, 평저단경호, 소환두도, 목병도, 철도자, 철부, 철모 등이 출토되었다. 조영시기는 양이부호의 형태, 소환두도의 세경화현상 등을 고려할 때 3세기후반~4세기전반으로 설정할 수 있다.

　따라서 분묘공간의 입지·분포현황·출토유물의 중심연대 등을 종합해보면, 석택리 환호취락의 중심묘제는 A-1지구에 위치한 분구묘로 판단되며, 그 이후에 흑색마연토기가 부장된 백제토광묘의 출현 등 환호 내부를 제외한 주변지역에서 급격한 변화가 살펴진다.

2) 내륙지역

(21) 부여 증산리 유적[42]

부여 증산리 유적에서는 청동기시대 주거지 13기, 백제시대 석실분과 통일
신라시대 석곽묘 등과 함께 분구묘 8기가 조사되었다.

분구묘의 입지는 다른 분구묘 유적과 달리 능선 정상부에 1호묘가 단독으
로 분포하고, 나머지는 완만한 남동사면에 중복되지 않고 조성된 특징을 보
인다. 매장주체부는 모두 확인되지 않았으며, 주구만 남아 있는 상태이다. 6호
분구묘의 주구 말단부에서 추가장으로 판단되는 추정 옹관묘 1기만이 확인되
었다. 옹관묘는 회색연질의 타날문토기 옹 1점을 횡으로 안치한 것으로 추정
된다.

주구의 잔존형태는 말각방형 혹은 'ㄷ', 'ㄱ'자 형태이다. 주구의 규모는 장축
760~1,620㎝, 단축 600~1,000㎝, 주구폭은 68~240㎝이며 단면은 완만한 'U'자
형이다.

주구내 유물 출토양상은 5호에서 원저단경호편과 6호에서 파쇄된 옹과 주
조철부와 철겸이, 2호에서 철착이 출토되었다. 보고자는 분구묘의 조성연대를
6호묘의 주구내 출토 단면육각형 주조철부를 근거로 기원후 2세기 중엽에서
3세기대로 보고 있다.

---

42)   忠淸南道歷史文化院, 2004,『扶餘 甑山里 遺蹟』.

(22) 공주 덕지리 유적[43]

공주 덕지리 유적은 공주 탄천면 산업단지부지에서 조사된 유적으로 청동기시대에서 조선시대까지 전 시기에 걸쳐 생활유구, 생산유구, 분묘유구 등 다양한 유구가 확인된 복합유적이다.

덕지리 유적에서는 원삼국시대 분묘유구로 분구묘 6기를 비롯하여 토광묘 44기·옹관묘 4기 등이 조사되었다. 그러나 매장주체부가 확인되지 않은 주구는 분구묘로 명명하지 않고 주구로 명명하였다. 분구묘 주변에서 주구 13기가 조사된 것으로 미루어 분구묘는 19기 정도로 추정해 볼 수 있다.

분구묘는 모두 조사지역의 능선 정상부와 정상부로부터 사면부가 시작되는 완사면에 걸쳐 조성되었다. 시굴조사 과정에서 분구묘를 인지하고, 분구를 확인하기 위해 토층둑을 남겨 확인하였으나 지형삭평이 심하여 분구로 판단되는 층은 확인할 수 없었다.

분구묘는 묘역에서 중복관계는 확인되지 않는다. 다만 2호와 3호 분구묘의 경우 3호 분구묘가 2호 분구묘의 북쪽을 감싸 듯 인접하여 조성되었는데, 분구가 서로 겹쳐져 있을 가능성도 있다.

매장주체부는 6기 모두 토광묘로 확인되었으며, 관정이나 꺾쇠가 전혀 확인되지 않는 것으로 미루어 조합식으로 결구한 것으로 판단된다.

부장된 유물은 크게 토기류, 철기류, 장신구류로 구분되는데, 토기류는 원저단경호·양이부호·장동호·파수부토기·완으로 세분된다. 철기류는 환두도·철도자·철부·철겸 등으로 구분할 수 있으며, 장신구류로는 관옥이 확인되었다.

---

43) 김가영·이주연·최보람, 2012,『公州 德芝里 遺蹟』, 백제문화재연구원.

출토된 부장유물의 경우 토기류는 대부분 주구내에서 출토된 반면에, 철기류 및 장신구류는 매장주체부에서 출토되었다.

분구묘의 조영연대는 구형·편구형의 동체와 외반되는 구연을 가진 원저단경호의 형태, 유관 연미형의 철모 등의 특징으로 미루어 3세기 후반에 조영된 것으로 판단된다.

(23) 연기 대평리 유적[44]

연기 대평리 유적은 행정중심복합도시의 남쪽 경계에 해당하는 지역으로 금강의 남안에 형성되어 있는 자연제방에 위치하고 있다. 자연제방은 금강에서 직선거리로 약 700m정도 떨어져 있으며, 가장 높은 곳은 현재의 금강수위보다 약 3m정도 높다. 발굴조사 결과 자연제방의 전체적인 형태는 남동쪽에 위치하고 있는 구릉과 구하도를 경계로 북서-남동 방향으로 길게 연결되어 있는 것으로 확인되었다.

4차 발굴조사를 통해 확인된 유구는 원삼국시대[45] 취락을 비롯하여 분묘유구로 토광묘 69기, 옹관묘 4기 등이 조사되었으며, 2차 발굴조사지역과 연결되는 미고지 정상부를 따라 분포하고 있다. 조성방법에 따라 토광묘와 옹관묘로 구분되며 토광묘가 다수를 차지한다. 토광묘는 주구가 설치된 것과 주구가 없는 토광묘로 구분되는데, 주구가 설치되어 있는 토광묘는 분구묘일 가능성이 높다. 또한 주구가 없는 토광묘 역시 묘광의 깊이가 얕아 주구가 삭평되었을

---

44) 한국고고환경연구소, 2014,『행정중심복합도시 3-1생활권(3-1-D지점)문화재발굴조사 학술자문회의(6차)』.
45) 학술자문회의 보고서에는 원삼국~백제시대 분묘로 보고 있으나, 아직까지 백제시대 편년의 근거로 볼만한 유물이 명확히 출토되지 않은 것으로 미루어 원삼국시대로 보고자 한다.

[그림 10] 연기 대평리 분구묘 유구 현황도

범례
주거지
수혈유구
지상 건물지
토광묘
옹관묘
구상유구
도요유구
경작유구
주공

가능성이 있는 것으로 보인다. 주구는 삭평되어 일부만 확인되고 있어 명확한 형태의 파악은 어렵다. 매장주체부의 평면형태는 장방형이며, 장축방향은 대부분 북-남으로 비교적 규칙적인 편이다.

매장시설은 대부분 단독장이며, 일부 二人葬이 확인되며, 주구가 서로 중복

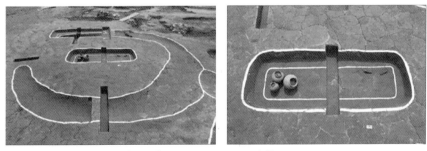

[사진 7] KM-064호 분구묘 및 출토유물

되거나 수평연접되어 배치된 양상을 보인다. 부장유물은 원저단경호 + 심발형 토기의 세트관계가 어느 정도 보이고 있는 양상이다. 주구의 형태와 중복 또는 수평연접된 배치상태 등의 분구묘적 요소와 매장부의 조성방식과 부장유물 양상에서 주구토광묘의 속성이 함께 보이고 있는 특징을 보인다.

(24) 천안 두정동 유적[46]

천안 두정동 유적에서는 원삼국시대 주거지와 토광묘, 그리고 분구묘가 조사되었다. Ⅰ지구와 Ⅱ지구로 구분하여 조사가 진행되었다. Ⅰ지구에서는 백제시대 주거지와 토광묘 및 석실분이 확인되었으며, Ⅱ지구에서는 분구묘 1기와 주변으로 토광묘와 옹관묘가 확인되었다. 분구묘가 조사된 지형은 해발 30m정도의 낮은 능선의 정상부와 사면에 걸쳐 조성되었다.

두정동의 분구묘는 Ⅱ지구의 정상부에 자리하고 있어 가장 탁월한 위치를 차지하고 있다. 분구자락이 정연하지는 못하지만 남북장축 18m, 동서단축 14m크기의 장타원형의 평면형태를 하고 있다.

분구 표면은 본래부터 즙석되었던 것으로 판단되는 人頭大 크기 정도의 이르는 할석들이 남아 있었다. 따라서 이 분구묘는 '葺石墳丘墓'로 분류할 수 있다. 분구묘 내에는 다양한 매장주체시설을 포함하고 있다. 분구묘에 포함된 매장시설은 토광 2기, 토장 2기, 석곽 1기, 옹관 4기 등 모두 9기가 확인되었으나, 분구묘의 중앙부는 후대 교란되어 매장주체부는 확인할 수 없었다. 2호 토광과 2호 토장은 상하로 겹쳐진 상태로 발견되기도 하였으며, 석곽은 분구의 표토 가까이에서 발견되었다.

---

46) 이남석 · 서정석, 2000, 『斗井洞遺蹟』, 공주대학교박물관.

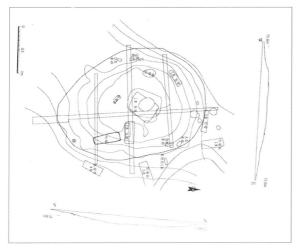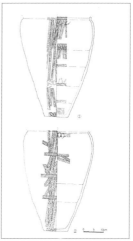

[그림 11] 천안 두정동 분구묘 및 옹관토기

　분구의 조성은 분구를 먼저 조성한 다음에 그 분구를 파고 들어가서 재차 매장주체시설을 만들었다면 매장주체시설을 만든 토광선이 확인되어야 하는데 전혀 확인할 수 없었다. 따라서 봉토와 매장시설은 동시에 조성한 것이 아니면 시간차를 두고 만들면서 봉토의 마무리는 일괄적으로 이루어진 것이 아닌가 추정될 뿐이다.

　두정동 분구묘의 조영시점은 주변의 토광묘 유적과의 관계나 내부에서 출토되는 유물에 근거해서 대체로 3세기 후반의 말엽 늦어도 4세기의 전반의 이른 시기로 볼 수 있지 않을까 판단된다.

2. Ⅱ기(4세기 중반~475년)에 조영된 분구묘 (백제 분구묘)

1) 서해안 유역

(1) 해미 기지리 유적[47]

　기지리 유적은 해발 20~30m내외의 나지막한 구릉에 입지하며, 주변은 수계가 발달되어 있으며, 낮은 구릉성산지도 발달되어 있다. 유구는 저평하게 이어지는 구릉상에 신석기시대 주거지 5기, 청동기시대 주거지 60기, 수혈유구 20기, 백제시대 주거지 2기, 분구묘 60기, 고려~조선시대 토광묘 91기, 조선시대 주거지 47기 등이 조사되었다.

　기지리 유구는 크게 청동기시대 주거지군과 백제시대 분구묘군으로 나뉘어 분포한다. 분구묘의 조영순서는 선상부에서부터 주변의 사면부로 확대되어 나가면서 조성되는 것으로 파악되며, 선상부의 유구가 단독의 주매장시설을 조영한 반면, 능선 사면부의 것은 2~3차에 걸친 매장주체부 수평확장이 이루어진 흔적이 확인된다. 대상부는 대부분 방형으로 규모가 큰 분구묘는 한변의 중앙이 개방된 형태가 주를 이루며, 이외 폐쇄형과 '∩'자형의 주구가 돌려져 있는 것들이 확인된다.

　분구묘 외곽에 둘러져 있는 주구의 평면형태가 주로 말각방형인 것으로 보아 분구묘의 평면은 방형으로 추정된다. 분구묘는 한변이 8~10m정도인 방형의 주구가 돌려져 있으나, 일부 2~3차에 걸쳐서 매장주체부가 추가로 확장된

---

47)　이남석·이현숙, 2006, 「서산 해미 기지리 분구묘」, 『분구묘·분구식 고분의 신자료와 백제』, 제49회 전국역사학대회 고고학부 발표자료집.
　　이남석·이현숙, 2009, 『해미 기지리 유적』, 공주대학교박물관.

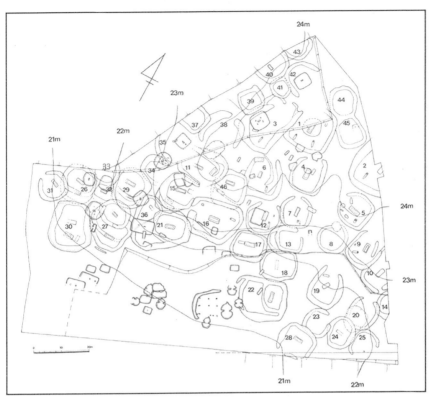

[그림 12] 해미 기지리 유적 분구묘 분포도

주구의 경우 불규칙한 방향으로 주구가 확장되어 전체 분구묘의 평면은 불규칙한 형태로 한변이 15~22m내외의 규모이다.

개별 분구묘간의 주구의 중복 혹은 병용이 확인되나 매장주체 혹은 분구자체가 중복된 것은 전혀 없다. 이는 적어도 서로를 인지한 상태에서 공간배치가 계획적으로 이루어졌다는 것을 보여준다.

기지리 분구묘에 국한할 경우 1분구 1매장시설이 원칙이었던 것으로 판단되고, 다장의 경우는 오히려 예외적 현황으로 파악된다. 매장주체부에는 말각방형으로 굴광한 후 목관을 사용하였다. 매장주체부의 장축방향은 남북방향과 동서방향으로 각각 다르게 조성하였다. 일부 분구묘에서는 지형경사 아래쪽으로 확장 및 축조가 이루어졌으며, 확장된 분구묘 내에 조성된 매장주체부는 기존 분구묘의 주구에 중복되어 조성되기도 하였다.

출토유물은 모두 관 내부에 부장하였으며, 매장주체부의 발치에는 1~2점의 토기를 부장하였다. 특히 21호 분구묘의 매장주체부 중앙에서 한식경으로 전하는 사유훼룡문경 1점, 그리고 청동환과 방울이 출토되었다. 이외에 토기의 경우 평저직구호류가 많고 광구호와 단성호, 뚜껑, 흑색마연토기 등이 확인되며 철기는 철정이 가장 많고 철부와 철서, 환두대도와 도자 등이 출토되었다. 철정은 매장부의 머리 쪽에 세워져 있는 형태로 확인되는데, 장례의식과 관련된 것으로 보인다.

분구묘의 조영연대는 흑색마연토기, 평저직구호, 광구호, 뚜껑 등의 유물조합상으로 미루어 4세기말~5세기 전반에 조영된 것으로 추정된다.

(2) 서산 언암리 낫머리 유적[48]

서산 언암리 낫머리 유적은 서산 공군기지 체력장단련 조성부지에서 확인된 유적이다. 서산 기지리 유적과는 바로 인접지역으로 같은 분묘군으로 파악이 가능하다. 조사지역 남쪽에 위치하는 해발 25m의 능선 상단부와 북쪽 및 동쪽사면 일대인 다지구의 구릉지대에 백제시대 분묘가 폭넓게 분포한다. 백제시대 분묘는 모두 56기가 확인되었는데, 묘제별로 보면 분구묘 48기, 옹관묘 1기, 토광묘 6기, 석곽묘 1기가 조사되었다.

분구묘는 유실이 심하여 대부분이 주구만 남아 있는 상태이고, 일부에서만

---

48) 윤정현, 2010, 『서산 언암리 낫머리 유적』, 충청문화재연구원.

매장주체부가 확인된다. 구릉정상부에 가장 밀집하여 조성되었고, 북쪽과 동쪽 사면까지 확대된다. 정상부에 조성된 분구묘는 평면 말각방형이고, 한쪽면을 연접하여 많게는 4~5기까지 중복되어 조성되어 있다. 주구의 형태는 평면 원형과 방형으로 분류되며, 잔존상태가 불량하여 주구만 일부 남은 분묘도 26기나 확인되었다.

주구와 토광형 매장주체부가 함께 조사된 분묘는 2기로 주구의 형태가 모두 원형으로 조성되었고, 주구만 잔존하는 형태는 원형과 방형이 다양하게 확인된다. 출토된 유물을 보면 주구+토광형 매장주체부가 확인된 분묘에서는 격자타날문호, 병형토기, 승문타날 심발형토기가 출토되었고, 토광형 매장주체부 단독 분묘에서는 광구장경호, 파상문이 시문된 직구호, 철검 등이 출토되었다.

대상부의 규모는 400~700㎝ 규모로 다양한 편이나, 구릉사면보다는 정상부에 조성된 것들이 규모면에서 큰 편이다. 분구묘의 조영연대는 해미 기지리 유적과 동일지역에 자리하고 있어 4세기말~5세기 전반으로 추정된다.

(3) 서산 부장리 유적[49]

부장리 유적은 해발 40m내외의 낮은 구릉에 입지하며, 청동기시대 주거지 19기, 백제시대 분구묘 13기, 주거지 39기, 수혈유구 7기, 고려~조선시대 토광묘 82기, 조선시대 주거지 7기 등이 확인되었다.

분구묘는 조사지역 서북쪽의 해발 35~43m내외 구릉정상부와 남서사면에 집중 분포한다. 가운데에 1호 분구묘가 자리하며, 이를 중심으로 나머지 분구

---

49) 이훈, 2006, 「瑞山 富長里 遺蹟」, 『분구묘·분구식 고분의 신자료와 백제』, 제49회 전국 역사학대회 고고학부 발표자료집; 충청남도역사문화원, 2008, 『瑞山 富長里 遺蹟』.

[사진 8] 서산 부장리 분구묘 항공사진

묘들이 열을 이루며 축조되어 있다. 대부분 일정의 간격을 두고 인접·조성되어 있으며, 6호·8호·9호와, 7호·10호간에는 주구가 중복되어 있기도 하여 선후관계를 파악할 수 있다. 1차로 방형의 분구묘를 축조하고 매장시설이 들어선 후 일부 주구를 의도적으로 메우고 수평확장을 실시, 추가매장시설이 들어선 분구묘도 확인된다. 한변 20~40m의 규모에 분구 성토층은 최대 2m정도까지 확인되며, 주변으로 주구가 돌아간다.

　　매장주체시설은 토광묘와 옹관묘가 확인되는데, 기본적으로 토광묘를 중심으로 조성되었다. 동일 분구내에는 1기에서 많게는 10기의 토광묘가 조성되어 있다. 토광묘는 매장주체부로 대부분 목곽 또는 목관을 시설하였다.

　　분구묘에서는 토기류와 철기류 및 장신구류 등이 다량 출토되었다. 토기류는 직구호, 광구장경호, 난형호, 장동호, 단경소호와 같은 특징적인 기형과 함께 다양한 크기의 대·중·소형의 호류들이 대부분을 차지하며, 이외에도 병

[사진 9] 서산 부장리 5호 분구묘 및 금동관모 · 철제초두 부장유물

형토기, 삼족기, 완 등의 기종들로 구성되어 있다. 철기류는 대도, 철모, 철촉, 철부, 철겸, 철도자, 삽날, 삼칼 등의 무기류 및 농 · 공구류가 있으며, 관정, 꺽쇠와 같은 곽(관)부재들, 그리고 철제초두와 같은 용기도 확인된다. 대도의 경우 목병도, 소환두대도를 비롯해 화려한 장식 (삼엽)환두대도들이 확인되며, 철모는 반부형의 특징적인 형태들이 포함되어 있다. 장신구류는 금동관모, 금동식리와 함께 이식, 경식, 천식, 지환 등이 확인된다.

분구묘 가운데 5호 분구묘는 출토유물의 종류와 수량에 있어서 타분구묘에 비해 우월적 위치를 보이고 있어 주목된다. 분구내에 단독으로 조성되어 있는 1호 토광묘내에서 다량의 철기류와 장신구류 외에도 금동관모, 초두와 같은 최고의 위신재가 포함되어 있다.

백제시대 분구묘는 하나의 분구 내에 여러 기의 매장주체시설을 갖춘 가족묘, 집단묘적인 성격을 가진다. 한편 당시 최고의 위신재들이 출토된 5호분과 8호분은 그 피장자가 유적 일대 나아가 서산지역의 재지세력을 대표하는 인물임을 보여주고 있으며, 아울러 부장리 세력이 백제중앙세력에 버금가는 힘을 갖추고 있었음을 말해주는 것으로 파악할 수 있다.

분구묘의 조영연대는 4세기~5세기대로 넓게 편년하고 있으며, 백제 지방통치제도를 엿볼 수 있는 자료로 보고 있다.

(4) 당진 가곡2리 유적[50]

당진 가곡2리 유적은 당진송산 일반산업단지에서 확인된 백제시대 생활 · 분묘유적이다. 백제시대 무덤은 1~4구역에서만 확인되었는데, 주거구역과 입지 공간을 의도적으로 구분하였으며, 특히 구릉 중앙부의 남사면에 밀집분포하여 있다.

당진 가곡2리 유적에서 확인된 백제시대 무덤은 크게 분구묘와 토광묘로 나뉘는데 분구묘 6기, 토광묘 3기가 확인되었다. 분구묘는 중앙에 위치한 1호분을 중심으로 주변에 5기의 분구묘가 자리하고 있다. 토광묘는 분구묘의 묘역 바깥에 분포한다.

분구묘의 중복관계와 배치패턴을 보아 분구묘는 1호분이 가장 먼저 축조된 후에 3호와 5호분, 다음으로 2호, 4호, 6호분 등이 차례로 축조되면 전체적으로 분구묘가 수평적으로 확대되는 과정을 거친 것으로 파악하였다. 또한 새 분구의 조성에 따른 분묘군 전체의 묘역 확대과정은 개별 분구 안에서의 새 매장시설 추가와 병행한 것이었으며, 분구묘 주변에 주구가 없는 토광묘나 매

---

50) 김성남 외 3인, 2013, 『당진 가곡 2리 유적-당진 송산 제2일반산업단지 조성부지(1지점)내-』, 부여군문화재보존센터.

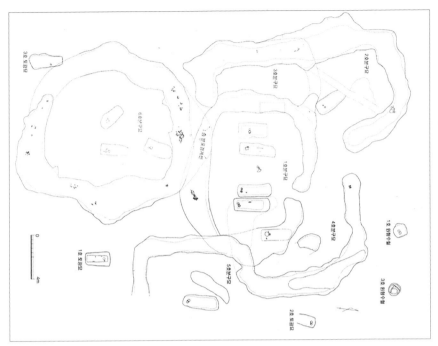

[그림 13] 당진 가곡 2리 분구묘 분포도

장구덩이가 만들어진 것은 전체 분묘군 조성과정의 가장 늦은 단계에 이루어

진 것으로 판단된다.

분구와 주구의 형태는 자연적인 침식에 의한 부분적으로 유실되어 정확하

지는 않으나, 한변의 길이가 8~12m에 이르는 방형 주구안에 대상부가 놓인,

전체적으로 낮은 방대형의 둔덕 형태라 할 수 있다. 또한 1호 분구묘의 주구가

조성된 이후에 상방으로 'ㄷ'자 'ㄱ'자 형태로 주구가 부가되면서 이전의 주구

를 연접하여 전체 묘역이 확대되는 방식으로 분구묘가 지속적으로 조성되었

다.

분구묘의 매장주체시설은 토광을 이용하였는데, 목관을 사용하는 것이 일

반적이다. 하나의 분구안에는 2~5기의 매장주체부가 마련되었는데, 1호 분구

묘에 가장 많은 5기가 매장되었고, 2쌍은 아마도 이혈의 부부합장묘라 추정된다.

부장된 토기의 기종조합은 중형이상 크기의 원저호(난형호 또는 구형호) 1점과 원저소호 1점이 기본을 이룬다. 금속기 부장품은 철기만 잔존하는데, 쇠손칼과 목병대도, 쇠낫 등이 시신안치 공간에서 노출되고, 토기가 부장된 공간에서는 주로 쇠낫과 괭이머리가 출토된다.

한편 주구에서 출토된 유물 가운데 대호와 옹 등 상대적으로 크기가 아주 큰 토기류의 비중이 높은 한편, 삼족기나 완, 병 등의 소형토기도 얼마간 출토된다.

분구묘의 조영시기는 가장 일찍 조영된 1-5호묘와 1-1호묘의 구형호와 구형소호, 직구단경소호의 기형은 경기도와 충청북부 다른 지역의 4세기말 또는 5세기초 무렵의 토기 기형과 가장 비교된다.

(5) 홍성 신경리 · 자경동 유적[51]

홍성 신경리 · 자경동 유적은 홍성내포신도시에서 확인된 유적이다. 한편 분구묘는 모두 4기로 대부분 군집을 이루는 것이 일반적인 특징인데, 4기만이 잔존하여 집단적인라고 보기에는 다소 어려움이 있다. 4기의 분구묘는 정상부의 근접거리에 위치하며, 청동기시대 주거지를 파괴하거나 백제토광묘와 중복되어 확인되었다. 분구묘 4기 중 1호묘가 가장 규모가 크며, 장축길이 1,964㎝이고, 가장 작은 규모는 2호묘로 장축길이 1,130㎝이다. 매장주체부는 2호에서만 확인되며, 나머지 2기는 청동기시대 주거지와 중복되거나 분구묘를 파괴

---

51) 오종길 외 3인, 2012,『홍성 신경리 자경동 유적』, 백제문화재연구원.

하고 백제시대 토광묘가 조성된 것(분구묘 1호), 주구안쪽에 청동기시대 주거지와 함께 주거지 내부에 3기의 백제시대 토광묘가 중복되어 있어 계속적인 사용이 있었던 것으로 확인되었다. 다만 3호 분구묘의 경우에는 토광묘와 관련한 매장부일 가능성도 높다.

세부적으로 살펴보면 1호 분구묘는 정상부에 위치하며 'ㄴ'자형 모양의 주구 2개가 모아져 마치 'ㅁ'자형의 주구형태를 띤 분구묘이다. 2호 분구묘는 1호와 3호 분구묘 사이에 위치하며, 주구와 매장부가 확인되었다.

출토유물은 주구와 매장주체부에서 단경호, 철부, 원저호편, 표주박형 토기 등이 출토되었다. 분구묘의 조영연대는 백제시대 주거지와 백제시대 토광묘의 구조적 속성 및 부장유물의 양상등을 통해 볼 때 4세기 후반대가 중심연대로 판단된다.

이외에 공주 장원리 유적(1·2호묘), 청주 송절동 유적(3·5·6호묘), 공주 신영리 여드니 유적(1호묘)에서 확인된 주구토광묘는 입지적 조건이나 주구의 형태에서 능선의 정상부에 입지하면서 주구가 사방으로 돌아가고 있어 분구묘의 입지조건과 주구의 형태, 주구내 옹관 배장(공주 장원리 1호)에서 서로 공통점이 엿보인다. 외형으로 보면 분구묘와 같은 구조지만 주매장시설은 주구토광묘의 속성을 그대로 반영된 주구토광묘이다. 이와 같은 현상은 주구토광묘와 분구묘 조영집단 간에 문화적 접변현상으로 인해 파생된 구조의 주구토광묘가 아닐까 추정된다.

분포권	유적명	기수	토기	철기	장신구 위세품류	연대
서해안	1. 보령 관창리	99기	원저단경호, 직구옹	철모		3세기 2/4분기~3세기말경
	2. 서천 당정리	23기	대형옹편			3세기후반~4세기전반경
	3. 서천 추동리 Ⅱ	3기	타날문토기편			3세기중엽(토광묘 출토 양이부호)
	4. 서천 도삼리	2기	원저단경호	철부		
	5. 서천 봉선리	14기	양이부호, 파수부주구토기, 대형옹편, 심발형토기	환두도, 도자, 철모, 철부, 철검 등	구슬	3세기말~4세기대
	6. 서천 옥남리	9기	원저단경호			
	7. 서천 저산리 · 수성리	1기				
	8. 서천 덕암리	1기				
	9. 서천 이사리 · 월기리	7기				
	10. 서천 화산리 수리넘어재	14기				3세기후반~4세기전반경(당정리와 동일 구릉상)
	11. 서천 문곡리 유적	1기		유경식 철촉, 무경식 철촉		3세기경
	12. 서천 옥산리 발동 유적	2기				
	13. 서산 여미리 방죽골분묘군	16기	단경호, 양이부호, 완, 개	환두도, 철부, 철겸, 철모, 철정		3세기중반~3세기후엽
	14. 서산 명지리	3기	대형원저	환두도, 철부, 철정, 철겸		
	15. 서산 예천동	104기	원저단경호, 양이부호, 이중구연호, 심발형토기	칠초철검, 환두도, 철검, 철모, 철정 등	구슬류	상한연대는 2세기 중후반, 3세기~4세기 초반
서해안	16. 당진 도성리	5기	파수부편	철부		
	17. 태안 달산리	10기	원저단경호, 대형옹(거치문), 경질무문발형토기	철모, 도자		3세기대
	18. 홍성 봉신리 · 대동리	6기	원저단경호, 양이부호			3세기중후반
	19. 홍성 동성리	5기	양이부호			3세기말~4세기초반경
	20. 홍성 석택리	19기	양이부호, 평저호	환두도, 철모, 도자		:3세기중후반~4세기전반경(환호동시) 4세기중엽경(환호 폐기후)

내륙	21. 부여 증산리	8기		철착, 단면육각 주조철부, 철겸		2세기중엽~3세기대
	22. 공주 덕지리	19기	원저단경호, 양이부호, 장동호, 완	철도자, 철부, 철준	관옥	3세기 후반
	23. 세종 대평리	100여기	원저단경호, 심발형토기, 양이부호	철도자, 철모, 철촉		3세기후반대 추정
	24. 천안 두정동	1기	직구단경호, 장란형토기	도자, 꺽쇠		3세기후반~4세기전반대

[표 1] 충청지역 I기 분구묘 (마한분구묘)유적 일람표

분포권	분포권	분구묘 기수	토기	철기	장신구 위 세품류	연대
서해안	1. (서산) 해미 기지리	60기	흑색마연토기, 평저직구호, 광구호	환두대도, 도자, 철정, 철부	사유훼룡문경, 청동환과 방울	4세기말~5세기전반
	2. 서산 언암리	48기	광구장경호, 직구호	철겸		4세기말~5세기전반 (기지리와 인근지역)
	3. 서산 부장리	13기	원저직구호, 광구원저호, 흑색마연토기, 삼족토기	장식환두대도, 철부, 철겸, 반부철모	금동관모, 금동식리, 중국제청자사이호	4세기말~5세기대
	4. 당진가곡 2리	6기	원저호, 원저소호, 삼족토기, 완, 병	목병도, 도자, 철겸		4세기말~5세기초
	5. 홍성 신경리·자경동	4기	단경호, 원저호, 표주박형토기	철부		4세기 후반대

[표 2] 충청지역 II기 분구묘 (백제분구묘)유적 일람표

Ⅲ. 분구묘의 구조적 특징과 출토유물

1. 분구묘의 구조적 특징

1) 분구의 형태와 축조방식

충청지역에서 조사된 분구묘는 호남지방과 달리 평탄한 평지에 입지하기보

다는 낮은 구릉성산지에 입지하고 있어 수백년간의 식생환경으로 인하여 분구의 파괴가 심하여 분구묘 축조시 분구형태를 추정하기가 쉽지 않다. 따라서 잔존한 분구나 주구의 형태로 추정할 수 밖에 없다.

현재 확인가능한 분구묘에 남아 있는 분구는 부장리 1호분으로 분구의 높이가 2m정도로 다른 분구묘에 비해 고대한 편으로, 하단부는 方形, 상단부는 圓形墳일 가능성이 높다. 그 밖에 분구가 잔존한 유적으로는 천안 두정동·서산 여미리 방죽골·해미 기지리·서산 부장리·당진 가곡 2리 유적들 뿐인데, 잔존한 분구나 남아 있는 주구의 평면형태로 볼 때 외형은 하단부는 方形, 상단부는 圓形 또는 方臺形(방대형)으로 마무리했을 것으로 판단된다.

현재 충청지역에서 조사된 분구묘의 분구는 천안 두정동에서 조사된 외부에 즙석시설이 있는 분구묘와 Ⅱ기에 조영된 분구묘 유적에서만 확인되고 있다. 따라서 Ⅰ기에 조영된 분구묘의 분구는 매우 얕게 조성된 저분구였을 가능성이 높다. 결국 Ⅱ기에 와서야 수평적인 확장과 수직적인 확장에 의해 분구의 높이가 자연스럽게 높아졌음을 유추할 수 있다.

결론적으로 충청지역 분구묘 분구의 외형은 남아 있는 주구가 (장)방형계이면 하단부는 방형, 상단부는 원형 또는 방대형의 구조를, 남아 있는 주구가 원형이면 외형은 원형분으로 매우 단순한 구조를 보일 뿐이다.

분구묘의 축조방법 중 가장 큰 특징으로 거론되는 것은 매장시설을 안치할 분구를 우선적으로 조성한 후, 분구중에 매장시설을 안치하는 先墳丘-後埋葬이라고 알려져 있다.

그러나 충청지역에서 조사된 분구묘들의 축조방법을 분석한 결과 반드시 先墳丘-後埋葬의 축조방식을 따랐다고 보기에 어려운 분구묘들이 더러 있음을 알 수 있다.[52] 특히 先墳丘-後埋葬의 축조방식을 보이지 않는 분구묘는 대부분 Ⅰ기에 축조된 분구묘 유적에서 확인되며, Ⅱ기에 축조된 해미 기지리 분구묘에서도 일부 확인가능하다는 점인데, 이를 매장시설의 위치에 따라 臺狀地形利用 地上志向型으로 구분해서 부르기도 한다.[53]

先埋葬-後墳丘의 축조양상을 보이는 분구묘 유적은 매장주체부가 생토층을 일부 굴착하고 조성한 보령 관창리 · 서천 봉선리 · 서천 도삼리 · 서천 추동리 · 서산 예천동 · 서산 여미리 방죽골 · 태안 달산리 · 홍성 석택리 · 연기 대평리 · 해미 기지리 등 대부분 매장시설이 남아 있는 유적들이다. 이들 유적에서는 분명히 생토면 일부까지 굴착하고 매장시설을 조성하였음이 확인된다. 물론 먼저 분구를 낮게 만들고 매장부를 조성하는 과정에서 생토면까지 굴착하여 매장부를 안치한 후, 분구를 덮었을 가능성도 제기되고 있어[54] 추후 면밀한 검토가 필요하다.

분구묘 축조방법은 Ⅱ기에 조영된 해미 기지리와 서산 부장리 유적 분구묘의 분구가 어느정도 남아 있어 축조방법을 어느 정도 유추해 볼 수 있다. 해미 기지리의 분구묘 축조는 지표면 정지→묘광 굴착→바닥면 정지 및 목관 안치→목관 주변 보강토 채움→목관 위 1차 성토→주구 굴착 및 2차 성토 순으로 조성된다고 보았다.[55] 서산 부장리의 경우 하나의 대상부내에 여러 기의 매장

---

52) 서산 예천동 유적(깊이 50㎝), 서산 여미리 방죽골 분묘(깊이 60㎝), 홍성 석택리 유적(깊이 30~86㎝) 분구묘는 주구의 깊이보다 매장주체부의 깊이가 더 깊은 경우에 해당한다.

53) 김낙중, 2011, 「분구묘와 옹관분」, 『동아시아의 고분문화』, 서경문화사, p.205.

54) 김승옥, 2011, 「중서부지방 마한계묘제의 성격과 발전과정」, 『분구묘의 신지평』, 전북대학교 BK21사업단 · 전북대학교박물관 , p.133.

55) 이남석, 2014, 「백제 분구토광묘(분구묘)의 검토」, 『한성시대 백제의 고분문화』, 서경문화사, pp.54~126.

부가 조성되면서, 1차로 방형의 분구묘를 축조하고 매장시설이 들어선 후 일부 주구를 의도적으로 메우고 수평확장을 실시, 추가매장시설이 들어선 유구도 확인된다. 나아가 1차로 조성된 매장부의 상단에 2차로 수직적 형태의 매장시설이 조성되면서 하단부에 있는 매장시설을 일부 파괴하는 양상도 확인된다. 따라서 충청지역 분구묘 중에 유일하게 다장 자체가 수평 · 수직적 중복양상을 보여주는 예이다.

2) 분구묘의 배치상태

분구묘는 군집분으로 유적내 배치상태를 보면 Ⅰ기에 조영된 분구묘와 Ⅱ기에 조영된 분구묘간에 어느 정도 차이점이 엿보인다. Ⅰ기에 축조된 분구묘들은 밀집도는 높지만 각 분구묘간에 중복되거나 주구를 서로 공유하지 않고 독립적으로 존재하는 양상이 매우 강하게 보인다. Ⅰ기에 조영된 분구묘 24곳 유적 중 주구를 서로 공유하거나 연접한 분구묘 유적은 서산 예천동 유적 · 서산 여미리 방죽골 분묘군 · 태안 달산리 유적 · 연기 대평리 유적 4곳 뿐이다.

반면에 Ⅱ기에 조영된 분구묘 5곳 유적은 모두 주구가 중복되거나 연접된 양상을 보이며 특히 해미 기지리에서는 수평적으로 1차~4까지의 수평적 확장 뿐 아니라 서산 부장리에서는 수직적인 확장도 이루어진다.

Ⅰ기에 보였던 소규모 단위의 군집배치가 Ⅱ기에 축조된 서산 해미 기지리 · 부장리 · 당진 가곡 2리 분구묘 집단내에서는 명확하게 보이지 않는다는 점이다. 이들 분구묘들은 서로 주구를 공유하기도 하면서 소집단별 배치보다는 주구를 서로 공유 · 연접하거나 중복되면서 빼곡하게 배치되어 있어 하나의 거대한 공동체를 형성하고 있는 듯하다. 따라서 Ⅰ기에서 Ⅱ기로 시간이 경과하면서 분구묘는 서로 주구를 연접 · 공유하거나 중복되면서 수평 · 수직적으로 확장하는 배치의 변화양상은 어느정도 시간적인 선후관계를 의미하는 것

으로 이해할 수 있다.

3) 분구묘의 분포와 입지적 특징

충청지역에서 조사된 분구묘는 내륙지역보다는 해안유역을 따라 분포하고 있는 특징을 보인다.[56] 여하튼 분구묘라는 묘제는 한반도 충청지역의 서해안 일대에 폭넓게 분포하는 묘제라는 점에는 이의가 없을 듯하다. 다만 최근에 내륙지역으로 볼 수 있는 부여 증산리·공주 덕지리·연기 대평리 유적에서도 분구묘 자료가 조사된 점은 주목할 만하다. 부여 증산리·공주 덕지리·연기 대평리 유적의 지리적 위치는 금강변에 인접한 낮은 구릉성산지 또는 충적대지인 점으로 미루어 볼 때 분구묘 집단은 금강이라는 물길을 따라 내륙지역으로 점차 이동해 나간 것으로 판단된다. 따라서 앞으로 금강주변의 내륙지역에서 더 많은 분구묘 유적이 확인될 가능성이 높다고 보인다.

분포상황을 보면 Ⅰ기 분구묘는 서해안과 금강유역 주변의 내륙지역까지 폭넓은 분포를 보이는 반면에, Ⅱ기에는 서산을 위시한 당진·홍성지역권으로 분포권이 확연히 축소되는 특징을 보인다. 이는 서산지역을 위시한 주변지역은 분구묘 세력이 강하게 지역권을 설정하고 있었기 때문에 가능했던 것으로 판단된다.[57]

충청지역 분구묘는 대체적으로 조망이 유리한 비고 10~20m의 낮은 구릉의 평탄면 또는 완만한 사면에 입지하는 특징을 보이며, 주변에는 넓은 평야지대

---

56) 이택구, 2008, 「한반도 중서부지역의 마한 분구묘」, 『한국고고학보』 66.
57) 서천지역은 분구묘 다음에 조영된 무덤은 수혈식석곽묘와 횡혈식석실분으로 대체되고 있는 양상이 확연히 나타나고 있지만, 서산지역을 중심으로 한 주변지역은 4세기 후반이후에도 그대로 분구묘가 조영되고 있다.

가 펼쳐져 있다. 그렇기 때문에 충청지역 분구묘는 청동기시대 주거지와 중복되어 조성된 경우가 많다는 특징이 보인다.[58] 이러한 정황은 분구묘의 사용시기의 장지로서의 입지가 청동기시대와는 달랐음을 보여주는 것이기도 하다.

한가지 덧붙이자면 충청지역에서 분구묘와 주구토광묘의 속성이 공존하는 지역이 최근 자료에 의해 확인된다. 대표적으로 연기 대평리 유적, 공주 장원리 유적과 신영리 여드니 유적, 홍성 석택리 유적 등이다. 이들 지역은 주구토광묘와 분구묘 전통이 서로 교차하는 곳으로 문화의 접목현상이 나타나는 점이지대로 볼 수 있다. 유적이 확인된 홍성-공주-연기군(세종시) 지점을 서로 연결시키면 동서 일직선에 가깝게 형성되는데, 이는 경기·충청내륙지역에 자리하고 있는 주구토광묘 집단이 남으로 내려오면서 분구묘 집단과 서로 접목하는 현상으로 이해하고자 한다.

홍성 석택리 유적에서는 주구의 형태와 부장유물의 특성은 분구묘, 매장주체부의 지반 굴착과 내부에 관·관은 주구토광묘적 속성이 강하며, 공주 장원리와 신영리 여드니 유적은 주구의 형태만 분구묘적 속성을 보일 뿐이다. 연기 대평리 유적은 주구의 형태와 중복이나 수평연접된 배치상태는 분구묘적 특성이, 매장시설의 지반굴착과 부장유물은 주구토광묘적 속성이 공존하는 양상이다.

4) 매장시설의 분류

분구묘는 다른 묘제와는 달리 하나의 거대한 묘제 안에 여러기의 매장시설을 안치할 수 있는 다장이 가장 큰 특징이라고 할 수 있다. 현재 충청지역에서

---

58) 충청지역 분구묘 29개 유적 중에 17개 유적에서 청동기시대 주거지와 중복되거나 동일한 능선에 자리하고 있다.

조사된 매장시설의 축조양상을 살펴보면 김승옥[59]의 구분안대로 크게 4가지 안으로 구분하되, 충청지역에서 이와는 별도로 분구묘내 대상부에 합장묘가 확인되어 2가지 안을 첨부하여 6가지 안으로 구분하고자 한다.

Ⅰa유형- 단장독립형

　(서산 예천동 유적을 포함한 확산기에 조영된 대부분 유적)

Ⅰb유형- 단장연접형

　(Ⅰ기에 조영된 유적 - 서산 여미리 방죽골, 서산 예천동, 태안 달산리, 연기

　대평리)

　(발전기에 조영된 유적 - 해미 기지리, 서산 언암리 낫머리, 당진 가곡 2리)

Ⅱa유형- 다장독립형

　(확산기에 조영된 유적 - 서천 봉선리 유적(1기), 천안 두정동)

　(발전기에 조영된 유적 - 해미 기지리(소수), 서산 부장리, 당진 가곡 2리)

Ⅱb유형- 다장연접형

　(발전기에 조영된 유적 - 서산 여미리 방죽골(3호), 해미 기지리(소수), 서산

　부장리)

Ⅲa유형 - 합장독립형

Ⅲb유형 – 합장연접형

　(확산기에 조영된 유적 - 연기 대평리(4기))

　Ⅰ유형인 단장분구묘는 하나의 분구내에 주매장시설만 안치하며, 간혹 주

---

59)　김승옥, 2011, 「중서부지방 마한계묘제의 성격과 발전과정」, 『분구묘의 신지평』, 전북 대학교 BK21사업단 · 전북대학교박물관.

구내에서 대형옹편이 확인된다는 점이다. Ⅱ유형인 다장분구묘의 가장 큰 특징은 대상부와 주구내에 수평과 수직확장을 통해 다수의 피장자를 하나의 분구에 안치한다는 점이다. Ⅲ유형은 분구묘내 2기의 매장주체부가 나란히 위치하는 합장독립형과 합장연접형을 새로운 형식으로 추가하였다. 충청지역에서 합장독립형은 아직까지 명확하게 보이지 않는 반면에, 합장연접형은 Ⅰ기에 조영된 일부 유적에서만 확인된다.

충청지역 분구묘는 Ⅰ기에 조영된 분구묘는 단장분구묘가 매우 우세하고, Ⅱ기에 조영된 분구묘는 다장분구묘가 매우 우세한 경향을 보인다. 또한 주구가 서로 연접된 양상을 분석해 보아도 Ⅰ기에 조영된 분구묘는 모든 유적에서 연접된 양상을 보이는 반면에, Ⅱ기에 조영된 분구묘는 소수의 유적에서만 연접된 양상을 보일 뿐이다. Ⅰ기나 Ⅱ기에 나타나는 단장연접형의 분구묘는 친족적으로 가까운 자들을 근접한 공간에 함께 매장한다는 점에서 다장분구묘와 마찬가지로 다장의 전통을 지녔다고 볼 수 있다.[60] 따라서 분구묘의 매장시설 변화는 '단장분구묘'에서 '다장분구묘'로, '독립형'에서 '연접형'으로의 시간적 변화가 강하게 나타난다. 다만 천안 두정동 분구묘를 저분구묘로 보면서 가족관계로 추정될 수 있는 사회단위가 하나의 분구에 묻히게 되는 것이어서 지배적 집단내에서 친족을 중심으로 하는 보다 유력한 집단이 형성되어 가는 과정을 반영하는 것으로 판단하였다.[61]

현재까지 조사된 유적을 분석하면 발생기에 조영된 분구묘는 Ⅰ기에 조영

60) 김승옥, 2011, 「중서부지방 마한계묘제의 성격과 발전과정」, 『분구묘의 신지평』, 전북대학교 BK21사업단 · 전북대학교박물관.

61) 성정용, 2000, 「백제한성기 저분구분과 석실묘에 대한 일고찰」, 『호서고고학』3, 호서고고학회.

단장 a형(Ⅰa형)	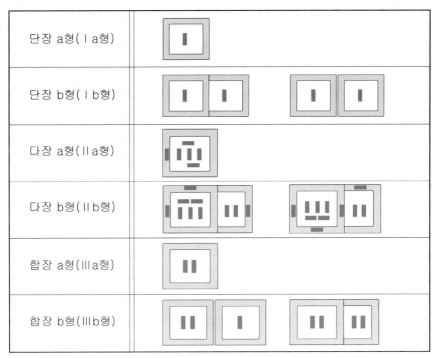
단장 b형(Ⅰb형)	
다장 a형(Ⅱa형)	
다장 b형(Ⅱb형)	
합장 a형(Ⅲa형)	
합장 b형(Ⅲb형)	

[그림 14] 김승옥 분류안 참고 수정안

된 서산 예천동 · 태안 달산리 유적 · 홍성 석택리·연기 대평리 등 일부 분구묘
에서만 주구의 연접 · 중복의 양상이 보이며, 서산 여미리 방죽골에서만 연접
과 다장묘의 성격이 모두 나타나고 있어 Ⅱ기에 보이는 다장과 연접 분구묘로
이행하는 과도기적인 단계의 분구묘로 이해된다.

Ⅲ유형인 합장 분구묘는 아직 일반화되지 않은 분구묘 형식으로 주구토광
묘가 일반적으로 보이는 연기 대평리 유적에서 다수(4기)가 보이고 있어 주구
토광묘에서 다수 보이는 이혈합장의 영향으로 파생된 것으로 판단된다.[62]

---

62) 경기지역 분구묘에서 합장분구묘는 인천 중산동 유적 11지역 1호, 김포 운양동 유석
2-9호묘로 아직까지는 극히 소수에 불과하다.

2. 출토유물의 변화양상

1) 토기류

분구묘의 부장양상은 주구토광묘와 별반 다르지 않지만 토기의 기종조합에서 선택적 수용에 의해 약간의 차이를 보인다. 주구토광묘는 앞에서 말한바와 같이 원저단경호+심발형토기의 세트관계가 확인되는데, 이는 천안 용원리나 청주 신봉동의 백제시대 토광묘까지 파급이 미친다. 반면에 분구묘는 뚜렷한 세트관계는 보이지 않으며 매장시설에는 원저단경호·이중구연호·양이부호 같은 기종의 부장율이 높고, 주구에서는 대형옹편·대형호편이 깨진채로 부장되는 양상을 보인다.

물론 주구토광묘에서 대표적으로 부장되는 심발형토기는 분구묘내에서도 부장되며, 반대로 분구묘에서 많이 출토되는 이중구연호나 양이부호 또한 주구토광묘[63] 내에 부장되기도 한다. 따라서 분구묘와 주구토광묘 집단의 대표기종으로는 원저단경호를 들 수 있으며, 주구토광묘 집단은 심발형토기[64]를 선택적으로 수용한데 비해, 분구묘 집단은 이중구연호나 양이부호 같은 기종을 선택적으로 수용했다고 보인다.

그러나 일정한 시간이 지나면서 4세기 중반부터 조영된 분구묘내에는 백제토기가 부장되는 양상으로 변화 발전해나간다. 현재까지 자료로 볼 때 분구묘의 백제토기 분화시점은 서산 기지리 유적과 부장리 유적, 그리고 당진 가곡 2리 유적을 통해서 파악이 가능하다. 이들 유적내에서 출토된 토기의 양상(직

---

63) 양이부호는 청주 송절동 유적과 분강·저석리 유적 등에서 출토된 바 있다.
64) 충청지역 분구묘에서 심발형토기 2점이 출토되었는데, 서천 봉선리와 서산 예천동 분구묘 주구내에서만 출토된 양상을 보인다.

구호 · 광구호 · 개배 · 흑색마연토기 · 삼족토기)과 철기유물의 특징을 고려할 때 편년은 4세기 중반에 축조되어 475년 이전까지 조영된 묘제로 보는데 큰 이견은 없으며, 분구묘를 조영한 집단의 질적변화를 반영하고 있다고 보인다.

한마디로 요약한다면 분구묘내 매장시설의 토기부장양상은 일률성이 거의 보이지 않으며, 매우 다양한 부장패턴을 보인다는 점이다.

2) 철기류

분구묘 내부에 부장된 유물중에 철기류는 위세품과 함께 피장자의 신분이나 계층을 가장 잘 반영해 주는 유물이다. Ⅰ기에 조영된 분구묘내 철기부장 양상은 무기류보다는 농공구류의 비율이 높게 나타난다. 무기류인 (環頭)大刀는 매장주체부에만 부장된다. (環頭)大刀가 부장된 분구묘는 동일 유적내에서 다른 분구묘에 비해 규모나 입지에서 우월성을 약간 보인다. Ⅰ기에 조영된 분구묘내에서는 環頭大刀보다 더 높은 권위를 보여줄만한 유물을 부장한 분구묘가 확인되지 않기 때문에 환두대도를 공반하면서 무기류를 함께 소유한 분구묘가 현재로서는 최고위계를 가진다.

Ⅱ기에 조영된 분구묘에서는 무기류와 농공구류는 보편적으로 함께 공반되며, 무기류 중에 삼엽 · 은상감의 (장식)환두대도가 등장한다. 시간성을 어느정도 보여주는 철모의 부장양상을 보면 Ⅰ기에는 직기유관형의 철모가 우세하고, Ⅱ기에는 연미무관형 · 연미유관형의 철모가 대부분 부장된 양상을 보인다.[65] 부장리 유적에서는 용원리 고분군에서 출토되는 반부철모도 부장되는 특이성도 나타난다.

---

65) 성정용, 2000, 「중서부 마한지역의 백제영역화과정 연구」, 서울대학교박사학위논문.

해미 기지리 유적에서는 매장주체부의 머리부분에 철정을 1~2개 세워서 부장하는 양상이 보이는데, 다른 유적의 분구묘에 비해 철정이 다량으로 부장된 특징을 보인다. Ⅰ기에 조영된 분구묘에서는 서산 예천동 유적에서 1~2점 정도가 일부 매장주체부에 세워서 부장되는 공통점도 엿보인다. 장례의식에 있어 독특한 서산지역에서만 보이는 지역성으로 판단된다. 철기유물의 부장양상으로 보이듯이 Ⅰ기의 분구묘 집단에서는 피장자의 성격을 대변해 줄 수 있는 (環頭)大刀가 소수의 분구묘에서만 부장되는 반면에, Ⅱ기에서는 위세품뿐만 아니라 裝飾環頭大刀가 일부 분구묘에 등장하고 있어 사회구조가 Ⅰ기에 비해 더욱 발전되었음을 간접적으로나마 알 수 있다.

다만 아직까지 동시기에 조영된 주구토광묘와는 달리 분구묘에서는 마구류와 마형대구가 출토된 바 없지만,[66] 최근 연기 대평리 유적에서 마형대구가 출토된 바 있어 주구토광묘 세력과의 관계가 주목된다.

3) 장신구류 · 위세품

분구묘에서 출토되는 장신구류는 옥이 주종을 이루고 있는데, 옥의 형태에 따라 곡옥, 관옥, 소옥으로 분류할 수 있다. 옥의 종류에서는 마노제와 벽옥제, 그리고 유리제 옥으로 다양하며, 특히 서산 예천동과 해미 기지리 유적에서 출토된 금박유리옥은 주구토광묘에서 출토된 금박유리옥과 비교 검토가 가능하다. Ⅰ기에 조영된 분구묘에서는 아직까지 금동이식이 출토되지 않는 반면에, Ⅱ기에 조영된 분구묘내에서만 금동이식이 부장되고 있어 시간성이 반영된 장신구류로 판단된다.

---

66) 이남석, 2011, 「경기 · 충청지역 분구묘의 검토」, 『분구묘의 신지평』, 전북대학교 BK21사업단 · 전북대학교박물관. p.118.

위세품은 Ⅰ기에 축조된 분구묘에서는 뚜렷하게 확인되지 않는다. Ⅱ기에 축조된 분구묘에서는 해미 기지리 21호 분구묘에서 한식경으로 전하는 사유 훼룡문경과 함께 청동지물의 부속구로 보이는 환과 방울, 그리고 수정과 벽옥제 관옥, 금박옥 등이 출토되었다.

부장리에서는 4호·5호·6호·8호 분구묘에서 나온 위세품들이 대표적이라 하겠다. 특히 5호 분구묘[67] 매장부에서 출토된 위세품으로는 금동관모·철제초두·금동이식·곡옥 등이며, 4호·6호·8호 분구묘에서는 환두대도를 포함한 금동식리와 금동이식 등의 최고위계를 보여주는 부장품이 확인되어 당시 서산을 포함한 주변지역에서 최고 위계를 지닌 집단임을 보여준다.

금동관모가 부장된 5호분은 규모나 배치상태에서 우월성을 찾기 어려우나 다른 분구묘와 달리 매장시설이 한 기만 있는 단독장의 형태를 취하고 있어 다른 묘제와 차별성을 보인다.

백제의 마한영역으로의 확장이 본격적으로 이루어지는 4세기 중엽 이후의 충청지역은 지역적으로 천안 용원리 수혈식석곽묘, 공주 수촌리 토광묘와 횡혈식 석실분 등의 분묘에서 백제로부터 하사받았을 것으로 추정되는 금동관모를 비롯한 위세품들이 각 지역의 유적마다 부장되는 특징을 보인다. 이와 같이 각 지역마다 지역성이 강한 분묘가 축조되면서 최상위의 위세품들이 부장되는 양상으로 미루어 백제중앙의 강력한 통제력, 즉 직접지배가 실현되지 못했다는 점을 보여주는 증거이며, 반대로 지방세력이 그 지역에서 나름의 수장층으로써 강력한 세력을 형성하고 있었음도 알 수 있다.

따라서 충청지역에서 조사된 분구묘 유적은 백제양식의 토기들이 중서부내

---

67) 이외에도 각종 구슬류, 환두대도, 반부철모, 각종 토기류가 함께 부장되었다.

륙지역은 4세기 전반부터 확산되면서 편입시키는 과정을 겪는 반면에, 서해안 유역은 한두단계씩 지체되면서 4世紀 後半~5世紀 中葉까지 서서히 확산되는 경향을 보인다.

이후 충청지역은 5세기말~6세기 초반의 웅진시기가 되어서야 홍성 성호리 고분군[68], 서산 여미리 고분군[69], 서천 칠지리 고분군[70] 등 주변 곳곳에서 웅진기 횡혈식 석실분이 도입되고 있어 묘제의 변화가 급박하게 전개되었음을 알 수 있다.

특 징		I 기(마한) 분구묘	II 기(백제) 분구묘
분구 형태		분구확인 안됨, 낮은 분구추정	일부 잔존분구 확인
		잔존 주구형태로 보아 대부분 하단부 방형, 상단부 원형 또는 방대형 추정	
분구묘 배치상태		독립적 분포, 그룹별 배치상태	독립분포(주구연접 및 중복) 하나의 거대한 공동체그룹
매장시설 조영방식		단장분구묘, 독립형 우세 수평확장 소수	다장분구묘, 연접형 우세 수평⸱수직적 확장 다수
출토 유물	토기류	마한계토기 (원저단경호, 이중구연토기, 양이부호)	백제계토기 (직구단경호, 병형토기, 개배, 삼족토기)
	철기류	소수의 철기 (환두대도, 철모, 철겸, 철부, 철정)	다수의 철기 (장식환두대도 등장, 철모, 철겸, 철부, 철정)
		마구류, 마형대구(연기 대평리 2점) 출토 없음. 판상철부형 철정 부장양상(서산지역의 독특한 장례의식)	
	위세품	중층유리옥, 마형대구	금동관모, 금동신발, 금동이식, 철제초두

[표 3] 충청지역 분구묘 비교속성표

---

68) 백제문화개발연구소·공주대학교박물관, 1989, 『홍성 성호리 백제고분군 발굴조사 보고서』
69) 충청매장문화재연구원, 2001, 『서산 여미리유적』.
70) 안승주·이남석 , 1988, 『서천 칠지리 백제고분 발굴조사보고서』.

V. 맺음말

충청지역에서 분구묘는 3세기 이후에 폭발적으로 등장하여 5세기대까지 변화·발전하는 과정을 겪는다. 충청지역에서 조사된 분구묘의 특징을 간략하게 언급하면서 맺음말을 대신하고자 한다.

첫째, 충청지역에서 조사된 분구묘의 분구는 Ⅰ기에는 낮은 분구가 조성되었을 것으로 추정되며, 점차 시간이 지나면서 Ⅱ기에 축조된 분구묘에서는 수평적·수직적으로 추가 확장되면서 고대한 분구로 이행되는 양상을 보인다. 따라서 분구묘의 매장시설 변화는 '단장분구묘'에서 '다장분구묘'로, '독립형'에서 '연접형'으로의 변화라고 할 수 있다.

둘째, 충청지역 분구묘의 분포양상은 내륙지역보다는 해안유역을 따라 분포하고 있는 특징을 보인다. 각 유적별 입지환경은 대체적으로 조망이 유리한 비고 10~20m의 낮은 구릉의 평탄면 또는 완만한 사면에 입지하는 특징을 보이며, 주변에는 넓은 평야지대가 펼쳐져 있다.

셋째, 출토유물은 Ⅰ기 분구묘는 마한토착적인 토기(원저단경호·이중구연호·양이부호)와 환두도를 위시한 철기류만 부장되는 반면에, Ⅱ기 분구묘는 백제토기(광구장경호·흑색마연토기·병형토기·삼족토기)를 위시하여 장식환두대도(삼엽)가 등장하며 금동관모와 금동식리 등의 최고위계의 위세품까지 출토된다.

충청지역 분구묘 유적은 마한계 유물속성을 가진 분구묘는 Ⅰ기(2세기~4세기중반)에 충청지역 서해안과 내륙지역에 넓게 조영된 반면에, 백제계 유물속성을 가진 Ⅱ기(4세기중반~475년이전) 분구묘는 서산지역을 중심으로 한 서해안일대에서만 조영된 특징을 보인다. 따라서 4세기 후반이후부터 충청지역 분구묘는 분구묘라는 전통은 유지되지만 내부에 부장된 유물은 모두 한성 백제양식의 토기가 출토된다. 따라서 이와 같은 변화상은 백제 고대국가의 등장 및 영역과정과 밀접한 관련을 맺었다고 보이며, 더 나아가 백제의 지방지배 방식과도 연계해서 생각할 수 있다.

충청지역 마한 분구묘 사회의 연구성과와 과제

서현주 한국전통문화대학교

Ⅰ. 머리말

Ⅱ. 지역별 조사 성과

Ⅲ. 주제별 연구 성과

Ⅳ. 연구 과제 - 맺음말을 대신하여

Ⅰ. 머리말

충청지역 마한의 묘제는 상당히 다양한데, 소위 주구토광묘, 주구묘와 분구묘 등으로 대표된다. 주구나 분구를 갖춘 무덤은 매장주체부가 토광묘 또는 목관(곽)묘가 주류를 이루며, 이외에 단순목관(곽)묘도 있다. 이번 워크샵에서 다루는 분구묘에는 최근의 연구 경향처럼 보통 주구묘가 포함되며, 더 나아가 주구토광묘까지 포함시키기도 한다. 매장주체부는 기본적으로 목관(곽)묘이 지만 동일 시기 충청지역에 공존하는 주구나 분구를 확인할 수 없는 단순 토광묘 또는 목관(곽)와는 구별되는 것이다.

충청지역의 분구묘에 대한 주제인만큼 주구토광묘 자료는 제외시킬 수도 있지만, 대표적인 분묘들이 상당부분 공존하고 있는 점에서 주구나 분구를 갖춘 토광묘 또는 목관묘인 것들을 함께 다루었다. 그리고 주구토광묘, 주구묘 등의 논의가 일찍부터 시작된 곳이 충청지역이다보니 다른 지역의 연구에서 도 함께 다루거나 언급되는 경우가 많아 다른 지역의 연구 성과들도 일부 활용하였다.

충청지역의 마한계 주구묘와 분구묘 관련 분묘는 주구토광묘, 주구목관(곽) 묘, 주구묘, 분구묘, 봉토묘, 봉토분 등으로 다양하게 언급되고 있으며 영산강 유역으로 이어지는 고총화된 분구묘와의 연계성 때문에 분류안이 다소 복잡해졌다. 그리고 경기지역의 소위 주구목관묘, 주구묘나 분구묘와도 구조, 출토유물면에서 관련이 있다. 이 지역들과의 비교를 위해서도 다른 지역보다 여러 분묘가 혼재하면서 다수 확인되는 양상을 파악할 필요가 있다고 판단된다.

이 글에서는 충청지역의 분구묘(주구묘 포함)에 대해 지역별 조사 성과를 살펴보고, 분묘의 연구 성과를 용어와 분류, 기원과 계통, 조영 시기, 사회적 성격 등으로 나누어 간단히 살펴보고자 한다. 충청지역 마한의 대표 자료인만큼 워낙 많은 연구 성과들이 있지만, 부분적으로 다룬 것들은 언급하지 못하고 직접적으로 다룬 글을 중심으로 하다보니 누락된 부분도 있으며, 보고서의 내용은 참고하지 못한 부분도 많다. 유적은 2012~2013년까지 보고서가 발간된 것을 대상으로 하였다.

Ⅱ. 지역별 조사 성과

충청지역의 마한과 그 이후 분구묘는 천안 청당동유적의 조사 이래 조사와 연구 성과들이 지속적으로 축적되면서 지역별 양상이 뚜렷해지고 있다. 여기에서는 분묘의 종류, 주요 분포권에 따라 크게 3개의 지역권으로 구분하고자 한다. 보통 충청 내륙지역과 서해안지역으로 크게 구분되고 있는데 서해안지역 중 금강중·하류지역을 따로 세분하였다(그림 1). 서해안지역과 유사한 부분도 많지만 차이나는 부분도 있어서 어느정도 구분된다고 볼 수 있기 때문이다. 이에 대해서는 후술하겠다. 그리고 천안 두정동고분 등 약간 차이가 나는 분묘는 수량이 적어 지역권에 그대로 넣었다.

1. 내륙지역(표 1)

이 지역은 수계와 유적 분포 상황으로 보아 아산·천안지역(곡교천·병천천유역권), 청원·청주(미호천중류역권)과 진천지역(미호천상류역권), 증평·충주지역(보강천유역권), 연기·공주북부지역, 대전지역(갑천유역권) 등으로 세분할 수 있다.

이 지역에서 1990년에 청당동유적이 조사되기 시작하면서 충청지역에 주구를 갖춘 분묘, 즉, 주구(토광)묘의 존재가 확인되었다. 이후 청주 송절동유적이 2차례에 걸쳐 조사되면서 내륙의 동북부지역에도 동일한 무덤이 존재함이 밝혀졌다. 1994년에 공주 하봉리에서도 조사되어 그 분포 범위가 공주북부지역까지 확대되었다. 1990년대 후반에는 천안 신풍리와 청원 송대리·상평리유적에서도 확인되었는데, 이러한 분묘와 함께 단순토광묘도 많이 조사되어 동북부지역에는 단순토광묘가 더 많은 가운데 포함되어 있는 양상임을 알게 되었다. 이러한 조사 성과를 통해 주구(토광)묘, 특히 소위 청당동형이 충청지역 원삼국시대의 대표 무덤으로 자리매김하게 되었고, 성행기는 3~4세기대이며 대표 유물은 타날문 원저단경호와 심발형토기, 마형대구, 양단환봉철기[1] 등임도 확인되었다. 1997년~1999년에는 아산 와우리, 대전의 용산동, 궁동, 노은동 등에서도 조사되어 갑천유역권에도 주구(토광)묘가 있음이 확인되었고, 특히 갑천유역권에서는 광구호, 배 등이 출토되어 백제 한성기에도 조영되었음이 확인되었다. 이와 함께 1999년에는 천안 두정동유적에서 다소 이질적인 고분이 1기 조사되었다. 고분의 평면형태는 장타원형이나 말각방형에 가까우며 길이 17.5m정도인데, 정연한 분구묘와는 조영 과정이 차이가 있어서 분구 또는 봉분으로 분류되고 있다.

그리고 1999년에 조사된 공주 장원리유적은 이제까지의 주구(토광)묘의 주구 형태를 좀더 넓히는 계기가 되었다. 구릉 경사면에서 소위 눈썹형을 이루는 주구 형태가 구릉 정상부에서는 마제형, 말각방형 등으로 거의 네변이 둘러진 형태도 있음이 확인되었다. 2003~2004년에 조사된 연기 응암리, 용호리

---

1) 成正鏞, 2000a, 『中西部 馬韓地域의 百濟 領域化過程 硏究』, 서울大學校大學院 博士學位論文.

유적을 통해 미호천하류역인 연기지역에도 주구(토광)묘가 상당수 분포하고 있음을 확인할 수 있었으며, 궐수문장식철검, 원저심발형토기 등이 출토되어 유물에 있어서도 새로운 양상이 파악되었다. 이는 영남지역과의 교류에 대해 적극적으로 해석하는 계기가 되었다. 비슷한 시기에 청주 산남동, 진천 신월리 등 미호천상류지역, 더 북쪽의 증평 증평리 등 보강천유역에서도 빈도는 떨어지지만 지속적으로 확인되었다.

2007~2009년 아산 남성리, 용두리, 명암리 밖지므레유적에서는 주구(토광)묘가 밀집되기도 하지만 이와는 지점을 달리하여 단순토광묘들도 상당수 확인되었다. 이 무덤에서는 이제까지 주류를 이루던 유물들과는 다른 유개대부호, 원저심발형토기 등의 토기가 확인되어 평택 마무리유적 등 경기남부지역의 2세기대 자료들과 비교해볼 수 있게 되었다. 이 지역에서도 명암리유적 12지점 등 5세기대까지 떨어지는 주구(토광)묘가 확인되었다. 그리고 2007~2010년에 행복도시조성구간에 포함된 연기 송담리와 송원리유적이 조사되어 이 일대에도 원삼국시대뿐 아니라 석곽묘, 석실묘 등 다른 묘제들과 함께 존속하는 5세기대 주구(토광)묘가 있었음이 확인되었다. 또한 연기 용호리와 석삼리유적을 통해 원삼국시대에 주구(토광)묘가 상당히 밀집 분포되었음이 확인되었다. 2009~2010년에는 가장 동북쪽인 충주 문성리유적에서 주구(토광)묘가 조사되었는데, 70기가 넘는 토광묘계 무덤 중에서 21기가 확인되었다. 이제까지 조사된 자료로 보아 충청 내륙지역의 여러 곳으로 주구(토광)묘는 확산되어 단순토광묘와 공존하기도 했고, 일부 지역에서는 백제 한성기인 5세기대까지도 이어졌음을 알 수 있다. 그리고 4세기 후반 이후에는 소수이지만 봉분묘

가 조영되었던 것으로 추정된다[2].

유적명	조사 연도	분구묘 (주구묘 포함)		분구없는 매장시설	출토 유물	비고
		주구 · 분구묘 (청당동형, 관창리형)	매장 주체부			
천안 청당동 유적	1990 ~1994년	청-17기	16기	토8기	금박유리옥,곡봉형대구, 마형대구,양단환봉철기, 환두도,철부,철모.원저단 경호(多),심발형토기	徐五善 · 權五榮 1990,徐五善 · 權五榮 · 咸舜燮 1991, 徐五善 · 咸舜燮 1992, 韓永熙 · 咸舜燮 1993,咸舜燮 · 金在弘 1995
청주 송절동 유적	1992 ~1993년	청-6기	6기	토10기	철모,철극.원저단경호 (多),심발형토기,양이부 호,이중구연호,뚜껑	車勇杰 · 趙詳紀 1994, 車勇杰 · 趙詳紀 · 禹鐘允 · 吳允淑 1994
공주 하봉리유적	1994년	청-8기	7기	토5기 옹4기	환두도,철겸,철준원저단 경호(多)	徐五善 · 李浩炯 1995
천안 신풍리유적	1997년	청-3기		토3기	원저단경호,심발형토기, 철모, 철겸,철제꺾쇠	成正鏞 2004
청원 송대리 · 상평리 유적	1997 ~1999년	송대리:청-5기 상평리:청-7기	5기 7기	토73기 토15기	마형대구,동탁,양단환봉 철기,환두도, 철모,철부,철 겸,마구,원저단경호(다), 심발형토기,대옹,이중구 연호,파배	韓國文化財保護財 團 1999 · 2000
대전 용산동 유적	1997 ~1998년	청-3기	3기	토1기(주 구있었을 가능성)	철제살포,철모,철부,철겸, 광구호,구형호,단경소호, 완	成正鏞 · 李亨源 2002
대전 궁동	1999년	청-13기	13기	토6기	철겸,철부,원저단경호,이 중구연호	李康承외5인 2006
대전 노은동 유적	1998 ~1999년	청-2기	1기	토1기	광구호,단경소호,배	韓昌均외 6인 2003
아산 와우리 유적	1998 ~1999년	청-2기	2기		철겸,원저단경호	忠淸埋藏文化財硏 究院 2001
천안 두정동 유적	1999년	봉분묘1기	토광2.토 장2.석곽1. 옹관4 등 9기	토17기 옹9기	분구묘:철제꺾쇠,직구단 경호,심발형토기, 발형기대,파배,경질무문 옹형토기	李南奭 · 徐程錫 2000
공주 장원리 유적	1999년	청-20기	16기	토9기 옹7기	철부,철모,원저단경호 (多),심발형토기,양이부 호	柳基正 · 梁美玉 · 羅建柱 · 朴亨順 · 柳昌善 2001

---

2) 자세한 보고자료가 없어 표에 정리하지 못했지만 2010년 조사된 연기 나성리고분도 봉
분묘에 속할 가능성이 있다고 판단된다.

공주 상서리 유적	2001년	청-1기	無	토2기, 옹1기	원저단경호,심발형토기	韓昌均·金根完· 徐大源·金根泰 2004
천안 운전리 유적	2002년	청-19기	14기		철부,철모,양단환봉철기, 원저단경호(多),심발형토 기,양이부호,삼족달린소 형토기(주구)	許義行·姜秉權 2004
연기 응암리 유적	2003 ~2004년	청-6기	4기	토9기(주 구있었을 가능성)	마형대구,양단환봉철기, 환두도,철도,철겸,철부,원 저단경호(多),심발형토기	李南奭·李賢淑· 尹英憂 2008
연기 용호리 유적 (공주대)	2003 ~2004년	청-3기	3기	토5기	궐수문철겸,철겸,원저단 경호(多),원저심발형토기	李南奭·李賢淑 2008
청주 산남동 원흥리 I 유적	2003 ~2005년	청-2기	2기	토4기	원저단경호,심발형토기	中央文化財研究 院·韓國土地公社 2006
진천 신월리 유적	2003년	청-2기	2기		타날문토기편	中央文化財研究 院·大田地方國土 管理廳 2005
증평 증천리 유적	2004년	청-1기	1기	토1기		김종길 2006
청주 미평동 195-1번지 유적	2008년	청-1기	1기	토6기	환두도,철모,철겸,원저단 경호,평저호,심발형토기	한선경·한민희 2010
아산 대흥리 큰선장 유적	2006년	청-1기	無		원저단경호	金帛範 2008
아산 신남리 유적	2007년	청-5기	4기		이형철기,원저단경호,심 발형토기,완	趙鎭亨·金 漢 2009
아산 남성리 유적	2008 ~2009년	청-3기	3기		철겸,원저심발형토기	충청남도역사문화 원·대전지방국토관 리청 2011
아산 용두리 진터 유적	2008 ~2009년	청-19기	19기	토42기 옹11기	마형대구,철겸,철도,철도, 철부,양단환봉철기,유개 대부호,원저심발형토기, 대부원저단경호,원저단 경호(多),심발형토기	李浩炯·池珉周· 崔相哲 2011
아산 명암리 밖지므레 유적	2007년 전후	2-1지점: 청-17기 2-2지점: 청-31기 3지점,수습: 청-23기	대부분	2-1지점: 토 8기,옹 8기 2-2지점: 토35기, 옹6기 3지점,수 습:토34 기,옹6기	마형대구,마탁,환두도,철 모,철겸,철부,철제꺾쇠,마 구,원통형토기,대부단경 호,원저단경호,심발형토 기,조형토제품	충청남도역사문화 원·삼성전자주식회 사 2011a·b·c
아산 명암리 유적(12지점)	2009년	청-2기	2기	토3기	철부,철겸,광구호,직구소 호,유개직구호,심발형토 기	羅建柱·尹淨賢· 南承勳 2011
연기 송담리 유적	2007 ~2009년	청-32기	27기	토8기	환두도,철모,철부,철겸,원 저단경호,심발형토기,양 이부호	이홍종·허의행·조 보람·오원철 2010

연기 송원리 유적	2007~2009년	1지구:청-9기 10지구:청-3기	12기	석실묘, 석곽묘,토광묘 등 다수	주구묘-철모,철겸,철부,광구호,삼족배,배,단경소호	이홍종·허의행·조보람·오원철 2010
연기 용호리 유적 (국방연)	2010년	청-9기	9기	토34기 옹4기	마형대구,환두도,원저단경호,심발형토기,양이부호,삼족이중구연호	國防文化財研究院·韓國土地住宅公社 2012
연기 석삼리 유적	2010년	청-47기	대부분	토28기 옹9기	마형대구,환두도,철모,철부,원저단경호(多),심발형토기	박소연·김도연·이동휘·엄혜미 2010
충주 문성리 유적	2009~2010년	청-21기	20기	토52기 옹3기	금박유리옥,마형대구,양단환봉철기,환두도,철모,철겸,원저단경호,심발형토기	中原文化財研究院·韓國道路公社 2012

[표 1] 충청 내륙지역 분구묘(주구묘 포함) 유적 현황

2. 서해안지역(표 2)

이 지역은 북쪽의 서산·당진지역, 남쪽의 홍성·보령지역으로 구분해 볼 수 있다. 이 지역에서는 1990년대 중반 보령 관창리유적에서 매장주체부가 거의 확인되지 않은 주구만으로 둘러진 무덤들이 다수 확인되어 원삼국시대 충청 내륙지역의 주구(토광)묘와 구별해보는 계기가 마련되었다. 이 지역의 주구(토광)묘는 소위 관창리형으로, 충청 내륙지역의 주구(토광)묘와 달리 주구가 네변에 가깝게 둘러지는 형태이며 주구묘의 장축방향도 대체로 등고선방향에 직교하여 차이가 난다. 매장주체부도 남아있지 않은 경우가 많다. 원삼국시대의 유물 또한 충청 내륙지역보다 타날문의 원저단경호가 적은 편이고, 심발형토기보다 평저호, 양이부호 등의 기종이 많은 편이며 이중구연호의 비중도 커진다. 시기에 따라 차이를 보이지만 철정이 이 지역의 대표적인 금속유물이다.

그리고 2002년에는 서산 여미리 방죽골유적이 조사되어 북쪽인 서산지역에서도 비슷한 무덤이 존재함을 알게 되었는데 서산지역은 대체로 매장주체부가 잘 남아있는 편이다. 2004~2005년에는 서산 부장리와 기지리유적에서 소

위 분구묘[3])가 조사되었는데 특히 부장리에서는 다장이 주류를 이루고, 금동 관모, 삼족배 등 백제 한성기에 해당하는 유물이 주류를 이룬다. 2007년~2008년에 조사된 서산 언암리 낫머리유적에서도 48기 정도로 많은 추정 분구묘가 확인되었는데 광구호, 배 등의 유물이 확인되어 대부분 5세기대에 해당되는 것이다. 그리고 2010년에는 서산 예천동유적에서 104기의 주구(토광)묘가 조사되었는데 매장시설이 남아있는 것이 36기에 달한다. 특히, 이 유적은 다른 유적들보다 분구묘의 빈도도 높지만 2세기대로 올릴 수 있는 철검 자료가 확인되어 성행기의 상한을 올리는 계기가 되었다. 2009년에는 당진 도성리, 2010~2011년에는 당진 가곡2리 유적에서 주구(토광)묘가 조사되었는데 이 중 가곡2리는 백제 한성기에 해당된다. 2010년에는 당진에 이어 홍성 봉신리유적에서도 비슷한 무덤이 확인되어 분포 지역이 확대되고 있는 양상이다. 이러한 조사 자료를 통해 충청 서해안지역에는 소위 관창리형 주구(토광)묘, 그리고 분구묘가 상당히 많이 조성되었으며, 백제 한성기까지도 상당수 이어졌음을 알 수 있다.

| 유적명 | 조사 연도 | 분구묘 (주구묘 포함) | | 분구없는 매장시설 | 출토유물 | 비고 |
		주구·분구묘 (청당동형, 관창리형)	매장 주체부			
보령 관창리 유적 (고려대)	1995년	관-97기	5기		점토대토기옹,흑색마연장경호, 동경-철모,원저단경호편,양이 부호편	윤세영·이홍 종 1997
서산 여미리 방죽골유적	2002년	관-15기	13기 (1기 옹관)	토8기	환두도,철모,철겸,철정,원저단 경호,원저소호,평저호	李浩炯 2005

---

3) 서산·당진지역은 매장주체부나 분구가 남아있는 경우가 종종 있어서 분구묘라는 용어를 더 많이 사용한다.

서산 부장리 유적	2004 ~2005년	분구묘13기	13기 (다장)		금동관모,금제이식,철제초두,삼엽문환두대도,철모,철부(주조,단조),철도끼,철정,광구호,구형호,직구호(흑색마연 포함),단경소호,병형토기,삼족배,병형토기,기대,사이부호자기편	忠淸南道歷史文化研究院 2008
서산 기지리 유적	2005년	Ⅰ구역:관 또는 분구묘-14기 Ⅱ구역:관 또는 분구묘-46기	33기 (단장 →다장)	토3기, 석곽2기	환두도,동경,청동환,청동방울,철검,철부(주조,단조),철정,원저호,양이부호,평저호(多),이중구연호,뚜껑,심발형토기,파수부발,파배,흑색마연직구단경호	李南奭 · 李賢淑 2009
서산 언암리 낫머리 유적	2007 ~2008년	관 또는 분구묘-48기	3기 (1기 석곽)	토5기, 옹1기	철검,주조철부,배,구형호,광구호,단경소호,직구소호,병,유공광구소호,심발형토기	尹淨賢 2010
당진 도성리 유적	2009년	관-4기	無		주조철부,타날문토기	忠淸南道歷史文化研究院, 2011
서산 예천동 유적	2010년	관-104기	36기		칠초철검,환두도,철모,철부(주조,단조),철정,원저단경호,평저호,양이부호,이중구연호,심발형토기	최봉균 외 4인 2012
홍성 봉신리 유적	2010년	관-6기 추정	5기		주조철부,원저단경호,양이부호	李弘鍾 · 朴性姬 · 趙晟允 2012
당진 가곡2리 유적	2010 ~2011년	분구묘6기	5기(다장, 수평확장)	토3기	철도,철부(주조,단조),철도끼,철겸,난형호,구형호,광구호,완	김성남 · 이화영 · 성현화 · 전수지 2013

[표2] 충청 서해안지역 분구묘(주구묘 포함) 유적 현황

3. 금강중 · 하류지역(표 3)

이 지역은 서천지역, 공주(주로 남부) · 부여지역에 해당된다. 1994~1995년에 서천 오석리유적에서 소수이지만 주구(토광)묘로 볼 수 있는 것들이 확인되어 이 지역에도 주구를 갖춘 분묘가 있었음이 확인되었다. 주구 형태로 보아 충청 내륙지역의 주구(토광)묘와 유사한 부분도 확인되었다. 이후 1996년에는 서천 당정리유적에서 매장주체부가 거의 확인되지 않은 주구만으로 둘러진 무덤이 다수 확인되어 이 지역도 소위 관창리형을 중심으로 하는 서해안지역과 마찬가지 양상으로 이해되기 시작하였다. 2002년에 조사된 부여 증산리유적에서도 주구만 남은 분묘가 조사되어 부여지역도 비슷한 양상일 가능

성이 확인되었다.

그런데 2004년에 부여 대덕리유적에서는 소수이지만 충청 내륙지역의 소위 청당동형의 주구(토광)묘가 조사되었다. 유구 수량이 많지 않아 전체적인 파악은 어렵지만 2003년 공주 북부의 신영리 여드니유적에서 확인된 1기의 주구(토광)묘도 이에 포함될 가능성이 있다. 2003년~2007년에는 서천 도삼리, 추동리, 봉선리, 옥남리, 덕암리 유적 등에서 주구를 갖춘 분묘가 확인되었으며 매장주체부는 일부 남아있다. 단순토광묘와 공존하며 원삼국시대에 해당하는 자료가 많지만, 봉선리유적처럼 지점을 달리하여 광구호 등의 유물로 보아 백제 한성기에도 이어졌음을 알 수 있다. 그리고 2009~2010년에는 공주 남부의 덕리지유적에서 소위 관창리형의 주구(토광)묘가 19기 조사되었는데, 상당수의 단순토광묘와 공존하는 양상이다.

그리고 2009~2010년에는 서천 저산리유적에서 하부의 주구봉토묘에 이어 집단장인 봉토분 2기가 조사되었는데 봉토분의 분형은 장방형이나 장타원형이며 규모는 길이 16.7~17.3m 정도이다. 봉토분은 점차 토광묘, 또는 석곽이나 석실이 추가되어 조영된 것으로 보았는데 그 시기는 4세기4/4분기~5세기4/4분기로 보고되었다. 이는 충청 내륙지역의 천안 두정동고분과 유사하다. 이러한 조사 성과로 보아 이 지역은 소위 관창리형과 청당동형의 주구(토광)묘가 공존하는 양상으로 볼 수 있는데(관창리형 우세), 서해안지역에 비해 주구(토광)묘의 빈도가 낮고 단순토광묘의 비중도 높은 편이며 시기가 내려올수록 그러한 양상이 두드러진다. 원삼국시대 유물의 양상은 큰 범주에서 서해안지역과 유사하다. 또한 4세기 후반부터 5세기대에는 봉분묘도 소수 조영되었던 것으로 추정된다.

유적명	조사연도	분구묘 (주구묘 포함)		분구없는 매장시설	출토유물	비고
		주구·분구묘 (청당동형, 관창리형)	매장주체부			
서천 오석리 유적	1994~1995년	청-4기	4기 (1기옹관)	토14기, 옹3기	환두도,철모,철정,모형철기,원저단경호,양이부호(多),평저호,이중구연호,조형토기,뚜껑	李南奭 1996
서천 당정리 유적	1996년	관-23기	1기(흔적)		원저단경호편	國立扶餘文化財研究所 1998
부여 증산리 유적	2002년	관-7기	無		철부(주조,단조),철검	忠淸南道歷史文化院 2004
공주 신영리 여드니 유적	2003년	1기	1기	옹1기	환두도,철모,철부,원저단경호	吳圭珍 2005
서천 도삼리 유적	2003년	관-2기	1기	토9기, 옹4기	철겸,철부,원저단경호,양이부호	李弘鍾·孫晙鎬·趙은지 2005
부여 대덕리 유적	2004년	청-2기	2기		원저단경호	李弘鍾·孫晙鎬·山本孝文·崔仁建 2006
서천 추동리 유적	2003~2004년	Ⅰ지역:관-2기 Ⅱ지역:관-4기 Ⅲ지역:관-9기	Ⅰ지역:無	Ⅰ지역:無	타날문토기편 (시기불명)	田鎰溶·李仁鎬·尹淨賢 2006, 柳昌善·李義之·池旼周·崔智姸 2008b, 李販燮 2006
서천 봉선리 유적	2003, 2007년	2지역,추가:관-3기 3지역:관-12기	2지역, 추가:無 3지역:4기	2지역, 추가:백제토11기,석곽들 3지역:토68기	2지역,추가:삼엽문환두대도,환두도,철부,철겸,철모,철정,광구호,구형호,완 3지역:환두도,철도,철겸,철모,철부(주조,단조),철정,원저단경호,평저호,양이부호,이중구연호,조형토기,완,심발형토기	忠淸南道歷史文化研究院·韓國道路公社 2005, 姜秉權 2009
서천 옥남리 유적	2006~2007년	갓재골:관-7기 우아실:관-2기	無	토1기	철겸,원저단경호	류창선·이의지·지민주·최지연 2008a,
서천 덕암리 유적	2007년	관-1기	無			忠淸南道歷史文化研究院, 2009
공주 덕지리 유적	2009~2010년	Ⅰ-1지역:관-16기 Ⅱ-1지역:관-1기 Ⅱ-2지역:관-2기	Ⅰ-1지역:5기 Ⅱ-1지역:無 Ⅱ-2지역:1기	Ⅰ-1지역:토44기,옹4기 Ⅱ-1지역:無 Ⅱ-2지역:無	삼엽문환두대도,철도,철모,원저단경호,심발형토기,양이부호,평저호,이중구연호	김가영·이주연·최보람 2012
서천 저산리 유적	2009~2010년	봉분묘2기	토광묘 또는 석곽묘,석실묘들	석곽묘,토광묘,옹관묘들	철검,철겸(주조,단조),광구호,구형호,단경소호	김성남·이화영 2012

[표3] 충청 금강중·하류지역 분구묘(주구묘 포함) 유적 현황

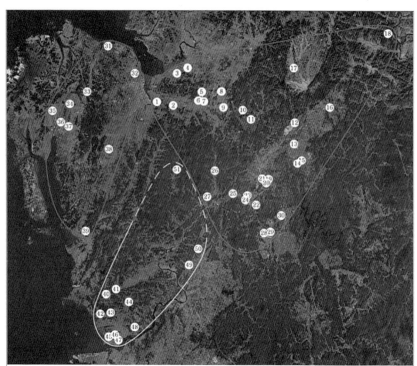

내륙지역 : 1.아산 대흥리, 2.아산 남성리, 3.아산 와우리, 4.아산 신남리, 5.아산 명지리(12지점), 6.아산 용두리 진터, 7.아산 명암리 밖지므레, 8.천안 두정동, 9.천안 청당동, 10.천안 운전리, 11.천안 신풍리, 12.청원 송대리.상평리, 13.청주 송절동, 14.청주 미평동 195-1번지, 15.청주 산남동 원흥리, 16.증평 증천리, 17.진천 신월리, 18.충주 문성리, 19.연기 응암리, 20.연기 용호리(공주대) 21.연기 용호리(국방연), 22.연기 석삼리, 23.연기 송담리, 24.연기 송원리, 25.공주 하봉리, 26.공주 장원리, 27.공주 상서리, 28.대전 노은동, 29.대전 궁동, 30.대전 용산동
서해안지역 : 31.당진 가곡 2리, 32.당진 도성리, 33.서산 부장리, 34.서산 부장리, 35.서산 예천동, 36.서산 언암리 낫머리, 37.서산 기지리, 38.홍성 봉신리, 39.보령 관창리
금강 중·하류지역 : 40.서천 저산리, 41.부여 대덕리, 42.서천 당정리, 43.서천 오석리, 44.서천 봉선리, 45.서천 옥남리, 46.서천 덕암리, 47.서천 도삼리, 48.서천 추동리, 49.부여 증산리, 50.공주 덕지리, 51.공주 신영리 여드니

[그림1] 충청지역 분구묘(주구묘 포함) 유적의 분포(네이버 위성지도)

Ⅲ. 주제별 연구 성과

충청지역에는 주구묘를 포함한 분구묘 연구는 천안 청당동유적과 보령 관창리유적이 일찍부터 확인되고 이후 다양한 양상이 확인되므로 이 유적들을 포함시켜 이루어져 왔다. 충청지역의 주구묘, 분구묘는 원삼국시대를 중심으로 다루는 여러 학술대회에서 부분적으로 다뤄지는 경우도 많으며, 주구묘와 분구묘를 주제로 한 학술대회도 최근까지 이어지고 있다. 가장 먼저 청당동유적의 조사 성과를 바탕으로 1993년 한국상고사학회에 의해 '中部地域 原三國時期 墓制와 土器'라는 주제로 학술대회가 개최된 바 있다. 이후 전라지역에서도 다양한 고분들이 주목받게 되면서 1996년에 호남고고학회에서 '湖南地域 古墳의 墳丘', 한국고고학회 전국역사학대회 고고분과에서 '周溝墓의 諸問題'라는 주제로 학술대회가 개최되었는데 이 때에도 용어 검토 등을 포함하여 충청지역의 자료가 함께 다뤄졌다. 2002년에도 서해안고속도로구간의 발굴조사의 성과를 바탕으로 새롭게 늘어난 주구묘나 분구묘 자료를 포괄적으로 다루는 학술대회가 호남고고학회에 의해 '東아시아의 周溝墓'라는 주제로 열렸는데, 이때에도 충청지역의 자료가 함께 다뤄졌다. 그리고 2006년에는 서산 부장리, 기지리, 완주 상운리 유적의 조사 성과를 추가하여 한국고고학회 전국역사학대회 고고학부 학술대회에서 '墳丘墓·墳丘式古墳의 新資料와 百濟' 주제로 적극적인 논의가 이루어졌다. 2011년에는 전북대학교 고고문화인류학과에서 '분구묘의 신지평'이라는 주제로 국제학술대회를 개최하였는데, 서산 예천동유적 등 한반도의 새롭게 추가된 최근 조사 성과와 함께 경기, 충청, 호남 지역뿐 아니라 일본의 주구묘 자료까지 비교검토해보는 기회가 되었다.

1. 용어와 분류

충청지역에서 발견되는 분구묘에 포괄되는 분묘는 분구묘나 분구분, 주구
토광묘와 주구묘, 주구목관(곽)묘, 즙석봉토분 등 상당히 다양하게 언급되고
있다. 동일 용어를 사용하더라도 규정하는 범위가 차이가 있기도 하다. 분묘의
용어와 분류 문제는 분묘에 대한 이해의 바탕이 되는 바 여기에서도 이에 대
한 연구 성과를 먼저 언급해보고자 한다.

충청지역에서 주구가 둘러진 무덤은 처음 청당동유적 보고서에서 '주구를
갖춘 분묘'로 보고한 바 있으며[4], 강인구는 이를 주구토광묘로 칭하였다. 이후
청당동유적의 보고자들은 이 무덤을 주구묘로 통칭하고, 토광묘보다는 주구
목관묘, 주구목곽묘로 세분할 것을 제안하기도 하였다[5]. 이후 최완규[6]는 관창
리와 당정리의 방형주구묘가 청당동의 것과는 달리 매장주체부가 잘 확인되
지 않는 점에 주목하여 주구토광묘가 아닌 주구묘라 부르고, 주구토광묘와 주
구묘 사이에는 지역적인 차이와 함께 계통과 성격상의 차이가 있는 것으로 보
는 견해를 제시하였다. 관창리유적의 보고자들도 관창리 주구묘처럼 네변에
방형의 주구를 두르고 지상 또는 반지상형 매장주체부를 조영한 것만을 주구
묘의 범주에 포함시켰다[7].

이와 같이 1990년대에는 대체로 발굴조사를 통해 주구라는 요소가 충청지
역의 원삼국시대(마한) 분묘에서 주목되기 시작하면서 이를 가리키는 용어가
제시되었으며 그 내에서 지역과 현상적이지만 무덤 구조의 차이를 파악하여

---

4) 韓永熙·咸舜燮, 1993, 「天安 淸堂洞 第4次 發掘調査報告」, 『淸堂洞』, 國立中央博物館.
5) 咸舜燮·金在弘, 1995, 「天安 淸堂洞遺蹟 I段階 調査報告」, 『淸堂洞Ⅱ』, 國立中央博物館.
6) 崔完奎, 1997, 『錦江流域 百濟古墳의 연구』, 崇實大學校 大學院 博士學位論文.
7) 윤세영·이홍종, 1997, 『寬倉里 周溝墓』, 高麗大學校 埋藏文化財研究所.

주구토광묘, 주구묘 등의 용어가 대두되었다.

2000년대 들어서는 고분에 대한 논의가 전반적으로 활발해졌는데 봉분, 분구 등의 개념 규정도 이루어지고 그 과정에서 충청지역 무덤에도 분구묘라는 용어가 사용되면서 논의가 좀더 복잡해졌다. 먼저 이성주[8]는 한반도를 포함한 동북아시아의 분구묘를 다루면서 보령 관창리, 서천 당정리, 익산 영등동 유적 등 주구묘로 불리고 있던 분묘에 대해 성토분구묘적 성격을 갖는 분묘임을 강조하였다. 분구묘는 흙이나 돌을 쌓아서 조성한 분구를 가진 무덤으로, 매장주체부를 먼저 조성하는 봉토분과 달리 분구를 먼저 조성한 후 그 내부에 매장시설을 축조하는 것으로 규정하였는데, 한반도 분구묘에는 영산강유역의 고분 등도 포함시켜 이해하였다.

한국에서 분구묘라는 용어는 강인구[9]에 의해 사용되기 시작되었는데, 이는 일본에서 사용되던 용어를 삼국시대 분묘에 차용한 것이다. 일본에서 분구묘는 彌生時代에 분구를 갖춘 무덤 중 성토하여 묘역을 구획 형성한 것을 古墳時代의 前方後圓墳과 구별하고자 사용되었다. 일본에서도 분구묘는 彌生時代 무덤 중 방형주구묘, 방형대상묘와는 달리 성토에 의해 묘역을 구획하여 축조한 것만을 언급하기도 하고, 이러한 彌生時代의 무덤들을 모두 분구묘의 범주 내에서 이해하기도 한다. 따라서 한국에서 삼국시대 봉토분이나 적석총 등도 모두 분구묘로 통칭하는 사용례는 문제가 있다는 지적도 있었다[10].

최완규[11]도 주구묘가 계기적인 발전과정을 거쳐 마지막에는 영산강유역의

---

8) 李盛周, 2000, 「墳丘墓의 認識」, 『韓國上古史學報』 32.
9) 강인구, 1984, 『삼국시대 분구묘 연구』, 영남대민족문화연구소.
10) 李盛周, 2000, 「墳丘墓의 認識」, 『韓國上古史學報』 32.
11) 崔完奎, 2002, 「百濟成立과 發展期의 錦江流域 墓制樣相」, 『韓國上古史學報』 37.

정형화된 분구묘로 이행되는 점에서 주구묘를 주구토광묘와는 달리 분구묘의 범주에 포함시켜 논의하고 있다. 분구묘는 주구묘와 방형분구묘로 구분하였는데 전자는 보령 관창리유적, 후자는 익산 율촌리고분군 등이 대표적이다. 최병현[12]도 용어에 대해서는 검토의 여지가 있지만 주구토광묘와 주구묘를 다른 묘제로 이해하는 의견은 마찬가지이다. 고분은 봉토분과 분구묘로 구분되며 각각 저봉토묘과 저분구묘, 봉토고총과 분구고총으로 세분해볼 수 있는데, 한반도 중서부지역에서 주로 보이는 주구토광묘는 선-매장주체부 설치, 후-저봉토 축조의 저봉토묘, 서해안지역의 주구묘는 매장주체부가 발견되지 않는 경우가 많아 선-분구 축조, 후-매장주체부 설치의 저분구묘로 볼 수 있다는 것이다. 임영진[13]도 분묘를 봉분묘와 분구묘로 구분하였는데, 주로 주구가 남아있는 상태로 발견된 주구묘는 성토된 분구 안에 여러 개의 매장시설이 있는 (성토)분구묘로 볼 수 있고 그 중에서도 고총과는 구별되는 저분구묘에 속한다고 보았다. 그리고 청당동유적 등의 주구(토광)묘는 경사면에 자리잡고 매장시설이 지하에 있는 점에서 영산강유역권의 분구묘와는 분명하게 구분된다고 보았다.

이와 같이 2000년대 초반까지는 고분의 큰 틀 아래 봉토분과 분구묘의 구조적인 차이 등을 포함시켜 논의가 이루어졌다. 이는 전라지역의 분구묘, 특히 고총고분까지 포함시켜 논의되면서 이루어진 결과이다. 이 분위기에서 충청지역의 관창리형 주구(토광)묘는 청당동형의 주구(토광)묘와 분리시켜 분구묘에서 다루거나 언급하는 경향이 강했다. 그런데 충청지역의 원삼국시대 분

---

12) 崔秉鉉, 2002, 「周溝墓·墳丘墓 管見-崔完奎 교수의 「全北地方의 周溝墓」토론에 붙여」, 『東아시아의 周溝墓』, 호남고고학회 창립 10주년 기념 국제학술대회 발표요지.

13) 林永珍, 2002, 「榮山江流域圈의 墳丘墓와 그 展開」, 『湖南考古學報』 16.

묘는 이후 고총으로 이어지는 양상이 두드러지지 않았기 때문에 이를 중점적으로 다룬 연구 성과들에서 2가지의 분묘를 구분하기보다는 주구토광묘, 주구묘, 분구묘 중 하나로 통칭하고 같은 계통의 지역적 분포 또는 주구 또는 분구 형태상의 차이로 다루려는 경향도 나타났다.

　성정용[14]은 우선 토광묘를 매장주체부로 하고 주구가 부가되어 있는 점에서 2가지 분묘를 모두 주구토광묘로 통칭하였다. 그 내에서 주구 형태 차이는 분포 지역의 밀도 차이와 시간적 차이, 나아가 동일 유적 내에서의 계층 차이로 연결될 가능성이 있어서 의미있다고 보고 청당동형 주구, 관창리형 주구로 세분하였다. 이 중 일부가 유력집단에 의해 천안 두정동고분 등의 저분구분[15]으로 발달한 것으로 이해하였다. 박순발[16]은 소위 주구토광묘와 주구묘는 모두 매장주체부가 토광묘인 점에서 이를 구분하지 않고 주구묘로 함께 언급하였다. 주구의 존재는 곧 분구의 존재를 반영하는 것으로 이해하였는데, 주구의 평면형에 따라 청당동형과 관창리형으로 세분하고[17], 이는 입지선정과 지역적 선호경향에 따른 차이로 추정하였다. 즉, 청당동형은 충청 북동부지역에 분포하고 상대적으로 경사지이고, 관창리형은 충청 서남 해안 및 전북지역에 분포하고 저평한 입지라는 것이다.

---

14)　成正鏞, 2000a, 『中西部 馬韓地域의 百濟 領域化過程 硏究』, 서울大學校大學院 博士學位論文; 成正鏞, 2000b, 「百濟 漢城期 低墳丘墳과 石室墓에 대한 一考察」, 『湖西考古學』 3.

15)　저분구분은 다장을 특징으로 하는데 천안 두정동고분, 서울 가락동 1호분과 2호분, 익산 율촌리고분군 등이 포함된다.

16)　박순발, 2003, 「周溝墓의 起源과 地域性 檢討 : 中西部地域을 중심으로」, 『충청학과 충청문화』 2, 충청남도역사문화연구원.

17)　이외에 전남지역에 분포하는 마제형인 군동리형도 세분하였다.

이훈[18]도 주구토광묘와 주구묘는 입지상 차이가 있기도 하지만 동일 유적 내에서 별다른 구별없이 공존하고 있기도 한 점[19]에서 동일 계통의 무덤으로 보았다. 다만 주구묘라는 용어가 영산강유역의 전방후원분 등 후대의 주구를 가진 무덤들과 혼란의 여지가 있으므로 주구토광묘라는 용어를 사용하였다. 이호형[20]도 주구의 형태와 관계없이 모두 주구토광묘라고 통칭하고, 청당동 유적 등은 주구가 매장주체부의 경사면 위쪽에 마제형으로 부가된 점에서 마제형 주구토광묘로, 관창리유석 등은 주구가 매장주체부의 4변에 방형으로 감싼 형태로 부가된 점에서 방형 주구토광묘로 세분하였다. 이러한 주구토광묘가 제형이나 타원형 분구묘로 계기적인 변화를 거치면서 영산강유역의 대형 분구묘나 옹관고분으로 발전하였다고 보았다.

이와 달리 최봉균[21]은 분구라는 뚜렷한 외형적 표지물로서의 상징성과 주구로 뚜렷하게 구분되어지는 개별 묘역의 확보라는 측면에 주목하여 소위 주구토광묘까지 모두 분구묘로 통칭하였다. 분구묘는 분구나 분구가 위치한 대상부에 의해 일정한 묘역을 갖는 묘제로 규정하고, 주구는 평면형에서 원형과 방형계로 구분한 후 각각 주구의 형태와 범위에 따라 4개 형식으로 나누었으며 서해안지역과 호서내륙지역으로 지역을 구분하여 다루었다.

그런데 2000년 중반부터 현재까지는 충청지역뿐 아니라 전라, 경기 지역의 분묘 자료까지 함께 다루려는 분위기가 형성되면서 충청지역의 주구토광묘와

---

18) 이훈, 2003, 「周溝土壙墓에 대한 小考」, 『國立公州博物館紀要』 3, 국립공주박물관.
19) 청주 송절동, 공주 장원리 유적 등을 사례로 들었는데, 자료가 많이 늘어난 현재에는 두 유적 자료는 모두 청당동형으로 볼 수 있다.
20) 李浩炯, 2004, 『中西部地域 周溝土壙墓 硏究』, 公州大學校 大學院 碩士學位論文.
21) 崔鳳均, 2010, 『墳丘墓의 展開樣相과 政治·社會的 意味 -湖西地域을 中心으로-』, 忠南大學校 大學院 碩士學位論文.

주구묘는 따로 구별해 보려는 경향이 강해졌다. 그리고 관창리유적과 같은 주구묘도 이전과 달리 주구묘보다 분구묘라는 용어를 많이 사용되고 있다. 특히, 이 2가지 분묘 사이에는 축조방법상 차이가 있었음이 다시 강조되고 있다(표 4). 이를 종합하면서 여러 속성을 비교하는 연구 성과도 늘어나는 한편 개별적으로 또는 지역적으로 범위를 정해 다루는 연구 성과들도 늘어나고 있다. 충청 북부내륙 지역의 경우 주구토광묘만을 다루기보다는 동일 시기에 비슷한 분포를 보이는 단순토광묘를 함께 다루기도 하며, 충청 서해안과 전라 지역의 주구묘도 분구묘로서 함께 다루기도 하였다[22]. 또한 천안 두정동고분과 같이 약간 이질적인 무덤도 적극적으로 다루고 있는데 분구묘나 봉토묘로 의견이 갈라져 있는 상태이다.

먼저 이택구[23]는 주구토광묘와 분구묘가 무덤의 분포, 입지, 장축방향, 축조방법, 매장시설, 출토유물 등에서 차이를 보이는 점을 명확히 하고, 주구토광묘는 선매장후분구, 분구묘는 선분구 후매장으로 구별하였다. 이미선[24]도 주구토광묘와 분구묘는 구분될 수 있다고 보았는데, 축조방법은 다르지만 매장주체부가 토광이고 그 내부에 목관 또는 목곽 흔적이 확인되므로 큰 범주에서 목관(곽)묘로 통칭하면서 중서부지역 3~4세기 주구부목관(곽)묘, 분구목관(곽)묘, 단순목관(곽)묘로 세분하였다.

김성남은 한반도 중서남부의 분묘를 봉토묘와 분구묘로 구분하고 금강하구를 경계로 이북은 봉토묘, 이남은 분구묘 분포지역으로 나누었다. 서산 부장

---

22) 한국고고학강의 개정판(2010)에서는 청당동형 주구토광묘와 관창리형 주구묘로 나누어 언급되었고(193~195쪽), 관창리형 주구묘는 분구묘로 언급되기도 한다 (282~284쪽).

23) 李澤求, 2008, 「한반도 중서부지역 馬韓 墳丘墓」, 『한국고고학보』66.

24) 이미선, 2008, 『3~4세기 중서부지역의 목관(곽)묘 연구 -경기 남부와 충청지역 을 중심으로-』, 한신대학교 대학원 석사학위논문.

리, 기지리 유적 등의 분묘는 선-분구 축조, 후-매장주체부 조성의 분구묘는 아니며 봉토주구목곽묘로 언급하였지만 전라지역의 분구묘와 유사도가 높다고 보았다. 그리고 천안 두정동고분은 (즙석)집단봉토분으로 구분하였다[25]. 이후 다시 주구봉토묘와 분구묘(저분구묘)로 구분하고 이는 분과 매장의 선후관계 외에 묘역의 기획의도에서도 차이가 나며[26], 입지, 주구 형태와 중복관계, 매장위치, 주 분포권 등에서 차이가 난다고 정리하였다[27]. 김승옥[28]도 마한계 분묘를 주구토광묘, 단순토광묘, 분구묘로 대별하였는데 이 중 주구토광묘와 단순토광묘는 봉토묘이다. 분구묘 중에는 적석분구묘, 즙석분구묘, 성토분구묘가 있는데 주류를 이루는 것은 성토분구묘이고 천안 두정동고분은 즙석분구묘이다[29]. 특히, 주구토광묘와 성토분구묘는 범마한계 묘제이지만 분포와 축조방식이 상이한 지역형 묘제로 이해하였다.

---

25) 김성남 · 허진아, 2008, 「무덤을 통한 '마한' 사회의 전개과정 작업가설」, 『湖西地域 邑落社會의 變遷』, 제17회 호서고고학회 학술대회.

26) 분구묘는 주구나 기단을 통하여 묘역을 기획하고, 봉분묘는 대개 반구형이나 방대형인 분형을 기획한다. 봉분묘는 기본적으로 묘역과 분역이 일치하지만, 분구묘 는 일치하는 경우와 일치하지 않고 분역이 묘역 안에 단순히 포함되어 있는 경우 가 있다고 보았다.

27) 김성남·이화영, 2012, 『서천 저산리·수성리 유적』, 부여군문화재보존센터·대전지방국토관리청.

28) 김승옥, 2009, 「분구묘의 인식과 시공간적 전개과정」, 『한국 매장문화재 조사연구방법론』5, 국립문화재연구소; 金承玉, 2011, 「중서부지역 마한계 분묘의 인식과 시공간적 전개과정」, 『韓國上古史學報』71.

29) 성토분구묘와 즙석분구묘는 확실한 마한의 묘제로 언급하였다.

특징	성토분구묘	주구토광묘
분포	서해안일대	경기남부, 충청내륙지역
입지	구릉정상부 및 사면부	경사진 산 또는 구릉 사면부
축조방법	선분구후매장	선매장 후봉토
주구형태	방형, 마제형, 제형, II자형, 원형 등	눈썹형, 마제형 중심
매장시설	단장과 다장(수평과 수직확장 활발)	단장(분리형 목관(곽))
주요유물	단경호(원저 · 평저)와 광구호 중심; 철정	발과 원저단경호 중심, 유공토기 청동대구, 동탁, 고리형철기
공반주거형태	사주식 방형주거	비사주식 원형주거

묘형범주	분구묘	주구봉토묘
입지	설상대지, 구릉능선 또는 완사면	구릉 경사면
주구형태	방형, 제형, 원형, 말굽형, 11자형 등	눈썹형, 말굽형, 방형
주구중복	주구간 중첩 확장빈번	거의 없음
매장위치	지상(분구굴착)	지하(지면굴착) 지면(지면정지)
주구와 분	형태상관도 낮음 수평확장 통해 다장(多葬) 가능	형태 상관도 높음 단 · 합장(合葬)
부장특징	관 · 곽 범위 내 유물안치 심발 없는 호류 조합 철정 특징적	원저호류와 심발 · 발형소호 조합 유공토기, 마형대구, 양단환봉 특징적
주 분포권	서해안과 영산강유역 권역	경기남부와 충청내륙지역

[표4] 충청지역 주구묘 또는 분구묘와 주구토광묘의 속성 비교 정리안
(상:金承玉 2011, p95-표 4, 하:김성남 · 이화영 2012, p225-표 9 전재)

조보람[30]은 3~4세기 중서부지역, 그 중에서도 소위 주구토광묘 지역의 토광묘들을 다루었는데 주구토광묘와 단순토광묘로 구분하고, 매장주체부는 목관묘와 목곽묘로 구분하였다. 김성수[31]는 주구토광묘와 주구묘로 구분하고,

---

30) 조보람, 2010,『3~4세기 중서부지역의 토광묘 고찰』, 高麗大學校 大學院 碩士 學位論文.

31) 金聖洙, 2009,『中西部地方 3~4世紀 周溝土壙墓 特性 研究』, 公州大學校 大學院碩士學位論文.

토광묘 주위에 주구가 부가된 분묘만을 주구토광묘, 관창리유적 등은 주구묘로 언급하였는데, 주구묘는 분구묘와도 연관성이 있다고 보았다. 이남석은 일찍부터 주구묘와 분구묘로 분류하고, 주구묘는 주구토광묘, 방형주구묘로 세분하였다. 방형주구묘의 묘제적 특징이 분구묘와 유사할 것으로 추정하였다. 분구묘는 천안 두정동고분이 대표적이다[32]. 원삼국 또는 백제시대에 속하는 중서부지역의 분묘 중 토광묘는 주구토광묘, 분구묘, 관·곽토광묘로 분류되는데, 주구토광묘와 분구묘는 공통점도 있지만 묘제와 분포에서 상이하다. 특히, 분구묘는 지상에 분구를 조성하면서 분구 내에 매장시설을 갖춘 것으로 매장시설에 따라 분구 토광묘, 분구 옹관묘로 구분하였다. 그리고 이제까지 주류를 이루는 것과 달리 분구묘의 조영과정에 대해 서산 기지리분구묘를 사례로 들어 먼저 목관 안치 후 분구를 조성한 것으로 추정하였다. 두정동고분은 분구묘로 볼 수 있지만 나름의 특성을 갖추고 있어서 서울 가락동고분과 함께 별도로 다루고 있다[33].

그리고 최근 서천 저산리에서 확인된 2기의 소위 집단장 봉토분은 매장주체부는 토광(목관)묘, 토장묘, 석곽묘, 석실묘 등이 포함되어 있는데 두정동고분과 유사한 저봉토분으로 한 무덤만 단독으로 조성한 봉토묘와 달리 일정한 범위 안에서 선행 무덤의 옆이나 위에 것부터 새로 조성해가면서 최종적으로 하나의 봉분을 이루도록 한 무덤으로 설명하고 있다(도면 2)[34]. 충청지역에서는 아직 분구묘로 다뤄지는 의견이 많은 상태이지만, 앞의 무덤의 조영 과정에 대한 설명을 참고한다면 다른 성토분구묘와는 차이가 있어서 봉분묘로 보

---

32) 이남석, 2002, 『백제의 고분문화』, 서경.

33) 李南奭, 2011, 「中西部地域 墳丘墓의 檢討」, 『先史와 古代』 35.

34) 앞의 주 26.

아야 하지 않을까 판단된다.

2. 계통과 기원

충청지역의 분구묘(주구묘 포함)는 계통적으로 마한, 마한계 분묘로 이해되는 것이 주류이다. 소위 주구토광묘는 천안 청당동유적 보고자들에 의해 원삼국시대 마한의 분묘로 주장되었고, 그 분포 범위가 안성천 이남지역이고, 존속 시기가 2~4세기에 이르는 것을 근거로 마한의 분묘로 보는 주장이 일찍부터 제기된 바 있다[35]. 그리고 주구토광묘, 주구묘, 분구묘 등으로 용어를 달리 사용하더라도 이는 모두 마한의 분묘이며 일부 백제 한성기까지 이어지는 것도 마한계 전통이 이어진 것으로 보는 의견이 대세이다. 물론 이외에도 마한의 분묘로 지역에 따라 단순목관(곽)묘가 성행하기도 한다. 이러한 무덤의 차이는 분포권과 함께 축조방법, 출토유물상 등에서 차이를 보이므로 대체로 마한 내 지역 소국의 구분과 연관될 것으로 보는 의견이 주류를 이룬다.

그런데 충청지역의 주구묘와 주구토광묘를 구별하면서 계통과 문화 주체를 다르게 본 연구성과가 일찍이 제시된 바 있다. 즉, 주구묘와 주구토광묘의 계통과 문화 주체가 전자는 마한이지만 후자는 辰韓과 관련된다고 본 것이다. 청당동유적에서 출토된 마형대구, 곡봉형대구 등의 유물과 주구를 갖춘 무덤 등이 중서부 내륙지역을 거쳐 낙동강 동안지역의 영남지역까지 이어지는 점에서 이를 辰韓과 동일한 정치체로 상정한 것이다. 그리고 주구토광묘의 기원은 묘역의 외측에 구를 파는 특징을 가진 것으로 알려진 중국 春秋戰國時代

---

35) 姜仁求, 1994, 「周溝土壙墓에 관한 몇가지 問題」, 『정신문화연구』 56, 韓國精神文化研究院.

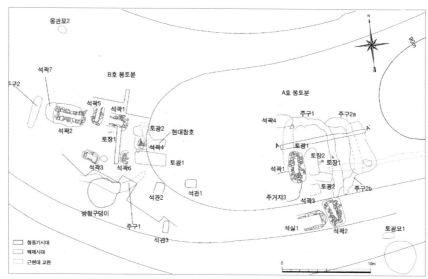

[그림2] 서천 저산리 봉분묘 모습 (김성남 · 이화영 2012, p96-도면 55 전재)

秦國의 圍溝墓와 연결되며[36], 그 도입 계기는 문헌기록상 여러 정치적인 상황에 따라 중국으로부터 유이민 유입 기사(衛滿의 망명기사, 韓濊의 강성으로 많은 유망민이 韓에 유입되었다는 기사 등) 등으로 설명하고 있다[37]. 이에 대해서는 무덤 형태를 가지고 진한과 마한을 구분할 수 있는지, 진한 가운데 하나인 斯盧國의 고지인 경주를 비롯한 원삼국시대 영남지역에 주구토광묘의 존재가 그다지 뚜렷하지 않은 문제점 등이 지적된 이래[38] 여러 연구자들에 의해 검토의 여지가 많은 것으로 언급되고 있다.

---

36) 마찬가지로 중국 山西省 候馬縣 喬村遺蹟과 같은 중국의 방형주구묘가 전파되었을 것으로 본 바 있다(姜仁求 1994, 1997).

37) 李盛周, 2000,「墳丘墓의 認識」,『韓國上古史學報』32.

38) 崔完奎, 2002,「百濟成立과 發展期의 錦江流域 墓制樣相」,『韓國上古史學報』37.

이에 비해 서해안지역에 주로 분포하는 주구묘는 청동기시대 송국리문화 이래 토착성이 강한 마한세력에 의해 조영된 것으로, 이후 이형 분구묘단계를 거쳐 방·원형 분구묘로 발전한 것으로 이해하였다[39]. 박순발[40]도 주구묘에 대해 관창리유적 등을 중심으로 등장 시기를 검토하면서 비슷한 시기에 새롭게 유입되는 점토대토기문화계와는 계통이 다르며, 지석묘사회 이래 토착 무문토기계 묘제로 이해하였다. 그리고 등장 배경은 지석묘와 같이 현저한 지상 표지물을 특징으로 하는 재래 묘제의 요소가 작용한 것으로 추정하였다. 이 의견들은 관창리형의 주구묘, 분구묘는 기본적으로 오히려 자생의 가능성에 무게를 두고 있다.

그런데 이와 달리 분구묘(주구묘 포함)의 기원에 대해 중국 春秋戰國時代 吳越지역의 土墩墓와 관련시키는 견해[41]도 있다. 중국 장강이남지역인 吳越의 土墩墓는 지상에 분구를 성토하고 분구 안의 매장시설로는 토광묘가 성행하며, 단장도 있지만 다장이 이루어지기도 한다. 중국에서 土墩墓는 중심 시기가 商末~戰國初이지만 지역에 따라서 秦漢代까지도 사용된다. 중국의 土墩墓와 충청·전라지역의 분구묘는 지상 분구 중의 매장시설, 다장, 분구확장, 주구 등에서 구조적으로 상통하는 부분이 많고, 한반도에서 분구묘의 개시가 B.C.3세기까지 올라가는 의견을 받아들인다면 시기적으로도 연결된 가능성이 높아졌다는 것이다. 현재 상황에서 직접적인 기원 배경을 제시하기는 어렵지만 토돈묘와 분구묘가 서로 매우 유사한 특징을 나타나므로 어떤 형태로든 관

---

39) 李盛周, 2000, 「墳丘墓의 認識」 『韓國上古史學報』 32.

40) 앞의 주 15.

41) 林永珍, 2007, 「馬韓墳丘墓와 吳越土墩墓의 比較 檢討」 『中國史硏究』 51, 中國史學會.

련이 있었을 것으로 보고 있다.

그리고 다장을 특징으로 하는 천안 두정동고분 등의 저분구묘(저분구분)은 3세기 후반~4세기 전엽 · 전반에 주로 축조되었는데, 구조적 연원을 낙랑의 목곽봉토분에서 찾고 있으며, 수용 배경에는 3세기 이후 마한 사회의 급격한 정치적 변동과정을 과정에서 각 지역의 유력한 친족집단이 결속되는 모습이 있는 것으로 이해하였다. 충청지역은 그 결속력이 강하지 않았기 때문에 백제의 구심력에 의해 서서히 흡수되면서 결국 분묘가 사라지는 것으로 이해하였다[42].

3. 조영 시기

충청지역 주구묘를 포함한 분구묘의 조영 시기는 자료의 축적으로 활발하게 논의되는 편이며 점차 상한과 하한이 모두 확대되었다. 성행 시기가 3세기대를 중심으로 하다는 점은 분명해졌지만 상한에 대해서는 아직 논란이 있다. 1990년대 중반까지는 청당동유적의 중심으로 주구토광묘의 상한은 2세기 후반까지, 하한은 3세기 후반까지로 보았다[43]. 이후 관창리 주구묘의 보고자는 주구 출토유물 중 점토대토기가 많은 점을 들어 주구묘가 B.C.2~3세기에 등장한 것으로 주장하기도 하였다[44]. 최완규[45]도 분구묘 중 주구묘의 상한은 영광 군동 자료로 보아 서력기원전 어느 시점에 해당된다고 하였으며 하한은 3세기 중엽경으로 보았다. 박순발[46]은 관창리 주구묘 자료를 재검토하였는데, 특

---

42) 成正鏞, 2000b,「百濟 漢城期 低墳丘墳과 石室墓에 대한 一考察」,『湖西考古學』3.

43) 咸舜燮·金在弘, 1995,「天安 淸堂洞遺蹟 Ⅰ段階 調査報告」,『淸堂洞Ⅱ』, 國立中央博物館.

44) 윤세영 · 이홍종, 1997,『寬倉里 周溝墓』, 高麗大學校 埋藏文化財研究所.

45) 李盛周, 2000,「墳丘墓의 認識」,『韓國上古史學報』32.

46) 앞의 주 15.

히 437호묘는 주구와 토광묘의 동시성에서 검토 여지는 있지만 삼각형점토대토기에 가까운 토기, 동경 등의 토광묘 부장유물로 보아 위만조선 성립 또는 한군현 설치 시점과 관련되므로 그 시기는 B.C.2세기보다 더 올라가기는 어려우며 상항은 B.C.2세기 전·중엽경, 하한은 3세기 중엽 또는 후반경으로 추정하였다. 이후 상한 시기는 B.C.2세기경으로 조정되어 여러 연구자들에 의해 채용되었다[47]. 그리고 최근 서산 예천동유적에서도 칠초철검 등의 자료가 발견되어 분구묘는 적어도 2세기 중후반까지 올릴 수 있게 되었다[48]. 하한은 주구토광묘가 5세기 전반[49], 이를 포함한 분구묘는 백제 한성기로 볼 수 있는 자료가 늘어 5세기전후, 5세기 중반 또는 후반까지로 보고 있다[50].

아직 상한 시기를 올리는 것에 대해서는 신중한 입장을 취하는 연구자들도 있다. 관창리주구묘는 연대 비정 자료에 문제가 있고, 서산 예천동유적의 분구묘 자료가 대부분 3세기말 이후라고 보아 중부 서해안지역 분구묘는 3세기말 또는 4세기 초반에 등장하여 전성기인 4세기를 거쳐 5세기말까지 유행한 것으로 보는 의견을 제시하였다. 그리고 주구토광묘의 등장 시기는 늦어도 2세기대까지 소급되며 5세기까지 이어지므로 주구토광묘가 분구묘보다 선행하며 주구토광묘의 영향 하에 분구묘가 형성되었을 가능성을 제시하였다[51].

---

47) 李浩炯, 2004,『中西部地域 周溝土壙墓 硏究』, 公州大學校 大學院 碩士學位論文; 李澤求, 2008,「한반도 중서부지역 馬韓 墳丘墓」,『한국고고학보』66; 金承玉, 2011,「중서부지역 마한계 분묘의 인식과 시공간적 전개과정」,『韓國上古史學報』71.

48) 최봉균·임종태·강모영·이수영·천윤정, 2012,『서산 예천동 유적』, 서산시·백제문화재연구원.

49) 李澤求, 2008,「한반도 중서부지역 馬韓 墳丘墓」,『한국고고학보』66.

50) 李浩炯, 2004,『中西部地域 周溝土壙墓 硏究』, 公州大學校 大學院 碩士學位論文., 앞의 주 15.

51) 李南奭, 2011,「中西部地域 墳丘墓의 檢討」,『先史와 古代』35.

검토의 여지가 있는 자료에 대해서는 보류하고 비교적 확실한 자료들로 보아 충청 서해안지역과 내륙지역에서 2세기 후반~3세기 중반에 각각 분구묘가 출현하여 확산된 것으로 보기도 한다[52].

그런데 아산 용두리 진터, 명암리 밖지므레가 조사되면서 아산·천안지역에서 단순토광묘와 주구토광묘의 관계를 확인할 수 있게 되었다. 용두리 진터 유적은 단순토광묘와 주구토광묘가 보이는데, Ⅰ단계에는 단순토광묘만 보이다가 Ⅱ단계에는 단순토광묘와 주구토광묘가 공존하며, Ⅲ단계에는 단순토광묘가 소멸되고 주구토광묘가 성행한다. 이 유적의 분묘 조영 시기는 토기,철검 등의 유물로 보아 2세기초(전)~후엽경까지 보고있다[53]. 따라서 이 일대에서 주구토광묘는 2세기 중엽경에 등장한 것으로 볼 수 있다.

현재까지 조사와 연구 성과로 보아 충청 내륙지역의 주구토광묘 상한은 2세기대까지 올라간 상태이며, 주구묘, 즉, 분구묘도 늦어도 2세기대, 좀더 이르게 보면 B.C.2세기경까지 올리고 있어서 주구토광묘보다는 주구묘가 먼저 나타날 가능성이 커졌다. 그리고 약간의 시차는 있지만 2가지 분묘 모두 2세기 중엽경부터 성행한 것으로 보는데에는 여러 연구자들이 대체로 의견을 같이 하고 있다[54]. 전개 양상을 세분해 본 연구들에서도 유입, 확산 등으로 나누어 설명하고 있는데, B.C.2세기경부터 서력기원전후 또는 2세기까지 이어진 유입기의 양상에 대해서는 아직 자료가 분명하지 않은 상태이다. 2세기 중엽 이후부터 성행하던 분구묘는 3세기 중엽 이후 대형화 또는 수평확장, 다장 전통이 추가되는 특징으로 언급될 수 있다. 그리고 대체로 4세기 중후엽~5세기 중엽

---

52) 李浩炯, 2004,『中西部地域 周溝土壙墓 研究』公州大學校 大學院 碩士學位論文.

53) 李浩炯·池珉周·崔相哲, 2011,『아산 용두리 진터 유적(Ⅱ)』忠淸文化財研究院.

54) 앞의 주 15.

에는 일부 지역을 제외하면 소멸되는데 여기에는 기본적으로는 백제의 영역화, 이에 따른 새로운 묘제의 부상과 관련된다고 보고 있다.

4. 사회적 성격

이 시기 주구묘와 분구묘 조영 사회의 성격과 관련되는 연구는 아직 본격화된 것은 아닌 듯하다. 주로 주구묘, 분구묘의 조영이 갖는 성격이 언급되고 있다.

먼저 주구묘, 즉 분구묘는 臺床部뿐 아니라 주구 내에도 매장이 이루어진 점에서 다장으로서 가족묘적인 성격이 강하다고 언급하였다[55]. 동일 유적 내 분구묘의 밀집현상도 이를 통해 집단 내 결속력 강화 또는 이를 표현하고자 했던 것이며, 분구묘의 대형화나 수평확장도 마찬가지로 집단 내 결속력·친족성의 표현을 위한 장치로 이해하였다[56].

특히, 다장을 특징으로 하는 천안 두정동고분 등의 저분구묘는 가족관계로 추정될 수 있는 사회단위가 하나의 분구에 묻히게 되는 것이어서 지배적 집단 내에서 친족을 중심으로 하는 보다 유력한 집단이 형성되어 가는 과정을 반영하는 것으로 판단하였다[57]. 이러한 다장 저분구묘 등 새로운 묘제의 도입 배경에는 정치적 권력을 독점하려는 지역 유력 집단의 사회적 차별화 전략이 작용하고 있는데 이 분묘의 등장에는 여러 지역에서 지역 지배집단이 형성되는 모습이 반영되어 있다. 마한 사회는 급격한 정치적 변동과정을 거치면서 각

---

55) 崔完奎, 2002,「百濟成立과 發展期의 錦江流域 墓制樣相」,『韓國上古史學報』37.

56) 앞의 주 22.

57) 林永珍, 2007,「馬韓墳丘墓와 吳越土墩墓의 比較 檢討」,『中國史研究』51, 中國史學會.

지역의 유력한 친족집단이 결속되는 모습을 보이지만 점차 백제의 구심력에 의해 서서히 흡수되면서 사라졌을 것이다. 이에 대해 천안 두정동고분을 백제국과의 우호-제휴상태를 반영한 무덤으로 이해하거나[58], 서천 저산리고분들도 백제 매장문화 요소 또는 앞단계 주구봉토묘의 후속전통으로 설명하고 있다[59]. 이는 등장 과정에서부터 서울 가락동 1·2호분 등 백제 분묘와의 관계에 주목한 것이어서 다소 차이가 있다.

IV. 연구 과제 – 맺음말을 대신하여

한반도 마한의 대표적인 묘제인 분구묘(주구묘 포함)는 충청지역에서도 조사 자료의 축적으로 인해 지역과 시기적인 분포 양상이 어느정도 분명해졌다. 아직 입체적인 복원에서는 부족한 점이 있지만 구조적인 부분에 대한 검토는 상당히 접근되어 가는 양상으로 판단된다. 충청지역 분구묘는 긴 시간에 걸쳐 많은 연구가 이루어졌지만, 용어나 분류, 전개 양상 파악에 집중되고 있는 듯한 인상도 받았다. 이에 용어나 분류에 대한 견해와 함께 앞으로의 몇가지 과제에 대해 언급해보고자 한다.

첫째, 가장 문제가 되는 부분은 용어와 분류의 통일이다. 현재 소위 주구토

---

58) 이미선, 2008, 『3~4세기 중서부지역의 목관(곽)묘 연구 -경기 남부와 충청지역을 중심으로-』, 한신대학교 대학원 석사학위논문.

59) 앞의 주 26.

광묘, 주구묘 또는 분구묘로 분류하는 무덤의 차이는 누구나 인정하는 것이다. 다만 용어를 규정짓는 일차적인 분류 기준을 어디에 두느냐가 문제인데, 주류적인 의견은 2가지 정도로 정리할 수 있다. 분묘의 축조 전통에 따른 지역적인 차이를 우선시할 것인지, 시기적인 차이에 주안점을 둘 것인지에 따라 달라진다. 즉, 묘제의 축조 전통에 따라 주구토광묘와 주구묘·분구묘로 구분할 것인지, 아니면 다장, 대형화되는 양상이 정도 차이는 있지만 2가지 무덤에서 모두 나타나므로 이를 중시하여 구분하느냐이다.

동북아시아의 묘제 변화의 큰 흐름은 지역 차이가 있기도 하고 발현되는 양상에서 차이가 있기도 하지만 비슷하다고 판단된다[60]. 물론 지역에 따라 그러한 양상이 나타나지 않기도 한다. 원삼국시대는 수혈계 무덤이 고총으로 발전해가는 과도기이다. 그 과정에서 충청지역은 묘역 구획과 표식으로서 주구, 분구가 만들어지기도 하고, 변진한지역에서는 좀더 규모가 큰 목관·목곽묘가 조영된다.

여기에서는 기존의 고분 분류안[61]에서처럼 주구나 분구와 같은 외적인 것과 매장시설로 나누어 파악해보고자 한다. 시기와 축조방법을 생각한다면 청당동유적의 주구토광묘까지 분구묘라는 용어로 통칭할 수는 없을 듯하다. 주로 목관(곽)이 매장주체부이면서 단순토광묘와 대별되므로 주구·분구묘로 함께 부르는 것이 어떨까한다. 물론 이 때의 주구묘나 분구묘에 후대의 고총은 포함되지 않는다.

---

60) 李盛周, 2000, 「墳丘墓의 認識」, 『韓國上古史學報』 32.
61) 林永珍, 2002, 「榮山江流域圈의 墳丘墓와 그 展開」, 『湖南考古學報』 16; 崔秉鉉, 2002, 「周溝墓·墳丘墓 管見-崔完奎 교수의 「全北地方의 周溝墓」토론에 붙여」, 『東아시아의 周溝墓』, 호남고고학회 창립 10주년 기념 국제학술대회 발표 요지

현재 용어가 적당하다고 할 수는 없지만, 우선 매장시설은 차치하고 먼저 묘역을 구획적인 성격이 강한 주구에서 묘를 보호하고 표식하는 봉분이나 분구로의 시기적인 변화·발전을 중시하는 입장에서 전자는 주구묘, 후자는 봉분묘와 분구묘로 구분하고, 주구묘에서 대형화, 다장 또는 집단장화된 것은 봉분묘 또는 분구묘로 분류하는 것이 가능할 것으로 판단된다. 그리고 주구묘는 청당동형, 관창리형으로 구분하는 것도 좋을 것이다. 구릉 정상부에서 확인되는 경우 구분이 좀 어려운 경우도 있다. 묘역의 구획적인 성격이 어느정도 남아있는 주구는 묘의 규모에 비해 평면상 상당히 크게 나타나거나[62] 오히려 작게 나타나거나 전체적으로 연결되지 않기도 한다[63]. 청동기시대 송국리문화 단계부터 주구를 갖춘 무덤(석관묘 등)이 늘어가고 있는데 이것이 묘역을 구획하는 성격이 강하다고 이해할 수 있다면[64], 결국 큰 흐름 속에서 구획의 주구에서, 묘를 보호하거나 묘를 만드는 공간으로서의 분구로 변화를 상정할 수 있다고 판단되기 때문이다. 다만 이때의 문제는 주구묘와 분구묘의 구분이다. 매장시설이 남아있지 않은 경우 어떤 기준에서 분류할지 분명하지 않은데, 이는 앞으로 검토가 필요한 부분이다. 지역에 따라 그 기준이 약간 달라질 수도 있을 것이다. 흔히 무덤은 전통성이 강하다고 말한다. 동일 시기라면 계통이나 전통에 따라 용어를 만드는 것도 필요하지만, 시기를 초월한 경우 동일한 발

---

(62) 이는 청동기시대 주구를 갖춘 석관묘에서도 확인되는데, 후대의 주구묘와 시간적 간격이 크고 계통적으로 연속성이 보이지 않아 별도의 명칭인 위구석관묘로 부르자는 제안(박순발 2003)도 있었다. 그러나 청동기시대 석관묘의 주구와 초기의 주구묘는 통하는 부분도 있다고 판단된다.

(63) 충청지역 백제 석실묘의 외곽에서 종종 나타나는 눈썹형으로 나타나는 주구도 같은 맥락으로 이해되는데, 여기에는 묘를 보호하는 봉분적인 요소도 있었던 것으로 추정된다.

(64) 앞의 주 15.

전선상에서 시기별, 지역별 양상을 대변하는 용어도 필요하기 때문이다. 단순히 주구나 분구라는 현상보다는 구조나 특징을 잘 표현할 수 있는 용어의 사용이 요구된다.

둘째, 충청지역의 마한 묘제는 크게 봉분적 전통의 소위 주구토광묘, 분구적 전통의 분구묘로 나뉜다. 지역적인 구분도 일차적으로 이를 바탕으로 이루어지고 있다. 충청지역과 동일한 양상은 아니지만 한강유역을 포함한 경기나 전남 지역에도 내륙쪽에는 봉분적인 성향이 강한 편이다. 충청지역에서도 주로 내륙의 소위 주구토광묘 주류 문화권, 서해안의 분구묘 주류 문화권으로 양대 지역 또는 문화권의 구분이 이루어지고 있다. 이에 대해서는 별다른 이견이 없으며 여러 연구자들에 의해 지적된 것처럼 분묘뿐 아니라 출토유물상에서도 어느정도 타당하다고 판단된다.

그런데 서천 · 부여 · 공주남부일대는 약간 애매한 양상을 띤다. 아산 · 천안과 당진 · 서산지역과 같이 비교적 확실하게 특성이 구별되는 곳과는 달리 서천 · 부여지역에서는 뚜렷하지 않은 양상도 나타난다. 기존의 연구들에서도 지역 구분에 있어서 차이가 나타나는데, 서천 오석리와 도삼리, 봉선리 유적을 소위 주구토광묘에서 다루기도 하고[65], 충청지역을 주구묘와 분구묘를 모두 다룬 연구에서는 오석리를 포함한 서천지역을 모두 서해안지역에서 다루고 있다[66]. 그리고 충청지역 분구묘 지역권을 금강 서북부권(서산 · 보령지역)과 금

---

65) 조보람, 2010,『3~4세기 중서부지역의 토광묘 고찰』, 高麗大學校 大學院 碩士 學位論文.
66) 李浩炯, 2004,『中西部地域 周溝土壙墓 研究』, 公州大學校 大學院 碩士學位論文.

강유역권(서천·부여지역) 등으로 나누기도 하였지만[67] 자료 부족으로 지역 간의 비교가 적극적으로 이루어지지는 못하였다. 조사 성과의 정리해본 결과 서천·부여지역은 기본적으로 관창리형 주구(토광)묘가 주류를 이루고, 출토 유물에 있어서도 서해안적 요소가 강하지만 내륙적인 요소도 어느정도 포함 되어 있다고 볼 수 있다. 즉, 서천 오석리, 부여 대덕리, 공주 신영리 여드니 유 적은 청당동형의 주구(토광)묘이거나 관련이 있다고 보이고 단순토광묘의 비 중도 높은 편이기 때문이다. 따라서 이 지역은 두 문화가 섞여 있는 지역으로 서 따로 구별할 수 있을 듯하다.

따라서 충청의 내륙지역은 청당동형 주구묘, 서해안지역은 관창리형 주구 묘가 주류이고, 금강중·하류지역은 관창리형이 우세한 편이지만 2가지가 혼 재하는 양상을 보여주는 것으로 정리될 수 있다. 이러한 양상이 이어지는 가 운데 4세기 후반 이후 서해안지역은 분구묘가 나타나지만, 내륙지역과 금강중 ·하류지역은 봉분묘가 소수 보이는 차이가 있는 것으로 추정된다. 원삼국시대 지역적, 문화권의 차이는 이를 바탕으로 마한 소국 구분의 기초 자료가 될 것 으로 여겨지는 바, 앞으로 주구(토광)묘의 특징, 출토유물, 분포권이 함께 고려 되어 좀더 세부적인 지역 차이를 파악하는 자료로 활용되어야 할 것이다.

셋째, 서해안지역에서 주구묘(관창리형)의 출현 시기는 상당히 올라가는 추 세이다. 그러나 서해안이든, 내륙지역이든 성행하는 시기는 2세기 중엽 이후 3세기대이다. 그렇다면 기원과 출현의 문제도 설명되어야겠지만 2세기 중엽 이후 이러한 무덤들이 채용되어 급속도로 확산되는 배경에 대한 설명도 필요 하다고 판단된다. 이 시기는 대략 마한뿐 아니라 진변한에서도 목곽묘가 출현

---

67) 앞의 주 22.

하여 확산되는 때이다. 이와같이 다른 양상으로 나타나지만 아마도 이는 같은 맥락에서 나타나는 변화라고 생각된다. 또한 약간 설명되기도 하였지만 3세기 후반경 다장화 되어가는 분구묘가 출현하는 양상이 나타나는 계기에 대해서도 다른 자료들을 포함시켜 설명되어야 할 것이다. 마한계 주구묘와 분구묘는 비교적 긴 기간에 걸쳐 조영되고 시기에 따라 변화되는 요소도 있으므로 이에 따른 계기나 배경을 설명하려는 노력은 분구묘 사회를 이해하는데 필요한 것이라 판단된다.

넷째, 타지역과의 관계에 대한 것이다. 최근들어 해안지역 조사를 통해 자료가 급증한 경기지역부터 전라지역의 서해안 일대에는 대체로 비슷한 주구묘, 그리고 분구묘 양상이 전개된다. 각 지역에는 시기적으로 올라갈 수 있는 자료들도 포함되어 있다. 그런데 경기지역부터 영남의 낙동강 동안지역까지는 유물에 있어서 비슷한 양상이 보이기도 한다. 이러한 문화상이 어느 지역에서 출현하여 확산된 것인지도 밝혀질 부분이지만, 관련 지역들간의 관계를 통해 중간지점에 해당되고 마한의 중심소국인 目支國으로 비정되고 있는 천안, 아산지역의 양상을 이해하는 것이 가능할 것으로 판단된다. 물론 이 지역들간의 관계는 주구(토광)묘단계뿐 아니라 그 이전부터 시작되었음이 원통형토기 등 관련 유물로 파악되고 있다. 결국 이 문제는 주구토광묘의 출현, 확산문제와도 결부될 것이다.

전북지역 마한 분구묘의 구조와 출토유물

이택구 전북대학교

Ⅰ. 머리말

Ⅱ. 전북 분구묘 조사 유적

Ⅲ. 전북 분구묘의 구조적 특징과 출토유물, 연대

Ⅳ. 맺음말

I. 머리말

최근 20여년 간, 마한 분구묘는 한반도 서부를 중심으로 빈번하게 확인되고 있다. 여러 연구자들의 연구결과, 분구묘는 청동기시대(혹은 초기철기시대)와 삼국시대 사이에 한반도 남부에 자리잡고 있던 삼한 중 마한의 묘제이며, 수장층이 사용하던 묘로서, 원삼국시대 마한의 대표적인 표지유구로 인식되고 있다.

이 분구묘는 서해안을 따라 형성된 저평한 구릉과 평야지대를 중심으로 발견되는데, 이러한 입지적인 특징은 마한의 세력집단이 평야지대의 풍요한 농경과 하천을 이용한 해상권을 기반으로 한 세력임을 추정하는 근원이 되기도 한다.

이 글에서 다루게 될 전북지역은 금강의 남편, 백두대간의 서편에 자리하고 있는 평야지대로, 서쪽으로는 서해, 남쪽으로는 전남 영광, 장성, 담양, 곡성과 접하고 있다. 또한 전북의 중심부를 가로지르고 있는 호남정맥으로 인해 東高西低의 지형적 특성을 띠고 있으며, 분구묘의 경우 근래 조사된 동부 산간 일부 지역의 예를 제외하면, 대부분 서부 평야지역의 저평한 구릉지대를 중심으로 형성, 발견되는 특징을 갖고 있다.

원삼국시대에 이른바 '선분구후매장'의 무덤 성토법을 가진, 마한 수장층을 위해 축조했을 것으로 여겨지는 묘제에 대한 용어문제는 2002년 전후로 크게 나눠진다. 그전까지 연구자별, 유구의 잔존특성별로 주구묘, 주구토광묘, 대형 옹관고분, 분구묘 등으로 불리던 이 묘제는, 2002년의 호남고고학회에서 여러 의견은 있었으나, 잠정적으로는 '분구묘'라는 용어로 통일된 듯하다[1].

하지만 이때 잠정 합의된 분구묘의 정의 기준에 포함시키기에는 약간의 문제점이 있는 마한의 다른 묘제가 존재하는데, 이게 바로 '주구토광묘'이다. 이 '주구토광묘'는 마한의 고지故地 중 경기·충북·충남의 중부내륙지역을 중심으로 발견되고 있는데, 잔존 상태상 분구묘와 유사한 형태 즉, 토광(목관곽)묘의 주위로 주구가 돌려져 있는 묘제이다. 다만 발굴조사 결과, 주구토광묘는 분구묘와 달리 가장 큰 차이점으로 '선매장후분구'의 축조법으로 묘가 만들어졌음을 알 수 있었다. 이에 본인은 분구묘와 주구토광묘 사이의 차이점에 대해 여러 제반하는 차이점과 공통점을 고려하여 간단한 속성표를 작성하였고[2], 이를 보완·가필한 것이 <표 1>이다.

<표 1>을 보면 알 수 있듯, 분구묘는 방형(일부 원형[3])의 일정한 구획 내 분구의 성토를 실시하면서 주구를 굴착하였고, 지상 혹은 지하에 목관묘(일부 대형전용옹관을 사용한 옹관묘)를 안치한 묘제로 정의할 수 있다. 분구묘는 초기에 단독장을 염두에 둔 소형의 묘를 축조하였으나, 사회 구조의 변화나 인구 변화 등의 제반 현상들에 맞물려 점차 규모가 커지거나 확장현상이 나타나 동일 대상부 내 추가장이 이루어지며, 후에 한반도의 서남부 및 평야로 퍼져가면서 석곽(실)분 등이 주매장시설로 사용되기도 하는 묘제이다.

---

1) 호남고고학회, 2002, 『호남고고학회 창립 10주년 기념 국제학술대회-東아시아의 周溝墓』.

2) 李澤求, 2008, 「한반도 중서부지역 馬韓 墳丘墓」, 『한국고고학보』 66.

3) 분구 주위에 주구를 두르고, 원형의 분구형태를 띤 분구묘는 근래 전북 남부, 전남지역에서 빈번히 확인되고 있다. 다만 매장시설이 전형적인 마한분구묘의 목관(토광)묘가 아닌 석곽 혹은 석실분 등인 점, 방형의 분구 전통에서 원형의 분구 전통으로 변화하는 점 등을 통해 볼 때, 마한 보다는 백제적인 성격이 강한 분구묘로 보고 여기서는 다루지 않도록 한다.

특징		분구묘	주구토광묘
분포		서해안(평야)지역	충청내륙(산간)지역
입지		저평한 구릉정상부 및 사면부	경사진 산 또는 구릉 사면부
장축방향 (대상부, 매장시설)		등고선과 직교 · 평교 혼재	등고선과 평행(일부지역 혼재)
축조방법		선분구후매장	선매장후분구
분구 장축길이		최소 3.0m, 최대 70m 내외	최소 3.0m, 최대 10m 내외
분구확장		분구내 · 외 확장	없음
매장시설		토광 – 목관묘 (일부지역 : 대형 옹관묘)	토광 – 목관(곽)묘 (목곽묘 : 유물부장을 위한 부곽 존재)
추가매장시설 (동일분구 내)		목관묘 및 옹관묘	없음(일부지역 옹관묘)
출토유물 (빈도순)	토기류	단경호(원저 · 평저)류, 직구호, 이중구연호 등 – 薄葬	원저단경호 · 발(토광 내 공반출토), 직구호 등 – 厚葬
	철기류	철부, 철겸, 철도자 등	철부, 철모, 철촉 등

[표 1] 분구묘와 주구토광묘의 속성표 (이택구 2008)에서 일부 추가 · 수정

이에 반해 토광을 먼저 굴착하여 관을 안치한 후 분구 성토와 주구 굴착이 이루어진 것으로 추정되는 주구토광묘는, 외형적인 면에서는 분구묘와 일면 비슷한 양상을 하고 있고 유물의 양상에서도 동일시기, 동일기종의 유물들이 확인되기는 하지만, 분포나 입지, 분구 축조법상의 특징, 매장시설과 출토유물 등, 세부적으로 살펴볼 때 분구묘와는 상당부분 다른 양상을 띠고 있음을 알 수 있다.

삼국지三國志 위서魏書 동이전東夷傳과 같은 중국 역사서의 기록에서 알 수 있듯 마한은 50여 소국의 연맹체였고, 이 각소국들은 동질성만이 아닌 독자성도 가지고 있었을 것이다. 즉 지금의 한반도 내에도 충청·전라 등으로 구분되며, 같은 전라지역이라 할지라도 남·북에 따라 각 시·군에 따라 언어와 문화, 생활방식 등에서 세세한 차이가 있는 점들은 각 지역마다의 환경과 생활 패턴, 사고방식이 조금씩 다르기 때문이다. 하물며 문화의 이동과 수용, 전파

가 활발한 지금도 이러한데, 당시 마한 연맹국 내에서는 더 심했을 것이다.

따라서 분구묘와 비슷하면서도 대별되는 특징을 가진 주구토광묘의 묘제상·축조상의 차이점은 주구토광묘의 축조집단이 마한 연맹국 안에서 동족 또는 동일 국가의식은 가지고 있지만, 지역적인 독자성과 전통성 또한 강하게 갖는 집단이었음을 추정케 한다. 이와 비슷한 예는 서해 남부지역의 옹관 분구묘나 최근 조사된 청주 봉산리유적의 집단 구획묘 등에서도 확인할 수 있다. 따라서 마한의 묘제는 분구묘와 같은 한반도 서해안을 중심으로 광범위하게 발견되는 일반적 묘제와, 연맹국별(지역별)로 지역성과 개별성을 가진 독자적 묘제로 분류 가능하고, 이들은 각 지역에서 같은 시기에 서로 영향을 주거나 혹은 독자성을 강조하는 방식으로 공존했을 것으로 추정된다.

이번 연구지역인 전북지역에서 아직까지 위에서 분류한 기준에 부합하는 주구토광묘로 판단할 수 있을만한 유구는 확인되지 않고 있다. 하지만 앞으로 충청 내륙에서 이어지는 전북 동부의 산간지역(특히 금강상류역)에서 지금보다 더 많은 발굴조사가 이루어진다면, 전북지역에서도 주구토광묘가 발견될 가능성이 있음을 밝혀둔다.

Ⅱ. 전북 분구묘 조사 유적

전북지역만이 아닌 거의 대부분의 분구묘는 <그림 1>에서 보는 바와 같이 한반도 서해안을 따라 형성된 저평한 구릉 즉, 표고차 30m내외의 완만한 구릉에 입지하고 있다[4]. 이는 앞서 기술한 충청 내륙에서 발견되는 동시기 마한의 또다른 묘제인 주구토광묘와 대별되는 특징이기도 하다.

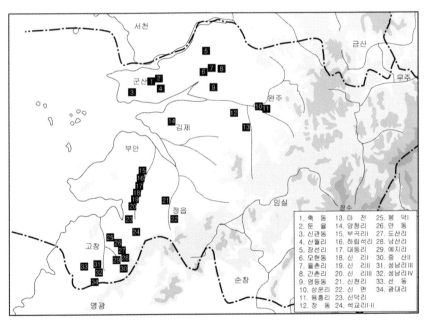

[그림1] 전북지역 분구묘의 분포

---

4) 본 분포도는 2014년까지 발굴조사 보고서가 발간된 유적을 기준으로 작성하였다. 다만 본문 중에는 최근 발굴조사 되었지만 아직 보고서가 완간되지 않은 유적도 소개하고 있음을 밝혀둔다.

전북지역은 동고서저의 지형을 갖고 있으며, 동편은 백두대간에서 뻗어 나온 호남·금남정맥의 영향으로 구릉성 산지와 곡간지대가 형성되어 있고, 서편은 넓은 평야지대와 함께 표고차가 작은 저평한 구릉지대가 형성되어 있다. 대부분의 분구묘가 자리하는 저평한 구릉지대의 동한東限은 북에서부터 완주·전주·김제·정읍이다. 또한 분구묘는 주변에 하천이나 강이 존재할 경우, 방위에 관계없이 하천의 조망이 용이한 곳에 조성되는 특징도 갖고 있다. 이러한 입지적 특징은 분구묘 축조집단이 물(수계)과 관련성을 깊게 가지고 있음을 내포하며, 마한세력집단을 이주세력으로 가정할 경우, 이들의 한반도 서해안으로의 이주 또는 진출이유가 농경이 용이한 평야의 이용과 함께, 수계를 이용한 해상 활동 및 진출-무역, 영토확장 등-에 있음을 추정케 한다.

본고에서는 현재까지 조사된 분구묘 유적의 분포를 참고하여, 부안과 김제를 경계 짓는 동진강을 기준으로, 동진강 북편을 전북 서북부, 남편을 전북 서남부로 구분하여 전북 내 지역적 차이를 살펴볼 것이다.

1. 전북 서북부

전북 서북부에서는 <그림 1>에서 나타나듯 군산, 익산, 완주, 전주를 중심으로 분구묘가 발견·조사되고 있다. 여기서는 보고서가 발간, 배포된 자료를 중심으로, 분구묘가 조사된 유적들 중 밀집도가 높거나 정연한 대표유적 일부를 소개한다.

1) 군산 축동유적

분구묘는 총 10기가 조사되었고, 동서방향으로 진행하는 해발 18~20m 내외의 구릉 정상부와 남서사면에 입지하고 있다. 조사된 분구묘의 대상부에서 매장시설은 확인되지 않았고 주구와 대상부 일부만 잔존하고 있었다. 1호분

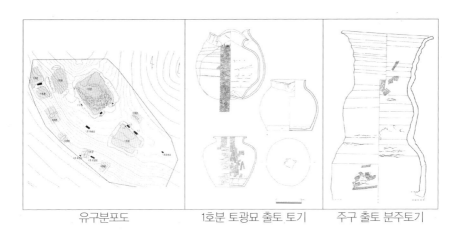

| 유구분포도 | 1호분 토광묘 출토 토기 | 주구 출토 분주토기 |

[그림 2] 군산 축동유적

은 구릉의 정상부에 입지하며, 분구 내가 아닌 주구에서 2기의 토광묘가 조사되었다. 2호분은 규모가 가장 크고, 능선의 정상부에 입지하고 있다. 대상부의 규모는 길이 22.33m, 너비 17.9m이다. 주구 내부에서 다량의 분주토기가 출토되었다.

2) 군산 축산리 계남유적[5]

이 유적은 전북 군산시 임피면 축산리에 소재하고 있다. 저평한 구릉의 정상부에서 평면형태 방형의 분구묘 1기가 확인·조사되었다. 분구 내에서 매장주체부는 확인되지 않았으나, 주구 내부에서 군산 축동유적에서 출토된 유물과 밀접한 관련성을 띠는 다양한 형태의 분주토기들이 출토되었다.

---

5) 본 유적은 아직 발굴조사 보고서는 발간되지 않았으나 지역적 특징을 보이는 출토유물이 확인되어 본문에 수록함을 밝혀둔다.

유적 항공사진

분구묘 주구 내 출토 분주토기

[그림 3] 군산 축산리 계남유적

3) 익산 장선리유적

이 유적은 익산시 망성면에 소재하고 있으며, 북편으로 흐르는 금강의 지근 거리에 자리하고 있다. 분구묘는 해발 약 23.5m의 얕은 구릉의 정상부에서 북 쪽으로 약간 치우진 지점에서 1기가 확인되었다. 조사 결과 평면형태 방형의 분구묘로, 분구의 동편 주구에 덧대어 추가로 분구를 확장하면서 만든 것으로 보이는 주구가 확인되지만, 다른 유구와의 중복으로 인해 일부가 파괴된 것으로 추정된다. 분구 내에서 매장시설은 확인되지 않았으나, 주구에서 승석문의 경질 원저단경호가 출토되었다.

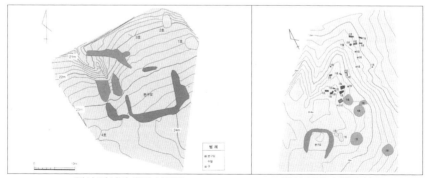

익산 장선리 유구 분포도   익산 어량리 유구 분포도

[그림4] 익산 장선리유적(좌)과 익산 어량리유적(우)

4) 익산 어량리유적

이 유적은 익산 장선리유적에서 남쪽으로 약 1km 정도 떨어진 해발 약 25.6m의 얕은 구릉 정상부에 입지하고 있다. 1기의 분구묘가 확인되었으며 평면형태는 방형을 띤다. 분구 내에서 매장시설은 확인되지 않았다. 잔존하는 유구의 규모는 길이 10.3m, 너비 7.6m이다.

5) 익산 영등동유적

이 유적에서는 총 5기의 분구묘가 확인되었다. 평면형태는 방형계로 한변의 중앙이 개방된 형태이다. 1호분의 대상부 규모는 1200×1050㎝이다. 매장주체부는 1호분에서 1기만 조사되었다. 주구 내부에서 무문토기편과 두형토기편 등이 확인되었다.

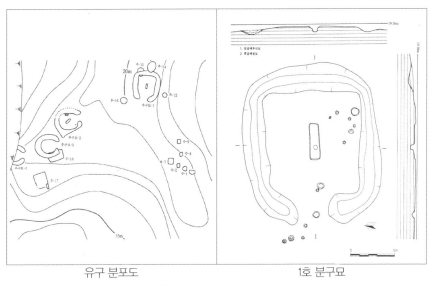

| 유구 분포도 | 1호 분구묘 |

[그림5] 익산 영등동유적

6) 익산 모현동2가 묵동지구유적

해발 13~14m 내외의 구릉 정상부 및 사면에서 5기의 분구묘가 조사되었다. 대상부의 평면형태는 1호와 5호는 방형이고, 나머지는 일부만 확인되어 명확하지 않다. 1호분 주매장시설에서 환두도를 비롯한 백제계 토기가 출토되었다.

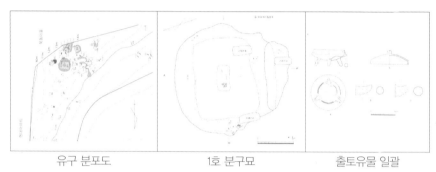

|유구 분포도|1호 분구묘|출토유물 일괄|

[그림 6] 익산 모현동2가 묵동지구유적

7) 익산 율촌리분구묘

이 유적에서는 분구묘 4기가 조사되었다. 분구묘의 평면형태는 방형이다. 2호분에서는 합구식 옹관묘 4기가 확인되었다. 3호분에서는 합구식 옹관묘 2기와 파괴된 옹관묘 1기, 토광(목관)묘 3기가 조사되었다. 5호분은 분구가 1m 정도 남아 있었고 대상부에서 합구식 옹관묘 3기가 조사되었다. 중심연대는 기원후 3세기를 전후한 시기로 보고 있다.

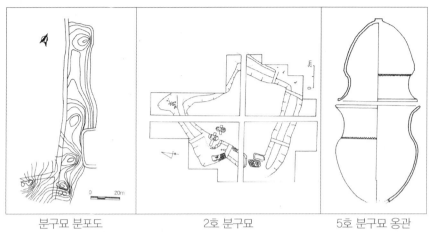

| 분구묘 분포도 | 2호 분구묘 | 5호 분구묘 옹관 |

[그림7] 익산 율촌리분구묘

8) 완주 상운리유적

완주 상운리유적은 전북지역 최대의 마한계 분묘군으로, 해발 35~40m 내외의 구릉 정상부와 사면에 분포하고 있다. 지표에서 확인된 30여기의 분구묘 중 26기에 대해 발굴조사가 실시되었고, 그 결과 점토곽(추정), 목관, 옹관, 석곽 등 총 163기의 매장시설이 확인되었다. 분구묘는 방형계로 구릉 정상부의 능선을 따라 조성되는 것은 규모가 작고 주매장시설이 확인되지 않으며, 사면부에 자리하는 것들은 주매장시설 외 여러 기의 토광(목관)묘와 옹관묘 등이 추가장되어 있다. 또한 추가장이 실시되면서 대상부의 수평·수직확장이 이루어지는 현상도 보인다.

상운리 가지구 유구 분포도 　　　　 상운리 라지구 항공사진

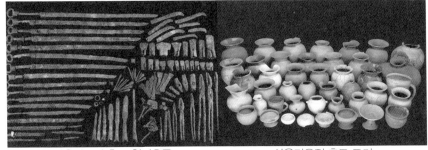

상운리유적 출토 철기유물 　　　　 상운리유적 출토 토기

[그림8] 완주 상운리유적

9) 전주 장동유적

해발 32m 내외의 구릉 정상부에 일렬로 입지하고 있다. 평면형태는 방형이고, 3차에 걸쳐 축조되었다. 중앙에 1차 분구묘가 축조된 이후 서쪽에 2차 분구묘가, 동쪽에 3차 분구묘가 연접해서 축조되었다. 분구 성토층은 최대 약 1m내외가 잔존하고 있다. 매장시설은 모두 10기가 확인되었는데, 시기별로 장축방향을 달리하는 특징이 있다. 유물은 광구장경호와 단경호, 병형토기, 무개고배, 대옹 등 백제계 유물이 출토되었다.

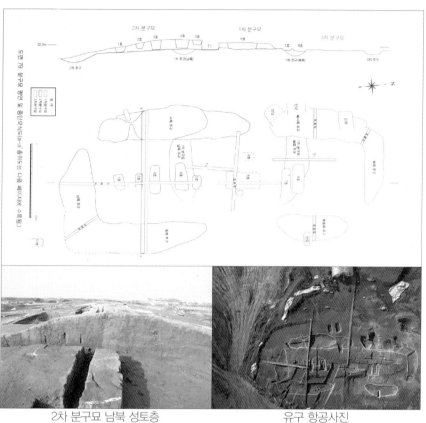

2차 분구묘 남북 성토층   유구 항공사진

[그림9] 전주 장동유적

10) 전주 마전유적

전주 마전유적에서 조사된 분구묘는 해발 25~40m내외의 구릉 정상부 능선을 따라 위치하고 있다. 이중 3호분구묘는 구릉 정상부의 자연지형을 다듬고 그 위에 성토를 하여 분구가 더욱 고대해지게 보이도록 하였는데, 분구 중앙에서 주매장시설로 추정되는 유구는 확인되지 않았으나, 분구 내에서 추가매장시설로 추정되는 석실과 석곽, 토광, 옹관 등이 확인되었다. 마한에서 백제로 이행되는 시기의 분구묘의 모습을 갖고 있는 중요한 유구이다.

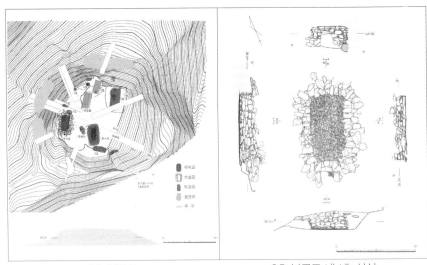

| 3호 분구묘 | 3호 분구묘 내 1호 석실 |

| 마전 유적 출토유물 일괄 | 3호 분구묘 분구 성토층 축조 상태 |

[그림10] 전주 마전유적

11) 김제 대동리유적[6]

이 유적은 전라북도 김제시 만경읍 대동리 일원에 위치한다. 분구묘는 동-서방향으로 진행하는 해발 약 20m내외의 구릉 정상부와 사면에 열을 지어 자

---

6) 전라문화유산연구원에서 조사하였으나, 아직 보고서는 발간되지 않았다.

리하고 있다. 유적의 북쪽에는 구릉의 정상부를 따라 동-서방향으로 702번 지방도가 지나며, 이 도로에 의해 상당수의 분구묘 파괴되었다. 분구묘는 구릉의 진행방향을 따라 크게 2열로 분포하고 있는데, 3~7호분은 북편에, 8호 · 9호 · 10호 · 1호분이 남편에 배치되어 있다. 성토층의 최하층에는 공통적으로 흑갈색점토를 약 20㎝내외의 두께로 깔았고, 그 위로 입자가 미세한 갈회색의 점토를, 다시 그 위에는 바닥층에 깔았던 흑갈색점토를 사용하여 분구를 성토하였다. 평면형태는 북쪽과 남쪽이 삭평·파괴되어 정확한 파악이 어려우나 방형계로 추정되며, 대상부에서 매장시설은 거의 확인되지 않았다.

대동리유적 전경

6호 분구묘

8호 분구묘

4호 분구묘 분구 성토상태

[그림11] 김제 대동리유적

2. 전북 서남부

전북 서남부지역에서는 부안과 고창지역을 중심으로 분구묘 유적들이 확인되었고, 최근 정읍지역에서도 그 분포가 확인되고 있다.

1) 부안 하립석리유적

[그림 12] 부안 하립석리유적

유적은 해발고도 21~28m 내외의 구릉에 입지하며 분구묘는 총 14기가 조사되었다. 주구의 평면형태는 제형계로 'ㄇ'형이 주류를 이루며, 'ㅣㅣ'자형, 'ㄴ'자형 등도 나타난다. 매장시설은 3호에서 확인되었지만 주구의 장축방향과 달라 확실하지 않다. 주구와 주변에서는 대형옹관편이 출토되었다. 주구의 장축은 등고선방향과 직교하며, 유구는 대체로 구릉의 동남쪽 사면부에 2~3열을 이루고 있다.

2) 부안 신리 II 유적

유적은 해발고도 29m 내외의 얕은 구릉의 남사면에 자리한다. 분구묘 3기가 확인, 조사되었다. 매장시설은 확인되지 않았다. 평면형태는 제형으로 'ㄇ'자형을 하고 있다. 유물은 3호 주구의 서편에서 회청색 경질옹관편과 함께 파상문이 시문된 회청색 경질토기편이 출토되었다. 주구의 장축방향은 등고선과 직교하며 유구는 구릉의 능선을 따라 1열을 이룬다.

3) 부안 대동리유적

해발고도 25m 정도의 구릉지대에 입지하고 있다. 분구묘는 총 9기가 확인되었다. 주구의 평면형태는 제형으로 'Ⅱ'자형이 주류를 이루며 'ㄴ'자형도 확인된다. 매장시설은 확인되지 않았고, 주구 내부에서 토기편과 옹관 등이 출토되었다. 주구의 장축은 등고선방향과 평행하며 유구는 구릉의 사면부를 따라 2열을 이룬다.

|부안 신리Ⅱ유적|부안 대동리유적|

[그림 13] 부안 신리Ⅱ유적(좌)과 부안 대동리유적(우)

4) 정읍 신면유적

정읍시 입암면 신면리에 소재하고 있는데, 다른 유적과 달리 비교적 내륙지역에 속하는 지역에서 확인된 유구이다. 분구묘는 해발 67~73m내외의 사면 말단부에 입지하고 있다. 총 8기의 분구묘가 조사되었고, 토광묘 8기와 옹관묘 8기도 조사되었으나 삭평으로 인한 파괴가 심한 편이다. 분구묘의 평면형태는 방형이며, 3·4호분의 경우 주구가 중복되어 있는데, 3호분이 먼저 시설된 후 확장하는 과정에서 4호분과 중복되었을 가능성이 있다. 매장시설로는 토광(목관)묘와 옹관묘가 이용되었다.

신면유적 유구 분포도

3·4호 분구묘

분구묘 내 출토유물
[그림14] 정읍 신면유적

5) 고창 선동유적

고창군 아산면에 소재한다. 해발 35m 내외의 구릉사면에 입지하고 있으며
총 5기의 분구묘가 조사되었다. 1호와 4호는 방형, 2호와 3호는 제형의 평면형
태를 띠고 있다. 매장시설로는 목관과 옹관이 이용되었다. 이 유적에서는 환두

도와 같은 철기와 각종 토기 외에, 1점의 금박유리옥을 비롯하여 6,000점에 가까운 유리구슬이 출토되었는데, 구슬의 특성이 인근에서 확인된 남산리유적, 만동유적 출토품과 유사하다.

선동유적 분구묘전경

1호분구묘 내 1호 목관묘

환두도 및 X선 사진

분구묘 내 출토 각종 구슬

분구묘 내 출토 토기

[그림15] 고창 선동유적

6) 고창 부곡리 증산유적

해발 53m 내외의 구릉정상부와 북사면 일대에 입지하고 있는데, 8호분을 제외한 나머지 7기가 북사면에 입지하고 있다. 평면형태는 방형과 제형이며, 매장시설로 목관과 옹관이 이용되었다.

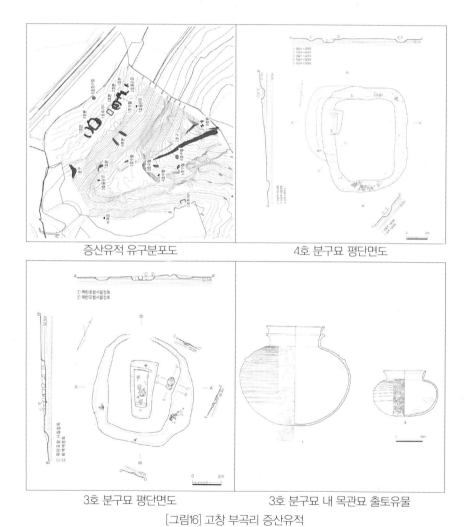

증산유적 유구분포도　　　　　　4호 분구묘 평단면도

3호 분구묘 평단면도　　　　　3호 분구묘 내 목관묘 출토유물

[그림16] 고창 부곡리 증산유적

7) 고창 왕촌리유적[7)]

유적은 고창군 해리면에 소재한다. 분구묘는 해발 30m내외의 저평한 구릉 정상부에 입지하고 있으며, 총 2기가 조사되었다. 그 중 1호분은 직경 15m내외의 제형 혹은 마제형으로, 주구 주변에서 매장시설로 이용된 토광묘 3기가 조사되었다. 주구 내부에는 20여개체의 분주토기가 일정한 간격으로 배치되어 있었다.

왕촌리 유적 전경

주구 내 출토 분주토기

[그림17] 고창 왕촌리유적

---

7) 아직 보고서는 발간되지 않았다.

Ⅲ. 전북 분구묘의 구조적 특징과 출토유물, 연대

1. 입지

분구묘는 동일 유적 내 시기적 편차가 존재할 경우, 이른 시기의 것은 구릉의 정상부에, 후대의 것들은 구릉 사면부 또는 말단부의 평지성 구릉을 이용하여 조성되는 특징이 있음은 여러 기회를 통하여 논한 바 있다[8]. 이러한 입지적 특징을 그대로 보이고 있는 전북지역 분구묘의 입지를 지도에서 확인해 보면 <그림 18>와 같다.

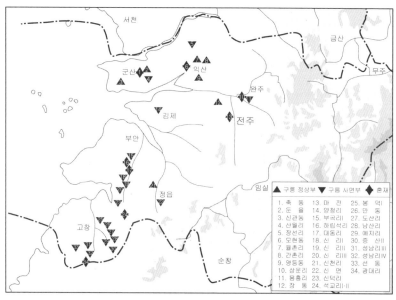

[그림18] 전북지역 분구묘의 유적 내 입지분포

---

8) 이택구, 2008, 「한반도 중서부지역 馬韓 墳丘墓」, 『韓國考古學報』66.
  이택구, 2012, 「전북지역 분구묘의 구조와 특징」, 『漢江考古』8.

동일 유적 내 유구 수가 많고 지속기간이 긴 경우, 구릉 정상부와 사면부를 이용하여 분구묘가 조성되는 유적은 전북지역 전체에서 골고루 나타나는 경향을 보인다. 반면 구릉의 정상부에서만 유구가 확인된 경우는 김제를 경계로 전북 서북부를 중심으로, 구릉의 사면부를 이용하여 유구가 조성되는 경우는 전북의 서남부를 중심으로 분포하고 있음은 그림에서 간단히 확인할 수 있다.

이는 전통성과 보수성, 그리고 군집성이 강한 묘제의 특성상, 초축시기 구릉정상부를 이용하여 조성하는 분구묘라는 묘제가 전북 북부에 유입이 되었고, 이후 점차 추가로 묘를 조성하면서 부지로 이용할 정상부가 부족해진 축조집단이 사면부를 이용하여 분구묘를 축조하면서 사면부에 분구묘를 조성하는 축조 전통이 생겨났고, 이것이 전북 서남부로 전해진 결과로 유추할 수 있다. 다만 전북 서북부만이 아닌 서남부에서도 구릉 정상부에 조성되는 분구묘들이 다수 존재하므로, 일방적인 북부에서 서남부로의 전파라는 주장에는 문제점이 있을 수 있으므로, 당시의 여러 사회적·정치적 상황, 이를테면 한강변에 진출, 성장한 백제세력에 밀린 마한세력들의 주요 거점지 이동 등 당시의 종합적인 상황을 고려해야 할 필요가 있을 것이다.

2. 평면형태

분구묘의 형태는 평면형태와 단면형태(축조방식) 등으로 고려할 수 있으며, 평면형태의 경우 <그림 19>와 같이 크게 방형계, 제형계, 원형계로 분류가 가능하다[9]. 다만 원형계의 경우, 전술한 바와 같이 마한과 백제의 전통이 혼합되어 있고, 그중 백제의 전통이 강하게 반영된 것으로 보이므로 본고의 비교대

---

9) 이택구, 2008, 「한반도 중서부지역 馬韓 墳丘墓」, 『韓國考古學報』 66.
　이택구, 2012, 「전북지역 분구묘의 구조와 특징」, 『漢江考古』 8.

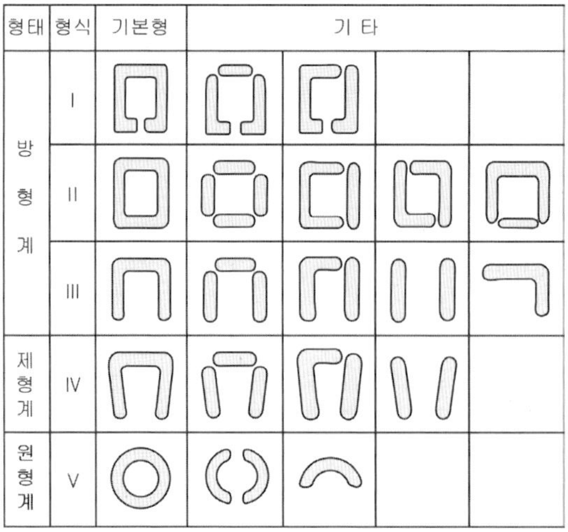

형태	형식	기본형	기 타			
방형계	I					
	II					
	III					
제형계	IV					
원형계	V					

[그림19] 대상부 평면형태 분류 모식도(이택구 2008)

방·제형계는 지역과 시기가 변하면서 확장이 이루어지기도 하는데, 이로 인해 평면형태가 장방형, 장제형으로 변화하기도 한다. 확장현상은 평면형태만이 아닌 단면형태, 즉 축조방식 등의 연구를 통하여 확인할 수 있는데(이택구 2008의 <그림 4> 참고), 동일 분구 내에 주매장시설만이 아닌 추가매장시설을 안치하는 단순확장(다형), 기존의 분구와 주구에 덧대어 추가로 분구와 주구를 설치하고 매장시설을 추가로 안치하는 분구확장(라·마형)이 존재한다. 단순확장은 수직적인 확장을 말하는 것이며, 분구확장은 수평적인 확장을 말한다. 이중 분구확장은 기존에 있는 주구 한변을 다시 매몰하거나, 원래부터 주구를 시설하지 않았던 면을 이용, 연접하여 확장을 실시하고 추가매장시설을 안치한 경우(연접확장형), 기존의 분구와 주구는 그대로 두고, 주구에 덧대어 새로운 주구와 분구를 만든 후 매장시설을 설치하는 경우(종속확장형)가 있다. 연접확장형은 익산 묵동, 완주 상운리, 전주 장동유적 등에서, 종속확장형은 완주 상운리를 비롯, 금번의 연구대상에는 포함되지 않는 원형계의 분구묘에서 일부 확인되고 있다.

현재까지의 조사 성과를 놓고 보면, 평면형태 중 제형계인 IV형식은 한반도 전체에서도 전북 서남부와 전남지역을 중심으로 확인되는 특징을 보인다. 물론 유구만이 아닌 유물 등을 포함한 전체적인 맥락에서 분석할 필요가 있지만, 분포만을 놓고 보면 평면 방형계의 분구묘가 전북 서북부로 유입되어 형성되고, 그 후 제형계로 변화하면서 서남부로 전파되었을 가능성이 있음을 시사하는 것으로 볼 수 있겠다.

3. 분구 규모

분구묘의 규모를 측정하는 방법에는 여러 면적 산출법이 있으나, 분구 장변의 길이만을 가지고 그 규모를 짐작하여 보았다. 전북지역의 총 180여기 분구묘 중 계량분석이 가능한 135기의 장변을 분석한 결과, 장변길이는 ~15.7m(기본형), ~24.9m(중형)을 기준으로 어느 정도 구분이 가능하다. 이 결과는 본인의 기존 분석 결과와 상당한 연관성이 있으며, 케이스가 두배 가까이 증가했음에도 불구하고 같은 성향을 보이는 점은, 전북지역 분구묘 축조집단의 분구 축조법에 상당한 정형성이 있음을 시사하는 결과라 생각된다. 물론 대형에 속하는 25m를 초과하는 것들 중에는 장변길이가 40m, 50m, 68m에 달하는 초대형의 분구묘가 개연성없이 분포하는 것처럼 보이기도 한다. 하지만 이들은 이른바 장제형의 확장형 분구묘들(완주 상운리, 전주 장동, 고창 선동유적 등)로, 아직까지 그 경우의 수가 많지 않아 분류에는 무리가 있으나, 앞으로 조사 성과가 늘어나고 이를 전남지역의 분구묘들과 같이 분석한다면 충분히 분류가 가능한 대형의 분구묘들이다.

다음으로 이를 다시 지역별로 세분하여 대상부 장변길이에 대한 분석을 시도해 보았다. <그림 20>을 보면 전북 분구묘는 공통적으로 장변길이에 있어서 기본형과 중형, 대형으로 구분 가능한 것을 알 수 있으나, 지역별로는 그 구분 기준이 되는 길이에 있어 큰 차이를 보이는 것을 알 수 있다.

즉 서북부 분구묘의 경우에는 ~15.5m, ~24.5m를 기준으로, 서남부는 ~10.7m, ~15.9m를 기준으로 장변길이상의 규모에서 차이를 보인다. 또한 이른바 초대형의 분구들이 서북부를 중심으로 확인되는 점은 두 지역간의 차이를 뚜렷하게 확인시켜 주는 결과로 보인다. 다만 서남부의 유구 수가 88기임에 반해, 서북부는 47기에 불과하다는 점에서 이 특징은 앞으로 조사 성과가 늘어난 후 다시 검토할 필요성이 있다.

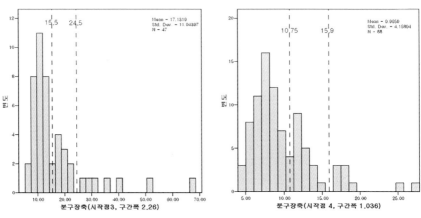

[그림20] 전북 서북부(좌)와 서남부(우) 분구묘의 장변길이 히스토그램

4. 매장시설

분구묘의 매장시설은 크게 토광(목관)묘, 옹관묘, 석곽묘, 석실분으로 분류할 수 있고, 이 중 전북지역의 분구묘는 주매장시설로 대부분 토광(목관)묘를 채택하고 있다. 특히 옹관묘는 추가매장시설로 안치되는 특징을 띤다.

현재까지 조사·보고된 전북지역의 분구묘에서는 옹관묘를 제외하였을 때 약 200여기의 매장시설이 확인되고 있는데, 이중 분석이 가능할 정도로 장축과 단축이 남아있는 유구는 총 128기이다. 이에 전북지역 전체의 특성을 확인하기 위해, 분구묘 내 매장시설을 주매장시설과 추가매장시설로 분류하여 간단한 분석을 해보았다.

먼저 전북지역에서 발견된 분구묘의 주매장시설은 최근 조사·확인된 완주 용흥리 유적과 마전Ⅳ-1호분을 제외하면 모두가 토광묘이다. 하지만 성토부가 흙으로 이루어진 분구묘의 특성상 삭평·교란 등에 의해 묘제가 남아있지 않은 경우가 많은데, 최근까지의 조사에서 확인된 전북지역 분구묘의 주매장시설로의 토광묘는 45기, 추가매장시설은 83기에 이르는데, 간단히 토광 장축의 평균을 비교하여 보았다.

주매장시설(총 45기)의 토광 평균은 약 369cm, 추가매장시설(총83기)은 약 286cm로 약 80cm의 차이가 있음을 알 수 있다. 간단한 비교임에도 불구하고 토광 장축상에서 나타나는 이러한 큰 차이는 매장시설의 위치 혹은 피장자의 지위 등에 따라 서로 다른 축조기획을 바탕으로 매장행위(혹은 의례)가 이루어졌음을 보여주는 결과로 판단된다.

다음으로 케이스가 적기는 하나 분구묘 내에서 확인된 토광묘 내 목관 장축 길이에 대해 간단히 평균비교를 실시해 보았다<표 2>. 이 결과에서도 위와 마찬가지로 주매장시설과 추가매장시설에서는 규모 평균에서 약 30cm의 차이가 있음을 알 수 있다. 다만 추가매장시설의 목관 장축 최대길이가 주매장시설보다 큰 경우가 존재하는 점이 특이하지만, 앞으로 조사가 증가하면 보완될 수 있는 문제라고 생각된다.

매장위치	개수(기)	평균(cm)	최소 길이	최대 길이
주매장 목관장축	37	268.3	141	329
추가매장 목관장축	46	238.1	122	360

[표2] 전북지역 분구묘 내 목관 장축의 평균비교

이 외에도 마한 분구묘 내에는 옹관묘가 다수 확인되고 있으나, 전거한 바와 같이 전북지역에서 주매장시설로 사용된 예는 아직까지 찾아볼 수 없다.

전남지역에서 주매장시설로 빈번히 사용되는 옹관묘가 인접지역인 전북지역에서는 주매장시설로 사용되지 않는다는 특징은 전남지역과 전북지역 마한세력집단의 선호 관제棺制의 차이를 극명하게 보여주는 자료이다. 이는 또한 머리말에서 얘기한 마한 제소국간의 개별성과 독자성, 독창성 등을 증명해 주는 자료이기도 하다.

전북의 옹관묘는 영산강유역의 이른바 선황리식 대형 옹관묘와는 크기나 두께, 제작법 등에서 차이가 있는데다 파괴 또한 심하여 분류·분석에 애매함이 있다. 다만 크기나 규모에 있어 매장시설로 사용했을 것으로 보기 힘든 작은 옹관묘 내에서도 각종 토기류나 철기류, 옥류 등의 유물이 확인되는 점을 통해볼 때 분명한 매장시설 중 하나였을 것이다. 규모가 크지 않은 이유에는 분구묘 주매장시설 피장자와의 신분차이, 혹은 유아장이나, 화장, 굴신장 등의 용도의 차이가 있었을 가능성을 제기할 수 있다.

5. 유물

분구묘는 주구토광묘를 비롯한 다른 묘제에 비해 부장유물의 수가 적은 점이 특징이다. 따라서 여기서는 유물의 종류별·시기별 분류보다는 매장시설에서 보이는 전체적인 부장패턴과 주구 내에서 확인되는 유물들에서 나타나는 전북지역의 특징을 간략히 살펴보도록 한다.

전북지역 분구묘의 유물 부장양상을 살펴보면, 먼저 전북 서북부 분구묘의 경우 연·경질의 원·평저호가 주로 부장되는 특징을 보이는데, 매장시설 내에서 유물이 확인된 총 130기의 유구를 확인한 결과, 토기의 경우 토광 내 원·평저호 2점만이 확인된 것[10]이 70기(53.9%)로, 매장시설은 반파되거나 훼손되었으나 유물이 확인된 유구를 포함한 것임에도 불구하고 상당히 높게 나타난다. 그 외 원·평저호 1점과 함께 직구호나 병 등의 유물의 2점씩 부장되는 경우도 상당수 확인되는데(13기), 이는 전북 서북부 분구묘 축조집단이 토기를 부장할 때, 얼마간 일정한 패턴 또는 전통을 확립하고 매장의식을 실시하였음을 추정해 볼 수 있는 단서이다.

전북 서남부 분구묘에서 확인된 40기 매장시설의 경우, 원·평저호가 2점씩 부장되는 서북부의 특징은 거의 보이지 않으나, 이중구연토기의 부장예(18기, 45%)가 많음을 알 수 있다. 또한 금번 분석에는 포함하지 않은 옹관묘 내에서도 이중구연토기는 부장유물로서 전북 서남부를 중심으로 많은 수가 확인되고 있다. 특히 이 토기의 분구묘 내 부장사례는 고창지역에서 확인된 예가 전부로, 이러한 흥미로운 특징은 이중구연토기가 고창지역만의 지역성과 독자성을 표현하는 기재로 이해될 수 있는 결과이다.

철기류의 경우 주매장시설과 추가매장시설을 나누어 살펴보았다. 철기는 환두도를 포함한 도검류와 철부, 철겸, 철도자 등의 출토빈도가 높았는데, 주매장시설의 경우 유물이 확인된 63기의 유구 중 환두도는 32기(50.8%), 추가매장시설 110기 중 22기(20.0%)에서만 확인되었다. 물론 추가매장시설의 경우, 후대의 삭평 등으로 인해 파괴된 경우가 많긴 하지만 이 정도의 차이를 보이는 것은, 얼마간 환두도에 대한 매장시설별 부장 선호도의 차이가 있는 것으로 판단된다. 다음으로 공반유물을 살펴보았는데, 환두도가 부장된 유구를 기준으로 보면, 주매장시설 32기 중 철부는 22기, 철겸 13기, 철촉 10기, 철도

---

10) 여기서는 분석을 위해 연·경질의 구분을 배제하고, 단순화 분류를 시도하였다.

자 9기가 공반됨에 반해, 추가매장시설에서는 22기 중 철부는 15기, 철겸 8기, 철촉 2기, 철도자 1기가 공반되는 모습을 보인다. 따라서 주·추가매장시설 모두 환두도를 부장할 경우, 공반유물로는 철부와 철겸을 부장하는 경우가 많고, 주매장시설에서는 그 외 철도자와 철촉을 공반하여 부장하는 양상이 강함에 반해, 추가매장시설에서 이러한 패턴은 극히 적음을 알 수 있다. 이는 즉 주매장시설의 피장자가 살상·전쟁 등과 관련된 환두도 및 철촉, 철도자 등의 무기류를 소유한 집단 내 권력자였을 가능성이 높음을 보여주는 결과로도 보인다. 아래의 <그림 21>은 전북지역 출토 철기의 일면을 보여줄 수 있는 자료로 완

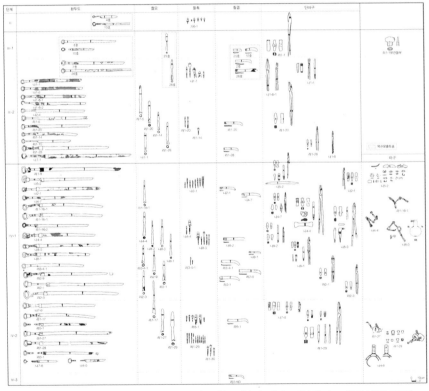

[그림21] 완주 상운리유적 분구묘와 목관표 출토 철기 편년표 (상운리Ⅲ 2010에서 전제)

주 상운리유적 출토 철기 편년표이다[11].

마지막으로 전북지역 분구묘의 주구 내에서 출토되는 유물 중 특징적인 것이 두형토기와 분주토기[12]이다. 두형토기는 초기철기시대로 구분되는 토기로 이 토기가 전북지역 분구묘의 주구에서 확인된 예는 전북 서북부의 익산 간촌리와 완주 상운리유적이 있다. 고배의 조형으로 추정되는 두형토기가 유구의 중복이 없음에도 불구하고 주구에서 확인된다는 점은, 초기철기인들과 분구묘집단의 공존가능성과 복속관계를 추정할 수 있는 자료이다. 물론 아직 그 예가 적어 추론에는 한계가 있으나, 앞으로 조사예가 증가하고 출토예가 늘어난다면, 마한의 시작시기를 철기가 아닌 청동기시대로 올려볼 수 있는 근거가 될 것이다.

다음으로 분구와 주구의 경계를 짓는 외곽선을 따라 일정한 거리감을 갖고 세워 놓거나 박아 세웠을 것으로 추정되는 분주토기는 아직까지 금강 이북지역에서 확인된 예는 찾아볼 수 없다. 아직 발굴보고서가 발간되지 않은 유적도 있긴 하지만, 우선 현재까지의 조사 결과를 보면 전북 서북부지역에서는 군산 축동, 축산 계남리유적과 익산 영등동Ⅱ유적에서, 전북 서남부지역에서는 고창 왕촌리유적에서 많은 수의 분주토기가 확인되었다. 토기 형태에 따

---

11) 완주 상운리유적 출토 철기가 전북지역 분구묘의 양상을 대표하는 것은 아니다. 다만 상운리유적의 경우 단일 분구묘 유적으로는 전북지역에서 가장 큰 유적이며, 출토된 철기량도 전북지역 분구묘 중에 가장 많은데다 철기를 제조할 때 사용하는 단야구 등도 출토되고 있다. 따라서 이 단편적인 예가 전북지역 철기 양상의 일면을 보여줄 수 있는 자료라 판단되어 수록하였다.

12) 일부에서는 이 분주토기를 원통형토기라고 명명하기도 하나, 토기의 형태상 원통형과는 거리가 있고, 이 토기를 원통형토기라고 명명할 경우, 충청 내륙의 갈매리나 밖지므레유적 등의 매장시설 내부에서 확인되는 원통형토기와 혼돈될 수 있어여기서는 임영진(2003:2014)의 분류안을 따라 분주토기(墳周土器)라 칭한다.

른 임영진[13]의 분류를 놓고 봤을 때, 전북 서북부지역에서는 호형 분주토기가, 서남부지역에서는 예가 단편적이긴 하나 통형 분주토기 일색임을 알 수 있다. 이러한 전북지역 내 분주토기의 형태 차이는 여태까지 논거한 전북지역 내에서도 서북부와 서남부의 지역성과 독자성 등을 보여주는 극명한 결과라 하겠다. 특히 호형이 이른시기에 전북지역에서 출발하여 주변으로 확산되었고, 이후 통형이 등장 확산되었다는 견해[14]를 따르면, 전북 서북부의 분구묘가 서남부보다 먼저 분주토기를 수용하고 발전, 변화시켰음을 추정케 한다. 앞으로 사례가 더 늘어나면 보다 더 심층적으로 연구하도록 하겠다.

Ⅳ. 맺음말

이상으로 전북지역에서 확인된 분구묘의 구조와 특징들에 대하여 간략히 살펴보았다. 분구묘는 기본적으로 대상부를 방형으로 구획한 후, 선분구 후매장의 축조방식과 분구 주위를 감싸는 주구를 가진 원삼국기 마한 수장급의 묘제이다. 전북지역의 경우, 초기의 것으로 보이는 구릉 정상부에 축조된 소분구를 가진 묘에서 매장시설과 유물이 확인되지 않아 그 시기를 확언하긴 어려운 실정이다. 다만 주구에서 확인되는, 묘제와 연관성이 있을 것으로 보이는 무문

---

13) 임영진, 2014,「한국 분주토기의 발생과 확산」,『마한 분구묘 사회의 비교검토』4차 세미나 발표자료집, 마한연구원.

14) 임영진, 2014,「한국 분주토기의 발생과 확산」,『마한 분구묘 사회의 비교검토』4차 세미나 발표자료집, 마한연구원.

토기나 두형토기, 점토대토기 등의 출토유물을 놓고 보았을 때, 적어도 기원전 2세기를 전후한 시기에 전북지역에서 분구묘가 축조되었다고 유추할 수 있다.

전북의 분구묘는 초기에는 단독장과 토광묘를 위주로 한 소형의 방형계가 선행한 후, 점차 동일 분구 내 추가매장시설이 안치되면서 분구가 대형화하고, 분구와 주구의 확장을 거친 후, 제형계의 등장과 함께 장제형으로 발전한 것으로 보인다. 이러한 변화의 기저에는 사회 정세의 급격한 변화 혹은 지배체제의 변화, 계급의 발생 등을 들 수 있다.

그 후 백제가 전북지역을 통합하면서 석곽묘가 분구묘 내 매장시설로 등장하고, 방형계의 축조전통은 원형계로 점차 변화함과 동시에 백제의 묘제인 석실이 주매장시설로 안치되면서 마한이란 세력의 쇠망과 함께 마한분구묘의 전통은 사라지고, 일부 지역에서 백제적인 성격을 띠는 분구묘가 유지되다가 소멸하는 것으로 파악된다.

최근에도 한반도 서부지역에서는 분구묘가 빈번히 확인되고 있다. 특히 경기도지역에서 활발하게 분구묘가 발견되고 있는데, 최근 조사된 김포 운양동 유적의 경우 한강을 바라보는 북사면에 조성된 분구묘 매장시설에서 철기와 공반된 세형동검이 주구에서는 낙랑토기 등이 확인되었다. 필자는 고조선 준왕準王이 위만衛滿에 쫓겨 남천南遷할 당시, 이미 마한의 세력들은 한반도에 자리하고 있었을 것으로 보는 역사학계의 견해에 동의하며[15], 조선을 차지한 위만의 3대가 삼한과 왜, 예 등에 철을 중심으로 하는 교역을 남부지방에서 행하고, 무역을 통한 이득을 취했다는 기록을 《史記》와 《漢書》 등에서 찾아볼 수 있다. 따라서 기원전 2세기를 전후한 시기에 이미 한반도에는 철기가 어느 정

---

15) 노중국, 1987, 「마한의 성립과 변천」, 『마한·백제문화』10.

도 유입되었음을 추정해 볼 수 있고, 임영진[16]의 견해와 같이 마한의 시작 시기는 철기가 아닌 청동기시대에서 찾아야 한다고 본다. 이러한 국제 정세와 철기 등의 유입경로, 유구의 발전·변화상 등을 종합적으로 생각해 볼 때, 분구묘는 기본적으로 대륙(북)에서 한반도(남)로 전파되면서 변화·발전되었고, 이러한 분구묘들이 일본열도에도 전파되어 형성되었을 것으로 본다. 그러한 점에서 김포 운양동유적과 같은 성과들은 앞으로 분구묘의 입지선택, 기원이나 연대문제를 해결하는데 있어 중요한 자료가 될 것이다.

끝으로 전북지역에서 확인된 분구묘의 구조와 특징을 분류·분석하면서 특징을 내세우기 위해, 무리하여 지역을 서북부와 서남부로 나누어 분석한 것은 지나친 일반화로 보일 수도 있다. 하지만 적은 사례임에도 불구하고 두 지역 간에 보이는 개별성과 차이성, 지역적으로 보이는 패턴들을 강조하기 위해 시도한 불가피한 선택이었음을 밝혀둔다. 앞으로 조사 성과가 늘어나면 이를 더욱 세분하여 분석하고, 종합적인 분구묘의 발전, 변화상을 찾아볼 수 있도록 노력하겠다.

---

16) 임영진, 1995, 「마한의 형성과 변천에 대한 고고학적 고찰」, 『삼한의 사회와 문화』한국 고대사연구 10

전북지역 마한 분구묘 사회의 연구성과와 과제

박영민 전라문화유산연구원

Ⅰ. 머리말

Ⅱ. 시기별 조사연구 성과

Ⅲ. 주제별 연구 성과

Ⅳ. 맺음말

Ⅰ. 머리말

전라북도는 금강의 남쪽, 백두대간의 서쪽에 위치하고 있으며, 서쪽으로는 서해, 남쪽으로는 전라남도의 북부지역인 영광, 장성, 담양, 곡성 등과 접하고 있다. 또한 전라북도의 중심부를 남북으로 가르는 호남정맥에 의해 전북 동부 산악지대와 서부평야지대로 명확하게 구분되는 지형적 특성을 갖추고 있다.

전북지역에서 현재까지 발견된 많은 고고학적 유적은 전라북도의 이러한 인문, 자연지리적 특성에 맞게 형성되어 왔음이 점차 밝혀지고 있다. 전북지역 분구묘는 1971년 도굴된 정읍 운학리고분에 대한 수습조사가 이루어지면서 처음으로 알려지게 되었다. 당시 보고자는 운학리고분이 능선의 정상부에 일렬로 위치하고 있는 입지상의 특징, 바닥에 흑갈색점토와 황토를 쌓은 후 그 위에 수혈식석곽을 배치하는 축조방법 등이 백제의 중앙세력의 묘제로 추정되는 정읍 은선리일대 백제 횡혈식석실분과 매우 다른 점에 주목하였다.

그리고 운학리고분의 성격을 백제의 중앙세력이 진출하기 전, 즉 정읍 은선리 석실분이 이 지역에 축조되기 이전 이 지역 재지세력이 축조한 고분으로 판단하고 그 연대를 4세기 말~5세기 초 무렵으로 제시한바 있다.

또한 고분에서 출토된 금동제 용문투조과판 등을 일본 奈良의 猫塚古墳과 大阪 七觀古墳 출토품과 비교하여 두 지역간의 유사성을 제기하였다. 비록 도굴된 고분에 대한 수습조사였기 때문에 고분의 구체적인 축조방법이나 묘곽의 정확한 양상 등은 파악할 수 없었지만, 고분의 입지와 구조, 특징, 축조세력, 대외관계 등이 현재 이 고분을 바라보는 시각과 큰 차이가 없는 점이 주목된다. 이후 전북지역 분구묘의 조사와 연구성과는 별다른 진전이 없었고, 오히려 백제 고분에 대한 조사가 활발해지면서 백제고분 연구의 일환으로 대형옹관 및 출토유물을 중심으로 간략하게 다루어지는 정도에 머물렀다. 그러다 전북지역이 대규모 개발이 이루어지기 시작하는 1990년대 이후 서해안고속도로 공사구간의 발굴조사 등이 실시되면서 전북지역 분구묘의 조사와 연구가 본격적인 궤도에 오르기 시작했다. 또한 이러한 조사결과를 바탕으로 1990년대 후반부터 2000년대 중반까지 다양한 논문이 발표되었고, 각종 학술회의 등을 통해 전북지역 마한분구묘와 마한분구묘 사회에 대한 조명이 집중적으로 이루어진바 있다. 2006년에는 완주 상운리유적이 조사되었다.

완주 상운리유적은 유구의 분포범위와 수량, 잔존상태, 출토유물 등이 당시까지 조사된 마한계 분구묘유적 가운데 최대 규모임이 밝혀지면서 4~5세기대 전북지역 마한분구묘 사회연구에 매우 중요한 자료를 제공한바 있다. 또한 2000년대 후반에는 전주 마전유적과 전주 장동유적의 분구묘에 대한 발굴조사가 이루어졌는데, 두 유적의 분구묘는 마한계 분구묘 가운데 비교적 늦은 시기에 축조된 유적으로 밝혀지면서 마한분구묘 사회의 백제화 과정을 살필 수 있는 자료라는 점에서 중요한 의의를 지니고 있다. 고창 봉덕리 고분군 또한 이 무렵 발굴조사가 이루어 졌다. 이 고분은 단일규모의 분구묘로는 그 규모가 전북지역 최대이고, 금동제신발과 중국제 청자 등 최고의 위세품이 출토됨으로서 마한분구묘 사회의 위상 및 주변 제국들과 관계를 파악할 수 있는 자료를 제공하였다. 그 이후 전북지역 마한분구묘 유적은 소규모 산발적인 조사가 이루어지면서 현재에 이르고 있다.

이 글에서는 1990년대 이후부터 2013년 최근까지 조사된 전북지역 마한분구묘 유적의 조사 및 마한분구묘 사회에 대한 연구성과를 시간의 흐름에 따라 살펴보고, 이러한 조사연구 성과를 바탕으로 전북지역 마한분구묘 사회의 연구에 관한 향후 과제에 대해 간략하게 짚어보고자 한다. 논고의 시간적인 범위는 분묘와 출토유물이 모두 마한계 양식을 갖추고 있는 3~4세기대부터 백제계 유물이나 백제계 석실분이 유입되는 6세기 초반 무렵까지로 한정하고자 한다.

Ⅱ. 시기별 조사연구 성과

주지했다시피 전북지역 분구묘에 대한 최초의 학술조사는 1971년 정읍 운학리고분에 대한 긴급수습조사로 볼 수 있다. 운학리고분은 백제석실분이 밀집분포하고 있는 정읍 은선리고분군과 인접하고 있다. 지표상에 3기의 분구가 노출되어 있었는데, 도굴로 인해 봉분이 훼손되었고, 도굴된 고분의 정비를 목적으로 긴급 수습조사가 이루어 졌다. 3기의 고분은 얕으막한 구릉의 정상에 입지하고 있는데, 평면형태가 원형이고, 분구의 직경은 약 14m내외, 잔존높이는 2m내외였다. 그 가운데 'C'호분에서 매장주체부로 추정되는 석곽이 일부 잔존하고 있었다. 석곽은 분구상에 축조되었고, 규모는 길이 290㎝, 너비 137㎝내외였다(그림 2). 특히 보고자는 분구의 하층에 흑색점토를 깔았다는 점을 주목하였다. 그러나 당시는 분구묘에 대한 인식이 거의 없는 시기였기 때문에 단편의 논고를 제외하면 더 이상의 진전된 논의는 거의 이루어지지 않았다. 다만 보고자는 유적의 입지와 축조방법, 출토유물 등이 백제의 중앙묘제로 추정되는 횡혈식석실분과 차이점을 보이고 있으므로 이 지역 토착세력의 분묘로 추정된다는 의견을 제시하였다[1]. 보고자의 이러한 견해는 현재까지 큰 수

---

1) 全榮來, 1974,「井邑, 雲鶴里 古墳群」『全北遺蹟調査報告(上)』, 書景文化社(1994).

정 없이 받아들여지고 있다.

군산 조촌동고분군은 백제 석실분과 석곽묘 등이 주류를 이루고 있는 고분군이다. 1993년과 1994년 두 차례의 발굴조사가 이루어 졌는데, 해발 50m내외의 구릉 상단부에서 눈썹형 주구가 딸린 토광묘 2기가 조사된바 있다[2]. 그 이후 조촌동의 토광묘를 천안 청당동, 청주 송절동, 공주 하봉리에서 조사된 주구토광묘와 동일한 유형으로 파악하고 전북지역 원삼국시대의 분묘 가운데 하나로 이해한 연구가 발표된바 있다[3]. 그러나 전북지역 분구묘의 조사와 연구는 익산 영등동유적의 분구묘와 서해안고속도로 공사 구간의 여러 분구묘유적에 대한 발굴조사가 이루어진 1995년 이후 본격적으로 시작되었다고 볼 수 있다. 이 장에서는 전북지역 마한분구묘의 조사와 연구성과를 정립기(1990년대~2000년대 초)와 발전기(2000년대 초~2010년), 확산기(2010년 이후)의 세 시기로 구분하고 각 시기별 조사연구 성과를 간략하게 다루고자 한다.

1. 정립기(1990년대~2000년대 초)

1990년대 중반이후 전라북도는 국가 및 지방자치단체 주도의 각종 개발사업이 본격적인 궤도에 오르면서 이와 관련된 대규모 발굴조사가 이루어 졌다. 전북지역 분구묘의 조사와 연구 또한 위와 같은 대규모 국토개발 및 이에 따른 발굴조사의 급증과 궤를 같이하며 본격적으로 궤도에 오르기 시작했고, 이 때 비로소 그 형태와 시기, 성격 등 세부적인 성격을 파악할 수 있게 되었다. 익산 영등동유적은 현재 익산의 신도심지역인 익산 영등동과 부송동일대의 신도시가 개발되던 1995년과 1996년사이에 발굴조사가 이루어 졌는데, 발굴

---

2) 郭長根 · 柳哲 · 韓修英, 1996, 『群山 助村洞 古墳群』, 群山大學校博物館.
3) 崔完奎, 1997, 「全北地域 古墳의 墳丘」, 『湖南考古學報』 5, 湖南考古學會.

조사 결과 청동기시대의 주거지와 분구묘 등이 조사되면서 전국적으로 알려지게된 유적이다. 이 유적에서 조사된 5기의 분구묘는 얕으막한 구릉의 정상부에 입지하고 있고, 평면 원형과 방형의 주구, 한쪽 변이 개방된 개방부를 갖춘 형태이다. 전북지역의 마한 분구묘에 대한 논의는 바로 이 영등동유적의 발굴조사를 계기로 본격적으로 이루어 졌다. 영등동유적의 분구묘를 주구묘로 정의하고, 군산 조촌동고분군으로 대표되는 주구토광묘와 함께 전북지역 원삼국시대의 대표적인 분묘로 정의한 견해[4]는 영등동유적으로 대별되는 전북지역 마한 분구묘에 대한 본격적인 논의의 시발점이 되었다.

이 논고는 영등동 분구묘를 서천 당정리, 보령 관창리 분구묘와 비교하고, 절개부, 즉 주구가 끊어진 부분의 형태와 위치를 기준으로 네 가지 유형으로 분류하였는데, 이 견해 또한 전북지역 마한 분구묘를 형태에 따라 분류한 최초의 논고로 볼 수 있다. 이 논고는 또한 전북지역 마한 분구묘가 영산강유역 대형 옹관고분과 분구와 매장주체부, 출토유물 등을 비교했을 때 시기적으로 빠르므로 영산강유역 대형 옹관고분의 조형이 될 수 있음을 강조하였다.

이후 1999년과 2000년에는 서해안고속도로 건설공사와 관련하여 고창 성남리와 광대리, 신덕리, 예지리, 부안 신리, 하립석리, 대동리유적 등 전북지역의 대표적인 마한 분구묘유적에 대한 조사가 서해안 일대 구릉지대에서 집중적으로 이루어 졌다. 고창 성남리 Ⅲ유적은 해발 48m내외의 저평한 구릉정상부와 사면에 입지하고 있으며, 모두 12기의 분구묘, 매장시설로 이용된 토광묘 10기, 옹관묘 7기 등이 조사된 유적이다(그림 4). 분구묘의 평면형태는 방형계이고, 규모는 장변의 길이가 10m미만이 6기, 10~15m인 것이 3기 등으로 대

---

4) 崔完奎, 1996, 「周溝墓의 特徵과 諸問題」, 『古文化』 제46집, 韓國大學博物館協會.
　崔完奎, 1997, 「全北地域 古墳의 墳丘」, 『湖南考古學報』 5, 湖南考古學會.

부분 15m이하가 주류를 이루고 있었다. 또한 8호묘와 9호묘, 10호묘와 11호묘는 서로 나란히 연접하고 있는 형태였다. 매장시설은 목관묘가 매장주체부로 이용되었고, 옹관묘는 대상부 가장자리나 주구에 매납되어 있었다. 유물은 이중구연호와 거치문이 시문된 대형연질옹, 직구옹, 양이부호 등이 출토되었다[5]. 부안 하입석리유적은 해발고도 21~28m내외의 얕은 구릉 정상부와 사면에 입지하며 청동기시대부터 고려시대까지 다양한 유구가 조사되었는데, 마한 분구묘는 약 14기내외가 조사된바 있다(그림 3). 분구묘의 평면형태는 'ㄷ'자형이 주류이고, '11'자형과 'ㄴ'자형도 분포하고 있어 각 변의 모서리 부분이 모두 개방된 형태였다. 분구의 규모는 1호와 6호의 장변 길이가 18m와 19m내외, 2호와 3호는 17m와 13m내외였고, 나머지 10기는 모두 11m이내였다. 매장시설은 토광묘 5기가 조사되었는데, 3호 분구묘내에 위치하고 있는 토광묘만 분구묘 매장주체부와 관련이 있을 뿐 나머지는 모두 주구 주변에 분포하고 있었다. 유물은 주구에 매납된 대형의 거치문옹과 연질의 난형호, 원저호류 등이 출토되었다[6].

이들 유적에 대한 조사 이후 전북지역 마한분구묘는 주변유적, 즉 서천 당정리나 보령 관창리 등과 비교를 통해 형태와 성격, 연대 등에 대한 논의가 본격적인 궤도에 오르게 되었다. 서해안고속도로 공사구간에서 조사된 분구묘 자료와 기존의 영등동유적의 분구묘, 전남지역 분구묘 자료를 종합하여 이들 유적의 분구묘를 호남지역 마한묘제의 하나로 인식하고, 분구묘의 범주에 주

---

5) 圓光大學校 馬韓 · 百濟文化研究所, 2005,『高敞의 周溝墓 −新德里 Ⅲ-A, 道山里, 城南里 Ⅲ · Ⅳ, 光大里 遺蹟−/西海岸高速道路(群山−高敞間)建設區間內 文化遺蹟 發掘調査報告書 Ⅰ−』.

6) 김승옥 · 김진 · 김은정, 2003,『扶安 大東里 下立石里 遺蹟 −西海岸高速道路(群山−高敞間)建設區間內 文化遺蹟 發掘調査報告書−』, 全北大學校博物館.

구묘, 이형분구묘, 방형분구묘, 원형분구묘를 포함시켜, 분구묘를 영산강유역 옹관고분의 조형으로 보는 견해가 제시되었는데[7], 이는 전북지역 마한분구묘 사회를 큰 틀에서 영산강유역 옹관고분 사회과 연결시켜 전라남북도의 마한 사회를 계기적 발전과정속에서 이해하려는 본격적인 견해로 볼 수 있다.

뿐만 아니라 분구묘의 연접을 혈연적인 유대관계의 결과물로 파악하여 마한 분구묘사회의 복원을 시도하였다. 특히 마한분구묘 단계에 早期(기원전 3~1세기)를 포함시켜, 마한분구묘 사회의 시간적 범위를 초기 철기시대까지 소급시켰다는 점을 주목할 수 있다.

1998년과 1999년에는 익산 율촌리분구묘의 발굴조사가 이루어 졌다. 익산 율촌리 분구묘는 지표조사 과정에서 확인되어 보존 및 정비의 목적으로 학술 발굴조사가 이루어 졌다(그림 5). 발굴조사 결과 율촌리 분구묘는 얕으막한 구릉의 정상부를 따라 5기의 분구묘가 분포하고 있고, 평면형태는 방형을 띠며, 옹관과 토광묘를 주매장시설로 사용한 다장구조의 분구묘임이 밝혀졌다[8]. 또한 연질의 원저단경호, 난형의 대옹, 선황리식 옹관 등이 출토되어 분구묘의 축조주체가 마한계임을 확인할 수 있었다. 이 익산 율촌리분구묘는 당시까지 전북지역에서 조사된 마한 분구묘 가운데 분구의 성토층이 잔존하고 있고, 이를 발굴조사를 통해 밝혀진 최조의 예라는 점, 특히 1호분은 분구의 성토층만 잔존하고 있을 뿐 매장시설이 없었는데, '선분구조성 후매장'의 예를 명확하게 보여줬다는 점 등 분구의 축조와 장법 등을 파악할 수 있는 자료를 제공했다는 점에서 큰 의의를 둘 수 있다[9].

---

7) 崔完奎, 2000, 「湖南地域의 墳墓類型과 展開」『湖南考古學報』11, 湖南考古學會.
8) 崔完奎·李永德, 2002, 『益山 栗村里 墳丘墓』, 圓光大學校 馬韓·百濟文化研究所.
9) 현재 전라북도 기념물 제 105호로 지정(2000. 6. 23)되어 관리되고 있다.

전북지역의 위와 같은 마한 분구묘 조사성과를 바탕으로 분구묘를 주구묘와 주구토광묘를 구분하고, 주구토광묘는 중국 진의 유이민 집단이 만든 묘제일 가능성을, 주구묘는 재래의 송국리문화와 관련이 있을 가능성을 제시한 견해가 발표되었다. 또한 이 논고는 주구묘의 평면형태가 시간의 흐름에 따라 방형계에서 원형계로 변화하며, 방형계는 隅開放形에서 邊開放形으로, 원형계는 원형에서 사다리꼴로 변화가 이루어지는 것으로 파악하였다[10]. 1999년과 2000년에는 군산 산월리유적의 분구묘 2기가 조사되었다. 보고자는 분구묘와 주구묘로 구분하여 보고하였는데, 두 분묘 모두 해발고도가 80m내외인 산능선의 8~9부 능선에 입지하고 있다. 그 가운데 분구묘로 보고한 분묘는 일부만 조사되었는데, 주구의 평면형태가 장방형이고, 규모는 길이 11.15m내외이다. 특히 보고자는 바닥에 15~35㎝두께로 흑갈색점토를 성토한 이후 황갈색점토를 깔았음을 주목하였다. 주구묘로 보고한 분묘 또한 일부만 조사가 이루어 졌는데, 평면형태는 장방형이고, 규모는 길이 19.21m내외이다[11]. 2001년에는 군산 신관동유적에 대한 발굴조사가 이루어 졌다. 농업용 송수관이 통과하는 좁은 범위만 발굴조사가 이루어져 유적의 전반적인 면모를 파악하기는 어렵지만 매장시설이 확인되지 않은 주구묘 1기, 주구와 토광묘로 이루어진 분구묘, 옹관묘 등이 확인되었고, 토광묘 내부에서 백제계 광구장경호와 단경호 등이 출토되었다. 이 유적은 마한계 분구묘가 백제의 영향을 받는 비교적 늦은 시기까지 지속되었음을 알려주는 중요한 자료로 평가할 수 있다[12].

---

10) 崔完奎, 2002, 「全北地域의 周溝墓」, 『東아시아의 周溝墓 -호남고고학회 창립 10주년 기념 국제학술대회 발표요지-』, 湖南考古學會.
11) 곽장근 조인진, 2004, 『군산 산월리 유적』, 군산대학교박물관.
12) 群山大學校博物館, 2002, 『群山 堂北里·新觀洞』.

한편 이 무렵에는 고창과 영광지역의 분구묘 자료를 검토하여 '고창권역'을 설정하고, 이 권역에서 영산강유역의 특징적인 분구묘인 이형분과 옹관고분이 확인되지 않는 점을 들어 영산강유역권과 구분되는 고창권역의 지역적 특징으로 이해한 견해도 제시되었다[13]. 이 견해는 다른 연구성과와 달리 고창과 영광지역을 영산강유역에 포함시키지 않고 별도의 문화권으로 이해하려는 최초의 견해로 볼 수 있다. 뿐만아니라 고창지역에 분포하고 있는 분구묘를 지표조사를 통해 파악하고, 분포현황과 성격, 약실측을 통해 고창지역 분구묘의 현황을 보고한 자료도 이 시기에 출판되었다[14].

고창지역의 분구묘는 이들 유적 외에도 고창 흥덕면 용반리 회맹단고분이 보고되면서 비교적 늦은 시기까지 조성되었음을 파악할 수 있었다. 고창 용반리 회맹단고분은 1960년대에 이 고분에서 수습된 유물이 당시 전주도립박물관에 기탁되면서 알려지게 되었다. 그 이후 1993년과 1994년 국립전주박물관은 회맹단의 장소를 찾기 위한 긴급 수습조사를 진행하였고, 이 조사를 통해 분구의 형태와 축조방법을 개략적으로나마 파악할 수 있었다. 조사 결과 고분은 얕은 구릉의 정상부에 입지하고 있고, 규모는 16.9m, 14m로 추정되었다. 분구는 석비레층위에 암갈색생토부식토층(Ⅱ층)과 회색점질토층(Ⅲ층)을 깐 이후 그 위에 가장 두꺼운 성토층인 명갈색사질점토층(Ⅳ층)을 성토하였다. 매장주체부는 확인되지 않았지만 주민들의 증언이나 출토된 관정을 종합할 때 분구에 조성한 석실로 추정하였다. 유물은 환두도와 광구장경호, 구슬, 관정 등이 있으며, 보고자는 5세기 중엽경 백제와 관련이 있는 세력의 무덤으로

---

13) 한수영, 2003,「고창권역의 마한시대 소고」,『研究論文集』3. 호남문화재연구원.
14) 최완규 · 김종문 · 조규택, 2000,『高敞의 墳丘墓 : 分布 및 實測調査 報告書』, 원광대학교 마한 · 백제문화연구소.

추정하였다[15]. 이 분구묘는 비록 그 형태는 다르지만 출토유물이 군산 산월리 유적 석실분, 전주 장동유적과 매우 유사함을 알 수 있다. 또한 성토층의 하층에 깔려 있는 회색점질토층(Ⅲ층)은 전북지역 마한 분구묘의 성토층 최하층에 피복된 흑갈색사질점토와 동일한 층으로 파악할 수 있다.

위와 같이 1990년대 중반에서 2000년대 초반은 익산과 군산, 부안, 고창 등 전라북도 서부 평야지대의 자료가 급속하게 축적되면서 이를 바탕으로 분구묘의 형태와 성격, 출자, 주변지역과 비교 등이 활발하게 이루어 졌다. 또한 이 시기는 분구묘의 용어를 연구자에 따라 주구토광묘, 분구묘, 주구묘 등으로 다양하게 사용하고 있어 관련 연구가 활발한 만큼 시각의 차이도 컸다는 사실을 알 수 있다.

2. 발전기(2000년대 초~2010년)

이후 전북지역 마한 분구묘의 조사와 연구는 분구묘의 형태와 특성, 조성시기 등이 기존 분구묘의 연구성과와 큰 차이 없이 지속되었다. 그러다 2002년 고창 만동유적의 조사를 통해 전북 서해안지역에도 기존 분구묘외에 주구토광묘 계통의 분구묘도 일부 존재하고 있음을 확인할 수 있었다. 고창 만동유적은 다른 분구묘와 달리 해발 37~43m내외의 저평한 구릉 사면의 하단부에 입지하고 있다. 분구묘의 평면형태는 'ㄱ'자, '11'자, 'ㄷ'자형이 있으며, 매장주체부는 11기가 조사되었다. 유물은 환두도를 비롯한 다양한 철기류와 이중구연호, 단경호류의 토기류 등 기존 전북지역 마한 분구묘와 달리 다수의 유물이 출토되었다. 특히 8호묘에서는 약 800여점의 다양한 구슬이 출토되었다. 보

---

15) 이강승, 2000,「분구묘에 대한 하나의 고찰 −전북 고창군 흥덕면 용반리 회맹단고분을 중심으로−」,『호남고고학보』12, 호남고고학회.

고자는 이 가운데 'ㄱ'자형의 주구를 갖춘 1·2·4·5호 등 4기의 분구묘를 주구토광묘로, 나머지는 주구묘로 분류하였다. 매장주체부는 모두 목관묘인데, 주구토광묘로 분류한 1·2·4호는 장축방향이 등고선 방향과 평행한 반면 주구묘로 분류한 나머지 분묘의 장축방향은 등고선 방향과 직교한 형태였다. 뿐만 아니라 보고자는 출토유물의 양상도 주구토광묘로 분류한 분구묘에서 철제 도검류가 부장되는 등 기존 호남지역 분구묘와 다른 양상을 보여주고 있다고 파악하였다[16]. 한편 고창 만동유적에서 출토된 다량의 유리구슬은 그 일부가 자연과학분석을 통해 그 성분이 밝혀졌는데, 자연과학분석 대상인 52점 가운데 소다유리가 35점으로 가장 많은 수량을 차지하고 있었다. 그 외에 포타쉬유리 15점, 알칼리혼합유리 1점, 수정 1점으로 판명되어 마한 분구묘 출토 유리의 조성성분 분류에 중요한 기준점을 제공하였다[17].

한편 전북지역 분구묘에 한정된 연구는 아니지만 전라북도 북부권에 속하는 군산 조촌동과 익산 간촌리, 익산 영등동유적의 분구묘를 토광묘에 주구가 부가된 주구토광묘로 이해하고 군산 조촌동과 같이 'ㄷ'자형의 주구를 갖춘 분구묘를 마제형주구토광묘로, 익산 영등동 같이 네 면을 감싼 분구묘를 방형주구토광묘로 구분한 논고도 발표되었다. 이 논고는 주로 충청지방의 분구묘를 다루면서 서해남부권역에 군산 조촌동 등을 포함시켰는데, 마제형주구토광묘는 주로 금강유역권에, 방형주구토광묘는 서해안권역에 더 많이 분포하고 있음을 밝히고 있다. 또한 매장주체부는 마제형주구토광묘가 반지하 또는 지하에, 방형주구토광묘는 지상에 존재했을 것으로 판단하였다. 뿐만 아니라 장법

---

16) 金建洙·李永德, 2004, 『高敞 萬洞遺蹟』, (財)湖南文化財研究院.

17) 강형태·정광영·김건수·허우영·조남철, 2005, 「고창 만동유적(8호 및 9호) 유리구슬의 특성」, 『호남고고학보』 21, 호남고고학회.

의 경우 합장에 비해 단장의 비율이 높으며, 합장은 마제형주구토광묘에서 더 많은 비율로 등장하는 것으로 이해하였다[18]. 이 논고는 비록 전북지역의 일부 분구묘에 대해 다루고 있지만 전북지역 분구묘의 형태와 용어, 분류의 기준 등을 이해할 수 있는 자료로 평가할 수 있으며, 전북지역 분구묘를 어떠한 시각으로 금강유역 분구묘와 접목시켰는지를 파악할 수 있는 자료라는 점에서 의의를 둘 수 있다. 또한 호남지역에서 확인되는 2~3세기대 분구묘를 주구토광묘로 규정하고 축조방식, 주구의 평명형태, 매장주체부의 형태, 추가장 등 제 속성을 분류한 후 시간의 흐름에 따른 변천과정을 연구한 논고가 곧이어 발표되었다. 이 논고에 따르면 분구묘의 입지는 시간의 흐름에 따라 구릉 사면→구릉 정상부로 이동하고, 평면형태는 '11'자형, 'ㄷ'자형, 원형→제형으로 변화한다. 추가장은 옹관묘와 토광묘 등 다양한 형태에서 옹관묘로 단순화되고 점차 옹관고분으로 변화한다. 이러한 변화양상을 근거로 저자는 호남지방 분구묘를 영광 군동 18호로 대표되는 1기, 구릉 사면부에 주로 조영되면서 유구의 배치가 2~3열을 이루고, 평면형태는 방형계가 주류를 이루는 2기, 입지가 점차 능선부로 이동하고 평면형태는 제형이며, 옹관사용의 빈도가 높아지는 3기로 설정하였다[19]. 이 논고는 전북과 전남지역을 아우르는 분구묘에 대한 최초의 석사학위논문으로서, 당시까지 조사된 마한 분구묘의 입지와 변천과정을 종합적으로 파악할 수 있는 자료이자 당시 분구묘 연구가 어떠한 시각에서 접근했는지를 파악할 수 있는 자료로 평가할 수 있다.

2005년에는 전북지역 분구묘 조사에서 대단히 중요한 위치를 차지하고 있

---

18) 李浩炯, 2004, 『中西部地域 周溝土壙墓 研究』, 公州大學校大學院 碩士學位論文.
19) 金永熙, 2004, 『湖南地域 周溝土壙墓의 展開樣相에 대한 考察』, 木浦大學校大學院 碩士學位論文.

는 군산 축동유적에 대한 발굴조사가 이루어 졌다(그림 6). 군산 축동유적의 분구묘는 해발 20m내외의 구릉 정상부와 서쪽 사면에 입지하고 있었고, 모두 10기가 조사되었다. 평면형태는 방형계와 제형계로 나눌 수 있고, 형태가 잘 남아 있는 1호와 2호분은 능선의 아래쪽에 해당되는 남쪽 변의 중앙부가 개방 되어 있었다. 매장시설은 토광묘이고, 주로 주구내부와 분구 주변에 분포하고 있었다. 유물은 연질의 호형토기와 거치문 대옹, 원통형토기 등이 출토되었다. 군산 축동에서 조사된 분구묘는 비록 매장주체부는 확인되지 않았지만 비교 적 규모가 큰 주구가 양호한 상태로 확인된 점, 주구내에 토광묘가 매장시설 로 안치된 점, 주구에서 원통형토기가 출토된 점 등에서 큰 주목을 받았다. 특 히 주구내부에서 출토된 다수의 원통형 토기는 당시까지 호남지역 분구묘에 서 출토된 것 가운데 그 시기가 가장 이른 것으로 이해되면서 이 토기의 기원 과 편년, 성격 등과 관련한 향후 논쟁의 시발점이 되었다[20].

이후 축동유적 출토 원통형토기와 나주 장등유적 출토 원통형토기를 우리 나라 원통형토기 가운데 가장 이른 시기인 3~4세기대로 편년하고, 원통형토 기가 일본에서 기원했을 것이라는 종래의 단선적인 해석을 재검토해야 한다 는 견해가 곧바로 제기되었다[21].

2005년과 2006년에는 고창 남산리유적의 분구묘가 조사되었다. 이 유적의 분구묘는 여러지점에 흩어져 분포하고 있으며, 토광묘를 포함하여 모두 29기 인데, 보고자는 'ㄱ'자형의 주구를 갖춘 분구묘를 토광묘로, '11'자형의 주구를 갖춘 분구묘를 주구묘로 구별하였다. 분구묘는 해발 50m내외의 구릉사면에 주로 분포하고 있고, 환두도, 철겸, 철부 등의 철기류와 금박유리옥과 같은 옥

---

20) (財)湖南文化財硏究院, 2006, 『群山 築洞遺蹟』.
21) 李映澈, 2007, 「壺形墳周土器 登場과 時點」, 『湖南考古學報』25, 湖南考古學會.

류, 이중구연호 등의 토기류가 출토되었다[22]. 보고자는 특히 'ㄱ'자형 주구를 갖춘 분구묘의 존재는 이웃하고 있는 고창 만동유적과 연관이 있을 것으로 추정하였다.

2006년에는 익산-장수간 고속도로건설공사의 일환으로 전라북도 완주군 용진면에 위치하고 있는 완주 상운리유적에 대한 발굴조사가 이루어 졌다(그림 7). 그 결과 26기의 분구묘와 126기의 매장시설이 조사되었고, 토기류를 비롯하여 단야구와 마구, 무구류 등 다량의 철제유물이 출토되었다. 그 가운데 라지구 1호분은 구릉의 정상부에 입지하고 있는데, 수 차례의 분구 확장이 이루어 졌고, 이 과정에서 다수의 매장시설과 분구가 축조되었다. 최종적으로 완성된 분구의 규모는 장축 77.1m, 단축 25.1m내외였고, 점토곽 2기, 목관 32기, 옹관 12기, 석곽 3기 등 총 49기의 매장시설이 조사되었다. 상운리유적의 분구묘는 전북지역에서 기존에 조사된 분구묘에 비해 그 규모와 출토유물 등이 압도적일 뿐 아니라 분구의 복잡한 확장과 중첩, 분구의 성토방법 등 분구묘의 축조과정과 성격을 파악할 수 있는 다양한 자료를 제공하였다. 전북지역 마한분구묘 사회는 이 유적에 대한 조사를 계기로 보다 분명하게 그 실체에 대해 파악할 수 있었다. 또한 분구묘의 변천과 축조과정, 변천양상, 출토유물 등을 통해 마한과 백제와 관계, 사회조직의 구조 등을 파악하는데 중요한 자료를 제공하였다[23].

위와 같은 마한 분구묘 연구성과를 종합하여 전북지역의 분구묘를 형성기(I단계), 확산기(II단계), 변화기(III단계)로 구분하고, I단계는 구릉의 정상부에 개별적으로 입지하며 주구내부에 매납토기 또는 토기의 파쇄행위 등을

---

22) 金鍾文·金奎正·梁英珠, 2007,『高敞 南山里遺蹟 -墳墓-』, (재)전북문화재연구원.
23) 金承玉·卞熙燮·金美齡·鄭炫, 2010,『上雲里 I·II·III』, 全北大學校博物館.

통한 제의적 과정이 관찰되는 단계, Ⅱ단계는 평면형태가 방형을 기본으로 동일유적내 군집양상이 나타나는 등 집단내 결속력을 강화하는 단계, Ⅲ단계는 분구묘의 입지가 구릉의 사면부로 이동하고, 유적내 군집양상이 심화되어 주구가 중복되는 양상이 나타나며 백제화가 진행되는 단계로 이해한 논고가 발표되었다[24]. 이 논고는 또한 분구묘와 주구토광묘를 분포와 입지, 장축방향, 축조방법, 매장시설, 출토유물 등을 비교하여 두 묘제가 비록 형태상 유사한 점을 보이지만 서로 다른 집단에 의해 축조된 별개의 묘제임을 분명하게 밝히고 있다. 이 논고는 전북지역 마한 분구묘에 대한 최초의 학위논문일 뿐 아니라 주구토광묘와 분구묘를 입지와 출토유물 등을 통해 구별하여 기존의 분류체계[25]를 보다 분명히 했다는 점에서 큰 의의를 둘 수 있다.

이후 전북지역 마한분구묘를 전국단위의 분구묘와 비교하여 성토분구묘, 적석분구묘, 즙석분구묘로 대별하고, 그 가운데 전북지역의 분구묘를 성토분구묘로 규정한 후 주구를 돌린 점, 선분구조성 후매장인 점, 다장의 전통으로 인한 분구의 확장과 조정이 빈번하게 발생하는 점 등을 공통적으로 가진 묘제로 정의한 견해가 제시되었다. 이 견해는 또한 전북지역의 성토분구묘를 주구의 평면형태에 따라 방형, 마제형, 제형, Ⅱ자형, 원형으로 분류할 수 있으며, 3세기 중반을 기점으로 분구내의 피장자의 수가 단장에서 다장으로 변화하는 것으로 이해하였다[26]. 이 논고는 전북지역 마한분구묘를 전국적인 분구묘속에서 파악하였고, 특히 마한분구묘의 대표 속성 가운데 하나로 인식하고 있던

---

24) 李澤求, 2006, 『韓半島 中西部地域 馬韓 墳丘墓 研究 -忠南과 全北地方을 中心으로-』, 全北大學校大學院碩士學位論文.

25) 崔完奎, 1996, 「周溝墓의 特徵과 諸問題」, 『古文化』 제 46집, 韓國大學博物館協會.

26) 김승옥, 2009, 「분구묘의 인식과 시공간적 전개과정」, 『한국매장문화재 조사연구방법론 5』, 국립문화재연구소.

多葬의 요소가 후대에 추가된 속성임을 밝혔다는데 큰 의의를 둘 수 있다.

2007년에는 전주 마전유적과 전주 장동유적 분구묘에 대한 발굴조사가 이루어 졌다. 전주 마전유적 분구묘는 해발 25~40m내외의 구릉 정상부를 따라 5기의 분구묘가 열을 지어 입지하고 있으며, 분구내부에 석곽이나 석실을 매장주체부로 주로 이용했다(그림 8). 특히 3호분은 자연구릉을 정지하고 분구를 축조하여 분구가 보다 크고 고대하게 보여지도록 하였고, 석실과 석곽, 옹관, 토광묘 등 다양한 형태의 매장시설이 배치되어 있었다[27]. 반면 전주 장동유적 분구묘는 유적의 입지와 출토유물 등이 전주 마전분구묘와 매우 유사하지만, 매장주체부가 모두 목관이라는 점에서 차이점을 보인다. 분구묘는 해발 33m내외의 얕으막한 구릉 정상부에 입지하고 있으며, 세 차례에 걸쳐 축조되면서 확장이 이루어 졌음이 밝혀졌다. 분구묘의 최종 형태와 규모는 길이 44m, 너비 20m인 세장방형을 이루고 있었다. 또한 전주 장동분구묘는 분구 성토층이 비교적 잘 남아 있었는데, 특히 거치상교호층이 확인되어 이질토를 이용한 구획축조의 기법을 이용한 것으로 보고자는 보고하였다[28]. 전주 마전유적과 장동유적 분구묘는 전주시 일대에서 최초로 조사된 마한계 분구묘유적이라는데 의의가 있다. 또한 출토유물의 조합양상이 이중구연호와 양이부호, 연질의 원저단경호, 난형호, 거치문 대옹 등 마한계유물이 사라지고, 광구장경호 등의 경질호류, 고배, 병 등 백제계 유물이 출토되는 등 기존 마한계 분구묘와 차별성을 보여주었다. 전주 마전과 장동의 분구묘는 출토유물이나 매장주체부의 형태와 구조 등이 마한계 분구묘의 후기적 속성을 잘 보여주고 있어 마한사회와 백제사회의 과도기적 단계에 해당되는 유적으로 평가할 수 있

---

27) (財)湖南文化財研究院, 2008,『全州 馬田遺蹟(Ⅳ)』.
28) 박영민·고금님·전지호·정인숙, 2009,『全州 長洞遺蹟 Ⅱ』, (재)전북문화재연구원.

다. 또한 이 해에는 김제 양청리유적의 분구묘도 발굴조사가 이루어 졌다. 양
청리유적의 분구묘는 해발 23m내외의 얕은 구릉 정상부에 입지하고 있으며,
능선을 따라 길게 분구가 축조되었다. 분구의 평면형태는 모서리가 약간 둥근
장방형이고, 규모는 길이 30.5m, 너비 18m로 측량되었다. 성토층은 최대 약
1m내외가 잔존하고 있는데, 바닥에 흑갈색사질점토를 깔아 정지한 이후 그
위에 차례로 성토층을 피복하였다. 옹관묘는 분구의 대상부를 따라 배치되어
있었다. 보고자는 이 분구묘를 익산 율촌리분구묘 등과 비교하였다[29]. 이 양청
리유적의 분구묘는 김제지역에 최초로 확인된 마한 분구묘유적이라는 점, 매
장주체부가 확인되지 않는 점 등은 향후 동유형 분구묘의 분류에 중요한 기준
을 제시하였다는데 그 의의를 둘 수 있다.

2008년부터 2009년 무렵에는 전라북도 전역에서 다수의 분구묘유적의 조
사가 이루어 졌을 뿐 아니라 전북지역 마한분구묘와 관련된, 특히 고창지역의
출토유물과 관련된 여러 편의 논고가 발표되었다. 우선 이 무렵 발굴조사가
이루어진 분구묘유적은 익산 모현동 2가유적, 정읍 신면유적, 고창 부곡리 증
산유적, 고창 봉덕리 1호분 등이 있다.

익산 모현동 2가유적은 내장지구 3구역, 묵동지구 등 2개소에 분구묘가 분
포하고 있었다. 내장지구 3구역에서 조사된 분구묘는 주구의 평면형태가 방형
이고, 대상부에 매장주체부로 이용된 석곽 1기가 배치되어 있었다. 유물은 석
곽과 주구내부에서 고배와 뚜껑, 삼족토기 등 전형적인 백제토기가 출토되었
다. 묵동지구 분구묘는 해발 12~14m내외의 구릉 정상부와 사면일대에 입지하
고 있다(그림 10). 분구묘로 분류한 유구는 모두 5기인데, 매장시설로 이용된

---

29) (財)湖南文化財研究院, 2009, 『金堤 山稚里·兩靑里·羅是里遺蹟 –金堤 錦江(Ⅱ)地
　　區 金堤 2-2工事區間內 文化遺蹟 發掘調査報告書 Ⅱ–』

토광묘 3기와 주구에서 환두도와 직구단경호, 고배, 소호, 경질대호 등이 출토
되었다. 보고자는 익산 모현동 2가유적에서 조사된 두 지점의 분구묘 매장주
체부가 비록 석곽묘와 토광묘라는 차이점은 있지만 형태와 출토유물이 거의
유사해 동시기로 판단하였고, 대략 기원 후 5세기 중엽~후엽경에 축조되었을
것으로 판단하였다[30].

정읍 신면유적 또한 2008~2009년에 발굴조사가 이루어 졌다(그림 11). 유적
은 A지구와 B지구로 구분하였는데, A지구에는 주거지가, B지구에는 분구묘
가 분포하고 있어 생활과 분묘 공간이 명확히 분리되어 있었다. 분구묘는 해
발 67~73m의 사면 말단부에 입지하고 있으며, 주구가 부가된 분구묘 8기와
단독으로 조성된 토광묘 8기, 옹관묘 8기 등이 조사되었다. 평면형태는 한변이
개방된 방형 또는 마제형이고 매장시설은 주로 토광묘가 이용되었다. 4호분은
중복된 주구의 형태로보아 한 차례 정도 수평확장이 이루어 졌을 것으로 판단
하였다. 유물은 환두도, 철겸, 철부, 철촉 등의 철기류와 이중구연호, 양이부호,
거치문대옹, 연질의 원저단경호 등의 토기류가 출토되었다[31]. 정읍지역은 운
학리와 지사리고분 등 분구가 잘 남아 있는 분구묘는 잘 알려져 있지만 정식
발굴조사가 이루어져 그 성격을 파악할 수 있는 자료는 정읍 신천리유적의 분
구묘[32] 2기가 전부일 정도로 매우 미약하였다. 따라서 정읍 신면유적의 분구
묘는 주거와 무덤의 공간분할 뿐 아니라 정읍지역 마한 분구묘 연구에 중요한
자료를 제공하였다는데 그 의의를 둘 수 있다.

고창 부곡리 증산유적 또한 이 시기에 조사가 이루어 졌다(그림 14). 모두 8

---

30) (財)湖南文化財研究院, 2011,『益山 慕縣洞 2街遺蹟 Ⅰ·Ⅱ』.

31) (財)湖南文化財研究院, 2011,『井邑 新綿遺蹟』.

32) (재)전북문화재연구원, 2010,『井邑 新川里遺蹟』.

기의 분구묘와 매장시설로 이용된 토광묘 3기가 조사되었다. 분구묘의 평면형 태는 방형과 제형이고, 거치문대옹과 이중구연호, 원저단경호, 유리옥 등이 출 토되었다[33]. 2009년에는 전북지역 마한 분구묘 사회의 발전과 대외관계를 가 늠할 수 있는 고창 봉덕리고분군의 발굴조사가 이루어 졌다. 이 고분은 1998 년 측량조사가 한차례 이루어진바 있으나[34], 그 이후 이 고분에 대한 별다른 조사는 이루어지지 않고 있었다. 그러다 2009년 고분의 정비를 목적으로 4기 의 고분가운데 1호분에 대한 수차례의 발굴조사가 이루어 졌다. 그 결과 전북 지역에서 가장 규모가 크고 발전된 축조방법이 동원된 분구묘가 확인되었고, 매장시설로 이용된 석실묘 내부에서 금동제 신발과 중국제 청자 등 당대 최고 위세품이 출토되었다(그림 12)[35]. 이 고분에서 출토된 최고 위세품은 이 지역 에 익산 입점리고분이나 공주 수촌리고분, 고흥 안동고분처럼 백제의 중앙세 력 뿐 아니라 중국과 교류할 수 있는 강력한 지방세력이 존재하고 있음을 알 려주는 중요한 자료로 평가할 수 있다.

한편 2008년에는 고창지역 마한 분구묘 출토유물을 다룬 세 편의 논고가 보 고되었다. 우선 영산강유역 3~5세기 고분 출토유물의 변천양상을 다루면서 고창 만동유적 출토 토기를 언급한 논고가 있다. 이 논고는 고창 만동유적 출 토 토기류를 네 시기로 분류하였는데, 단경편구형호와 원저의 타날된 이중구 연호가 출토된 4호 · 8호분을 1기, 평저의 이중구연호가 출현하는 11~13호분 을 2기, 경질화된 무문의 단경호가 출현하고 이중구연호가 잔존하고 있는 9-5 · 9-6 · 12-1호 옹관 등을 3기, 이중구연호가 사라지고 양이부호와 천발 등이 출

---

33) (財)湖南文化財研究院, 2011, 『高敞 茁谷里 甕山遺蹟 Ⅱ』.
34) 노기환, 1998, 「高敞 鳳德里 古墳」 『湖南考古學報』 8, 湖南考古學會.
35) 圓光大學校 馬韓 · 百濟文化研究所, 2012, 『高敞 鳳德里 1號墳 -石室 · 甕棺-』.

현하는 10-1 · 10-3호 옹관, 12-1호 목관묘 등을 4기로 분류하였다[36].

이 해에는 또 고창 만동유적의 출토토기를 영산강유역단위과 대비되는 전남서북지역단위로 분류하고, 양 지역단위가 옹관과 고분 매납토기 유형이 서로 다르다는 논고도 곧이어 발표되었다. 이 논고는 고창 만동유적을 비롯한 전남서북지역 단위는 영산강유역단위에 비해 대형옹관이 일찍 소멸하는데, 이는 두 지역이 속해있던 정치적 상황을 나타내는 것으로 이해하였다[37]. 2008년에는 전북지역 마한분구묘에서 출토된 선황리식 옹관이 영산강유역 서북부 지역에 해당하는 고막천 상류역의 제형분에서 발생하여 파생된 결과로 이해한 논고도 발표되었다[38].

이상과 같이 2000년대 초~2010년 무렵 전북지역 마한 분구묘의 조사와 연구는 원삼국시대의 마한계 분구묘 뿐 아니라 백제화 과정을 짐작할 수 있는 비교적 늦은 시기의 분구묘 조사가 이루어 졌고, 고창 봉덕리고분군과 같은 최고 위세품이 부장된 분구묘도 조사되어 전북지역 마한분구묘 사회가 대외 교섭속에 어떤 형태로 발전하고 성장해나갔는지를 파악할 수 있는 자료를 축적할 수 있었다는데 그 의의를 둘 수 있을 것이다. 뿐만아니라 주구토광묘와 비교, 묘형의 변천과 연접, 시간의 흐름에 따른 장법의 차이 등을 다룬 논고도 발표되어 전북지역 마한분구묘 사회의 모습과 변천과정을 엿볼 수 있게 되었다는 점도 큰 의의로 볼 수 있다. 또한 고창지역을 중심으로 영산강유역과 연관속에서 유물과 지역단위의 변천양상을 파악하려는 연구도 활발하게 이루어

---

36) 서현주, 2008, 「영산강유역권 3~5세기 고분 출토유물의 변천양상」, 『湖南考古學報』28, 湖南考古學會.

37) 尹溫植, 2008, 「2~4세기대 영산강유역 토기의 변천(變遷)과 지역단위」, 『湖南考古學報』29, 湖南考古學會.

38) 오동선, 2008, 「호남지역 옹관묘의 변천」, 『湖南考古學報』30, 湖南考古學會.

졌다는 점도 이 시기의 한 특징으로 파악할 수 있을 것이다.

3. 확산기(2010년 이후)

2010년도 이후 전북지역은 전북혁신도시와 호남고속철도 건설이라는 대규모 건설사업이 이루어지면서 이와 관련한 많은 발굴조사가 진행되었다. 그 결과 전형적인 마한계 분구묘 뿐 아니라 석실분으로 이행단계의 분구묘, 또는 분구묘 성격을 계승한 석실분 등이 속속 조사되면서 분구묘의 기원과 주변지역과 비교, 5~6세기대 분구묘의 형태와 특성 및 석실분으로의 이행 과정을 밝힐 수 있는 중요한 자료를 확보하였다. 익산 장선리[39], 어량리[40], 서두리유적 [41] 분구묘는 호남고속철도 건설공사의 일환으로 2011년 발굴조사가 이루어졌다. 이들 분구묘는 구릉의 정상부 또는 정상부와 인접한 사면에 입지하고 있으며, 평면형태가 방형을 이루고 있다. 이들 유적은 충청남도와 접하고 있는 전라북도 최북단 평야지역에 위치하고 있어 이 지역 마한계 분구묘의 형태와 성격을 어느 정도 파악할 수 있다. 또한 서산 여미리 방죽골 고분[42], 서천 추동리[43], 서천 도삼리 유적[44]의 분구묘 등과 같은 충청지역 방형계 분구묘와 연결시킬 수 있다는 점에서 그 의의를 둘 수 있을 것이다.

전주 안심유적은 2010년 전북혁신도시 조성사업의 일환으로 발굴조사가 이루어 졌으며, 횡혈식석실묘와 토광묘 등이 조사된 유적이다(그림 13). 그 가운

39) (財)湖南文化財研究院, 2012,『益山 張善里·魚兩里遺蹟』.
40) (財)湖南文化財研究院, 2012,『益山 張善里·魚兩里遺蹟』.
41) (財)湖南文化財研究院, 2013『益山 西豆里 1·栗村里·新龍洞·慕縣洞 遺蹟』.
42) 이호형, 2005,『瑞山 余美里 방죽골 墳墓群』, 충청문화재연구원.
43) 충청문화재연구원, 2006,『舒川 추동리 유적 Ⅱ』.
44) 고려대학교 고고환경연구소, 2005,『道三里 遺蹟』.

데 1호 석실분은 구릉 정상부에서 약간 비껴난 남사면에 입지하고 있고, 사면부에 일부 성토층이 잔존하고 있으며, 석실의 바닥은 지상식의 구조로 밝혀졌다. 석실의 구조는 연도가 우편재하고 있는 횡혈식석실분이고 원형의 주구를 갖추고 있다. 석실의 서편, 주구와 인접한 곳에는 역시 지상식구조의 석곽묘 1기가 배치되어 있었다. 석실내부에서 토기 뚜껑과 접시, 금동제 이식, 관정, 관고리 등이 출토되었다. 이 고분은 비록 매장주체부와 출토유물이 백제양식이지만, 지상식 석실 구조는 재래의 마한계 분묘의 전통을 계승했을 것으로 판단할 수 있다. 뿐만 아니라 1호분에서 서쪽으로 약 50m정도 떨어진 구릉의 정상부와 상단부 일대에는 10기의 토광묘가 분포하고 있었다. 토광묘내에서는 연질의 원저단경호와 심발형토기, 철모, 철부, 철겸 등이 출토되었다. 특히 토광묘의 분포는 중앙의 1호 토광묘를 중심으로 9기가 사방으로 배치되어 있는 점이 주목된다[45]. 전북지역 원삼국시대 토광묘의 이러한 배치는 그 사례가 매우 드물며, 오히려 시기가 조금 떨어지는 완주 상운리 분구묘와 같은 성토분구묘의 배치양상과 비교할 수 있을 것으로 여겨진다.

2010년에는 고창 선동유적의 분구묘도 발굴조사가 이루어 졌다. 선동유적의 분구묘는 모두 5기이며, 평면형태는 방형계와 마제형계로 구분할 수 있다. 그 가운데 마제형인 2호분은 규모가 장축 26.8m, 단축 18.8m이고, 3기의 목관묘와 3기의 옹관묘가 매장시설로 이용되었다. 또한 수평확장이 이루어지면서 3호분이 동쪽에 부가되었다. 유물은 환두도, 철모, 철겸, 철부와 같은 철기류와 거치문대옹과 이중구연호와 같은 토기류, 구슬류가 출토되었다. 그 가운데

---

45) (재)전주문화유산연구원, 2014, 『발굴 그리고 기억 −전주문화유산연구원 개원 5주년 기념−』; (재)전주문화유산연구원, 2014, 『전주 안심·암멸유적 −전주·완주 혁신도시 개발사업(Ⅱ구역)부지내 문화유적 발굴조사−』.

구슬은 약 5,800여점이 출토되었는데, 보고자는 유리옥의 형태와 재질, 색상이 이웃하고 있는 고창 만동유적이나 남산리유적과 유사성을 나타낸다고 보고하였다[46].

김제 내죽리유적 분구묘는 2012년 발굴조사가 이루어 졌다. 분구묘는 구릉의 정상부에 입지하고 있으며, 평면형태는 방형계이다. 특히 이 분구묘는 분구의 성토층이 높이 50~70㎝내외가 잔존하고 있음에도 주 매장시설이 확인되지 않는 점이 주목되는데, 분구묘 매장시설의 부재는 익산 율촌리 분구묘 1호분, 김제 양청리분구묘와 유사점을 찾을 수 있다. 또한 보고자는 이 유적에서 출토된 옹관의 형태와 크기, 비례가 김제 양청리 분구묘 출토 옹관과 거의 유사하여, 이 일대의 토기 제작에 일정한 규격이 작용했을 가능성을 제시하였다(그림 9)[47]. 같은 해에 익산 와리 정동유적 분구묘가 조사되었다. 분구묘는 파괴가 심해 주구만 일부 잔존하고 있는 1기만 확인되었는데, 해발 23m내외의 구릉 서사면에 입지하고 있다. 주구내부에서 견부에 거치문이 시문된 대옹이 출토되었다[48].

최근 군산 축산리 계남유적에서는 분구묘와 함께 매우 이른 시기로 편년될 수 있는 원통형토기가 다량 출토되었다[49]. 이 원통형토기는 그 형태와 제작방법 등이 이웃하고 있는 군산 축동유적의 원통형토기보다 다소 빠를 것으로 판단되는데, 향후 우리나라 원통형토기의 기원과 발전, 영산강유역 세력과 관계

---

46) (財)湖南文化財研究院, 2013,『高敞 仙洞遺蹟』.
47) (재)전라문화유산연구원, 2014,『金堤 上井里·水祿里·內竹里 遺蹟』.
48) 圓光大學校 馬韓·百濟文化研究所, 2014,『益山 瓦里 井洞 遺蹟 -익산 함열 소도읍 육성사업 돌숲공원 조성부지내-』.
49) (재)전주문화유산연구원, 2014,『발굴 그리고 기억 -전주문화유산연구원 개원 5주년 기념-』.

등 이 지역 토착세력의 성격을 파악하는데 중요한 단서를 제공할 것으로 기대된다. 이외에 고창 자룡리와 왕촌리(그림 15), 성남리분구묘는 다수의 분구묘가 조사된 유적인데, 나주 신촌리 9호분 출토 원통형토기와 유사한 형태의 원통형토기, 다량의 유공광구소호 등이 출토되어[50], 영산강유역 분구묘 사회와 연관성을 나타내고 있다.

이와 같이 2010년 이후 최근 전북지역 마한 분구묘의 발굴조사는 조사지역이 편중되지 않고 전라북도 전 지역으로 확산되었고, 조사된 분구묘의 축조시기 또한 전 시기에 걸쳐 있다는 점을 중요한 성과로 들 수 있다. 또한 종래의 3~4세기대 조사에서 벗어나 백제의 지방진출 또는 백제의 중앙세력과 연관지을 수 있는 시기의 유적이 속속 조사되면서 분구묘의 도입과 발전, 쇠퇴, 주변지역과 비교 등 전북지역 마한분구묘의 전과정을 파악할 수 있는 자료를 축적하였다는데 큰 의의를 둘 수 있을 것이다. 다만 발굴조사 비교적 최근에 이루어져 이들 자료가 아직까지 최근 연구성과에는 적극적으로 반영되지 않는 단점이 있지만, 이는 향후 이 지역 마한 분구묘사회에 대한 연구가 지속되면서 차차 해결될 문제로 생각된다.

한편 이 시기 마한 분구묘 사회의 연구는 전라북도 뿐 아니라 경기와 충청지역 분구묘 조사 사례가 급증하면서 이들 지역과 심층적인 비교연구가 이루어지고 있는 점을 특징으로 꼽을 수 있을 것이다.

2011년 '분구묘의 신지평'이라는 주제로 학술회의가 개최되었는데, 호남지역 분구묘 뿐 아니라 경기와 충청지역, 영산강 유역, 일본의 방형주구묘 등과

---

50) (재)전주문화유산연구원, 2014,『발굴 그리고 기억 ―전주문화유산연구원 개원 5주년 기념―』.

심층적인 비교검토가 이루어진바 있다[51]. 특히 이 당시에 종래 마한분구묘와 구별되는 묘제로 인식하였던 주구토광묘를 범마한계 분묘로 분류하는 견해가 제시된바 있는데[52], 이는 주구토광묘가 진의 유이민 집단의 묘제로 추정한 견해와 차이를 보이고 있어 향후 이 문제와 관련하여 심도 있는 논의가 이루어질 것으로 생각된다. 이 외에도 전북지역 마한분구묘 출토 이중구연호의 형식과 지역성에 대한 연구[53], 전북지역 분구묘의 매장주체부로 이용된 석곽묘, 특히 전주 마전분구묘와 상운리 분구묘의 석곽을 쇠퇴기로 해석한 견해[54] 등 다양한 연구결과가 발표되었다.

Ⅲ. 주제별 연구 성과

1. 입지와 분포

전북지역 분구묘는 본격적인 분구묘 조사 이전까지 기존에 잘 알려졌던 백제 분묘와 확연히 구별되는 입지적 조건을 갖추고 있었기 때문에 연구 초기부터 이에 대한 논의가 이루어 졌다.

익산 영등동유적의 분구묘가 조사된 이후 주변지역의 분구묘와 비교 검토

---

51) 전북대학교 BK21사업단 · 전북대학교박물관, 2011, 『분구묘의 신지평 –전북대학교 고고문화인류학과 BK21사업단 국제학술대회 자료집-』.
52) 김승옥, 2011, 「중서부지역 마한계 묘제의 성격과 발전과정」, 『분구묘의 신지평 –전북대학교 고고문화인류학과 BK21사업단 국제학술대회 자료집-』, 전북대학교 BK21사업단 · 전북대학교박물관.
53) 박형열, 2013, 「호남 서남부지역 고분 출토 이중구연호의 형식과 지역성」, 『湖南考古學報』 44, 湖南考古學會.
54) 이진우, 2014, 「마한 · 백제권 석곽묘의 변천」, 전남대학교대학원 석사학위논문.

를 통해 이들 분구묘 유적은 첫째, 낮은 구릉성 대지의 중앙부와 사면에 입지하는 점, 둘째 유적의 주변에 농사를 짓기에 적합한 저습지가 있으며, 특히 바다로 나갈 수 있는 길목에 입지한다는 점, 셋째 주구묘가 중복이 없이 독립된 묘역을 가지고 군집되어 있고 대규모 군집속에 다시 소규모 군집으로 조성되어 있는데 이는 가족장 성격이 강하다는 점, 넷째 청동기시대의 주거지와 중복되고 있다는 점 등을 입지적 특징으로 제시한 견해가 가장 먼저 발표된바 있다[55].

이어 분구묘를 주구토광묘로 규정하고 기존 분구묘의 입지에 대한 연구성과를 정리하여 마제형주구토광묘는 주로 구릉의 경사면에, 방형주구토광묘는 구릉의 평탄면이나 마제형주구토광묘보다 완만한 사면에 입지한다는 견해도 제기되었다. 뿐만 아니라 주변에 중소하천과 충적지가 위치하고 있어 분구묘 축조집단이 농경을 중심으로한 농경사회였을 가능성을 추론하였다[56].

이후 분구묘와 주구토광묘의 비교를 통해 주구토광묘가 분구묘에 비해 내륙지역에 분포하고, 상당한 경사도가 있는 산사면에 입지하고 있는 입지상의 차이점이 있으므로 분구묘와 축조집단이 다른 묘제임을 밝히는 견해도 제시되었다[57].

한편 전북지역 분구묘를 익산 영등동과 같이 구릉의 정상부에 단독으로 입지하는 Ⅰ단계, 구릉 정상부 뿐 아니라 구릉 사면에도 조성되는 Ⅱ단계, 구릉 사면부에 입지하는 Ⅲ단계, 성토분구묘가 거의 소멸하는 Ⅳ단계로 구분한 견

55) 崔完奎, 2002, 「全北地域의 周溝墓」 『東아시아의 周溝墓 -호남고고학회 창립 10주년 기념 국제학술대회 발표요지-』, 湖南考古學會.
56) 李浩炯, 2004, 『中西部地域 周溝土壙墓 硏究』, 公州大學校大學院 碩士學位論文.
57) 李澤求, 2006, 『韓半島 中西部地域 馬韓 墳丘墓 硏究 -忠南과 全北地方을 中心으로 -』, 全北大學校大學院碩士學位論文.

해도 제시되었다. 이 견해에 따르면 II단계 무렵부터 마한계 분구묘는 전라북도 뿐 아니라 우리나라 서해안 전역에 분포하며, III단계는 II단계와 달리 복합분구묘로 부를 수 있고, 그 수량이 급격하게 증가하는 단계로 이해된다. 또한 III단계에서 성토분구묘와 주구토광묘는 경기남부권, 정안천과 갑천 일대에서 서로 혼합되는 양상을 나타낸다[58]. 위의 견해를 종합하면 전북지역 마한 분구묘는 시간의 흐름에 따라 구릉 정상부에서 사면부로, 다시 사면에서 정상부로 입지가 이동하고, 그에 따라 분구묘의 수량도 증가한다고 볼 수 있다. 또한 분구묘는 주구토광묘와 입지와 분포에서 서로 차이를 보이고 있다는 점을 알 수 있다.

2. 평면형태와 확장

전북지역 마한 분구묘의 유형분류는 주로 주구의 형태와 개방부의 위치에 중점을 두고 진행되었다. 전북지역 분구묘를 모서리에 주구를 굴착하지 않고 개방되어 있는 I유형, 모서리와 변에 개방부가 있는 II유형, 변에 개방부가 있는 III유형, 개방부가 없이 주구로 모두 둘러 쌓인 IV유형으로 분류한 연구는 전북지역 분구묘에 대한 최초의 분류안으로 볼 수 있다[59]. 그러나 이후 주구 개방부는 주구 굴착과정과 후대 삭평정도에 따라 얼마든지 변화할 수 있는 요소이기 때문에 분구묘 분류의 기준으로 적합하지 않다는 의견이 제시되었

---

58) 김승옥, 2011, 「중서부지역 마한계 묘제의 성격과 발전과정」, 『분구묘의 신지평 -전북대학교 고고문화인류학과 BK21사업단 국제학술대회 자료집-』, 전북대학교 BK21사업단 · 전북대학교박물관.

59) 崔完奎, 1996, 「周溝墓의 特徵과 諸問題」, 『古文化』제 46집, 韓國大學博物館協會; 최완규, 1997, 「湖南地方 周溝墓의 諸問題」, 호남고고학의 제문제 -제21회 한국 고고학 전국대회 발표요지-』, 韓國考古學會.

고, 이를 바탕으로 대상부의 형태를 기준삼아 전북지역 분구묘를 방형계와 제형계, 원형계로 분류하고, 이러한 평면형태의 변천은 시간성을 반영한다는 견해가 발표되었다[60].

그리고 호남지역 분구묘를 고창 만동 1호묘와 같은 'ㄷ'자형 주구를 갖춘 1형식, 나주 용호 10호분과 같은 부정 타원형이나 호형, 마제형 등을 2형식, 제형분을 3형식으로 분류하고, 3형식인 제형분을 두부 양쪽의 각도, 두부와 장변이 만나는 지점간의 거리 등을 기준으로 5개 소형식으로 분류한 연구도 발표된바 있다[61]. 이 견해에 따르면 호남지역 제형분은 장방형인 3A형, 두부와 양장변이 이등변삼각현을 이루는 3B, 두부와 장변이 대체로 직각삼각형을 이루는 3C의 세 형식으로 크게 세분할 수 있으며, 이러한 변천은 시간의 흐름을 반영한다고 볼 수 있다. 한편 전북지역 마한분구묘 가운데 성토분구묘를 피장자의 수와 연접형태를 기준으로 단장 a형(Ⅰa형), 단장 b형(Ⅰb형), 다장 a형(Ⅱa형), 다장 b형(Ⅱb형)으로 구분하고, 시간의 흐름에 따라 Ⅰa형→Ⅰb형→Ⅱa형→Ⅱb형의 순으로 변화한다는 견해가 있다[62]. 위의 견해들을 종합하면 전북지역 마한분구묘는 평면형태는 방형계에서 마제형 또는 제형, 원형의 순으로, 매장형식은 단장에서 다장으로 변화함을 알 수 있다.

---

60) 李澤求, 2008, 「한반도 중서부지역의 馬韓 墳丘墓」, 『한국고고학보』 66, 韓國考古學會.

61) 오동선, 2011, 「湖南地域 梯形墳의 變遷」, 『분구묘의 신지평 –전북대학교 고고문화인류학과 BK21사업단 국제학술대회 자료집–』, 전북대학교 BK21사업단 · 전북대학교박물관.

62) 김승옥, 2011, 「중서부지역 마한계 묘제의 성격과 발전과정」, 『분구묘의 신지평 –전북대학교 고고문화인류학과 BK21사업단 국제학술대회 자료집–』, 전북대학교 BK21사업단 · 전북대학교박물관.

3. 기원문제

우리나라 분구묘의 기원에 대한 논의는 영산강유역 옹관묘와 한강유역 토광묘가 모두 지상의 분구에 매장시설을 두고 있다는 점에 착안하여 중국 장강유역의 토돈묘와 연관성을 제시한 견해가 최초라고 볼 수 있다[63]. 물론 그 이전 정읍 운학리와 지사리의 분구묘를 백제 석실묘와 구별되는 재지 토착세력의 묘제로 본 견해가 있지만[64], 이 견해는 비교적 늦은 시기 전북지역 분구묘의 기원에 한정되어 있는 단점이 있다.

현재까지 전북지역, 나아가 우리나라 분구묘의 기원에 관해서는 크게 세가지의 견해로 압축할 수 있다. 우선 첫 번째는 분구묘 가운데 주구묘는 우리나라 재지 청동기시대 송국리문화와 연관성이 있고, 주구토광묘는 입지와 형태, 출토유물 등에서 중국 秦의 위구묘와 연관성이 있으며, 중국 秦대의 유민들이 영남지역으로 이주하는 과정에서 발생하였다고 본 견해가 있다[65]. 두 번째는 이와 달리 주구토광묘와 성토분구묘는 비록 입지와 출토유물 등에서 차이가 있지만 마한의 고지에서 분포하고 있고 마한계 주거지와 공반한다는 점에서 범마한계 묘제로 볼 수 있다는 견해가 있다[66].

대체로 위와 같은 견해는 전북지역 마한분구묘의 시작을 우리나라 점토대토기 단계로 잠정 설정하고 있는 경우가 많다[67]. 마지막 세 번째는 지상 분구

---

(63) 강인구, 1984, 『삼국시대 분구묘 연구』, 영남대학교출판부.

(64) 金榮來, 1974, 「井邑, 雲鶴里 古墳群」, 『全北遺蹟調査報告(上)』, 書景文化社(1994).

(65) 최완규, 1997, 「湖南地方 周溝墓의 諸問題」, 『호남고고학의 제문제 −제21회 한국고고학전국대회 발표요지−』, 韓國考古學會.

(66) 김승옥, 2011, 「중서부지역 마한계 묘제의 성격과 발전과정」, 『분구묘의 신지평 −전북대학교 고고문화인류학과 BK21사업단 국제학술대회 자료집−』, 전북대학교 BK21사업단 · 전북대학교박물관.

(67) 李澤求, 2008, 「한반도 중서부지역의 馬韓 墳丘墓」, 『한국고고학보』 66, 韓國考古學會.

중간에 매장시설이 위치하고 추가장에 의한 다장, 주구의 존재 등을 중국 토돈묘와 연관 짓는 견해이다. 다만 토돈묘와 직접 연결시키기에는 중국 토돈묘가 전국시대에 소멸되는 것으로 알려졌기 때문에 직접적인 비교 자료가 부재하거나[68], 당시의 해로상의 한계 때문에 토돈묘를 분구묘의 직접적인 조형으로 보기에는 무리가 있다는 견해[69] 등이 제기되었다.

아직까지 전북지역 분구묘의 기원에 대한 견해는 분구묘를 바라보는 시각 또는 분구묘의 정의에 따라 달라지기 때문에 다양한 가설이 제기되고 있는 실정이다. 따라서 이 문제가 단기간에 결론이 난다거나 의견이 취합되지는 않을 것으로 판단된다. 다만 전북지역 분구묘의 기원과 별도로 전북지역 분구묘의 축조방법과 유사성을 보이는 전남지역과 경남지역 분구묘에 대한 논의는 향후 이루어져야 할 것으로 생각된다.

김제 양청리분구묘와 내죽리 분구묘의 발굴조사 결과 분구 최하층의 흑갈색사질점토가 분구 최하층의 정지층으로 피복된 성토층임을 파악할 수 있었다. 완주 상운리 분구묘의 최하층에도 이와 동류의 흑갈색사질점토층이 다수 확인되었는데, 보고자는 이를 구지표층으로 판단하였다. 그러나 위에서 언급했다시피 이 층위는 구지표가 아닌 마한 분구묘에서 자주 나타나는 인위적인 성토층의 한 종류로 판단된다. 뿐만아니라 전주 장동유적의 분구묘에도 동일한 층위가 관찰된바 있다. 더 나아가 이러한 층위는 전남지역, 특히 최근 조사가 이루어진 야막고분에도 잘 남아 있다고 판단된다. 현재 전남지역, 특히 남

---

68) 임영진, 2013, 「호남지역 삼국시대 고고학의 연구 성과와 과제 −서부지역을 중심으로−」, 『湖南考古學報』45, 湖南考古學會.

69) 최성락, 2014, 「호남지역 삼국시대 고분의 전개 양상」, 『고분을 통해 본 호남지역의 대외교류와 연대관 −제1회 고대 고분 국제학술대회−』, 국립나주문화재연구소.

해안지역의 분구묘의 성격과 기원을 설명할 때 왜와의 관련성이 주로 검토되고 있는데, 향후 분구의 축조기법 등을 감안하여 전북지역 등 보다 비교의 범위를 넓힐 필요성이 있을 것으로 여겨진다.

4. 백제화 과정의 검토

전북지역 마한분구묘는 5세기대에 이르러 유물이 백제계로 변화하고 분구 내에 석실이나 석곽이 매장주체부로 채용되기도 한다. 연구자들은 대체로 이러한 일련의 과정을 통상 '백제화'라고 부르고 있다. 그러나 현재까지 전북지역 분구묘 조사 결과를 참고하면 이 지역에서 마한사회의 백제화 과정이 그리 순탄하고 일관된 경향을 유지하지는 않았을 것이라는 가정이 가능하다.

백제화의 증거는 여러 가지가 있을 수 있지만 고분의 백제화란 마한의 분묘가 백제의 분묘로 바뀌는 과정을 의미한다고 볼 수 있다. 또한 비록 고고학적 자료로는 파악하기 힘들지만 외형적인 분묘외에 장법이나 장송의례도 마찬가지일 것으로 생각할 수 있다. 유형의 자료로 한정할 경우 고분의 백제화란 고분의 제속성이 백제적으로 변화함을 의미한다고 볼 수 있다.

백제고분의 속성은 시대와 지역에 따라 조금씩 다르기 때문에 그 기준을 어디에 두느냐에 따라 또 달라질 수 있다. 따라서 본고에서는 백제화의 시간적 배경을 전북지역의 마한분구묘가 백제화 과정을 거치는 5~6세기 무렵으로 한정한다. 또한 공간적인 비교는 최근 5세기 백제 지배계층의 고분양상을 잘 보여주는 연기 송원리유적을 기준으로 삼고 간략하게 논지를 전개하고자 한다.

연기 송원리유적은 해발 70m내외의 저평한 구릉지 일대로 정상부는 비교적 평탄하며, 사면은 완만한 지형을 갖추고 있다. 발굴조사 결과 분구묘를 비롯한 토광묘 38기와 석곽묘 19기, 석실묘 18기 등이 조사되었다[70]. 그 가운데 횡혈식석실묘는 능선사면의 상단부에 입지하고 있고, 연도를 경사면 하단부에 갖추고 있는 구조이다(그림 16). 이 유적의 횡혈식석실의 제속성은 사면의 상단부 입지, 지하식 또는 반지하식 석실의 구조, 추가장을 염두한 연도의 부가 등을 들 수 있다. 특히 이 세 가지 속성은 서로 밀접하게 연관되어 있는데, 고분의 축조과정상 추가장을 위한 석실의 채용에는 능선의 사면에 위치하면서 세 면을 지하식 또는 반지하식으로 굴착하는 방법이 축조에 가장 용이했던 점도 작용했을 것으로 여겨진다.

반면 마한계 분구묘의 대표적인 속성은 매장시설의 지상화와 구릉 정상부에 입지하는 입지적 속성을 들 수 있다. 이 두 속성도 백제 횡혈식석실분의 속성과 마찬가지로 축조의 과정이나 장법상 서로 밀접하게 연관되어 있음을 물론이다.

전북지역의 초기 횡혈식석실분 가운데 하나인 군산 산월리석실분은 능선의 정상부를 살짝 비켜난 사면 상단부에 입지하고 있다(그림 17)[71]. 물론 연도의 방향이 서로 다른 점은 연기 송원리유적과 차이가 나지만 입지와 연도의 유무, 지하식 또는 반지하식 구조는 동일한 속성이다. 군산 산월리유적의 연대는 보고자에 따르면 5세기 후엽 경이지만 고분의 속성이나 출토유물을 감안하면 5세기 중엽경[72]이 보다 타당할 것으로 판단된다. 이에 반해 전주 마전유적 3호분은 분구내에 횡혈식석실이 배치되어 있는 구조이다(그림 17). 이 횡혈식

---

70) 韓國考古環境研究所, 2010,『行政中心複合都市敷地 內 1-1區域 燕岐 松潭里 · 松院里 遺蹟』.

71) 곽장근 · 조인진, 2004,『군산 산월리 유적』, 군산대학교박물관.

72) 이문형, 2013,「全北地方 百濟 橫穴式 石室墳의 收容과 展開」,『백제고분의 새로운 인식 −2012년 호서 · 호남고고학회 합동 학술대회−』, 호서고고학회 · 호남고고학회.

석실은 연도가 있지만 중앙에 작은 형태로 달려 있는 구조이다. 보고자는 추가장의 가능성을 언급하고 있지만[73] 연도의 위치, 대단히 협소하고 작은 규모로 보아 실제 사용된 연도는 아닌 것으로 여겨진다. 이러한 형식적인 연도는 군산 산월리 4호 석실에도 채용된바 있다.

따라서 전주 마전 3호분 1호 석실은 비록 무덤의 형태는 백제계 횡혈식석실을 채용했지만 장법 등은 재래의 마한계 요소를 간직하고 있는 분묘로 이해할 수 있다. 전주 안심유적 1호분은 군산 산월리보다 더 늦은 6세기대 고분인데, 입지와 석실구조가 군산 산월리유적과 유사하지만 석실 바닥이 지상에 위치하고 있는 지상식구조이다. 따라서 이 고분도 형태는 백제의 횡혈식석실분을 채용했지만 매장주체부의 지상화라는 마한계 분구묘의 고유한 속성은 아직까지 남아 있는 셈이다.

이와 같이 전주 마전분구묘나 안심유적 석실분의 사례는 전북지역의 5세기대 분구묘가 일률적인 백제화 과정을 거쳤다기보다는 지역에 따라 백제화의 과정이 서로 다르게 진행되었다는 사실을 암시해주는 자료로 평가할 수 있다.

Ⅳ. 맺음말

전북지역 분구묘는 비록 과거와 같은 대규모 조사는 없지만 서부 평야지역 전 지역에서 고르게 조사가 이루어지고, 시기적으로도 이른 시기의 것부터 늦

---

73) (財)湖南文化財研究院, 2008,『全州 馬田遺蹟(Ⅳ)』.

은 시기의 것 까지 조사가 이루어 졌다. 그러나 아직까지 전북지역 분구묘에 대한 조사와 연구는 여러부분에서 한계점을 노출시키고 있으며, 조사가 이루어지는 만큼 의문점도 늘어가는 것이 현실이다. 이에 필자가 생각하는 전북지역 분구묘 조사와 연구에 대한 한계와 향후 과제를 간략하게 짚어보고자 한다. 다만 편년이나 정치체의 성격, 기원 등 지나치게 근본적인 문제제기는 여기에서 생략한다.

첫째 전북지역 분구묘 연구에 대한 시기적 치중문제이다. 전북지역 분구묘에 대한 연구는 3~4세기대 연구에 보다 많이 치중되었고, 상대적으로 5~6세기대는 다소 소홀하게 다루어진 측면이 있다. 이러한 연구경향은 고창이나 부안 등에서 시기적으로 다소 이른 분구묘가 먼저 조사가 이루어진 측면도 있지만, 백제와 구별되는 마한의 독창적인 문화요소를 강조하는 과정에서 발생한 부득이한 측면도 있었을 것으로 생각된다. 다만 최근 5~6세기대 분구묘의 조사사례가 급증하였지만 이러한 조사성과도 아직까지 최근 연구에 그다지 반영되고 있지 못하는 실정이다.

이러한 시대적 편중은 5~6세기대 이 지역 분구묘유적에서 나타나는 백제화 과정 및 대외관계를 정밀하게 반영하지 못하는 결과를 일부 초래하고 있다. 따라서 향후 완주 상운리분구묘 가운데 비교적 늦은 단계인 석실이나 석곽이 매장주체부로 이용된 단계의 분구묘, 전주 마전이나 장동과 같이 부장유물의 상당부분이 백제화가 이루어진 단계의 분구묘, 전주 암멀 석실분과 같이 마한계 분구묘의 성격을 계승한 지상식석실분, 정읍 운학리와 같은 발전된 단계의 원형분 등에 대한 조사와 연구가 보다 발전되어야 할 것으로 생각된다.

둘째는 분구만 존재하고 뚜렷한 매장주체부가 없는 분구묘에 대한 인식의 문제이다. 김제 양청리나 내중리 분구묘처럼 분구묘의 성토층이 비교적 잘 남아 있는 분구묘에서 대상부 주위에 놓여 있는 옹관을 제외하면 뚜렷한 매장주체부가 확인되지 않는 분구묘가 분명하게 존재하고 있다. 단순히 지상에 위치하고 있는 매장주체부의 삭평으로만 치부하기에는 분구 성토층의 잔존상태가 높이 60~70㎝내외로 매우 양호한 상태이다. 분구가 양호하게 잔존하고 있는 분구에서 매장주체부의 부재할 경우 영산강유역의 일부 분구묘는 수묘(壽墓)의 성격으로 보는 견해가 있다[74]. 물론 전북지역 원삼국시대의 마한 분구묘를 곧바로 영산강유역의 대형분구묘와 곧바로 연결시킬 수는 없지만 다각도로 접근할 필요성을 제시했다고 판단된다. 한편 향후 이와 유사한 유형의 분구묘에 대한 발굴조사시 이러한 점을 충분히 감안하고 조사를 진행해야 할 것으로 생각된다. 더욱이 이러한 유형의 분구묘는 지표조사에서 찾기가 대단히 어렵고 시굴조사를 실시한다고 하더라도 유물의 부재와 명확한 매장주체부의 부재, 낮은 성토층 등의 이유로 분구묘라고 인식하기에도 쉽지가 않은 실정이다. 성토층과 기반층에 대한 면밀한 관찰, 주변 토양과 비교가 이루어져야 자연지층인지 분구묘 성토층인지 구별할 수 있기 때문에 이러한 유형의 분구묘가 분포하고 있는 지역, 특히 익산과 김제 일대는 구릉정상부에 대한 지표조사나 시굴조사시 이러한 점을 특히 유의해야 할 것으로 생각된다.

셋째, 분구묘 유적에서 출토되는 외래계 유물에 대한 정립이 필요한 시점이다. 전북지역 마한계 분구묘에서는 이른바 낙랑계 유물을 비롯해서 왜계, 신라, 가야계 유물이 자주 출토되고 있다. 이러한 외래계 유물은 분구묘 축조세력의 대외관계나 성격, 편년 등을 파악할 수 있는 중요한 유물임에도 아직까지 종합적인 검토가 없는 실정이다. 더구나 군산이나 고창 등지에서 출토되는

---

74) 임영진, 2011, 「영산강유역권 분구묘의 특징과 몇가지 논쟁점」, 『분구묘의 신지평 -전북대학교 고고문화인류학과 BK21사업단 국제학술대회 자료집-』, 전북대학교 BK21사업단 · 전북대학교박물관.

일부 유물은 뚜렷한 비교검토 자료 없이 왜계유물로 판단되는 경우가 많은데, 출토수량이 폭증한 지금에 와서는 정밀한 검토를 통해 그 성격을 정립해야할 시점에 왔다고 판단된다.

넷째, 이 지역만의 독자적인 해석체계를 하루빨리 구축해야할 시점이다. 연구성과가 축적된 3~4세기대 분구묘는 이 지역만의 독자적인 해석과 분석체계가 어느정도 구축되어 있지만, 5~6세기대 분구묘는 주변 지역의 영향을 지나치게 의식하다보니 전북지역 고유의 특성이 대단히 약해질 뿐 아니라 주변 연구성과에 따라 이 지역 편년 등이 앞뒤로 출렁이는 결과를 초래하고 있다. 따라서 조사 사례가 폭증한 전북지역 분구묘는 향후 이에 대한 연구성과가 더욱 축적되어야 하며, 이를 바탕으로 전북지역 분구묘에 대한 보다 독자적인 해석체계의 정립이 이루어져야 할 것이다.

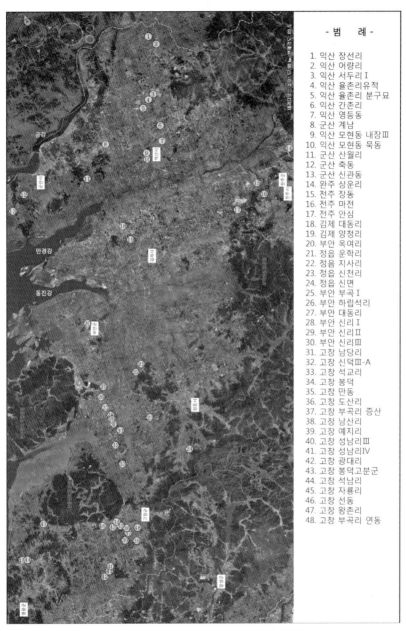

- 범 례 -

1. 익산 장선리
2. 익산 어량리
3. 익산 서두리 I
4. 익산 율촌리유적
5. 익산 율촌리 분구묘
6. 익산 간촌리
7. 익산 영등동
8. 군산 계남
9. 익산 모현동 내장Ⅲ
10. 익산 모현동 묵동
11. 군산 산월리
12. 군산 축동
13. 군산 신관동
14. 완주 상운리
15. 전주 장동
16. 전주 마전
17. 전주 안심
18. 김제 대동리
19. 김제 양청리
20. 부안 옥여리
21. 정읍 운학리
22. 정읍 지사리
23. 정읍 신천리
24. 정읍 신면
25. 부안 부곡 I
26. 부안 하립석리
27. 부안 대동리
28. 부안 신리 I
29. 부안 신리Ⅱ
30. 부안 신리Ⅲ
31. 고창 남당리
32. 고창 신덕Ⅲ-A
33. 고창 석교리
34. 고창 봉덕
35. 고창 만동
36. 고창 도산리
37. 고창 부곡리 증산
38. 고창 남산리
39. 고창 예지리
40. 고창 성남리Ⅲ
41. 고창 성남리Ⅳ
42. 고창 광대리
43. 고창 봉덕고분군
44. 고창 석남리
45. 고창 자룡리
46. 고창 선동
47. 고창 왕촌리
48. 고창 부곡리 연동

[그림 1] 전북 서부평야지역 마한분구묘 분포도

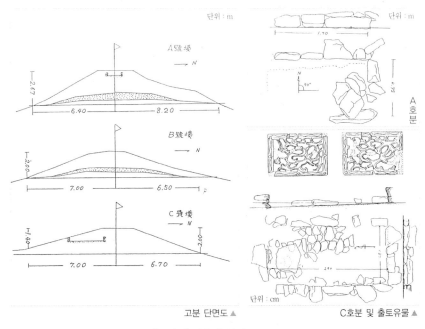

[그림 2] 정읍 운학리고분군

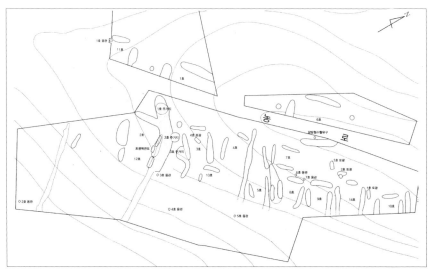

[그림 3] 부안 하입석리 유구 분포도

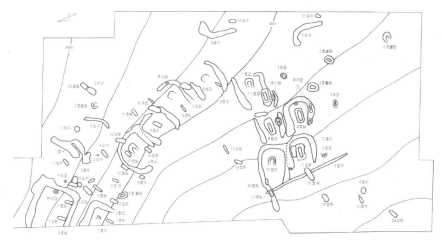

[그림 4] 고창 성남리유적 유구 분포도

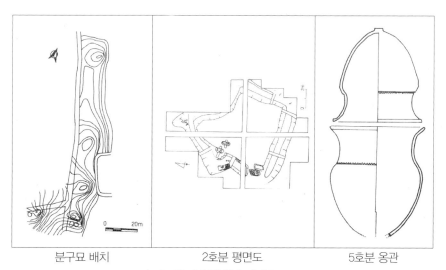

| 분구묘 배치 | 2호분 평면도 | 5호분 옹관 |

[그림 5] 익산 율촌리분구묘

| 유구분포도 | 주구 출토유물 |

[그림 6] 군산 축동유적

[그림 7] 완주 상운리 라지구 분구묘 및 출토유물 일괄

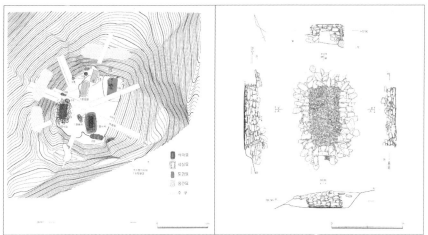

| 전주 마전 3호분 평면 형태 | 전주 마전 3호분 1호 석실 |

[그림 8] 전주 마전유적 3호분

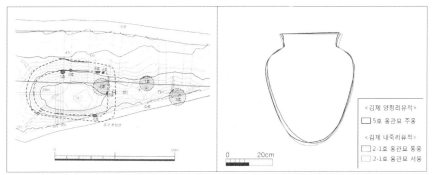

| 김제 양청리유적 분구묘 옹관배치 형태 | 내죽리와 양청리 옹관 형태 비교도 |

[그림 9] 김제 양청리분구묘 평면도/김제 내죽리와 양청리분구묘 옹관 형태비교

| 유구분포도 | 1호분 평면도 | 고분 출토유물 일괄 |

[그림 10] 익산 모현동 2가 묵동지구 분구묘

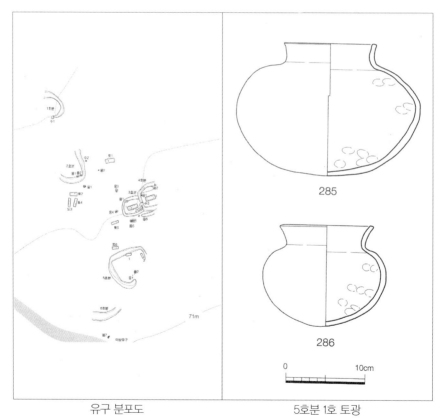

| 유구 분포도 | 5호분 1호 토광 |

[그림 11] 정읍 신면유적

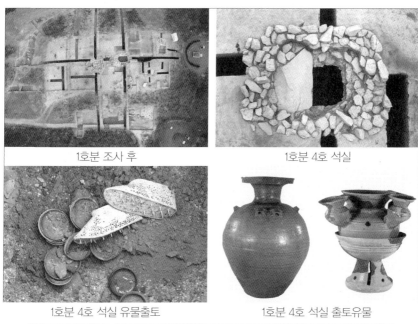

1호분 조사 후

1호분 4호 석실

1호분 4호 석실 유물출토

1호분 4호 석실 출토유물

1호분 5호 석실 전경

[그림 12] 고창 봉덕리 1호분

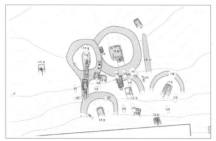

유구 분포도

1호 석실 출토유물

[그림 13] 전주 안심유적 분구묘 분포도/출토유물

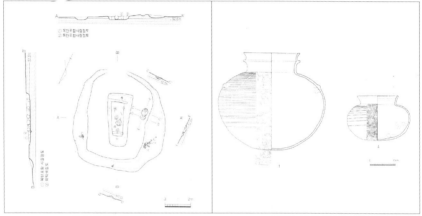

3호분 평단면도   3호분 토광 출토유물

[그림 14] 고창 부곡리 증산유적 분구묘

유적 전경

주구 출토유물

[그림 15] 고창 왕촌리 분구묘

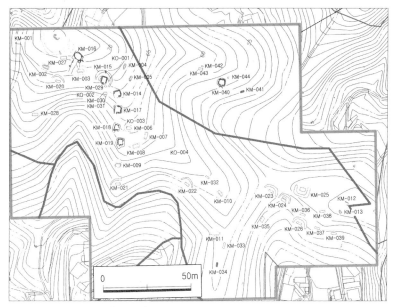

[그림16] 연기 송담리유적 유구 분포도

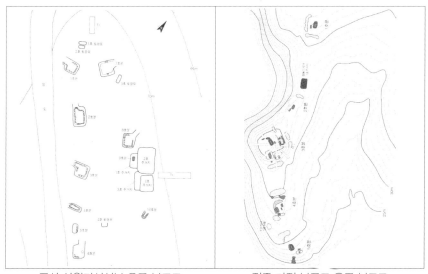

군산 산월리석실분 유구 분포도   전주 마전 분구묘 유구 분포도

[그림 17] 군산 산월리석실분과 전주 마전분구묘 입지비교

●●●●●●●●●
전남지역 마한 분구묘의 구조와 출토유물

오동선 국립나주문화재연구소

Ⅰ. 머리말

Ⅱ. 전남지역 분구묘의 구조

Ⅲ. 전남지역 분구묘의 분포특징과 출토유물

Ⅳ. 맺음말

I. 머리말

전남지역의 삼국시대는 분구묘의 시대라 칭할 수 있을 정도로 분형의 다양성과 규모, 출토되는 위세품의 수준에서 동시기 다른 지역을 압도한다. 전남지역 분구묘의 대체적인 변화는 기원전후 방형계 저분구묘를 시작으로 이후 3~4세기에는 저분구의 제형분에 토광과 옹관이 함께 매장된다. 5세기에는 기존 저분구의 마제형분과 제형분의 규모가 커지면서 수평확장이 본격화되는 시기로 옹관이 주매장으로 사용되기 시작한다. 5세기 후엽부터는 이전시기의 제형분이 수직확장으로 더욱 고대화되어 방형이나 장방형분이라는 새로운 분형이 성행하고 장고형분과 원형분을 비롯한 대형 석실분과 같은 외래적인 고분문화가 유입된다. 6세기 중엽 이후부터는 백제 묘제의 영향이 강하게 반영된다. 전남지역 분구묘에서 특히 주목되는 시기는 5세기 중후엽에서 6세기 전중엽에 이르는 약 100여년 간으로 주변국의 정세변화와 맞물려 고분문화의 다양성이 급증한다.

전남지역의 분구묘 조사는 일제강점기의 반남고분군을 시작으로 국립광주박물관과 전남대학교 박물관에서 진행되었고, 이후 여러 기관에서 학술발굴과 구제발굴을 통해 이루어지고 있다. 이러한 과정을 거쳐 전남지역의 분구묘는 총 480건 1,979기가 보고[1]된 바 있다.

이 글에서는 이러한 조사성과를 바탕으로 현재까지 조사된 전남지역 분구묘의 분구형태와 구조, 분포현황을 정리하고 수계별 분포 특징을 비롯한 주요 출토유물을 소개하고자 한다.

---

[1] 국립나주문화재연구소, 2011,『영산강유역의 고대고분 정밀분포조사보고서』.

II. 전남지역 분구묘의 구조

1. 분구

제형분은 전남지역 분구묘의 가장 특징적인 분형으로 3~5세기 후엽까지 성행한다. 제형분의 발생은 방형과 마제형의 분구가 다장을 위한 묘역 확장을 위해 제형으로 변화한 것으로 보기도 한다[2]. 이러한 제형분은 시간이 흐름에 따라 <그림 1-좌>와 같은 형태변화를 보이며 변화한다. 특히 5세기에 접어들면 평면형태는 직각삼각형이 일반화되면서 이전 시기의 수평확장은 더욱 빈번해지고 더불어 수직확장도 진행된다. 매장시설로는 토광묘와 옹관묘가 있다. 초기에는 함평 예덕리 만가촌고분군과 같이 토광이 분구 중심부에 시설되고 옹관은 주구와 분구 가장자리에 위치하다가 시간이 흐르면서 나주 용호, 영암 시종면 일대의 제형분과 같이 단독으로 분구 중앙에 시설된다.

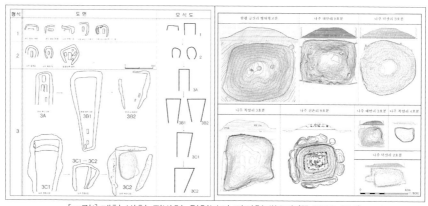

[그림1] 제형, 방형, 장방형, 원형분의 평면형태(吳東墣 2009, 2011)

---

2) 林永珍, 1997a, 「榮山江流域의 異形墳丘 古墳 小考」, 『湖南考古學報』 5.

방형분은 제형분이 엇갈리게 연접하면서 복암리 3호분과 같이 확대 조정되기도 하고, 기존의 분구 이용 없이 단독으로 방형분구를 조영하기도 한다. 주 매장시설로는 나주 신촌리 9호분, 나주 운곡동 고분, 무안 구산리 고분, 무안 덕암리 사창고분과 같이 대형전용옹관이 이용되기도 하고, 나주 복암리 3호분, 나주 정촌고분, 영암 장동리 고분처럼 석실, 석곽, 옹관이 혼재하기도 한다.

장방형분은 제형분의 분구 형태를 모티브로 분구를 고대화시키면서 나타나는 분형으로 생각된다. 주 매장시설로는 나주 대안리 9호분처럼 옹관이 주로 확인되는데 고창 봉덕리 고분군에서는 석실이 이용되기도 한다.

원형분은 분정에 평탄면이 있는 원대형의 경우 매장시설은 나주 덕산리 4호분과 같이 주로 옹관이 이용된다. 평탄면이 없는 원형분의 경우 매장시설은 담양 서옥, 해남 용일리, 해남 만의총 고분과 같이 석곽이나 장성 영천리, 함평 신덕 · 마산리 표산 고분처럼 석실이 이용된다.

장고형분은 원부와 방부 사이의 경부 유무에 따라 구분<그림 2>할 수 있다3). 경부가 있는 장고형분은 주로 영산강 본류의 상류와 고막원천, 함평천과 같은 영산강 상류에 분포한다. 주요 특징은 방부 선단부의 너비가 원부의 직경보다 길고, 주구는 방패형이며, 석실의 장축방향은 분구의 장축을 기준으로 45°가량 기울어 있다. 경부가 없는 장고형분은 영산강 하류와 서남해안(해남) 지역에 총 3기가 있다. 주요 특징은 방부 선단부의 너비가 원부의 직경보다 짧거나 같고, 주구는 잠형이며, 석실의 장축방향은 분구의 장축을 기준으로 나란하거나 직각이다.

---

3) 林永珍·趙鎭先, 2000, 『전남지역고분 측량보고서』, 전남대학교박물관·전라남도;
    徐賢珠, 2007, 「영산강유역 장고분의 특징과 출현배경」, 『한국고대사연구』 47.

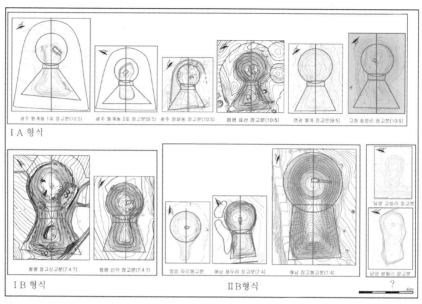

[그림2] 장고형분의 구조

2. 매장시설

전남지역 분구묘의 매장시설은 토광, 옹관, 석곽, 석실이 모두 확인된다. 이 중 특징적인 변화를 보이는 것은 옹관과 석실이다. 옹관은 <그림 3>과 같이 발생기의 선황리식 옹관과 다양성이 증대되는 과도기 옹관, 본격적인 관으로서의 기능이 강화된 성행기부터 쇠퇴기에 해당하는 옹관으로 구분된다. 전체적인 변화의 방향은 시신 안치의 편리성 증대이며 이 과정에서 다양한 속성이 공유되면서 연속적인 변화상이 확인된다[4].

석실은 연구자마다 다양한 분류 기준으로 많은 연구가 진행되었다. 큰 틀에

---

4) 吳東璋, 2008, 「湖南地域 甕棺墓의 變遷」, 『湖南考古學報』 30.

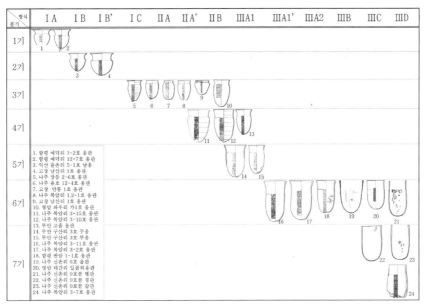

형식 분기	IA	IB	IB'	IC	IIA	IIA'	IIB	IIIA1	IIIA1'	IIIA2	IIIB	IIIC	IIID
1기	1	2											
2기		3	4										
3기				5 6 7 8		9	10						
4기						11	12	13					
5기								14 15					
6기									16 17	18 19		20 21	
7기											22 23		24

5기 셀 내 범례:
1. 함평 예덕리 3-2호 옹관
2. 함평 예덕리 12-7호 옹관
3. 익산 율촌리 5-1호 남옹
4. 고창 남산리 1호 옹관
5. 나주 장동 2-6호 옹관
6. 나주 용호 12-4호 옹관
7. 고창 만동 1호 옹관
8. 나주 복암리 1.2-1호 옹관
9. 고창 남산리 1호 옹관
10. 영암 와우리 가1호 옹관
11. 나주 복암리 3-15호 옹관
12. 나주 복암리 3-10호 옹관
13. 무안 고읍 옹관
14. 무안 구산리 3호 주옹
15. 무안 구산리 3호 부옹
16. 나주 복암리 3-11호 옹관
17. 나주 복암리 3-2호 옹관
18. 함평 반암 1-1호 옹관
19. 나주 신촌리 9호 옹관
20. 영암 태간리 일곱뫼 옹관
21. 나주 신촌리 9호분 병관
22. 나주 신촌리 9호분 경관
23. 나주 신촌리 9호분 갑관
24. 나주 복암리 3-7호 옹관

[그림3] 옹관의 형식 변천(吳東墡 2008)

서 석실의 가장 중요한 속
성은 매장의례 시의 상황을
고려했을 때 입구의 형태이
며, 다음으로 현실의 평면
형태 및 벽석 축조 방법일
것으로 생각된다. 실제 자

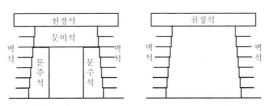

[그림4] 석실 현문의 구조(문틀식과 개구식)

료에서도 백제계와 비 백제계를 나누는 가장 중요한 속성은 <그림 4>와 같은
현문의 구조이다. 현실의 평면형태와 벽석의 축조방법과 관련된 속성은 웅진
기에서 사비기로 갈수록 백제계와 비백제계 구분 없이 현실의 크기가 소형화
되고 축조방법은 궁륭식, 네벽조임식, 양벽조임식, 네벽수직식으로 전개된다.

Ⅲ. 전남지역 분구묘의 분포특징과 출토유물

　<그림 5>는 전남지역 분구묘의 분포를 마제형, 제형, 방형, 장방형, 원형, 장고형, 백제계 석실로 구분하여 수계별 분포 상을 정리한 것이다.[5]

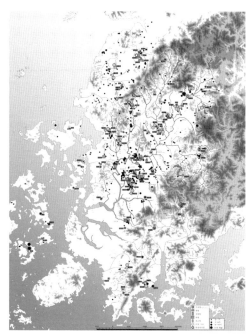

[그림5] 전남지역 분구묘 분포도

　충청·경기 서해안에서 최근 확인 예가 증가 하고 있는 저분구의 방형계 분구묘는 고창, 영광, 광주, 영암, 장흥 등지에서 산발적으로 확인된다. 제형분은 비교적 넓은 지역에서 확인되며 방형과 장방형분은 영산강 중하류 지역에 집중적으로 분포한다.

　장고형분과 백제계 석실은 주로 영산강 중하류의 외곽과 영산강 상류에 산발적으로 분포하는 경향을 보인다. 주목되는 점은 영산강 중하류의 나주, 영암, 함평 지역에서는 제형분에서 방형이나 장방형으로의 변화양상이 연속적이라는 것이다. 반면 영산강 상류의 담양, 장성, 광주, 고막원천 상류에서는 대부분 제형분 이후 방형분으

---

5)　국립나주문화재연구소, 2011, 『영산강 유역의 고대 고분』에 수록된 고분 분포도를 수정·보완하였으며, 행정구역상 전북지역인 고창천유역의 고분도 함께 정리하였다.

로의 변화없이 장고형이나 원형분으로 변화되는 양상이 확인된다.

　제형분의 시기 폭이 3세기 전중엽에서 5세기 후엽으로 비교적 넓다는 점을 감안하더라도 5세기 후엽까지 존속하는 제형분은 많지 않기 때문에 해석이 필요한 부분이다. 아래에서는 수계별 대표적인 분구묘와 출토유물을 정리하여 지역적인 특징을 살펴보도록 하겠다.

1. 고창천 · 와탄천 · 불갑천

　고창천 상류에는 고창 남산리, 성남리, 예지리, 만동유적과 같은 방형계 저분구묘와 제형분이 집중적으로 분포한다. 반면 중류에는 봉덕리, 죽림리, 상갑리, 오호리 고분군이 있는데 매장시설은 석실이다.

[그림6] 고창 봉덕리 방형추정분 전경　　　　[그림7] 고창 봉덕리 방형추정분 출토유물

　봉덕리 유적의 방형 주구에서는 유공광구소호, 단각고배가 출토되고, 봉덕리 1호분 4호 석곽에서는 청자반구호, 금동신발, 은제탁잔, 성시구, 마구류, 장식유공광구소호, 개배가 출토된다.

[그림8] 고창 왕촌리 고분 전경과 출토유물(분주토기)

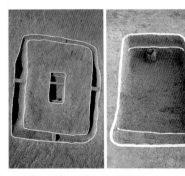

[그림9] 영광 군동 유적 출토 유구

[그림10] 영광 군동 유적 출토 유물

[그림11] 영광 학정리 3호 석실

[그림12] 영광 학정리 1호분 출토유물

　와탄천 상류에는 영광 군동, 수당리, 하화 유적에서 마제형과 제형분이 확인된다. 중류에는 월산리 월계 장고분이 구릉 정상부에 위치하며 동일 묘역내에 원형분이 함께 위치한다.

　불갑천 상류에는 백제계 석실분인 영광 학정리 고분군이 대표적이다. 고분군 동쪽으로 장암산(해발 319m)을 넘으면 함평 월계리 석계, 장성 학성리 고분군과 바로 연결된다. 모두 원형분으로 내부의 석실은 바닥만 남아있다. 출토유물은 개배, 유공광구소호, 철촉 등이 있다.

2. 영산강 상류

　오례천 유역에는 담양 제월리 고분이 있다. 파괴가 심해서 분구와 매장시설에 대한 구체적인 확인이 어렵다. 매장시설 내부에서는 평저단경호, 마구류, 철도, 금동이식, 곡옥, 개배가 출토된다. 대전천 유역에는 장고형분이 포함된 담양 고성리 월성산 고분군이 위치한다. 진원천 유역에는 담양 태목리 유적에서 90여기의 고분 주구가 확인되는데, 대부분 제형분으로 옹형토기, 평저호, 이중구연호, 개 등이 출토된다. 담양 서옥 고분군은 총 12기 중 2기가 조사되었다. 원형분으로 분구 정상부의 석곽 내에서 개배, 호형토기, 철도자, 철부, 철촉, 옥류가 출토된다. 증암천 상류에는 담양 성월리 월전고분이 있다. 장고형분으로 최근 매장시설과 주구 일부가 조사되었다. 매장시설은 횡혈식 석실로 바닥만 남아있고 개배, 고배, 광구호, 기대, 삼족토기, 철겸, 철부, 철촉, 찰갑편, 옥류가 출토된다.

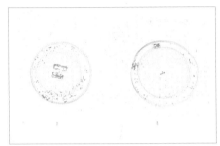

[그림13] 담양 서옥 고분 측량도

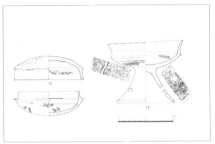

[그림14] 담양 서옥 고분 출토유물

[그림15] 담양 성월리 월전고분 조사 후 전경

[그림16] 담양 성월리 월전고분 석실 조사 후 전경

　　풍영정천과 영산강 본류 사이에는 광주 월계동 장고분이 있다. 방패형 주구를 갖춘 장고형분으로 매장시설은 횡혈식 석실이다. 천정부는 모두 유실되어 바닥만 남아있으나 현문은 문틀식으로 확인된다. 내부에서 금동이식, 철촉, 개배편이 출토된다. 주구에서는 분주토기, 입형목기, 장승형목기를 비롯하여 개배, 고배, 원저단경호, 유공광구소호, 아궁이틀 등이 출토된다. 인근의 광주 쌍암동 고분은 원형분으로 매장시설은 바닥만 남아있는 횡혈식 석실이다. 석실 내부에서는 원저광구호, 유공광구호, 고배, 개배, 동경, 찰갑편, 마구류, 대도가 출토된다. 풍영정천 중류의 서안에는 광주 산정동과 하남동 유적이 있다. 광주

[그림17] 광주 월계동 장고분 전경　　　　　　　[그림18] 1호분 조사 후 전경

[그림19] 1호분 석실 전경　　　　　　　[그림20] 1, 2호분 출토 분주토기

　산정동유적에서는 원형 주구 3기와 제형 주구로 추정되는 구가 다량 확인된다. 원형 주구에서는 호형토기, 발형토기, 옹형토기, 개배, 유공광구소호가 출토되고, 제형분으로 추정되는 주구에서는 유공장군, 개배, 분주토기가 다량 출토된다. 광주 하남동 유적에서는 제형 주구 14기가 확인되며 내부에서 옹관, 발형토기, 호형토기, 이중구연호 등이 출토된다.

　　황룡강 상류 개천의 지류인 모현천 유역에는 장성 만무리 고분이 있는데 훼손이 심하다. 매장시설은 석실로 추정되며 내부에서 고배, 삼족기, 대부유공광구소호, 삼환령, 철착, 철모, 횡장판정결판갑이 출토된다. 황룡강 상류의 장성

[그림21] 광주 하남동 유적 전경 및 9호 구 유구와 출토 유물

야은리 유적에서는 제형 주구 1기가 확인된다. 매장시설은 토광과 옹관이 이용된다. 내부에서는 발형토기, 호형토기, 양이부호, 철부, 철겸 등이 출토된다. 인근의 장성 영천리 고분은 분구는 원형이며 매장시설은 횡혈식 석실로 문틀식 현문을 갖추고 있다. 내부에서 금동이식, 옥, 개배, 호형토기, 기대편이 출토된다.

　관동천 남안의 장성 환교유적에서는 총 23기의 세장방형과 제형분이 확인된다. 매장시설은 토광과 옹관으로 내부에서는 철모, 개, 호형토기, 발형토기가 출토된다. 황룡강 하류의 광주 선암동 유적에서는 총 18기의 원형 주구가 확인된다. 일부 고분에서는 주구 한쪽 면이 눈썹형태로 수평확장되는 양상이 확인되기도 한다. 주구 내부에서는 개배, 유공광구소호, 단각투창고배, 호형토기, 장란형토기, 시루가 출토된다.

[그림22] 장성 환교 유적의 유구 분포와 출토유물

3. 영산강 중류

평동천 유역에는 광주 명화동 고분, 평동 유적, 요기동 조산 고분이 있다. 명화동 고분은 장고형분으로 바닥만 남은 석실 내부에서 금동이식, 철촉, 유뉴개 등이 출토되고, 분구 끝자락에서는 분주토기 6점이 세워진 상태로 출토된다. 평동유적에서는 총 70기의 분구묘가 확인된다. 주구는 모두 삭평되었고 제형, 방형, 원형의 주구만 확인되며 내부에서는 호형토기, 유공광구소호, 기대, 시루, 발형토기, 양이부호, 개배가 출토된다. 요기동 조산 고분은 장고형분으로 알려져 있다.

지석천의 상류에는 화순 천덕리와 관영리 고분군에서 원형분 수기가 확인된다. 이중 회덕 고분군 주변에서는 분주토기 편이 수습된다. 화순천 유역에는 내평리와 백암리 유적이 있다. 내평리 유적의 제형분은 토광을 주매장시 설로 이용하고 옹관은 분구 가장자리에서 주로 확인되며 옹형토기, 발형토기, 철겸이 출토된다. 원형분은 분구 사면에 즙석이 시설돼 있으며 매장시설은 석곽을 이용한다. 발형기대, 단경호, 개배 등이 출토된다. 백암리 고분은 원형분으로 주변에서 분주토기 편이 다량 수습된다.

[그림23] 광주 명화동 고분 조사 후 전경

[그림25] 분주토기 노출 상황

[그림24] 석실 조사 후 전경

4. 영산강 중하류

만봉천 중류에는 나주 송제리 고분이 있는데 분구는 원형이며 매장시설은 횡구식 석실로 입구는 개구식이다. 문평천 유역에는 복암리, 영동리 고분군과 가흥리 고분이 있는데, 문평천 동안의 복암리 고분군에는 분구가 남아있는 4기의 고분과 분구가 삭평된 제형 주구가 수기 확인된다. 제형 주구 내부에서는 분주토기, 개배, 유공광구소호가 다량 출토된다. 1호분은 원형분이며 매장시설은 횡혈식 석실로 문틀식 현문을 갖춘 사비기의 석실이다.

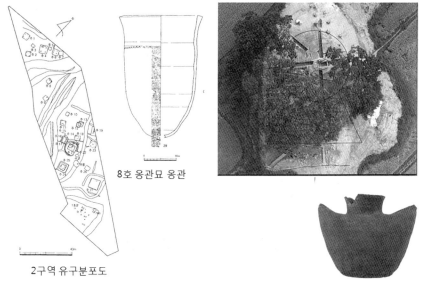

8호 옹관묘 옹관

2구역 유구분포도

[그림26] 나주 다시들 유적　　　　[그림27] 나주 가흥리 신흥고분

　녹유탁잔을 비롯한 제사용 토기들이 연도에서 집중적으로 출토된다. 2호분은 제형주구를 갖춘 장방형분이며 주구에서 분주토기와 개배가 다량 확인되며, 제형분의 수직확장 양상을 보여주는 대표적인 고분이다. 3호분은 방형분으로 하부에 있는 2~3기의 기존 제형분의 분구를 이용하여 방형으로 확대 조정했다. 매장시설은 토광, 옹관, 석실, 석곽이 상하 중층으로 확인된다.

　96석실에서는 4기의 옹관이 매장돼있고 내부에서는 금동신발, 삼엽문 환두대도, 마구류 등이 출토된다. 4호분은 장방형분으로 발굴조사는 진행되지 않았다. 인근에는 잠애산 끝자락에 정촌고분이 있다. 방형분이며 분구끝자락에 방형 석축이 시설돼있다. 매장시설은 분구 정상부의 옹관과 석곽, 남쪽사면의 석실 3기가 확인된다. 문평천 서안의 영동리 고분군은 분구가 남아있는 제형분에 매장시설로 옹관과 석실이 혼재하며 수평확장된 제형분도 확인된다. 옹관

[그림28] 나주 복암리 고분군과 정촌고분

[그림29] 나주 복암리 3호분 조사 후 전경과 출토 유물

은 선황리식 옹관부터 대형 옹관까지 거의 모든 시기에 걸친 옹관이 확인된다.

석실은 바닥만 남아있는 초기 대형석실과 사비기 석실이 모두 확인된다. 초기 대형석실 내부에서는 개배, 신라계 유뉴개, 병, 횡병, 유공광구소호가 출토된다. 사비기 석실에서는 개배, 과대, 관모틀이 출토된다. 가흥리 고분은 부분

[그림30] 나주 정촌고분 1호 석실의 유물출토상황과 내부구조

[그림31] 나주 정촌고분 1호 석실 출토유물

적인 주구 조사만 진행되어 정확한 분형은 알기 어렵고 매장시설은 횡구식 석실이다. 석실내부와 주구에서 단경호, 살포, 대도, 철모, 철부, 옥, 조형토기 등이 출토된다.

고막원천 상류에는 함평 월계리 만가촌 고분군이 있다. 월계리 만가촌 고분군은 분구가 남아있는 14기의 제형분이 확인된다. 잔존하는 분구 내에는 토광과 옹관이 혼재하며 내부에서는 철정, 환두도, 소형철부, 옥류, 이중구연호, 단경호가 출토된다. 인근의 월야리 순촌고분군에서는 주구만 남아있는 마제형과 제형분 수십기가 확인된다. 매장시설은 옹관묘와 토광묘이며 내에 부서는 광구호, 이중구연호, 옥류, 철도자 등이 출토된다. 만가촌 고분군과 동일한 구릉의 북쪽에는 신덕고분군이 있다. 1호분은 장고형분으로 잠형 주구가 분구 기저부를 따라 돌아간다. 매장시설은 횡혈식 석실로 문틀식 현문을 갖추고 있

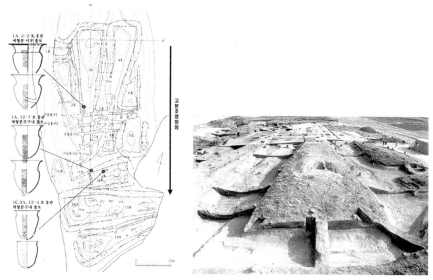

[그림32] 함평 예덕리 만가촌 고분군

다. 연도에서 다량의 개배가 출토되고, 석실 내부에서는 금동신발편, 금동관 입식편, 장식대도, 마구류, 찰갑편, 철촉 등이 출토된다. 2호분은 원형분으로 매장시설은 판석을 이용한 사비기 횡혈식 석실이다. 고막원천 최상류의 산 사면에는 함평 월계리 석계고분군과 장성 학성리 고분군이 있다. 두 고분군 모두 분구는 확인되지 않고 지하식의 사비기 석실만 확인된다.

함평천 상류에는 함평 중랑유적이 있는데 제형과 방형 주구가 확인된다.

방형 주구 내에서는 시루, 장란형토기, 호형토기, 분주토기가 출토된다. 함평 죽암리 고분은 장고형이며 인접한 금산리 미출고분은 방형분으로 조사가 진행되지 않았다. 함평천의 지류인 학교천 상류에는 함평 마산리 표산 고분군이 있다. 장고형분 1기를 중심으로 주변에 14기의 원형분들이 있다. 장고형분의 매장시설은 일부 천정부가 대부분 파괴되어 도굴된 채로 확인되었으며 내부 함몰토에서 중국제 전문도기편이 출토된다. 표산고분 북편의 동일 구릉 상

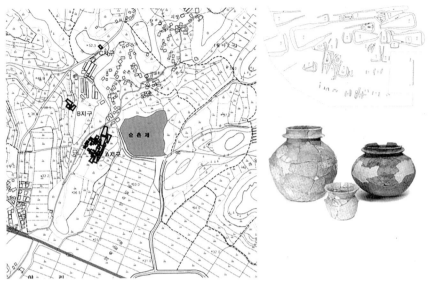

[그림33]함평 월야리 순촌 고분군

[그림34] 함평신덕고분 조사 후 전경과 연도부 유물 매납 상태

에는 최근 조사를 통해 제형분이 확인되기도 했다.

[그림35] 함평 월계리 석계고분군

5. 영산강 하류

함평천과 영산강 본류가 합류하는 지점의 서안에는 무안 사창리 덕암고분군이 있다. 분형은 방형과 원형으로 추정되지만 명확하지 않다. 옹관이 중층으

[그림36] 함평 마산리 표산고분의 석실과 출토 유물(전문도기)

로 매장돼 있고 내부에서 유공광구소호, 파배, 단경호, 직구소호가 출토된다. 인근의 저두고분은 방형분으로 함평 금산리 미출고분과 함께 한 변 길이 40m 로 영산강유역에서 가장 큰 규모이다.

삼포천 중류에는 반남고분군이 있다. 신촌리 고분군은 자미산 동남쪽의 구릉 정상과 사면에 총 10기의 고분으로 이루어져 있다. 분구는 원형과 방형이며 4호분은 제형분 2기가 미부 쪽을 맞대고 있어 평면형태가 리본형이다. 9호분은 방형으로 총 11기의 옹관이 상하 중층으로 매장되어 고분의 수직확장에 대한 명확한 근거가 된다. 을관에서는 금동신발, 금동관, 용봉환두대도, 공구류, 무구류가 출토되고 분구 정상부와 주구에서는 분주토기와 개배, 아궁이틀이 출토된다.

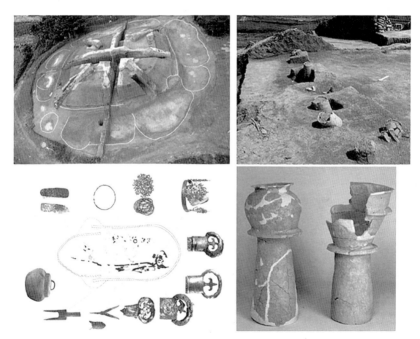

[그림37] 나주 신촌리 9호분과 출토유물

대안리 고분군은 자미산 서편의 구릉 일대에 총 12기의 고분으로 이루어져 있다. 분구는 원형과 방형, 장방형이 혼재하며 매장시설은 사비기 석실인 4호분을 제외하면 대부분 옹관이다. 9호분의 매장시설은 신촌리 9호분과 같이 수기의 옹관이 이용되고 내부에서는 광구호, 기대편, 개배, 은장도병, 관정, 옥이 출토된다.

덕산리 고분군은 자미산 북동편의 구릉 일대에 총 14기의 고분으로 이루어져 있다. 분구는 제형과 장방형, 원형이 혼재한다. 매장시설은 대부분 옹관이며 14호분에서는 바닥만 남은 석실이 확인된다. 유물은 10호분의 제형 주구에서 분주토기, 유공광구소호가 있고, 4호 옹관에서는 단각고배, 단경호, 철촉이 출토된다.

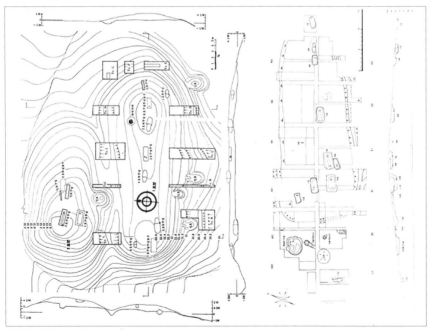

[그림38] 영암 내동리와 만수리 고분

삼포천 하류의 시종천 주변에는 영암 신연리 고분군이 있다. 구릉 정상부 능선을 따라 분포하며 총 15기의 고분으로 이루어져 있다. 분구는 방형과 제형분이며 매장시설은 토광과 옹관이 혼재한다. 9호분에 대한 조사가 진행되었는데, 토광과 옹관 내부에서 단경호, 평저직구호, 철모가 출토된다. 내동리 고분군은 분구가 남아있는 제형분으로 총 2기가 확인된다. 매장시설은 토광과 옹관이 혼재하며 내부에서 단경호, 장경호, 철겸, 곡옥, 관옥 등이 출토된다. 영암 만수리 고분군에서는 총 4기의 옹관이 확인되는데 단경호, 양이부호, 장경호, 유공광구소호, 유공횡병이 출토된다. 영암 자라봉 고분은 장고형분으로 매장시설은 석곽이다. 내부에서는 금동이식, 대도, 철모, 철겸, 철촉, 개배가 출토되고, 주구에서는 장승형 목기가 출토된다.

6. 서남해안

옥천 상류에는 해남 성산리 만의총 고분군이 있다. 총 3기의 고분으로 이루어져 있으며 분형은 모두 원형이다. 1호분의 매장시설은 석곽이며 내부에서 청동 팔찌, 청동관모장식, 철촉, 철겸, 동경, 조개팔찌, 개배, 유개대부발, 병, 장경호, 단경호, 서수형 토기, 곡옥, 금장식 은제 곡옥이 출토된다. 구릉 정상부에 위치한 3호분의 매장시설은 횡구식 석실이며 도굴되었다. 유물은 개배, 단경호, 유리옥이 출토된다. 삼산천 상류에는 용두리 창리 고분이 있다. 분형은 장고형이며 매장시설은 횡혈식 석실로 문틀식 현문을 갖추고 있다. 석실은 도굴로 천정부가 일부 유실되었고 주구는 잠형이다. 현실 내부 함몰토에서 전문도기, 발형기대, 철촉, 성시구가 출토된다. 조산천 상류에는 분토리 유적이 있다. 분구는 유실되고 방형과 장방형 주구만 확인되며 매장시설은 토광, 옹관, 석곽이 이용된다. 내부에서 철정, 철모, 철겸, 환두도, 경배, 단경호, 양이부호 등이 출토된다. 인근의 월송리 조산고분은 분구는 원형이며

[그림39] 해남 성산리 만의총

[그림40] 해남 황산리 분토유적

매장시설은 횡혈식 석실로 문틀식 현문을 갖추고 있다. 석실 내부에서는 마구류, 개배, 조개팔찌, 동경 등이 출토된다. 월성천 하류의 인근 해안에는 다양한 분형의 고분이 밀집 분포한다. 내동리 밭섬 고분군은 석관묘 내부에서 삼각판혁철판갑 편, 철촉이 출토된다. 신월리 방형분은 분구 전체를 할석으로 쌓

[그림41] 해남 용두리 창리 고분

[그림42] 해남 장고봉 고분

은 후 내부에 석곽을 시설한 고분으로 석곽 내부에서 환두도, 연미형철모, 철부, 철정, 단경호, 장경호가 출토된다. 용일리 용운 고분군은 분구는 원형이며 매장시설은 석곽과 횡구식 석실이 이용된다. 총 3기가 확인되는데 2호는 석곽 내부에서 철검, 철촉, 고배가 출토되고, 3호는 횡구식석실 내부에서 양이부호, 직구소호, 철부, 대도, 철촉이 출토된다. 방산리 장고봉 고분은 장고형분으로 매장시설은 횡혈식 석실이다. 석실 인근의 함몰구덩이 조사과정에서 석실 내부에 대한 수습조사가 이루어졌다.

탐진강의 지류인 옴천유역(탐진댐 수몰지구)에는 장흥 신풍리유적과 상방촌유적이 있다. 마제형과 제형 주구가 확인되며 매장시설은 토광과 옹관이다. 철겸, 철부, 양이부호, 광구소호, 단경호, 시루, 개가 출토된다. 인근의 송정고분군에서는 바닥만 잔존하는 횡혈식석실이 확인되며 내부에서 개배, 고배, 삼족

[그림43] 신안 배널리 고분 조사 후 전경

기, 병이 출토된다. 금강천 유역의 강진 수양리 고분군에서도 바닥만 잔존하는 횡혈식 석실이 확인되는데 내부에서 개배, 삼족기, 병, 고배, 철겸이 출토된다.

이밖에 서해안과 신안 도서지역에서 주목되는 고분으로 안좌도의 배널리 3호 고분은 석곽 내부에서 삼각판정결판갑과 충각부주가 출토된다. 고흥 야막리 야막 · 길두리 안동, 해남 내동리 밭섬 고분과 동일하게 연안에 위치한 왜계 고분에 해당한다. 조사가 진행되지 않았지만 이러한 고분과 유사한 입지를 보이는 고분으로 압해도의 동촌리 고분, 목포시 옥암동 고분이 있다.

Ⅳ. 맺음말

이와 같이 전남지역 분구묘의 종류와 수계별 분포현황, 출토유물을 정리해 보았다. 서두에서 언급한 바와 같이 전남지역의 분구묘는 좁은 지역임에도 불구하고 밀집도는 동시기 다른 지역과 비교할 수 없을 정도로 높고, 내부적으로도 지역적인 편차가 확인된다. 지역적 특징은 영광·고창 지역, 영산강 상류의 장성·담양·광주지역 영산강 중하류의 함평, 나주, 무안, 영암지역, 서남해안의 해남 지역으로 구분되는 양상이 확인된다. 영산강 상류 지역은 분구묘의 분포 상황으로 보아 5세기 중후엽 이후부터 비토착적인 요소(백제, 왜)가 점차 증가하다가 5세기말 6세기 초 무렵에 장고형분의 출현을 기점으로 절정을 이룬 후 6세기 중엽부터 사비기 석실의 등장과 함께 완전히 백제화되는 것으로 보인다. 반면 영산강 중하류 일대와 고창 지역은 방형분으로 대표되는 토착적 묘제를 기반으로 한 고분문화가 5세기말 6세기 초 무렵에 절정을 이루는데 동시에 매장시설과 출토유물에서는 백제와 왜의 요소가 함께 나타난다. 이후 6세기 중엽이후부터는 다른 지역과 동일하게 백제화되는 것으로 보인다. 이러한 양상은 대형옹관이 성행하는 지점과도 일치하고 있어 영산강유역 토착 집단의 세력범위를 확인할 수 있다.

전남지역 마한 분구묘 사회의 연구성과와 과제

한옥민 목포대학교박물관

Ⅰ. 머리말

Ⅱ. 시기별 조사·연구 성과

Ⅲ. 주제별 조사·연구 성과

Ⅳ. 맺음말

I. 머리말

한반도의 분구묘는 중서부, 서남부, 경남 남해안에 이르는 넓은 분포권을 형성하고 있는데 이들 지역 중 서남부의 영산강유역에서 특이점이 잘 드러나고 있다. 대형옹관으로 구성되어진 매장주체부뿐만 아니라 수평확장을 통한 장제형화 현상, 수직확장을 통한 고총화 현상, 석실분까지 이어지는 지상식 구조에서도 입증된다. 특히 최근에 조사방법의 진전에 힘입어 분구에 내재된 다양한 축조 기술법이 파악되었다. 이러한 성과는 그동안 매장시설과 부장유물을 중심으로 진행되었던 고고학적 연구 범위를 한층 확대시켜 주었음은 분명한 사실이다. 그 비중은 고분 연구의 핵심 3요소로서 매장시설, 부장유물과 함께 '분구'가 대열에 합류할 수 있을 만큼의 중요 자료라는 인식의 전환을 가져오게 했다.

전남지역의 고분 연구는 '분구묘'라는 용어가 등장하기 전까지 주요한 대상은 옹관고분(지금의 분구묘)으로 대표되었다. 연구자들은 옹관고분의 집중적인 분포상과 오랜 존속을 근거로 하여 문헌에 등장하는 마한의 마지막 흔적 내지는 근거지로 이해하면서 1980년대 후반부터는 '독자성'을 밝히려는 연구에 주력하였다. 이는 고대 영산강유역은 마한의 영역이었고 백제 문화의 침투가 있기 전 이 지역에 자리잡고 있던 토착세력에 의해 옹관을 주체로 하는 고총고분의 축조가 전개된 것이라는 해석들이다. 2000년대에 들어와서 그동안 고분으로 지칭되어 온 무덤에 대해 한반도를 포함한 동아시아 고분이 매장관념의 차이에 따라 분구묘와 봉토분[1]으로 양분되면서 고분 연구가 새로운 전

---

1) 이성주, 2000, 「분구묘의 인식」, 『한국상고사학보』 32, 한국상고사학회, 79쪽; 성정용, 2000, 「백제 한성기 저분구분과 석실묘에 대한 일고찰」, 『호서고고학』 3, 호서고고학회, 3쪽.

기를 맞게 되었다. 아울러 우리 학계에서도 '분구묘'라는 용어가 본격적으로 사용되기 시작하였다. 분구묘의 용어 및 개념은 삼국시대 고분에 대한 새로운 해석이라는 측면은 분명한 연구 성과 중 하나일 것이다. 그러나 분구묘라는 용어의 사용에 있어서 작게는 분구와 봉토 구분에 대한 유효성 문제에서부터 크게는 무덤에 대한 용어보다는 인식으로 보아야 한다는 주장[2]이 제기되고 있어 용어 검토가 필요한 상황이다.

본고에서 다루고자 하는 전남지역 분구묘의 조사 및 연구 성과는 시기별 · 주제별로 자료를 정리한 후, 이 과정에서 느꼈던 몇 가지의 고민들을 향후의 연구 과제로 제시해보고자 한다. 다만, 이제까지 이룩된 방대한 자료들을 몇 장의 지면 위에 간단명료하게 옮기지 못함을 필자의 한계로 인정하면서 나름으로 파악한 내용을 소개하겠다. 여기에서 다룰 분구묘의 대상[3]은 주구(토광) 묘에서 옹관고분까지로 한다. 유적은 발굴보고서가 발간된 것을 중심으로 하였으며, 이외에도 수습조사가 이루어져 분구묘의 속성이 파악된 경우를 포함시켰다.

---

2) 최성락, 2007, 「분구묘의 인식에 대한 검토」, 『한국고고학보』 62, 한국고고학회, 114쪽.
3) 여기에서는 초기 석실묘를 대상에서 제외하였으나 이를 범주에 포함시키는 연구자도 있다(임영진, 2002, 「전남지역 분구묘」, 『동아시아의 주구묘』, 호남고고학회, 58~61쪽; 최완규, 2002, 「전북지방의 주구묘」, 『동아시아의 주구묘』, 호남고고학회, 21~32쪽; 오동선, 2014, 「전남지역 마한 분구묘의 구조와 출토유물」, 『한국고고학의 신지평』(자유패널 1분과: 마한 분구묘 사회의 비교 검토), 제38회 한국고고학 전국대회, 284쪽). 초기 석실묘는 그 계통이 어떻든 재지계 무덤인 아닌 외래계인 것만은 분명하며, 一墳單葬으로 여러 기의 매장시설이 시간차를 두고 들어서는 재지계(제형분)의 一墳多葬과는 다른 축조 방식인 점, 군집되기보다는 단독으로 조성되는 점 등이 다른 양상인데, 무엇보다도 분구의 재조정 현상이 보이지 않는 점은 시사하는 바가 크다고 본다. 그리고 횡혈계 묘제가 본격적으로 도입되면서 분구와 매장시설의 축조순서의 차가 그다지 의미가 없어지게 되는 양상(김낙중, 2006, 「분구묘의 전통과 영산강유역형 주구」, 『나주 복암리 3호분』, 국립나주문화재연구소 360쪽)에서도 분구묘의 특징이 상당히 희석되고 있다.

Ⅱ. 시기별 조사 · 연구 성과

1. 조사 현황

현재까지 전남지역에서 조사된 분구묘는 90여 개소에 총 770여 기에 이르고 있다. 2006년에 최완규[4]가 집계할 당시 전남지역에 38개소가 분포하는 것으로 확인되었다. 이때에 제시된 자료가 주구묘~전방후원형 고분까지를 포괄했다는 점을 고려하면 짧은 시간의 경과에도 불구하고 상당한 증가폭을 기록하고 있다. 전남지역의 분구묘는 영산강 유역권에서 가장 많은 수가 확인되며 70개소에 모두 630여 기로 집계된다.

전남지역 분구묘의 유적 현황은 크게 4개의 권역으로 나누었으며, 영산강 상류와 중·하류 일원, 서남해안 일원, 동부지역으로 구분하였다.

먼저 영산강유역을 살펴보면, 영산강은 담양군 용면 용추봉에서 발원하여 담양, 광주, 나주, 영암 등 전남 서부를 지난 후 목포시와 영암군을 연결하여 만든 영산강 하구둑을 통해 서해로 흘러 들어간다. 장성(황룡강), 담양(본류), 광주 광산구~서구(본류), 화순(지석강) 일원을 상류로, 나주와 함평(함평천·고막원천)·무안 · 영암 · 목포를 중·하류로 구분하였다. 상류 일원에서 가장 먼저 조사된 유적은 광주 쌍촌동(97년)을 비롯하여 광주 운남동(01년) · 화순 석정리(01년), 광주 외촌(03~04년) 순이다. 상류 일원에서 확인된 분구묘의 수는 19개소 340여 기로 집계된다(표 1).

영산강 중·하류 일원은 가장 많은 고분이 밀집 분포하는 지역으로 일찍부터 관심의 대상이 되어왔던 곳이다. 영암 시종면 일대는 광복 후의 간척지 개간

---

4) 최완규, 2006, 「한국 분구묘 자료집」, 『분구묘 · 분구식 고분의 신자료와 백제』, 제48회 전국역사학대회 고고학부 발표자료집, 한국고고학회, 243~350쪽.

사업과 1981년 영산강하구둑 준공에 의해 영산포까지 올라오던 조수가 막혀 내륙화됨으로써 고지형이 변형된 지대가 되었다. 이곳은 남해만으로서 일찍이 '榮山內海'로 지칭되었는데, 국립광주박물관의 영암 초분골·만수리 4호분의 보고서에서도 간척 전에는 분구 바로 앞까지 해수의 유입이 있었다는 기록을 볼 수 있고, 시종면 옥야리 남해포는 조선시대에 국가에서 바다에 제를 지낸 남해당지가 자리하는 점에서 고지형의 이해가 요구되는 곳이다.

영산강 중·하류 일원에서 발굴조사는 일제강점기인 1917년에 나주 덕산리 4호분·신촌리 9호분 등이 조사된 이후, 영암지역에 소재한 내동리 7호분(60년)·1~6호분(67년), 만수리1·2호분(81~82년), 초분골 1·2호분(85년), 만수리 4호분(89년), 옥야리 6·14호분(90년), 신연리 9호분(91년)이 있고, 1990년대에 함평 만가촌(94년), 나주 복암리 3호분(96년), 함평 소명·무안 인평·고절리(99년), 2000년의 나주 용호고분 순으로 이루어졌다. 분구묘 수는 51개소에 290여 기로 집계되고 있다(표 2).

전남 서남해안 일원의 분구묘는 분포나 입지환경에 대해서 대체로 해안에 입지하여 친수적 환경과 관련되는 것으로 알려져 있다. 분구묘 분포가 한반도 서해안에 가깝게 편중된 현황은 경기, 충청지역만이 아니라 전북 그리고 전남지역도 크게 다르지 않은 것은 분명하다[5]. 서남해안 지역은 영광, 무안, 신안, 해남, 장흥, 고흥지역이 해당되는데 한반도에서 섬이 가장 많은 다도해에 위치하여 해상 교통로 상의 기항지에 해당된다는 지정학적 의미가 부여되고 있는 곳이다. 서남해안 일원은 영산강유역에 비해 늦은 1990년대 후반에 들어 조사가 이루어지기 시작했는데 무안 고읍(96년), 영광 군동(99년), 장흥 상방촌B·

5) 이남석, 2011, 「경기·충청지역 분구묘의 검토」, 『분구묘의 신지평』, 전북대학교 고고문화인류학과 BK21사업단 국제학술대회, 115쪽.

신풍(01~02년) 순이다. 분구묘 수는 12개소에 110여 기로 집계되고 있다(표 3).

전남 동부지역은 섬진강과 보성강이 흐르는 순창, 곡성, 순천, 여수 일원이 해당된다. 유적은 수계를 중심으로 하여 섬진강 수계, 보성강 수계로 나눌 수 있으나, 기수가 적어 세분하지 않았다. 분구묘 조사는 2000년대에 들어와서 시작되었다. 유적은 3개소에 30여 기로 집계된다(표 4).

2. 분구묘 조사와 자료 집성에 따른 인식 변화

전남지역의 고분 조사는 일제 강점기인 1917년 늦가을에 시작되었다. 조선 총독부의 고적조사위원회와 조선고적연구회가 중심이 되어 나주 반남면 일대의 조사가 진행되었다. 전자는 谷井齊一의 주도 아래 1917년과 1918년에 이루어졌으며 덕산리 1(18년)·4(17년)호분, 신촌리 5(18년)·9(17·18년)호분, 대안리 8·9(18년)호분 등이다. 후자는 1939년 有光教一에 의해 덕산리 2·3·5호분, 신촌리 6·7호분, 흥덕리 석실이 조사되었는데 이는 1917~1918년의 발굴을 계기로 도굴의 피해가 심했기 때문이다. 이때 신촌리 6호분과 덕산리 2호분에 대해 분형이 일본의 '전방후원분'과 유사하다고 제기하여[6], 임나일본부설의 근거로 삼고자 하였다. 또한 양자 모두 보고 내용이 자세히 기록되지 않아 많은 의구심을 야기하였다. 谷井齊一 조사 기록은 1920년 조선총독부에 복명서 형태로 보고된 1페이지 정도에 불과하며, 1940년 有光教一은 자신이 조사한 유적 내용과 더불어 谷井齊一의 기록 일부를 보고하였다. 이후 1980년 小川敬吉의 수기를 정리하여 有光教一이 신촌리 9호분 등의 발굴조사 경과를 소개하였다[7].

---

6) 朝鮮古蹟研究會, 1940, 「羅州潘南面古墳の調査」, 『昭和十三年古蹟調査報告』, 21~35쪽.
7) 국립광주박물관, 1988, 『나주 반남고분군』, 21~23쪽.; 국립문화재연구소, 2001, 『나주 신

전남지역 분구묘와 관련된 내용은 처음 발굴조사가 이루어졌던 일제강점기 발굴조사 보고문에서 일부 읽을 수 있다. 일제강점기의 일본인에 의해 조사된 나주 신촌리 9호분 조사 기록 가운데 주목할 수 있는 내용은 "봉토 내에 한 개 또는 수개의 도제옹관을 묻었다. … 맨 처음 지반 위에 성토를 하고 그 위에 도제의 대형 옹관을 옆으로 누인 다음"이라는 부분과 1917년 12월 20일, 1918년 10월 18일~22일 조사일지 내용을 통해 정황을 유추할 수 있다[8]. 즉, 다장 풍습과 선분구후매장에 대해 약간의 언급이 있는데 이것이 해방이전의 고분 조사를 통해 알 수 있는 분구묘의 전모라 하겠다.

1960년대에 들어 비로소 우리 연구자(김원용)에 의해 영암 내동리 7호분(60년)이 실시되었다. 원래는 백제 석실묘로 추정하였으나 의도와는 다르게 옹관묘 6기와 목관묘 1기가 조사되었다. 이를 통해 전남지역 분구묘는 목관과 옹관이 공존한다는 사실을 인지할 수 있었는데, 당시에는 나주 반남고분군 조사가 전부여서 매장주체부가 옹관으로만 구성되었다고 막연히 생각하고 있었다. 보고서 내용 중 "옹관묘 봉토의 주연부에다 후에 다시 옹관 또는 토광을 부가해간 것이며[9]"라고 간단하게 기술된 대목이 있는데 이 역시 단편적으로나마 분구묘의 성격을 파악할 수 있는 자료가 아닌가 싶다. 이는 지금의 추가장에 의한 다장 풍습과 수평적 확장론에 부합되는 내용이다.

1967년에는 영암 내동리 1~6호분이 황용훈[10]에 의해 조사되었는데 이 발굴이 옹관고분을 조사하기 위한 정식 학술발굴이었다. 그러나 내동리라는 동일

촌리 9호분』, 38~41쪽.
8) 국립문화재연구소, 2001, 『나주 신촌리 9호분』, 37~40쪽.
9) 국립박물관, 1963, 「영암 내동리 옹관묘」, 『울릉도』, 110쪽.
10) 경희대학교박물관, 1974, 『영암 내동리 옹관묘 조사보고』 제2책.

지역 고분의 해석에 있어서 황용훈은 '文化孤島'로 표현하여 지역 묘제의 독자성을 강조[11]하는가 하면, 7호분을 조사한 김원용[12]은 분구묘가 백제의 일개 지방 양식으로 위치지워서 하한을 6세기 말에서 7세기 초까지로 설정했다.

1980년대는 삼포천 일대의 옹관묘 조사가 이루어지기 시작하면서 본격적인 고분 조사의 서막이 열리게 되는 시기이다. 1978년 12월에 국립광주박물관이 개관되면서 영암 만수리 1호분 · 2호분(81~82년), 무안 사창리(84년), 영암 내동리 초분골 1호분 · 2호분(85년), 영암 만수리 4호분(89년) 등이 조사되었다. 이를 통해 분구상에 이종의 매장시설(목관과 옹관) 혼용, 목관과 옹관이 병렬 구도로 배치되었음이 파악되었다.

1985년에는 주구의 존재가 영암 초분골 1호분에서 확인되는 성과가 있었다. 당시만 해도 일제강점기에 조사되었던 나주 덕산리 3호분 · 대안리 9호분 2곳으로 인식되고 있었다. 이후에 영암 만수리 4호분(89년) · 옥야리 6호분 · 14호분(90년) · 신연리 9호분(91년), 함평 만가촌(94~95년) 등에서 잇달아 확인됨에 따라 분형에 관계없이 대부분의 고분이 주구를 갖춘다는 사실을 알 수 있었다. 주구의 특징에 주목한 연구자[13]는 중서부지역에서 분구 확장과 덧대기는 보이지만 주구의 공유 현상이 보이지 않는 차이에 대해 영산강유역의 고유한 특징으로 파악하였다. 또한 분구 각 변에 웅덩이 형태로 주구를 돌리는 현상을 재지계로 이해하여 '영산강유역형 주구'로 명명하였는데, 전방후원형 고분(장고분)까지 적용된다고 보았다.

11) 김낙중, 2009,『영산강유역 고분 연구』, 학연문화사, 16쪽.
12) 국립빅물관, 1963,「영암 내동리 옹관묘」,『울릉도』, 106~109쪽.
13) 김낙중, 2006,「분구묘의 전통과 영산강유역형 주구」,『나주 복암리 3호분』, 국립나주문화재연구소, 377~378쪽.

같은 해 가을, 영암 수산리 조감고분의 수습조사가 이루어졌다. 동일 분구 상에서 옹관과 석실이 동일 공존하고 있음이 확인되어 매우 주목된다는 조사 자의 평가가 있었으나[14], 정밀조사가 이루어지지 못한 탓에 그다지 주목받지 는 못했다. 이런 공존현상은 10여 년의 시간이 흘러 나주 복암리 3호분을 통해 그 사실이 확인되기에 이른다.

1986년에는 국립광주박물관에서 새로이 발견된 20개소의 유적을 정리하 여 『영암 내동리 초분골고분』의 부록에 수록하였다. 그간의 옹관묘 자료의 축 적을 바탕으로 하여 전용옹관의 형식분류와 편년 연구[15]가 이루어지는 계기 가 되었다. 영산강유역 옹관묘는 영암지역에서 선행형식이 보이는 것으로 판 단하면서 발전 과정에 대해 신창리식(B.C 1C~A.D.1C) → 선황리식(A.D.3C 전 반) → 신산식(A.D. 3C 중반) → 송산리식(A.D. 3C 후반) → 내동리식(A.D. 3C 말~4C 전반) → 반남식(A.D. 4C 중반~5C 초) → 수산리식(A.D. 5C 전반)으로 의 변화를 제시하였다.

1988년에는 국립광주박물관에 의해 일제강점기의 첫 조사 이후 70여 년이 지나서 『나주 반남고분군』에 대한 종합조사보고서가 발간된다. 보고서는 실질 적인 책임을 맡았던 서성훈선생의 추모집의 성격으로써 분구의 실측조사 및 유물의 실측, 일제강점기의 미발표자료에 대한 자료 정리도 함께 실었다.

1990년대에 들어 구제 발굴뿐만 아니라 학술조사, 정비복원, 재발굴, 수습조 사 등 조사의 목적이 다양해졌고, 영암 · 나주 이외의 지역에서도 고분 조사가 이루어졌다. 이 무렵에 유적의 보존관리에도 관심이 모아지면서 나주 반남고

---

14)   서성훈 · 성낙준, 1986, 『영암 내동리 초분골고분』, 국립광주박물관, 223쪽.
15)   서성훈 · 성낙준, 1986, 『영암 내동리 초분골고분』, 국립광주박물관, 105~110쪽.

분군을 비롯하여 영암 내동리 쌍무덤·옥야리 고분군의 정비가 이루어졌다[16]. 이처럼 고분에 대한 관심과 조사가 활기를 띠면서 다장 양상, 지상식의 매장 방식, 목관과 옹관의 공존, 목관에서 옹관으로의 전환, 제형분의 성행, 주구 굴착의 일반화, 추가장의 방법, 분구의 조정 등의 특징들이 밝혀졌고, 이 지역 삼국시대 고분의 주요한 특징으로 설정되는 계기가 되었다. 연구자에 따라 '분구묘 전통'[17], '영산강유역 고분의 특징'[18], '영산강유역권 분구묘의 특징'[19]으로 지칭되고 있다.

1994~1995년, 2001년 세 차례에 걸쳐 조사된 함평 예덕리 만가촌고분은 140×60m의 범위에서 모두 14기가 밀집·분포함이 확인되었다. 분구는 대부분 장제형을 띠고 있으며, 매장시설은 목관묘, 옹관묘가 공존하는데 목관묘가 중심묘이다. 고분의 조사를 계기로 '異形墳丘'에 대한 관심을 갖게 되었는데 분형도 독특하지만, 축조 방식에서도 새로운 사실이 밝혀졌다. 즉 분구가 일시에 완성된 것이 아니라 추가장 때마다 조금씩 확장되어졌다는 '수평적 확장'[20]으로 설명되었고, 이러한 이형분구를 가진 고분은 전형적인 옹관고분으로 발전되면서 원형이나 방형의 분구로 바뀌어간다는 것이다[21].

---

16) 성낙준, 1993, 「원삼국시대의 묘제」, 『전라남도지』2권, 전라남도지편찬위원회, 277쪽.

17) 김낙중, 2006, 「분구묘의 전통과 영산강유역형 주구」, 『나주 복암리 3호분』, 국립나주문화재연구소, 360쪽.

18) 최성락, 2009, 「영산강유역 고분연구의 검토」, 『호남고고학보』33, 호남고고학회, 125~127쪽.

19) 임영진, 2011, 「영산강유역권 분구묘의 특징과 몇 가지 논쟁점」, 『분구묘의 신지평』, 전북대학교 고고문화인류학과 BK21사업단 국제학술대회, 155-156쪽.

20) 임영진, 1996, 「함평 예덕리 만가촌고분과 영산강유역 고분의 주구」, 『제39회 전국역사학대회 발표요지』, 한국고고학회, 360쪽.

21) 최성락, 2007, 「복암리3호분의 분형과 축조과정」, 『영산강유역 고대문화의 성립과 발전』, 학연문화사, 41쪽.

1996년에는 이 지역 고분 발굴사에 일대 전기가 된 나주 복암리 3호분의 조사가 있었는데, 층서관계를 통해 영산강유역 3세기 중엽~7세기 초까지의 묘제 변천과정과 특징 등이 파악되었다. 더욱 놀라운 것은 원형을 그대로 유지하고 있었고, 파괴된 것은 하나뿐이고, 도굴당한 것도 없었다. 고분은 KBS〈역사스페셜〉에서 '아파트형 고분'으로, 연합뉴스 김태식 문화재 전문기자는 '벌집형 고분'이라고 이름 붙였다[22]. 특히 96석실은 이전에 옹관을 주체로 하는 제형 분구 2~3기를 조정하여 현재의 방대형으로 완성한 것으로 밝혀졌다. 이를 '분구의 수직적 확장[23]' 또는 '분구확대조정'[24]으로 설명하였다. 또한 분구 성토방법이 광주 명화동고분 등의 전방후원형고분(장고분)의 성토 방식으로 알려진 복발형 성토법[25]이 이용되었다는 견해가 제기되기도 하였다[26].

동년에 대학과 연구기관을 중심으로 영산강유역 고분에 대한 집성 작업이 진행되기 시작했다. 여기에는 목포대학교박물관의『전남의 고대 묘제(96년)』, 전남대학교박물관의『전남지역 고분 측량보고서(00년)』,『함평의 고분(06년)』, 국립나주문화재연구소의『한국의 고대옹관(09년)』,『옹관(10년)』,『영산강유역의 고대고분(11년)』등이 있다. 또한 국립문화재연구소는『한국고고학사전(01년)』에 이어『한국고고학전문사전-고분편-(09년)』을 발간하였다. 전자는 고고

22) 김낙중, 2009, 「영산강유역에 독자적인 문화를 꽃피우다-나주 복암리 무덤 유적-」,『천번의 붓질 한 번의 입맞춤』, 진인진, 144~148쪽.
23) 임영진, 1996, 「함평 예덕리 만가촌고분과 영산강유역 고분의 주구」,『제39회 전국역사학대회 발표요지』, 한국고고학회, 360쪽.
24) 김낙중, 2009,『영산강유역 고분 연구』, 학연문화사, 49쪽.
25) 복발형 또는 제방형, 삼각형 성토법으로 불리우는 성토방식은 광주 월계동 1·2호분, 함평 신덕, 나주 가흥리 신흥·횡산·신촌리 9호분, 영암 자라봉, 고흥 길두리 안동, 해남 용두리·만의총 등에서 확인되고 있다.
26) 오동선, 2009, 「羅州 新村里 9號墳의 築造過程과 年代 再考 - 羅州 伏岩里 3號墳과의 비교 검토 -」,『한국고고학보』73. 한국고고학회, 57쪽.

학 백과사전의 성격을 띠어 구석기~삼국시대까지를 망라한 관계로 분구묘를 포함한 고분은 단편적으로 다루어졌다. 후자는 고분 전문사전으로서 한반도뿐만 아니라 중국, 일본 등의 관련 자료를 집대성하여 총 1494쪽의 방대한 분량으로 종합하였다.

1999~2001년에 조사된 고분 중 주목되는 곳이 서해안고속도로 발굴조사에서 확인된 영광 군동(99년)을 비롯한 함평 순촌(99~00년), 나주 용호(00~01년) 고분이다. 서해안일대에 분포하는 주구(토광)묘의 상한 연대는 상당량의 유적이 조사되었음에도 불구하고 초기형에 대한 분명한 언급이 어려운 실정이었다가 영광 군동 A-18호묘의 조사를 계기로 시작될 수 있었다. 무덤은 호남지역 주구(토광)묘의 시발점으로 인정되고 있고, 목관 1기를 매장주체부로 두고 그 주위로 주구를 둘러 개인 묘역의 차별화를 보여주는 대표적 예로 볼 수 있다[27]. 주구의 중복관계를 통해 방형 → 마제형 → 제형으로 이행되는 변화가 확인됨으로써 제형분구의 출현 배경과 시기에 관한 정보도 제공하고 있다.

동년에 조사된 함평 순촌·나주 용호고분군을 통해 목관 단독분, 옹관 단독분, 토광과 옹관이 공존하는 현상이 밝혀졌으며, 매장주체부의 이행 방향 역시 목관에서 점차 옹관으로 바뀌게 됨을 재차 확인할 수 있었다. 특히 나주 용호 고분에서는 고총분구에 비해 미숙한 기술이지만 분구의 하중과 평면 형태를 설정하기 위한 정지작업이 확인되었다. 또한 수평확장이 이루어진 12호분을 통해 확장 이전부터 제형이었다는 사실(함평 순촌, 영암 금계리 등)을 근거로 영산강유역의 분구가 제형을 띠는 것은 제형에 제형을 덧댄 결과[28]이고, 분형

---

27) 한옥민, 2003, 「전남지역 토광묘」, 『전남의 고대문화』, 학연문화사, 71쪽.

28) 이영철, 2011, 「영산강유역권 분구묘 특징과 몇 가지 논쟁점에 대한 토론요지」, 『분구묘의 신지평』, 전북대학교 고고문화인류학과 BK21사업단 국제학술대회, 164~165쪽.

선택에 고도의 의도가 반영[29]된 것이라는 다양한 해석을 가능하게 하였다.

1999년에 있었던 조사 중 빼놓을 수 없는 곳이 나주 신촌리 9호분이다. 고분은 일제강점기에 첫 조사가 이루어진 이후, 82년 만에 재조사가 이루어졌다. 재조사를 통해 再盛土 및 이와 관련된 상하 重層의 옹관이 확인됨으로써 수직적 확장을 분구 확장의 한 유형으로 설정할 수 있게 되었다[30]. 또한 원통형토기의 重層 배열을 통해 분구상에 열을 이루어 장식했다는 사실이 확인되었고, 원통형토기의 출토 묘제가 주구(토광)묘-옹관고분-전방후원형고분까지 연이어지는 양상도 파악되었다. 이 토기는 연구자에 따라 墳周土器, 圓筒形土器, 하니와(埴輪), 異形土器, 墳丘樹立土器, 墳周物 등으로 다양하게 불려지고 있다[31].

2001년에 들어서 남해안 일원에서도 분구묘가 조사되는데 장흥 상방촌B(01~02년)·신풍(01~02년), 고흥 장동유적(09년) 등이 있다. 장흥 상방촌B 고분은 제형분이 5세기대까지 방형분과 함께 하나의 고분군에서 지속적으로 조영된다. 고분은 다장묘의 주체가 되었던 목관이 점차 옹관 일색으로 바뀌어간다는 변화가 보이지 않아 탐진강유역이 영산강유역과 다른 변천과정을 거친다는 것을 시사해 주고 있다. 또한 고흥 장동에서 보여주듯 고흥반도에서도 5세기 전반의 다장 제형분이 축조되었다는 점은 동·서 남해안 문화 접변지역의 내용을 이해하는데 도움을 준다.

29) 김낙중, 2009, 『영산강유역 고분 연구』, 학연문화사, 109~110쪽.

30) 김낙중, 2009, 『영산강유역 고분 연구』, 학연문화사, 49쪽.

31) 이영철, 2014, 「호남지역 분주토기 조사현황에 따른 성과와 과제」, 『한국 원통형토기 (분주토기)의 연구현황과 과제』, 국립나주문화재연구소·전남대학교박물관, 93쪽.; 임영진, 2014, 「한국 분주토기의 발생과 확산 배경」, 『한국 원통형토기(분주토기)의 연구현황과 과제』, 국립나주문화재연구소·전남대학교박물관, 9쪽.

2002년에는 영산강유역 분구묘의 전개 과정이 제시되었다. 이전까지는 매장주체부를 중심으로 하여 대체로 목관(곽)→옹관→석실로 간단히 인식하다가, 2000년부터 주구묘를 포함시켜 주구묘→이형분구묘→방(대)형분구묘→원형분구묘 순으로 이해하기 시작했다[32]. 2년 후, 영산강유역 분구묘는 방형목관→제형목곽→(장)방대형옹관→원(대)형석실로의 변화과정이 제시되었고[33], 2009년에는 복합제형분, 옹관분, 석실분의 3단계로 구분하면서 세부적으로 복합제형분1(목관중심)→복합제형분2(목관옹관병용)→옹관분(고총:원대형 · 방대형)→초기석실분(고총:전방후원형 · 원형 · 방대형)→백제식석실분(원형 · 반구형) 등 5단계로 상정하였다[34]. 이들 연구자들이 사용한 단계별 명칭은 복합명사로 구성되는데 분형과 매장주체부를 동시에 반영하기 위한 점에서 공통된다. 같은 해, 고분 변천에 대해 매장주체부를 중심으로 제시되었다. 주구토광묘는 분구 확장이 이루어지면서 목관고분으로 발전되고, 옹관묘는 4세기에 들어 전용옹관이 사용됨에 따라 옹관고분으로 발전한다. 이들 고분은 6세기에 들어서면 석실 · 석곽분에 점차 그 자리를 내어준다[35].

2003~2004년에는 주구토광묘, 분구묘라는 용어를 제목으로 쓴 학위논문들이 발표되었다[36]. 이 뿐만 아니라 우리 학계에 마한의 주된 묘제가 분구묘로 인식이 확산되면서 정치체의 이름이 달려진 연구 논문들도 속속 발표되기 시작했다. 마한 분구묘, 마한 분묘, 마한 묘제, 마한계, 마한 제국 등으로 이름 지

32) 최완규, 2000, 「호남지역 마한분묘 유형과 전개」, 『호남고고학보』 11, 호남고고학회, 120~135쪽.
33) 임영진, 2002, 「영산강유역의 분구묘와 그 전개」, 『호남고고학보』 16, 호남고고학회, 88쪽.
34) 김낙중, 2009, 『영산강유역 고분 연구』, 학연문화사, 100~102쪽.
35) 최성락, 2009, 「영산강유역 고분연구의 검토」, 『호남고고학보』 33, 호남고고학회, 125쪽.
36) 윤효남, 2003, 「전남지방 3~4세기 분구묘에 대한 연구」, 전북대학교 석사학위논문; 김영희, 2004, 「호남지방 주구토광묘의 전개양상에 대한 고찰」, 목포대학교 석사학위논문.

어진 논문들이 바로 그것이다[37]. 고고학계에서 2000년 이전까지 '마한'이라는 용어는 그리 익숙한 표현이 아니었다가 원삼국시대란 용어가 '마한시대' 또는 '삼한시대', '마한문화'란 용어로 대체되는 경향[38] 속에서 논의될 수 있었다.

2004~2005년에는 청동기시대 무덤에 주구를 굴착한 사례가 광주 외촌 3호 토광묘에서 확인되었다[39]. 그동안 많은 조사가 이루어졌음에 불구하고 한반도에서 분구묘가 가장 유행했던 전남지역에서만 그 존재가 확인되지 않다가 외촌의 존재로 청동기시대부터 주구를 굴착했다는 사실이 밝혀지게 되었다. 주구석관묘와 분구묘의 관련성 문제를 차지하고라도 매장주체부가 석관이 아니라 토광(목관)[40]이라는 점은 영산강유역 주구토광묘의 등장 시점 연구에 중

---

37) 최완규, 2000,「마한묘제의 최근 조사 및 연구동향」,『삼한의 마을과 무덤』, 제9회 영남고고학 학술발표회 : 2000,「호남지역 마한분묘 유형과 전개」,『호남고고학보』11, 호남고고학회; 임영진, 2007,「마한 분구묘와 오월토돈묘의 비교 검토」,『중국사연구』51; 이택구, 2008,「한반도 중서부지역 마한 분구묘」,『한국고고학보』66, 한국고고학회; 성낙준, 2009,「마한 옹관묘의 시종」,『한국의 고대 옹관』, 국립나주문화재연구소; 김승옥, 2011,「중서부지역 마한계 묘제의 성격과 발전과정」,『분구묘의 신지평』, 전북대학교 고고문화인류학과 BK21사업단 국제학술대회; 서현주, 2013,「출토유물로 본 전남지역 마한 제국의 사회 성격」,『전남지역 마한 제국의 사회 성격과 백제』, 백제학회; 이정호, 2013,「고분으로 본 전남지역 마한 제국의 사회 성격」,『전남지역 마한사회와 백제』, 백제학회;, 2014,『경기지역 마한 분구묘의 사회의 비교 검토』, 마한 분구묘 사회의 비교 검토 1차 세미나:, 2014,『충청지역 마한 분구묘의 사회의 비교 검토』, 마한 분구묘 사회의 비교 검토 1차 세미나 : 2014,『전북지역 마한 분구묘의 사회의 비교 검토』, 마한 분구묘 사회의 비교 검토 1차 세미나 : 2015,『마한 분구묘의 기원과 발전』, 2015년 마한연구원 국제학술회의; 한국고고학회, 2014,『한국고고학의 신지평』(자유패널 1분과 : 마한 분구묘 사회의 비교 검토), 제38회 한국고고학전국대회
38) 최몽룡, 2013,「마한-연구 현황과 과제-」,『마한 · 백제문화-故전영래교수 추모특집-』, 마한백제문화연구소, 66쪽.
39) 호남문화재연구원 2005,『광주 외촌유적』, 47~49쪽.
40) 필자의 추정이지만, 입지가 급경사면인 점으로 보아 매장주체부가 '석개토광'일 가능성도 배재할 수 없다는 생각이다. 이는 곡성 대평리 석개토광묘의 존재를 참고할 수 있다.

요한 자료임은 분명하다.

2006년대에 들어 전남 동부지역에서도 보성 거석리 구주(06년), 곡성 대평리(11년) 등에서 제형주구가 확인되었다. 섬진강변의 충적대지에 자리한 곡성 대평리의 경우, 목관 중심의 매장주체부로부터 선황리식 옹관을 내는 제형분구로의 변화가 확인됨으로써 영산강유역 양상과도 상통된다. 또한 4변이 폐쇄된 세장방형의 주구를 두른 송국리문화단계의 석개토광(16 · 20호) 주체가 영광 군동 18호묘 단계의 장방형주구토광묘(19호 · 22호)보다 시간적으로 앞서고 있어서 주구(토광)묘의 출발 시점 논의에 시사하는 바가 크다. 다만, 김낙중[41]의 지적처럼 묘제가 연속되어 축조되었을 가능성이 높지만 상호 연계성이 명확치 않다는 점도 염두에 둘 필요가 있다. 여하튼 곡성 대평리유적에서 석개토광묘 2기와 방형주구토광묘 2기가 군집되어 있다는 점은 단독으로 조성되어진 영광 군동 18호와 대조적인 모습이다.

2009년부터 2013년까지 모두 3차례 걸쳐 영암 옥야리 방대형 1호분에 대한 조사가 이루어졌다. 여기에서 기존에 알려지지 않았던 고분 축조 방식(구축묘광 구조, 토괴 · 토낭 · 점토블럭 등의 성토재 사용, 매장주체부의 기반을 위한 小丘 구조, 지망상의 분할성토 방식 등)이 파악되어 가야, 신라, 왜와의 교류관계를 시사해 주고 있다[42]. 이렇게 토괴를 이용한 방식이 나주(장동리, 복암리 3호분, 신촌리 9호분), 무안(고절리, 덕암), 영암(자라봉), 해남(만의총 3호분) 등에서도 확인[43]됨으로써 고총고분에 일반적으로 이용되어졌던 축조 방법임

---

41) 김낙중, 2015, 「마한 제형분구묘의 성립과정과 의미」, 『마한 분구묘의 기원과 발전』, 마한연구원, 99~101쪽.

42) 전용호 · 이진우, 2013, 「영암 옥야리 방대형고분의 조사방법과 축조기술」, 『삼국시대 고총고분 축조기술』, 대한문화재연구원 학술총서 4책, 진인진, 118~123쪽.

43) 국립나주문화재연구소, 2012, 『영암 옥야리 방대형고분 제1호분』, 296쪽.

을 알 수 있었다.

2010년대에 들어서 분구 축조와 관련된 노동력 부문, 토목 기술적인 부문을 다루는 연구 논문들이 발표된 바 있다[44]. 영남지역의 경우, 2003년 고분조사과정에서 구획성토의 존재가 확인된 이후 다른 지역에서도 다양한 성토방식과 더 나아가 성토재에 대한 유사 사례가 급증하게 된 것을 보면[45], 연구자의 인지 시점이 매우 중요한 듯하다. 이제까지 고분 발굴조사의 대부분이 매장시설과 부장 유물에 쏠려 있었던 관계로 "분구와 같은 외부시설은 실은 매장시설을 보호하기 위한 수단에 불과하며, 직접 주검이 안치되는 내부구조가 가장 중요함은 재론의 여지가 없을 것이다"라고 언급[46]되어진 바와 같이 분구가 외피라는 인식은 그다지 먼 시절의 이야기가 아니었다. 이런 측면에서 나주 복암리 3호분(96~98년)·신촌리 9호분(99년)·영동리(06~07년), 무안 고절리(99~00년), 영암 옥야리 방대형 1호분(09~13년)·자라봉[47](11년·15년), 무안 덕암리(10년) 등의 고분이 어떤 성과를 이끌어 내었는지는 두말할 필요가 없을 것이다.

---

44) 한옥민, 2010, 「분구 축조에 동원된 노동력의 산출과 그 의미」, 『호남고고학보』34, 호남고고학회; 전용호·이진우, 2013, 「영암 옥야리 방대형고분의 조사방법과 축조기술」, 『삼국시대 고총고분 축조기술』; 진인진; 임지나, 2013, 「영암 자라봉고분의 조사 방법과 축조기술」, 『삼국시대 고총고분 축조기술』, 진인진; 권오영, 2014, 「토목기술과 도성조영」, 『삼국시대 고고학개론』, 진인진; 김낙중, 2014, 「방형·원형 고분 축조기술」, 『영산강유역 고분 토목기술의 여정과 시간을 찾아서』, 대한문화재연구원.

45) 임지나, 2013, 「영암 자라봉고분의 조사 방법과 축조기술」, 『삼국시대 고총고분 축조기술』, 진인진, 177쪽.

46) 성낙준, 1993, 「원삼국시대의 묘제」, 『전라남도지』2권, 전라남도지편찬위원회, 290쪽.

47) 자라봉은 전방후원형 분구이면서 석실 1기(수혈식? 또는 횡구식?)만이 존재하는 것으로 알려졌다. 그러나 최근 조사를 통해 직구소호 1점을 부장한 옹관묘 1기가 추가 매장되었음이 확인되었다.

Ⅲ. 주제별 조사·연구 성과

분구묘라는 용어는 일본고고학에서 사용되기 시작한 개념으로 이것은 일본 야요이시대의 무덤을 나타내는 명칭이지만 한국고고학에서 사용하면서 그 의미가 확대되었다[48]. 현재 학계에서 분구묘와 관련된 용어는 '분구묘'로 지칭[49]된 것이 주로 쓰이고 있으며, 이외에도 분구분[50], 주구분·구획분[51], 분구식고분[52] 등의 용어가 쓰인다. 분구묘의 개념 정의는 2000년[53]에 일차적으로 규정된 바 있는데, 이는 현재 일반적으로 쓰이고 있는 분구묘 개념의 바탕이 되고 있다.

---

48) 최성락, 2007, 「분구묘의 인식에 대한 검토」, 『한국고고학보』 62, 한국고고학회, 115쪽.

49) 강인구, 1984, 『삼국시대 분구묘 연구』, 영남대민족문화연구소; 박천수, 1998, 「韓國の 墳丘墓」, 『東アジア墳丘墓研究會發表文』, 大阪大學; 이성주, 2000, 「분구묘의 인식」, 『한국상고사학보』 32, 한국상고사학회; 최완규, 1996, 「전북지방 고분의 분구」, 『호남지역 고분의 분구』, 호남고고학회 제4회 학술대회; 임영진, 2002, 「전남지역의 분구묘」, 『동아시아의 주구묘』, 호남고고학회; 최병현, 2002, 「주구묘·분구묘 소관-최완규교수의 전북지방 주구묘 토론에 붙여」, 『동아시아의 주구묘』, 호남고고학회; 윤효남, 2003, 「전남지방 3~4세기 분구묘에 대한 연구」, 전북대학교 석사학위논문; 김낙중, 2006, 「분구묘의 전통과 영산강유역형 주구」, 『나주 복암리 3호분』, 국립나주문화재연구소.

50) 성정용, 2000, 「백제 한성기 저분구분과 석실묘에 대한 일고찰」, 『호서고고학』 3, 호서고고학회; 신대곤, 2001, 「영산강유역의 전방후원형분」, 『과기고고연구』 7, 아주대학교박물관; 이훈, 2006, 「서산 부장리고분과 분구묘」, 『분구묘·분구식 고분의 신자료와 백제』, 제48회 전국역사학대회 고고학부 발표자료집.

51) 김용성, 2006, 「소위 분구묘 분구식 고분의 개념과 관련된 의문」, 『분구묘 분구식 고분의 신자료와 백제』, 제48회 전국역사학대회 고고학부 발표자료집.

52) 한국고고학회, 2006, 『분구묘 분구식 고분의 신자료와 백제』, 제48회 전국역사학대회 고고학부 발표자료집; 최병현, 2011, 「한국 고분문화의 양상과 전개」, 『동아시아의 고분문화』, 서경문화사; 권오영, 2011, 「喪葬制와 묘제」, 『동아시아의 고분문화』, 중앙문화재연구원 편.

53) 이성주, 2000, 「분구묘의 인식」, 『한국상고사학보』 32, 한국상고사학회, 79~80쪽.

전남지역의 분구묘 조사는 서해안고속도로 건설(98~99년) 등의 대규모 발굴조사가 이루어지면서 자료가 증가되었다. 이런 연구 성과를 모아 2002년 호남고고학회에서 '동아시아의 주구묘'의 주제로 한·중·일 주구묘·분구묘에 대한 논의가 이루어졌으며 더불어 전남지역 분구묘의 개념, 전개 과정 등이 정리되었다. 2006년에는 한국고고학회에서 한반도 분구묘 집성과 함께 충청~전남지역에서 새로이 확인된 서산 부장리·완주 상운리·나주 영동리 등의 조사 성과를 일괄하여 '분구묘와 분구식 고분의 신자료와 백제'의 주제로 논의가 이루어졌다. 2011년에는 전북대학교 고고문화인류학과 BK21사업단에서 '분구묘의 신지평'의 주제로 경기~전남지역, 일본과의 비교·검토가 이루어졌고 아울러 호남지역 제형분의 변천, 영산강 유역권 분구묘에 대해서도 다루었다. 2014년에는 마한연구원 주최로 제38회 한국고고학전국대회에서 '마한 분구묘 사회의 비교 검토'의 주제로 발표회가 열렸다. 여기에서 경기·충청·호남지역 분구묘의 구조 및 출토유물, 연구 성과와 과제에 관한 논의가 있었다.

이 장에서는 전남지역 분구묘와 관련하여 그동안 이루어졌던 연구 내용 가운데 주요한 쟁점이 되어왔던 몇 가지의 주제에 대해 시간 순으로 살펴보고자 한다.

1. 용어 및 범주에 관한 연구

호남지역의 고분 연구에서 '분구묘'와 '분구'의 용어가 처음 등장한 것은 1980년대의 일이다. 1982년에 성낙준[54]은 학위논문을 통해 영산강유역 옹관묘 축조순서에 대해 '先墳丘造成 後甕棺埋葬'으로 규정하였다. 논고에서 분구

---

54) 성낙준, 1982, 「영산강유역 옹관묘의 연구」, 전남대학교 석사학위논문, 14쪽.

와 봉토를 따로 구분하지는 않았으나, 현재 통용되고 있는 분구묘의 개념과 일치되는 시각을 당시에 가졌다는 점은 선구적이라 하겠다. 그러나 그의 견해는 영산강유역에 국한되어 옹관묘에서 나타나는 특징 가운데 하나에 해당하는 것이라는 정도로 인식됨으로써 크게 주목되지 못하였다[55].

우리 학계에서 '분구묘'라는 용어는 강인구[56]에 의해 처음 사용되었다. 그는 삼국시대의 봉토분 등 墳을 가진 고분을 모두 분구묘로 통칭하였는데 이 때의 분구묘는 봉토묘와 대치되는 개념으로 쓴 것은 아니라 土壙墓와 구분하여 제시한 용어이다. 영암 시종면, 나주 반남면 일대 다수의 옹관고분이 지상에 매장시설을 둔 토축에 의해 축조되는 특징에 주목하여 '土築墓'로 명명하였는데 이 개념이 분구묘에 해당된다. 이후, 1987년에 서성훈[57]이 호남지역 연구자 중 최초로 분구묘란 용어를 다시 쓰기 시작하였는데, 분구묘는 3세기대에 이르러 고대한 분구를 갖게 되며 내부주체시설은 다장식(토장·옹관장이 병용) 묘제로 발전된다고 보았다.

1990년대에 들어 주구가 부가된 고분들이 충청과 서해안 일대에서 조사되기 시작하였다. 이들 고분에 대해 외부 시설인 주구에 주목하여 '주구토광묘'와 '주구묘'라는 새로운 용어가 등장하게 되었다. 천안 청당동 보고자는 3차 보고서에서 서오선·함순섭[58]이 '주구가 딸린 묘'라고 지칭하였고, 4차 보고서에

---

55) 임영진, 2015, 「한·중·일 분구묘의 비교 검토」, 『마한 분구묘의 기원과 발전』, 마한연구원, 3쪽.

56) 강인구, 1984, 『삼국시대 분구묘 연구』, 영남대민족문화연구소, 25~36쪽.

57) 서성훈, 1987, 「영산강유역 옹관묘를 통해 본 전남지방의 고분문화」, 『전남 고문화의 현황과 전망』, 국립광주박물관 광주박물관회, 152쪽.

58) 서오선·함순섭, 1992, 「천안 청낭동 제3차 발굴조사보고서」, 『고성패총』, 국립중앙박물관, 210쪽.

서 한영희 · 함순섭[59]이 '주구를 갖춘 분묘'로 지칭하고 있다. 현재에는 두 개의 용어가 함께 쓰이고 있어 다소 혼란을 주는 면도 없지는 않으나 이를 계기로 원삼국기 분묘에 대한 논의가 그 어느 때보다 활발히 진행된 측면은 긍정적이다.

한편, 전남지역에서도 1990년대 후반에 들어서면서 주구가 둘러진 고분들이 무안 인평(97년), 영광 군동(99년), 함평 순촌(99년) 등에서 조사되어 한반도 서남부에까지 존재함이 확인되었다. 매장주체부는 대부분 목관묘가 중심을 이루고 있었고 이 중 일부만 옹관묘(함평 순촌 32호)를 중심묘로 두는 양상에 착안하여 최성락[60]은 매장주체가 대부분 토광이므로 주구묘도 포괄하여 '주구토광묘'로 부르자고 제안하였다.

현재 '주구토광묘'라는 용어는 주구묘까지를 일괄하여 부르는 의미로써 강인구[61], 최성락[62], 이호형[63], 김영희[64] 등에 의해 지칭되고 있다. '주구묘'의 용

---

59) 한영희 · 함순섭, 1993,「천안 청당동 제4차 발굴조사보고서」,『청당동』, 국립중앙박물관, 140쪽.

60) 최성락, 2000,「호남지역의 철기시대-연구현황과 과제-」,『호남지역의 철기문화』, 제8회 호남고고학회 학술대회, 16쪽.

61) 강인구, 1994,「주구토광묘에 관한 몇 가지 문제」,『정신문화연구』56호, 한국정신문화연구원, 103~129쪽.

62) 최성락, 2000,「호남지역의 철기시대-연구현황과 과제-」,『호남지역의 철기문화』, 제8회 호남고고학회 학술대회, 16쪽 : 2002,「삼국의 성립과 발전기의 영산강유역」,『한국상고사학보』37, 한국상고사학회, 92쪽.

63) 이호형, 2004,「중서부지역 주구토광묘 연구」, 공주대학교 석사학위논문, 5쪽.

64) 김영희, 2004,「호남 주구토광묘의 전개양상에 대한 고찰」, 목포대학교 석사학위논문, 21쪽.

어는 함순섭 · 김재홍[65], 최완규[66], 임영진[67], 김승옥[68] 등에 의해 제안되었다. 그러나 동일 용어를 사용하더라도 연구자마다 그 의미에서는 약간의 차이가 있다. 대체로 주구토광묘를 쓰는 연구자들은 주구묘까지를 포괄하려는 경향인데 반해 주구묘의 용어를 쓰는 연구자들은 봉토묘적 성격의 주구토광묘와 구분하려는 경향을 보인다.

1996년 제4회 호남고고학회의 학술대회에서 '호남지역 고분의 분구'라는 주제로 논의가 이루어졌다. 최완규[69]는 전북지역 원삼국시대 분묘를 주구묘, 주구토광묘, 분구묘로 나누었다. 그는 주구묘가 분구묘와 연결된다고 보았는데 이는 주구묘와 분구묘에 내재된 내용이 서로 동일하다는 것을 전제한 논지로 이해할 수 있다. 임영진[70]은 함평 만가촌의 발굴조사를 계기로 긴 삼각형이나 긴 사다리꼴의 독특한 평면의 분구를 포괄하여 이를 '異形墳丘'로 지칭하면서 영산강유역의 고분은 원형 · 방형이 아닌 이형분구로부터 시작된다고 주장하였다. 이후, 1999년에 이형분구를 대신하여 '제형분구'로 개칭[71]하였고, 현재 제형분구 또는 제형(고)분이라는 용어가 일반적으로 사용되고 있다.

---

65) 함순섭 · 김재홍, 1995, 「천안 청당동유적 1단계 조사보고」, 『청당동』Ⅱ, 국립중앙박물관, 98~99쪽.
66) 최완규, 1996, 「익산 영등동 주구묘」, 『제39회 전국역사학대회 발표요지』, 한국고고학회, 350쪽.
67) 임영진, 2002, 「전남지역의 분구묘」, 『동아시아의 주구묘』, 호남고고학회, 54쪽.
68) 김승옥, 2009, 「분구묘의 인식과 시공간적 전개과정」, 『한국 매장문화재 조사연구방법론』5, 국립문화재연구소, 260쪽.
69) 최완규, 1996, 「전북지방 고분의 분구」, 『호남지역 고분의 분구』, 호남고고학회 제4회 학술대회, 4~11쪽.
70) 임영진, 1996, 「함평 예덕리 만가촌고분과 영산강유역 고분의 주구」, 『제39회 전국역사학대회 발표요지』, 한국고고학회, 360쪽.
71) 임영진 · 조진선 · 서현주, 1999, 『복암리고분군』, 전남대학교 박물관, 167쪽.

1998년에는 우리 학계에 분구묘라는 용어가 세 번째로 등장한다. 일본 오사카에서 11월에 열린 발표회를 통해 관창리와 청당동에서 확인된 매장주체부의 조성 방법에 주목하여 각각 분구묘, 봉토묘로 구분하면서 전자의 범위를 주구묘~전방후원형고분(장고분)까지로 설정하였다[72]. 분구묘에 대하여 구체적으로 정의하지는 않았으나 주장의 근거로 이성주의 글을 先 인용한 것이다[73].

2000년대에 들어와서 분구묘의 개념을 규정한 이성주[74]의 논고를 계기로 고분 연구가 새로운 방향으로 전개되기 시작하였다. 그는 고분이 축조 순서에서 현저한 차이를 보이는 것으로 이해하면서 봉토분은 '선매장후봉도'이고, 분구묘는 '선분구후매장' 개념으로 구분하였다. 이와 같이 분구묘의 개념이 정리된 이후, 분구와 봉토의 구분은 같은 해에 성정용[75]의 논문을 시작으로 후속 연구[76]가 계속 진행되어지면서 점차 '분구묘'란 용어가 자리매김하게 된다.

같은 해에 주구묘는 마한의 묘제로써 대형분구묘(옹관고분)로 전개된다는 계통성을 주장하는 연구가 제기되었다[77]. 이후에도 주구묘를 분구묘의 범주

---

72) 박천수, 1998, 「韓國の墳丘墓」, 『東アジア墳丘墓研究會發表文』, 大阪大學.
73) 최성락, 2007, 「분구묘의 인식에 대한 검토」, 『한국고고학보』 62, 한국고고학회, 119쪽.
74) 이성주, 2000, 「분구묘의 인식」, 『한국상고사학보』 32, 한국상고사학회, 79~90쪽.
75) 성정용, 2000, 「백제 한성기 저분구분과 석실묘에 대한 일고찰」, 『호서고고학』 3, 호서고고학회, 3쪽.
76) 최완규, 2000, 「호남지역 마한분묘 유형과 전개」, 『호남고고학보』 11, 호남고고학회, 120쪽; 임영진, 2002, 「전남지역의 분구묘」, 『동아시아의 주구묘』, 호남고고학회, 55~56쪽; 최병현, 2002, 「주구묘·분구묘 소관 - 최완규교수의 전북지방 주구묘 토론에 붙여」, 『동아시아의 주구묘』, 호남고고학회, 47~48쪽; 김낙중, 2006, 「분구묘의 전통과 영산강유역형 주구」, 『나주 복암리 3호분』, 국립나주문화재연구소, 359쪽; 이택구, 2008, 「한반도 중서부지역 마한 분구묘」, 『한국고고학보』 66, 한국고고학회, 51쪽; 김승옥, 2009, 「분구묘의 인식과 시공간적 전개과정」, 『한국 매장문화재 조사연구방법론』 5, 국립문화재연구소, 272쪽.
77) 최완규, 2000, 「호남지역 마한분묘 유형과 전개」, 『호남고고학보』 11, 호남고고학회,

에서 이해하려는 연구가 이어면서[78], 현재는 주구묘가 분구묘의 조형묘로서 인식되기에 이르렀다.

2002년 호남고고학회 창립 10주년 기념 학술대회(동아시아의 주구묘)를 통해서는 분구묘의 범주에 대한 논의가 있었다. 발표자(최완규·임영진)와 토론자(최병현)는 분구묘의 범주를 주구묘에서 전방후원형고분(장고분)까지로 확대 설정하였다. 이는 매장개념상 주구묘, 옹관묘, 석실묘 등을 분구묘의 용어로 통일할 수 있음을 의미하는 것이다. 최병현[79]은 축조방법의 차이를 바탕으로 고분을 봉토묘와 분구묘로 구분하였다. 봉토묘는 저봉토묘 → (봉토)고총, 분구묘는 저분구묘 → (분구)고총으로 발전되는 것으로 제시하였다. 여기에서 고분이란 "낮거나 높거나 지상에 봉분을 축조한 무덤의 총칭"으로 정의해 두고 있다. 임영진[80]은 논고 제목에 '분구묘'의 용어를 사용하면서 분구묘에 주구묘, 대형옹관묘, 영산강식석실 등을 포괄하였다. 또한 주구묘는 분구가 삭평된 것이므로 분구묘로 구분해야 하고 전통적인 토광묘가 주구를 채택한 주구토광묘와 계통적인 차이로 보았다.

2006년은 분구묘의 연구가 진행된 이후, 또 하나의 획기가 되는 해이기도 하다. 그동안 자료 축적과 함께 연구자들의 다양한 시각이 생겨나고, 서산 부

120쪽.

78) 최완규, 2002, 「전북지방 주구묘」, 『동아시아의 주구묘』, 호남고고학회, 21~26쪽; 임영진, 2002, 「전남지역의 분구묘」, 『동아시아의 주구묘』, 호남고고학회, 58~61쪽; 윤효남, 2003, 「전남지방 3~4세기 분구묘에 대한 연구」, 전북대학교 석사학위논문, 8~22쪽; 김승옥, 2009, 「분구묘의 인식과 시공간적 전개과정」, 『한국 매장문화재 조사연구방법론』5, 국립문화재연구소, 269~275쪽.

79) 최병현, 2002, 『주구묘·분구묘 소관 - 최완규 교수의 전북지방 주구묘 토론에 붙여』, 『동아시아의 주구묘』, 호남고고학회, 47쪽.

80) 임영진, 2002, 「전남지역의 분구묘」, 『동아시아의 주구묘』, 호남고고학회, 57~66쪽.

장리, 천안 두정리 등이 조사되면서 종래의 구분법으로 적용할 수 없는 유적들이 확인되자 분구묘에 대한 부정론과 수정론이 대두되기 시작하였다. 이러한 시각의 차이를 반영하여 2006년에 한국고고학에서는 '분구묘 · 분구식고분의 신자료와 백제'이라는 주제로 논의의 장을 마련하였다. 이 학술대회에서 '분구묘'의 비판이 쏟아졌고, 급기야 분구식고분[81], 분구분[82], 주구분 · 구획분[83]이라는 또 다른 용어가 생산되기에 이르렀다.

부정론의 입장은 대체로 용어 문제, 분구와 봉토 구분에 관한 유효성 문제, 고총고분에 대한 평가절하 부분에 집중되어 있다. 이훈[84]은 학술 용어로서의 타당성 문제, 분구묘의 정의와 축조 순서의 문제 등에 대해 비판하였는데 서산 부장리의 사례를 들어 분구 조성 후 굴착하여 묘광을 만든 흔적이 확인되지 않고 있음을 지적하였다. 이주헌[85] 역시 고총고분의 출현과 특징이 분명하게 구분되지 않고, 영남지역 고총고분들과의 비교에서도 적절치 않음을 비판하고 있다. 김용성[86]은 봉토분과 분구묘를 구분해서 사용하는 것에 회의적임을 밝히면서 봉토분이라는 커다란 개념 속에서 분구와 묘의 축조관계(분묘분

---

81) 한국고고학회, 2006, 『분구묘 분구식 고분의 신자료와 백제』, 제48회 전국역사학대회 고고학부 발표자료집.

82) 이훈, 2006, 「서산 부장리고분과 분구묘」, 『분구묘 분구식 고분의 신자료와 백제』, 제48회 전국역사학대회 고고학부 발표자료집, 24쪽.

83) 김용성, 2006, 「소위 분구묘 분구식 고분의 개념과 관련된 의문」, 『분구묘 분구식 고분의 신자료와 백제』, 제48회 전국역사학대회 고고학부 발표자료집, 115~116쪽.

84) 이훈, 2006, 「서산 부장리고분과 분구묘」, 『분구묘 분구식 고분의 신자료와 백제』, 제48회 전국역사학대회 고고학부 발표자료집, 24쪽.

85) 이주헌, 2006, 「토론 요지」, 『분구묘 분구식 고분의 신자료와 백제』, 제48회 전국역사학대회 고고학부 발표자료집, 112쪽.

86) 김용성, 2006, 「소위 분구묘 분구식 고분의 개념과 관련된 의문」, 『분구묘 분구식 고분의 신자료와 백제』, 제48회 전국역사학대회 고고학부 발표자료집, 115~116쪽.

리형, 분묘일체형, 선분후묘형)에 관한 형식의 명칭이 타당하다고 제안하였다.

반면, 수정론의 입장은 그동안 보편적으로 받아들여지고 있던 분구묘의 개념을 확대 설명하려는 경향성을 보이고 있다. 때문에 분구묘의 개념과 범주가 모호해졌다. 이에 김낙중[87]은 분구묘는 일정시기의 한반도 중서부와 서남부에 유행한 특징적인 무덤을 설명하는데 용이하고 이와 유사한 묘제를 사용한 가야의 일부 세력이나 왜와의 긴밀한 관계를 파악하는데 중요한 지표가 될 수 있다고 보았다. 또한 이미 마련한 墳이 매장시설이 추가로 쓰이는 묘지로서의 의미를 가지는 분구묘의 현상을 설명할 수 없는 점에서 봉토묘와 구분이 필요하다는 것이다. 권오영[88]은 분구묘의 축조 방법을 따르는 고분은 영남지역에서는 고성지역에 한정되는 점을 강조하면서 무엇보다도 추가장의 원칙이 완전히 다르기 때문에 서로를 구분하는 것이 합당하다고 피력했다.

2006년 12월에 '분구묘'의 개념이 새롭게 선보이는데 기왕의 구도를 유지한 채 개념 확대의 분위기가 충만해졌다. 가장 먼저 김낙중[89]에 의해 제시되었다. "주구를 돌리고 분구에 대한 매장시설의 설치 순서가 동시성 또는 후행성을 나타내며 이에 따라 다장의 특징을 수반하고 분구 확장이라는 현상이 자주 관찰되는 묘제를 분구묘라 하고, 매장시설의 변천과 상관없이 지속적인 전통성을 보여주고 있다는 점에서 '분구묘전통'으로 부르며, 일본에서와 같이 묘제 발전 단계의 한 과정으로 설정하지 않는다"고 설명하였다. 축조 순서에서 '동

---

87) 김낙중, 2009, 「분구묘」, 『한국고고학전문사전-고분편』, 국립문화재연구소, 554쪽.

88) 권오영, 2015, 「마한 분구묘의 출현 과정과 조영 집단」, 『마한 분구묘의 기원과 발전』, 마한연구원, 79쪽.

89) 김낙중, 2006, 「분구묘의 전통과 영산강유역형 주구」, 『나주 복암리 3호분』, 국립나주문화재연구소, 360쪽.

시성'이란 개념을 추가시켰다. 최병현[90]은 저분구묘와 분구고총을 분구묘로 총칭할 경우 한반도 고분의 발전과정이 왜곡될 수 있다고 보면서 전고[91]를 수정하였다. 즉, 분구묘(또는 분구식 고분): 저분구묘(또는 저분구식고분)→(분구식)고총, 봉토묘(또는 봉토식고분): 저봉토묘(또는 저봉토식고분)→(봉토식)고총으로 발전된다고 보았다. 임영진[92]은 문제 해결을 위해 종전대로 축조 순서로 규정할 것이 아니라 '분구 내 매장'과 같이 매장주체부의 위치로 규정하자고 제안하였다. 후고[93]에서는 분구묘의 개념에 대해 "매장주체부가 지상의 분구에 위치하고 추가장이 이루어지면서 분구가 수평적, 수직적으로 확장되기도 하는 무덤"으로 규정하였다.

2007년에는 최성락[94]에 의해 분구묘 용어 사용과 개념 등의 문제점에 대해 종합적인 검토가 이루어졌다. 그는 분구묘에 대한 회의적인 입장임을 밝히면서 분구묘와 봉토묘가 서로 본질적으로 차이가 없다고 하였다. 특히 호남지역의 경우, 분구묘로 분류되는 무덤 중에서 매장주체부의 위치가 구지표의 아래에서 확인되는 점은 분구를 쌓은 후, 이를 되파기하였다고 볼 수 없음을 지적

---

90) 최병현, 2011, 「한국 고분문화의 양상과 전개」, 『동아시아의 고분문화』, 서경문화사, 13쪽.

91) 최병현, 2002, 『주구묘·분구묘 소관 - 최완규 교수의 전북지방 주구묘 토론에 붙여』, 『동아시아의 주구묘』, 호남고고학회, 47쪽.

92) 임영진, 2013, 「호남지역 삼국시대 고고학 연구의 현황과 과제」, 『호남고고학회 20년, 그 회고와 전망』, 21회 호남고고학회 학술대회, 133쪽 : 2013, 「호남지역 삼국시대 고고학의 연구 성과와 과제-서부지역을 중심으로-」, 『호남고고학보』 45, 호남고고학회, 111쪽.

93) 임영진, 2014, 「마한 분구묘의 조사·연구 성과와 과제」, 『한국고고학의 신지평』(자유패널 1분과 : 마한 분구묘 사회의 비교 검토), 제38회 한국고고학전국대회, 180쪽.

94) 최성락, 2007a, 「분구묘의 인식에 대한 검토」, 『한국고고학보』 62, 한국고고학회, 122~126쪽.

하였다. 이런 시각에 공감하면서 박형열[95] 역시 분구묘와 봉토묘의 구분이 구조 차이에 대한 명칭이므로 시대적 묘제의 총칭으로 사용되는 것은 부적절하다고 보았다.

2. 기원 및 계통에 관한 연구

분구묘의 기원에 관한 논의는 1980년대부터 시작되었다. 그러나 분구묘의 기원이 자체적인 것인지 외부와의 접촉을 통해 발현된 것인지에 대해 구체적으로 밝혀져 있지 않은 채 마한이라 불린 세력 중 일부이거나[96], 백제와는 구별되는 원래 마한의 묘제 가운데 하나로 인식되어 왔다[97]. 지금의 분구묘는 일반적으로 백제 이전의 '범마한 지역의 특징적인 무덤'으로 보고 있다.

먼저, 한반도 분구묘의 기원에 대해 살펴보자. 여기에 관한 논의는 1980년대부터 시작되었으며, 크게 세 가지 입장으로 나눌 수 있다.

첫째, 자생적인 발생으로 보고 있다. 하나는 옹관이 손쉬운 묘제이기 때문에 자생적으로 발생한 것으로써 영산강 하류의 옹관묘는 초기철기시대부터 있던 토착묘제의 전통에서 비롯된 것이고[98], 원삼국기에 들어와서는 옹관장이 지역적 특성을 지닌 토착묘제로 발전되었다는 것이다[99]. 다른 하나는 주구라는 공통된 속성에서 청동기시대 주구석관묘와 연결될 가능성이 있다고 보는 견해이다[100].

---

95) 박형열, 2014, 「영산강유역 3~5세기 고분 변천」, 동국대학교 석사학위논문, 4쪽.

96) 권오영, 2015, 「마한 분구묘의 출현 과정과 조영 집단」, 『마한 분구묘의 기원과 발전』, 마한연구원, 88쪽.

97) 최병현, 2011, 「한국 고분문화의 양상과 전개」, 『동아시아의 고분문화』, 서경문화사, 18쪽.

98) 김원용, 1988, 『한국고고학개설』제3판, 일지사, 117~196쪽.

99) 안춘배, 1985, 「한국 옹관묘에 관한 연구」, 『부산어내논문집』 18집, 285쪽.

100) 이호형, 2004, 「중서부지역 주구토광묘의 조형」, 『금강고고』 창간호, 충청문화재연구

둘째, 중국과 관련되는 것으로 보는 견해인데 크게 세 부류의 방향으로 나뉜다. 하나는 분구묘의 주요 특징인 추가장에 의한 다장, 분구 확장, 주구, 출토유물 등의 유사성에서 중국의 土墩墓와 관련짓고 있는데[101], 기원전 10세기에서 5세기까지 오월지역에서 유행던 오월 토돈묘에 대해 임영진은 서해를 통해 들어왔고 지상식·다장·분구확장·주구·石床·圍石 등에서 구조적으로 상통된다고 보고 있다. 다른 하나는 전국시대 秦國의 圍溝墓와 관련된다고 보는데, 이들 위구묘 집단의 이주에서 비롯되거나[102], 주구 및 방형·장방형의 평면형태, 육교부(연결부) 등의 구조적인 유사성과 연결시켜 보았다[103]. 마지막으로 방형 성토분구의 구조적 연원을 낙랑 목곽봉토분에서 찾는 견해가 있다[104].

셋째, 분구묘를 비중원식 매장방식으로 이해하여 중국의 주변이나 북방계로 보는 것이다. 즉, 방형의 분구조영에 대해 중국적이기 보다는 북방 문화적 영향 하에 채택된 것이며[105], 분구묘는 비중원식 무덤으로 중국의 주변지역-

원, 77~78쪽; 최성락, 2009, 「영산강유역 고분연구의 검토」, 『호남고고학보』 33, 호남고고학회, 113쪽.

101) 강인구, 1984, 『삼국시대 분구묘 연구』, 영남대민족문화연구소, 103쪽; 임영진, 2013, 「호남지역 삼국시대 고고학 연구의 현황과 과제」, 『호남고고학회 20년, 그 회고와 전망』, 21회 호남고고학회 학술대회, 134쪽; 임영진, 2015, 「한·중·일 분구묘의 비교 검토」, 『마한 분구묘의 기원과 발전』, 마한연구원, 10쪽; 胡繼根 2013, 「중국 한대 토돈묘」, 『전남지역 마한 제국의 사회성격과 백제』, 백제학회, 117쪽; 林留根, 2015, 「중국 토돈묘의 기원과 발전」, 『마한 분구묘의 기원과 발전』, 마한연구원, 45쪽.

102) 俞偉超, 1996, 「方形周溝墓」, 『季利考古學』 54, 雄山閣.

103) 呂智榮, 2002, 「중국의 위구묘」, 『동아시아의 주구묘』, 호남고고학회, 123쪽.

104) 성정용, 2000, 「백제 한성기 저분구분과 석실묘에 대한 일고찰」, 『호서고고학』 3, 호서고고학회, 18쪽.

105) 성낙준, 1996, 「영산강유역의 원·방형 분구」, 『호남지역 고분의 분구』, 호남고고학회 제4회 학술대회, 39쪽.

요동-전남-일본으로 파급된다고 보고 있다[106].

다음으로 전남지역 분구묘의 발생 및 전개 양상에 관한 연구를 보면, 크게 네 가지의 견해로 정리할 수 있다. 주로 옹관고분을 통해서 파악되는 점이 공통된다.

첫째, 1980년대에 형성된 해석으로써 한강유역 고분의 영향 하에 영산강유역 분구묘(옹관고분)가 발생되었다고 보는 것이다. 분구묘의 구조적인 특징인 분형, 다장, 지상식, 공동묘적인 성격, 주구의 존재 등이 서로 관련된다고 보았는데[107] 서성훈은 즙석 수법도 선진의 한강유역에서 영향을 받은 것으로 이해하였다.

둘째, 주구(토광)묘 조사가 활발히 이루어진 1990년대 이후의 해석으로써 중서부지역의 주구묘 영향을 받아 영산강유역에서 고대한 옹관고분으로 발전되었다는 주장이다. 보령 관창리, 익산 영등동의 주구묘가 호남지역 분구묘의 조형으로 인식하면서[108], 마제형 · 방형 · 원형주구토광묘가 제형 분구묘→타원형 분구묘로 계기적인 변화를 거쳐서 옹관고분으로 발전된다고 보거나[109], 호남지역에서는 관창리유형의 것이 점차 지상화 되면서 분구묘화 되어 거대한 옹관고분으로 발전하는 것으로 해석하고 있다[110]. 분구묘의 확산에 있어서

---

106) 이성주, 2000, 「분구묘의 인식」, 『한국상고사학보』32, 한국상고사학회, 76~100쪽.

107) 성낙준, 1982, 「영산강유역 옹관묘의 연구」, 전남대학교 석사학위논문, 15쪽; 강인구, 1984, 『삼국시대 분구묘 연구』, 영남대민족문화연구소, 83~104쪽; 서성훈, 1987, 「영산강유역 옹관묘를 통해 본 전남지방의 고분문화」, 『전남고문화의 현황과 전망』, 국립광주박물관 광주박물관회, 122~129쪽; 안춘배, 1985, 「한국 옹관묘에 관한 연구」, 『부산여대논문집』18집, 271~273쪽.

108) 최완규, 1996, 「전북지방 고분의 분구」, 『호남지역 고분의 분구』, 호남고고학회 제4회 학술대회, 11쪽.

109) 이호형, 2004, 「중서부지역 주구토광묘연구」, 공주대학교 석사학위논문, 81쪽.

110) 성정용, 2011, 「목관묘와 목곽묘」, 『동아시아의 고분문화』, 서경문화사, 193쪽.

한옥민 | 전남지역 마한 분구묘 사회의 연구성과와 과제 345

한강유역이나 중서부지역으로부터 전남 서남부지역까지로 파급된다는 설명 안은 시기적으로 이 지역이 반드시 늦다는 전제가 필요하다.

셋째, 유적의 시간적인 선후관계를 고려할 때, 중서부에서 서남부로 확산되기보다는 동시다발적으로 발생했을 가능성이 있다는 것이다. 그 근거로 관창리와 당정리, 영등동 분구묘의 연대가 불확실하고 영광 군동 18호가 시원형으로 인식된다는 점이다[111].

넷째, 초기의 전용옹관은 호남 전 지역에서 만들어졌으나 옹관고분의 발생은 영산강유역에서 처음 발생되었다고 보았다[112].

한편, 1980년대부터 분구묘 축조 집단의 실체를 밝히려는 연구가 진행되면서 적지 않은 성과를 얻게 된다. 정체성 문제는 연구자에 따라 약간씩 다르게 표현되고 있으나 주지하듯 대체로 '마한'과 관련시켜 보고 있다. 1982년에 성낙준[113]이 가장 먼저 마한과 옹관고분을 일치시키면서 5세기 후반까지 존속한 마한 제소국의 지배계층의 무덤으로 규정하였는데, 이는 옹관고분을 백제의 무덤에서 분리시키는 인식의 전환점이 되었다. 이후로도 옹관고분을 마한 묘제로 이해하려는 연구가 계속 이어졌고, 최근까지도 꾸준히 진행되고 있다[114]. 1990년대 후반, 임영진[115]이 백제석실과의 차이점을 근거로 초기 석실분 단

---

111) 권오영, 2015, 「마한 분구묘의 출현 과정과 조영 집단」, 『마한 분구묘의 기원과 발전』, 마한연구원, 86쪽.

112) 최성락, 2002, 「삼국의 성립과 발전기의 영산강유역」, 『한국상고사학보』 37, 한국상고사학회, 94~95쪽.

113) 성낙준, 1982, 「영산강유역 옹관묘의 연구」, 전남대학교 석사학위논문, 63쪽.

114) 이택구, 2008, 「한반도 중서부지역 마한 분구묘」, 『한국고고학보』 66, 한국고고학회, 49쪽; 김승옥, 2011, 「중서부지역 마한계 묘제의 성격과 발전과정」, 『분구묘의 신지평』, 전북대학교 고고문화인류학과 BK21사업단 국제학술대회, 259쪽; 최영주, 2015, 「마한 방대형 원대형 분구묘의 등장 배경」, 『마한 분구묘의 기원과 발전』, 마한연구원, 121쪽.

115) 임영진, 1997, 「나주지역 마한문화의 발전」, 『나주 마한문화의 형성과 발전』, 전남대학

계까지도 마한의 묘제라고 제기한 이후, 옹관고분뿐만 아니라 석실분(영산강식 석실)까지를 포함하게 되었다.

다만, 고고학계뿐만 아니라 문헌사학계에서도 6세기 전반까지의 토착세력을 '마한'으로 규정하는 데는 아직 결론을 내리지 못하고 있는데[116], 이는 마한이 6세기 중엽까지 존재하였다고 보기에는 어려움이 있고 이 지역의 고대문화 주인공이 마한인의 후예라고 하더라도 마한인으로 부르기에는 어색하다[117]. 또한 '마한'이란 용어가 단일한 이미지가 아니라 다양한 내용을 포함[118]하는 관계로 분명치 않다는 한계도 있다. 때문에 마한 지칭에 대해서 여전히 다양한 시각이 지속되고 있는 상황이다[119].

분구묘 축조 집단의 실체와 관련하여 1980년대 중엽부터 시작된 또 하나의 연구 경향이 있다. 연구자들은 광의의 마한보다는 문헌 기록과의 접목을 시도하려는 시각에서 목지국, 신미국, 모한, 지미 등 보다 구체적인 國名 제시를 시도하였다.

당시의 전남지역 분구묘를 지칭하던 무덤 용어(옹관고분, 토축묘)가 지상식

교박물관. 46~47쪽.

116) 최성락, 1997, 「나주지역의 선사문화」, 『나주 마한문화의 형성과 발전』, 전남대학교박물관, 38쪽 : 2013, 「고고학에서 본 침미다례의 위치」, 『백제학보』 9, 110쪽.

117) 최성락, 2006, 「영산강유역의 고대문화」, 『우리 역사로의 초대』, 목포대학교박물관, 217쪽.

118) 권오영, 2015, 「마한 분구묘의 출현 과정과 조영 집단」, 『마한 분구묘의 기원과 발전』, 마한연구원, 76쪽.

119) 강봉룡, 2000, 「영산강유역 고대사회 성격론」, 『영산강유역 고대사회의 새로운 조명』, 역사문화학회, 65~66쪽; 박순발, 2001, 『한성백제의 탄생』, 서경사, 109쪽; 윤대준, 2002, 「4~5세기 영산강유역 마한비정설에 대한 검토」, 한국정신문화연구원 석사학위논문, 54쪽; 김기섭, 2013, 「백제 남방영역 확장과 전남지역」, 『전남지역 마한 사회와 백제』, 백제학회, 231쪽.

이라는 동일 축조 원리로 무덤을 쓰는 집단 사이에는 일정한 통합성이 발현된 것으로 이해되고 있었다. 이는 고고학적으로 '마한'의 존재를 방증하는 자료라는 점에 의미를 둔 것이다. 이러한 맥락에서 최몽룡[120]은 나주 반남면 고분군 일대를 마한의 마지막 근거지가 되는 목지국으로 비정하고 있어 일명 목지국 이동설을 주장하였다. 다만, 타당성을 갖기 위해서는 금강일원과 영산강 일원이 문화적이든 형질적이든 어떠한 동질성이 있다는 전제가 필요하다.

한편, 분구묘 축조집단에 대한 역사성은 중국의 『晉書』를 근거로 하여 '新彌 (諸)國'에 대응시키고 있으며, 연구자들은 대부분 신미국 등의 諸國으로 해석한다. '新彌'의 비정은 일찍이 이병도[121]에 의해 '半島中部以南 西海岸地帶'라고 비정되었다. 이후에 노중국[122]이 전남 서해안지역의 옹관고분에 접목시켰고, 이들이 후기 마한의 중심 세력이었으나 결국 369년에 백제에게 병합된 것으로 해석하였다. 이는 『일본서기』의 기록[123]대로 '마한 잔여소국 평정설'로 받

---

120) 최몽룡, 1986, 「고인돌과 독무덤」, 『전남 문화의 성격과 과제』, 제1회 전남고문화 심포지움 발표요지, 25~30쪽; 1988, 「반남고분군의 의의」, 『나주 반남고분군』, 국립광주박물관, 200쪽.

121) 이병도, 1976, 『한국고대사연구』, 박영사, 481쪽.

122) 노중국, 1987, 「마한의 성립과 변천」, 『마한백제문화』 10, 원광대 마한백제문화연구소, 38~39쪽 : 1988, 『백제 정치사 연구』, 일조각, 118쪽.

123) 여기에 등장하는 침미다례는 신공기의 기록에서 보여주듯 당시 백제의 주요한 공격 대상으로써 그동안 많은 논의가 있어 왔으나 다양한 주장들이 잇따르고 있다. 침미다례의 점령기사가 영토적 복속이 아닌 해상교역망의 거점 확보를 의미한 것이라면(김영심, 1997, 「백제의 지방통치체제 연구」, 서울대학교 박사학위논문, 26~29) 4세기대에 진행된 백제의 전쟁은 종전과는 다른 성격을 띠게 된다. 이런 정황은 실제 기록과도 어느 정도 부합된다고 한다. 박찬규(2001, 「백제의 마한사회 병합과정 연구」, 『국사관논총』 95, 29쪽.)는 침미다례 사건을 기반으로 하여 백제는 이전과는 다른 정치적 단계로 올라섰음을 대외적으로 공포하게 되며, 공식적으로 중국과의 외교가 침미다례를 복속시킨 후, 3년 뒤인 근초고왕 27년(372)에 이루어진다는 기록을 증거로 언급하였다.

아들이는 인식이다.

1990년대에도 '新彌(諸)國'에 대한 논의는 연속되었다. 옹관고분 축조집단을 가리키는 정치체로서 신미국[124]으로 지칭되거나 『晉書』에 표기된 그대로 신미제국[125]으로 지칭된 바 있다. 그러나 6세기 초까지 존속하였던 이 지역에 적용하기 어렵다고 보는 견해도 제기되었다[126].

이와 관련된 연구를 잠시 보기로 하자. 고고학계에서 문헌기록과의 접목을 시도하는 연구 중 6세기대까지 연장시켜 보려는 견해가 제기되어[127] 눈길을 끌고 있다. 바로 중국의 『梁職貢圖』에 대응시켜 본 것인데, 이 기록은 중국 남북조시대 양나라의 元帝(552~554)로 즉위하게 되는 소역(蕭繹)이 형주자사로 재임하던 526~536년에 자기 나라에 온 외국 사신들의 모습을 직접 그림과 함께 간략하게 해설한 것으로써[128], 대략 520년대 전후의 정황을 전하고 있다.

---

124) 이정호, 1996, 「영산강유역 옹관고분의 분류와 변천과정」, 『한국상고사학보』 22, 한국상고사학회, 58쪽.

125) 전종국, 1997, 「마한의 형성과 변천에 관한 고찰」, 『한국 고대의 고고와 역사』, 학연문화사, 316쪽; 강봉룡, 1999, 「영산강유역 고대사회와 나주」, 『영산강유역의 고대사회』, 학연문화사, 177쪽; 최성락, 2002, 「삼국의 성립과 발전기의 영산강유역」, 『한국상고사학보』37, 한국상고사학회, 100쪽 : 2010, 「영산강유역 옹관고분의 발생과 동인」, 『옹관』, 국립나주문화재연구소, 357쪽 : 2013, 「고고학에서 본 침미다례의 위치」, 『백제학보』9, 102쪽; 이영철, 2004, 「옹관고분사회 지역정치체의 구조와 변화」, 『호남고고학보』20, 호남고고학회, 82쪽.

126) 임영진, 2010, 「침미다례의 위치에 대한 고고학적 고찰」, 『백제문화』, 43 : 2013, 「호남지역 삼국시대 고고학 연구의 현황과 과제」, 『호남고고학회 20년, 그 회고와 전망』, 21회 호남고고학회 학술대회, 135쪽.

127) 임영진, 2012, 「3~5세기 영산강유역권 마한 세력의 성장 배경과 한계」, 『백제와 영산강』, 학연문화사, 115~116쪽 : 2013, 「전남지역 마한 사회의 연구 성과와 과제」, 『전남지역 마한 사회와 백제』, 백제학회, 15쪽.

128) 김기섭, 2000, 『백제와 근초고왕』, 학연문화사.

임영진[129]은 신미국을 남해안의 침미다례와 다른 세력으로 보면서, 신미국은 20여국을 인솔하여 중국에 견사할 정도의 세력으로서『梁職貢圖』에 등장한 '止迷'와 동일체로 파악했다.

그렇다면, 지미의 위치 비정이 매우 중요한 관건일 것이다. 그러나 그의 견해와 다르게 일찍이 영산강 유역권의 세력과 지미와의 관련성에 대해서는 부정적으로 본 바가 있다[130], 또한 그 위치에 대해서도 연구자간 견해 차이가 있는데, 영산강유역이 아닌 강진(남해안)으로 비정[131]되는 점은 논의가 필요한 부분이다.

이외에도 분구묘 축조집단을 慕韓으로 지칭한 연구도 있었다. 日人 연구자인 東潮[132]는『宋書』왜국전에 보이는 慕韓에 주목하여 모한은 마한의 후신으로서 5세기대 영산강유역에 실존한 정치체이며 왜의 영향력 하에 존재하였다고 주장하였다. 그러나 이는 타당성이 없는 주장이라는 비판을 받고 있다[133].

---

129) 그는 침미다례의 위치를 전남 남해안의 고흥으로 비정하였다. 침미다례는 5세기말에서 6세기초까지 영산강유역권과 대비되는 남해안 중심 세력을 이루고, 백제와 왜를 연결하는 중요 기항지로 발전하였던 것으로 추정했다(임영진, 2010,「침미다례의 위치에 대한 고고학적 고찰」,『백제문화』, 43, 12~20쪽; 임영진 외, 2013,『유적유물로 본 마한』, 전남대학교 인류학과 BK21사업단, 303쪽).

130) 권오영, 1997,「고대의 나주」,『나주 마한문화의 형성과 발전』, 전남대학교박물관, 88쪽; 노중국, 2012,「문헌 기록을 통해 본 영산강유역-4~5세기를 중심으로-」,『백제와 영산강』, 학연문화사, 337쪽.

131) 김기섭, 2000,『백제와 근초고왕』, 학연문화사, 172~173쪽; 문안식, 2013,「백제의 전남지역 마한 제국 편입 과정」,『전남지역 마한 제국의 사회성격과 백제』, 백제학회 국제학술회의, 249쪽.

132) 東潮, 1996,「慕韓과 秦韓」,『석오윤용진교수정년퇴임기념논총』, 197~209쪽.

133) 최성락, 2002,「삼국의 성립과 발전기의 영산강유역」,『한국상고사학보』37, 한국상고사학회, 82쪽; 연민수, 2011,「영산강유역 전방후원분 피장자와 그 성격」,『한반도의 전방후원분』, 학연문화사, 134쪽.

3. 분구묘의 소멸과 백제 영역화 시점 연구

전남지역에서 문화적으로 가장 활발한 시기는 옹관고분에서 석실분으로 변화되는 시기인 기원후 5세기 중엽부터 6세기 전반까지이다. 이 시기는 고분의 형태가 다양하고 외래의 유물이 많이 나타나는 양상[134]에도 불구하고 마한문화 정체성의 기준점을 부동의 분구묘로 놓고 나름의 독자적인 문화 전개했다는 입론이 대세이다. 물론, 이런 인식은 고고학적 측면을 근간으로 하기 때문에 추상적이고 관념적인 정치적 관계가 고고자료에 어떤 형태로 반영되는지가 분명치 않다는 점은 주의가 요구될 수 있다.

1980년 초부터, 고분 연구자들은 빈약한 고고자료에도 불구하고 문헌사학계의 뿌리 깊은 통설과는 다른 각도의 해석에 몰두했다. 그 시각이 가장 잘 드러난 부분이 석실분의 등장기이다. 석실분의 피장주체 및 구조적 연원을 어떻게 규정하든 옹관고분에서 석실분으로의 대체는 백제문화의 침투가 분명하다고 받아들였다. 그렇지만 정치적 부분과는 별도로 문화적인 측면을 강조하였다. 토착묘제인 옹관고분을 5세기 후반까지 지속하면서 백제문화를 수용[135], 평화적인 과정을 통한 통합[136], 자발적인 수용[137]이라고 해석한 대목에서 보듯 재지계의 주체적 입장을 부각시키고 있는 점이 공통적이다.

1980년대 전반에도 옹관고분의 소멸시기에 관한 논의가 진행되었다. 당시에 영암 만수리 1호분·2호분 뿐인 조사가 이루어진 상황이어서인지 근초고

---

134) 최성락, 2000, 「영산강유역 고대사회의 형성배경」, 『영산강유역 고대사회의 새로운 조명』, 역사문화학회 국제학술심포지움, 47쪽.

135) 성낙준, 1982, 「영산강유역 옹관묘의 연구」, 전남대학교 석사학위논문, 59쪽 : 1983, 「영산강유역의 옹관묘 연구」, 『백제문화』 15, 82쪽.

136) 임영진, 1990, 「석실분의 수용과정」, 『전남문화재』 3집, 전라남도, 65쪽.

137) 조근우, 1996, 「전남지방의 석실분 연구」, 『한국상고사학보』 21, 한국상고사학회, 135쪽.

왕대 병합설이라는 선행연구의 선례에 따라 해석되면서 4세기 중엽[138], 4세기 후반[139]으로 결론을 내렸다. 이는 해석의 근간이 고고자료가 아닌 문헌을 요체로 했다는 한 사례로 기억되고 있다.

현재 고고학계에서 4세기대설은 찾아보기 어렵고, 크게 5세기대설과 6세기대설로 나뉘고 있다. 여기에는 5세기 전반[140], 5세기 중엽[141], 5세기 중후반[142], 5세기 후반[143], 5세기 말[144], 6세기 이후[145], 6세기 중엽[146] 등으로 이견

138) 안승주, 1983, 「백제 옹관묘에 관한 연구」, 『백제문화』 15, 30~31쪽.

139) 안춘배, 1985, 「한국 옹관묘에 관한 연구」, 『부산여대논문집』 18, 282~283쪽.

140) 서성훈, 1987, 「영산강유역 옹관묘의 일고찰」, 『삼불김원용교수퇴임기념논총』, 511~512쪽.

141) 그는 5세기 중엽에 광주 동림동 취락의 도시 구획(대형 벽주건물, 인공수로, 도로 등) 및 영암 옥야리 방대형 1호분에 반영된 선진 토목기술과 같은 질적인 변화의 배경이 백제와 직접 관련된다고 보았다.
이영철, 2012, 「영산강 상류지역의 취락변동과 백제화 과정」, 『백제와 영산강』, 학연문화사, 258~268쪽 : 2014, 「백제의 지방지배-영산강유역 취락자료를 중심으로-」, 『2014 백제사 연구 쟁점 대해부』 제 17회 백제학회 정기발표회, 118~131쪽.

142) 박순발, 1999, 「백제의 남천과 영산강유역 정치체의 재편」, 『한국의 전방후원분』, 충남대출판부, 103~104쪽.

143) 성낙준, 1983, 「영산강유역의 옹관묘 연구」, 『백제문화』 15, 공주사범대학 백제문화연구소, 82쪽; 吉井秀夫, 1997, 「횡혈식석실분의 수용양상으로 본 백제의 중앙과 지방」, 『백제의 중앙과 지방』, 충남대학교백제연구소, 195~199쪽.

144) 최성락, 2010, 「고분을 통해서 본 영산강유역 고대사회」, 『6~7세기 영산강유역과 백제』, 국립나주문화재연구소 · 동신대문화박물관, 419~420쪽 : 2010, 「고분을 통해서 본 영산강유역 고대사회」, 『박물관연보』 19, 목포대학교 박물관, 25쪽.

145) 최몽룡, 1997, 「나주지역 고대문화의 특성」, 『나주 마한문화의 형성과 발전』, 전남대학교박물관, 15쪽.

146) 임영진, 1996, 「나주 복암리 옹관석실」, 『제20회 한국고고학전국대회발표요지』, 한국고고학회, 323쪽; 이정호, 1996, 「영산강유역 옹관고분의 분류와 변천과정」, 『한국상고사학보』 22호, 한국상고사학회, 50쪽; 조근우, 1996, 「전남지방의 석실분 연구」, 『한국상고사학보』 21, 한국상고사학회, 136쪽; 김낙중, 2007, 「영산강유역 대형옹관묘의 성립과 변천과정」, 『영산강유역 대형옹관 연구성과와 과제』, 국립나주문화재연구소, 65쪽.

차이가 적잖은 편이다. 특히 내부적 입장에서 보려는 연구자들은 6세기 이전까지 백제의 완전한 영향력이 보이지 않는다는 점에서 백제와의 관계를 '독자성'으로 설명하였다. 독자성이라는 용어는 1980~1990년대까지 해석의 주류를 형성하고 있었다고 해도 과언이 아닐 것이다

1990년대 후반에 들어 고고학계에서의 노력은 1996년 여름에 조사된 나주 복암리 3호분 96석실을 통해서 비로소 입증된다. 고분은 하나의 방대형 분구 안에 무려 41기의 매장주체부가 층서관계를 유지하면서 확인되고, 3~7세기까지의 모든 형태의 무덤이 망라되어 있어 학계를 놀라게 하였다. 이를 통해 전남지역 분구묘(옹관고분)의 소멸 시기를 6세기 중엽으로 설정하려는 연구가 압도적인 지지를 받게 되었다. 이러한 성과를 거두게 된 것은 문헌 기록에 의존하지 않고 고고학적 연구에 중점을 둔 결과라 하겠다.

1990년 후반부터 전기 석실분에도 이런 시각이 적극적으로 적용되기 시작했다. 5세기 말에서 6세기 전반까지 축조된 전기 석실분은 옹관고분의 전통을 유지한다는 점에서 여전히 토착세력에 의해 고분이 축조되었음을 보여주는 증거로 이해한 것이다[147]. 이를 더 구체화시켜 석실 구조가 백제식과 뚜렷한 차이가 있다고 보아 '영산강식 석실봉토분'[148]으로 명명한 것을 시작으로 백제식에 비해 대형이라는 점에서 '초기대형석실'로 명명하였다.[149] 현재, 전남지역에서 백제식석실은 6세기 중엽 이후에 등장한다고 보는 것이 다수설이 되었다. 그 근거로 전형적인 백제 석실의 등장(平斜天井式, 平天井式)과 함께

---

147) 최성락, 2006, 「영산강유역의 고대문화」, 『우리 역사로의 초대』, 목포대학교 박물관, 214~218쪽.

148) 임영진, 1997, 「전남지역 석실봉토분의 백제계통론 재고」, 『호남고고학보』 6, 호남고고학회, 137쪽.

149) 김낙중, 2009, 『영산강유역 고분 연구』, 학연문화사, 163쪽.

은제관식 등의 고고학적 현상을 백제 체제의 완료로 보고 있다.

그러나 일찍이 문헌사학계에서는 1950년대부터 마한-백제 교체기 내지는 분구묘-백제고분 교체기로 설정할 수 있는 직접적인 근거로써『일본서기』신공기 49년조 '忱彌多禮' 기사를 적극적으로 인용하고 있었다[150]. 이병도의 견해대로 4세기 후반이라는 통설론은 한동안 별다른 이의 없이 통용되어 왔다. 앞에서 언급했듯이 1990년대 후반부터 영산강유역에 대한 고고학적 성과가 두드러지면서 문헌사학계를 자극되었다. 바로 남정 이후의 전개과정의 해석하는 데 있어 기존 통설이 가지는 '직접지배설'의 문제점을 보완하려는 노력을 불러일으킨 것이다. 이름하여 '모종의 영향력' 내지는 '수정론'의 제안[151]에서 여실히 드러나고 있다.

2000년대를 즈음하여 문헌사학 방면에서도 5세기대를 넘어 6세기 중엽으로 보려는 견해들도 제기되었다[152]. 이는 당시 백제가 영역화하지 못한 채 단지 영향권에 두었거나 군사적으로 근초고왕대에 장악했더라도 직접지배까지

---

150) 이병도, 1959,『한국사-고대편-』, 을유문화사, 362쪽; 노중국, 1988,『백제 정치사 연구』, 일조각, 117~121쪽; 천관우, 1991,『가야사 연구』, 일조각, 23~25쪽; 전종국, 1997,「마한의 형성과 변천에 관한 고찰」,『한국 고대의 고고와 역사』, 학연문화사, 317쪽.

151) 권오영, 1986,「초기백제의 성장과정에 관한 일고찰」,『한국사론』15, 94쪽; 이도학, 1995,『백제 고대국가 연구』, 일지사, 188쪽; 김주성, 1997,「영산강유역 대형옹관묘 사회의 성장에 대한 시론」,『백제연구』27, 충남대학교 백제연구소, 34쪽; 김영심, 1997,「백제의 지방통치체제 연구」, 서울대학교 박사학위논문, 28~29쪽.

152) 강봉룡, 1999,「영산강유역 고대사회와 나주」,『영산강유역의 고대사회』, 학연문화사, 186쪽; 전덕재, 2000,「삼국시기 영산강유역의 농경과 마한사회」,『영산강유역 고대사회의 새로운 조명』, 역사문화학회, 110~111쪽; 박찬규, 2009,「문헌을 통해서 본 마한의 시말」,『백제와 마한』, 제3회 백제학회 정기발표회, 백제학회, 31쪽; 문안식, 2013,「백제의 전남지역 마한 제국 편입 과정」,『전남지역 마한 제국의 사회성격과 백제』, 백제학회 국제학술회의, 258쪽.

는 적어도 1세기가 경과한 후라고 보는 해석들이다. 이에 노중국[153]은 "백제가 100여 년 이상 동안 간접지배를 행한 것으로 볼 수 있을 것인지 의문이다"고 하였고, 박대재[154] 역시 "정치적인 판도 변화와 문화적인 변화를 똑같은 궤적으로 파악할 수 있을지 의문이다"고 비판하는 등 여전히 논쟁을 이어가고 있다.

2010년대에 들어와서 고고학계에서도 백제와의 관계에 있어 새로운 인식의 변화가 감지되기 시작한다. 옹관고분이 발달되었던 4~5세기 영산강유역은 백제와 관계가 분명하지 못하여[155] 섣불리 단정하기 어렵다. 이런 상황에도 불구하고 종래의 해석들이 주로 독자성을 옹변하는 데에 치우쳐 있었다.

최근에 들어서 '상호성'의 맥락으로 해석하려는 흐름이 활발해졌다는 경향에 주목할 만하다. 즉, '안정적 동맹관계'[156], '반독립적'[157], '반독자적'[158], '비규

153) 노중국, 2000, 「토론요지」, 『영산강유역 고대사회의 새로운 조명』, 역사문화학회, 240쪽 : 2012, 「문헌 기록을 통해 본 영산강유역-4~5세기를 중심으로-」, 『백제와 영산강』, 학연문화사, 51쪽.
154) 박대재, 2009, 「박찬규, 문헌을 통해서 본 마한의 시말에 대한 토론요지문」, 『백제와 마한』, 제3회 백제학회 정기발표회, 백제학회, 36쪽.
155) 최성락, 2010, 「고분을 통해서 본 영산강유역 고대사회」, 『6~7세기 영산강유역과 백제』, 국립나주문화재연구소·동신대문화박물관, 417쪽.
156) 김낙중, 2009, 『영산강유역 고분 연구』, 학연문화사, 116쪽.
157) 이정호, 2011, 「영산강유역의 고분과 그 변천에 대하여」, 『영·호남의 고대묘제-낙동강·영산강유역을 중심으로-』, 창원대학교박물관, 48쪽.
158) 임영진, 2012, 「3~5세기 영산강유역권 마한 세력의 성장 배경과 한계」, 『백제와 영산강』, 학연문화사, 116쪽.

칙성'159), '다양성'160), '지속적인 교류관계'161) 등의 다양한 표현들이 말해주고 있다. 이러한 인식은 고분 축조 시에 정치상황, 대외정세, 대외교류 또는 대외 정치관계 등에 의해 역동적으로 대응한 결과로 해석되는 바162), 백제뿐만 아니라 가야·왜 등의 다원적인 경로가 함축되어 있어 보다 논리적으로 보인다.

Ⅳ. 맺음말

이상에서 전남지역 분구묘의 시기별·주제별 연구 성과에 대해 살펴보았다. 여기에서는 몇 가지 과제와 바램들을 정리하면서 글을 맺고자 한다.

첫째, '분구묘' 사용에 따른 고분의 개념과 범주 문제.

분구묘의 관심은 1990년대 초부터 주구를 갖춘 분묘들이 조사된 이후 자연스럽게 분구에 대한 관심으로 이어지면서 활기를 띠게 되었다. 현재의 분구묘란 용어는 연구자의 견해에 따라 다양하게 불리는 만큼 하나의 개념으로 설명되기에는 많은 특징을 내포하고 있는데 자료가 축적되면서 개념이 더욱 확대되는 경향에 있다. '분구묘'라는 용어 사용에 대해 회의적인 입장의 연구자들은 호남지역에서만 고분을 대신하여 사용되는 점, 분구묘라는 인식으로 인하

159) 이정호, 2012, 「영산강유역의 백제고분」, 『백제고분의 새로운 인식』, 호서고고학회·호남고고학회, 169쪽.

160) 이영철, 2014, 「백제의 지방지배-영산강유역 취락자료를 중심으로-」, 『2014 백제사 연구 쟁점 대해부』, 제17회 백제학회 정기발표회, 132쪽.

161) 최영주, 2015, 「마한 방대형 원대형 분구묘의 등장 배경」, 『마한 분구묘의 기원과 발전』, 마한연구원, 132쪽.

162) 이정호, 2010, 「출토유물로 본 영동리고분세력의 대외관계」, 『6~7세기 영산강유역과 백제』, 국립나주문화재연구소·동신대학교문화박물관, 473쪽.

여 무덤의 축조방법을 잘못 해석할 위험이 있다는 점, 고총고분의 출현과 특징이 분명하게 구분되지 않을 수 있다는 점 등을 지적하였다. 이에 반해 분구묘의 용어를 쓰는 연구자들은 한국의 고분에는 분구묘와 봉토묘라는 두 갈래의 무덤 유형이 밝혀졌기 때문에 특정 지역의 고분을 가리키는 개념적 용어로 사용할 수 있고, 분구묘가 고분을 대체하는 것이 아니라 고분의 하위 개념에 해당하므로 혼란을 야기할 이유가 없다는 견해 등 연구자간 견해 차이가 상당하여 단시간에 정리되기 어려운 상황으로 보인다.

우선, 분구묘라는 용어의 사용이 동아시아와 한반도의 고분의 흐름을 반영한 것인지에 대한 재검토가 요구되며, 이전에 많은 연구자의 지적이 있었듯이 비록 분구묘의 용어가 개념적인 접근일지라도 고총의 의미가 훼손되어서는 안 된다는 것이 필자의 생각이다. 또한 분구묘의 범주에 전남지역 대부분의 고분(전형적인 백제 석실 제외)이 다루어지고 있어 혼돈의 여지가 있으며, 주객전도의 이미지도 내포되어 있다는 점에서 개념 및 범주 문제에 대한 정리는 시급한 작업이라 하겠다.

둘째, 영산강유역 주구토광묘의 등장 시점 문제.

전남지역 분구묘의 등장과 관련하여 주목되는 자료가 있다. 2003년에 조사된 광주 외촌 3호 토광묘로 보고서 검토 결과, 주구묘(분구묘)와 주구토광묘(봉토묘) 중 후자에 해당되는 것으로 파악되었다. 매장주체부에서 유경식석검 1점, 주구에서 무문토기편이 출토되었으며, 보고자는 유경식석검의 연대를 B.C. 4~3C로 추정하였다. 매장주체부는 등고선과 나란한 방향으로 장축을 두면서 구릉사면부의 위쪽에 ㄷ자형 주구를 둘렀는데 구획의 성격이 강한 주구석관묘와는 다르게 주구의 크기가 매장주체부와 안정적인 비율로 조성되었다. 또한 매장주체부가 석관이 아니라 토광(목관)이라는 점도 눈여겨 살펴볼 필요가 있다. 필자는 주구토광묘일 가능성으로 이해한 바 있다[163]. 이와 같이 토광묘 주위에 주구가 만들어진 것은 지상에 분명한 표식 즉, 매장주체부를 덮기 위한 봉분 또는 분구의 존재를 시사해주는 것으로써 전남지역 주구토광묘의 출현 시점을 파악할 수 있는 중요 자료로 보고 싶다.

다만, 광주 외촌 3호 토광묘의 존재 의미인데 주구토광묘와 주구묘가 계통적 차이인지, 시기적인 차이인지, 봉토 내지는 분구의 기원이 청동기시대 송국리문화 단계까지 소급될 수 있는지 등의 어려운 과제를 안겨주고 있어 이 부분에 대한 논의가 필요할 것이다

셋째, 편년의 공백기와 제형 분구묘의 하한.

전남지역은 분묘뿐만 아니라 취락에서도 기원전 3·2세기부터 기원후 2세기대의 공백기를 보이고 있어 시간대를 메우는 편년 작업이 시급히 요구되는데, 그동안 많은 조사 자료의 축적에도 불구하고 방형주구묘로부터 제형계 분구묘 출현 사이의 400년에 대한 접근과 논의는 기초적 단계에 머물고 있다. 특히 제형계 분구묘의 출현 시기에 관한 편년 설정이 늦춰지는 경향을 보이고 있어 공백기는 더 확대되어 가고 있는데 관련 자료의 불완전한 내용으로 편년 작업이 쉽지 않다는 한계점이 있으나, 시간적 연속성을 갖는 유적(함평 만가촌·순촌, 영광 군동)의 재분석 작업이 필요하다고 본다.

더불어 전남지역 분구묘 사회의 정체성을 대표하는 제형 분구묘의 하한에 대한 검토도 수반될 필요가 있다. 나주 장등유적에서는 6세기 중엽까지 수평

163) 한옥민, 2014, 「전남지역 마한 분구묘 사회의 연구 성과와 과제」, 『한국고고학의 신지평』(자유패널 1분과 : 마한 분구묘 사회의 비교 검토), 제38회 한국고고학전국대회, 302쪽.

확장된 분구묘가 조영되었다는 점을 참조할 때, 지역단위마다 분구묘 축조 전통이 달리 전개되었음을 인지할 수 있었다. '옹관'이라는 이 지역 고유 묘제에 특정된 인식도 당연하지만, 분형의 외형과 규모가 지닌 의미와 인식 또한 중요한 것이라 본다. 전남지역 분구묘는 방형 분구에서 출발하였지만 이 지역만의 독자성 논의는 제형 분구에서 가능하다고 판단된다. 따라서 제형 분구의 출현과 마감에 대한 편년 검토는 '전통 고수'와 '변화 적응'이라는 저마다의 선택을 통해 단위집단의 정체성과 지역사회의 전통성을 표출하고자 했던 전남지역 사회의 실체를 가장 잘 규명할 수 있는 부분이라 여겨진다.

넷째, 방대형 분구묘의 출자와 인식.

방(대)형 분구는 방형주구묘인 영광 군동 18호묘 조사로 인해 재지계 분형으로 인식되어 왔다. 5세기 중엽 이후에 다시 출현하기 시작한 방대형 분구가 막연히 영광 군동 18호묘와 무안 인평 1호 토광묘를 계승한 토착계 분형으로 인식하려는 경향이 있다. 그러나 제형 분구가 지역 사회의 대표적 분형으로 자리 잡았던 3~4세기에 방형 분구의 존재를 논의할 수 있는 사례는 무안 인평 1호 토광묘 정도에 불과하다. 물론, 제형 분구를 개축한 방대형 분구 사례가 나주 복암리 2호분·3호분·덕산리 11호분 등에서 확인되어 제형으로부터의 계승적 연속성을 주장할 수도 있다. 그러나 이들 고분은 고총고분 가운데 가장 이른 영암 옥야리 방대형 1호분 출현 이후에 해당한다는 점을 주목해야 할 것이다.

이와 관련하여 중요한 부가적 정보를 제공하는 몇몇 주장들도 참고가 된다. 최근에 영암 옥야리 방대형 1호분의 장법이 재지계의 일반적인 풍습과 다르다는 주장[164], 옹관의 고총화가 외래적인 영향 하에서 재지화를 이루었다는 주장이[165], 높이 3m 이상의 대형분에 개배가 부장된 것은 백제와 관련된다는 주장[166] 등이 제기된 바 있다. 따라서 방대형 분구의 출현 배경과 의미에 관한 논의가 요구된다.

다섯째, 분구묘의 과정적 변화에 대한 심화 연구

분구묘 연구에서 주요 변환기에 대한 인식은 주구(토광)묘 등장기의 양상, 단장에서 다장으로의 변화, 수평확장에서 수직확장으로의 변화, 매장주체부가 토광에서 옹관으로의 변화, 제형 분형에서 방형·원형 분형의 변화 등이 있다. 나아가서는 이러한 문화의 전개는 전남지역에 존재했던 마지막 마한 소국들의 실체와도 연결시키고 있는데, 보다 분명한 기준이 되기 위해서는 변화의 배경이 무엇이었는지를 찾는 작업과 구체적인 설명이 요구된다.

분구묘는 주구를 통해 공간을 구분하고, 채토된 인공토로 성토해 쌓음으로서 매장된 피장자의 사회적 위치와 권위를 명확히 표시한 묘제라 할 수 있다. 선 분구 축조 행위는 축조집단이 의도했던 사회적 상징성을 내포하고 있기 때문에 매장된 개인 유력자 존재와 출현 의미는 전남지역 원삼국(초기철기)시대 개시 배경 및 마한 소국의 출현 과정과 내용을 밝히는데 귀중한 단서라 할 수 있다. 따라서 분구묘 출현 이후에 확인되는 여러 속성의 변화는 단순히 현상

---

164) 이영철, 2014, 「백제의 지방지배-영산강유역 취락자료를 중심으로-」, 『2014 백제사 연구 쟁점 대해부』제17회 백제학회 정기발표회, 125~131쪽.

165) 서현주, 2010, 「영산강유역 옹관묘 출토 토기에 대한 검토」, 『옹관』, 국립나주문화재연구소, 401쪽.

166) 홍보식, 2004, 「영산강유역의 삼국시대 고분문화의 성격과 추이」, 『밖에서 본 호남고고학의 성과와 쟁점』, 호남고고학회, 108쪽.

의 교체를 의미하기 보다는 분구묘가 당시 사회에 표출하고자 했던 상징성과 메시지의 변화를 담는 것으로 볼 수 있으므로 다원적 관점에서 접근할 필요가 있다.

[표 1] 영산강 상류 일원의 분구묘(주구묘 포함) 현황

*주정은 (｜로 표시함)

유적명	조사연도	입지	기수	분구 형태		매장시설 위치		출토유물	참고문헌(조사기관)	비고(보고서 연대)
				분구	주구	분구 중앙	분구외연 주구			
담양 태목리	04~05	충적대지	91	방형	미제형, 제형	토2	토13, 옹10	흑도, 옹형토기, 이중구연호, 광구호, 옹아부호, 개배, 철도자, 철겸, 부형철기, 옥류	호남문화재연구원 2007,『담양 태목리유적』; 호남문화재연구원 2010,『담양 태목리유적Ⅱ』	
장성 야은리	06	구릉사면	1		제형	토1		흑도, 선형철부, 철겸	호남문화재연구원 2008,『장성 야은리유적』	
장성 환교	08	구릉사면	23		미제형, 제형	토26 옹1	토7, 옹11	흑도옹형토기, 발형토기, 광구호, 이중구연호, 옹아부호, 개배, 철겸, 철촉 등	호남문화재연구원 2010,『장성환교유적Ⅱ』	
광주 외촌	03~04	구릉사면	1		ㄷ자형	토1		유경식석검 1점	호남문화재연구원 2005,『광주 외촌유적』	B.C. 4C~3C
광주 쌍촌동	97	구릉사면	2		(원형)			경질토기편多, 연질기대편	전남대박물관 1999,『광주 쌍촌동 주거지』	
광주 신창동	05~06	구릉말단	3	원형	원형	토1		흑도, 유공광구소호, 개배, 발형기대	호남문화재연구원 2008,『광주 신창동유적』	
광주 하남동	05~06	구릉말단	14	제형	제형	토1	토2, 옹1	흑도, 이중구연호, 유공광구소호, 개배, 유공광구소호, 철도자 등	호남문화재연구원 2008,『광주 하남동Ⅱ』	3호 (목장): 1차방형-2차제형, 원형.

유적	호기	입지	기수			토	옹	출토유물	출전	시기
광주 기용	06	구릉사면	5	제형	제형		옹1	호, 양이부호, 이중구연호 등	호남문화재연구원 2009; 「광주 선정·기용 유적」	4C전후, 5호문묘단:AD260년
광주 평동 (연두·월전)	08~09	충적평지	85		마제형·방형·원형·제형	토2	토2	호, 발, 이중구연호, 장경호, 완, 대부호, 직구호, 개배, 유공광구소호, 고배, 기대 등	호남문화재연구원 2012, 「광주 평동유적」II·III	
광주 선암동	09~10	구릉말단	18		원형			평저호, 단경호, 개배, 유공광구소호, 고배, 대옹편, 복숭아씨(桃核) 등	호남문화재연구원 2012; 「광주 선암동유적」II	5C후반
광주 용강	06~07	구릉사면	4		원형	토5·옹1		호, 발, 단경호, 개배, 대옹편, 대옹편, 외형토기 등	호남문화재연구원 2009; 「광주 용강·용곡·금곡유적」	5C말
광주 금곡	06~07	구릉말단	5	제형	제형	토3	토1·옹2	호, 이중구연호, 철겸, 방추차, 토제품多	호남문화재연구원 2009; 「광주 용강·용곡·금곡유적」	
광주 용곡B	06~07	구릉정상	6		제형		토1	호, 발, 이중구연호, 흑색마연토기	호남문화재연구원 2009; 「광주 금곡유적B, 광주 용강·용곡·금곡유적」	3C후~4C초
광주 운남동	01	충적지	1	(원형)				평저단경호, 완, 기대편	전남대박물관 2002, 「광주 운남동유적」	5C말
화순 용강리	08~09	산말단	5		제형	토4	토2	흥형토기, 이중구연호, 광구호, 청동	동북아지석묘연구소 2011; 「화순 용강리유적」	3C후~4C전후
화순 품평리·봉하촌	11~12	평지	1	(제형)				흥형토기, 유공소호, 양이부호 등	동북아지석묘연구소 2014, 「화순 품평리봉화촌」	

[표 일부 (앞 표 계속)]

유적	입지	기수	분구 형태 (방향·연접)	분구 형태 (주구)	매장시설 위치 (분구 중앙)	매장시설 위치 (분구 외연·주구)	출토유물	참고문헌 (조사기관)	비고 (보고서 연대)
화순 품평리 앞들	11	신방단	38	방향 연접 미제형·제형		토1	옹4	홈형토기, 발형토기, 0, 이중구 연호미면성석촉	동북아지석묘연구소 2013, 「화순 품평리 앞들유적」	3C중반~후반
화순 석정리	01	구릉 말단	2	(제형)		토2		원저호, 발, 철겸	호남문화재연구원 2002, 「화순 석정리유적 직『화순 개천사』」	
화순 내평리	08~11	구릉 정상~사면	31	미제형·제형		토13, 옹3	옹2	호, 발, 광구호, 양이부호, 대각편, 철도자, 철겸, 옥류	동북아지석묘연구소 「화순 내평리유적」	

[표2] 영산강·중하류 일원의 분구묘(주구묘 포함)

유적명	조사 연도	입지	기수	분구 형태 (분구)	분구 형태 (주구)	매장시설 위치 (분구 중앙)	매장시설 위치 (분구 외연·주구)	출토유물	참고문헌 (조사기관)	비고 (보고서 연대)
나주 송월동	08	구릉말단	2	(제형)			옹1	호, 이중구연호편, 평저호, 직구소호, 개배	전남문화재연구원 2010, 「나주 송월동유적」	
나주 동수리 횡산	06~07	구릉말단	1	방향		옹3, 횡혈식석실1		호, 심발, 개배, 유공광구소호	국립나주문화재연구소 2009, 「나주동수리 횡산고분」	
나주 영천	05	구릉말단	5	제형			토2, 옹1	호, 발, 경질토기편, 장란형토기	호남문화재연구원 2007, 「나주 영천유적」	
나주 장등	04~05	구릉정상 ~사면	14	방향 제형		옹1	토8, 옹12	호, 장란형토기, 0, 이중구연호, 유공광구소호, 완, 양이부호, 경배, 개배, 심발, 철겸, 철겸, 옥류 등	호남문화재연구원 2007, 「나주 장등유적」	

유적명	조사연도	입지	기수	분형	형태	토12 용5	토1,용8,석곽2	출토유물	출전	비고
나주 용호	00~01	구릉사면	19	제형	연상, 마제형,제형	토12 용5	토1, 용8, 석곽2	원저호, 발,이중구연호,완, 조형토기,횡부 첨렬,경모,철 정,옥류 등	호남문화 재연구원 2003, 「나주 용호고분군」	수평확장(12호)
나주 이암	06	구릉사면	11	제형	(연형) 마제형, 제형	옹3	옹2	옹관토기,지구호, 평저토 장 란형토기,옥	호남문화재연구원 2008 「나주 이암·송 활동유적」	3~4C
나주 대안리 1~3·7~9호분	18, 94, 97	구릉능선 ~말단	8	제형,정방 형방대형		옹13		단경호,광구호,직구호,고배, 개배,기대편,대부호,대도,철 도자,철부,철겸,철촉,옥류 등	국립광주박물관 1988,「나주반남고분 군」, 전남대박물관 2000, 「전남지역 고분측량보 고서」	18년:6~9호 (合井齊一발굴), 열상:5~6, 12호, 94년:1~3호 (전남대 기초조사)
나주 대안리 방두	07	구릉말단	1	(방형)		옹3		장경호, 완, 외반구연호, 철 도자, 철겸, 부형철기, 옥	국립나주문화재연구 소 2009, 「나주 화정 리 마산고분군·대안 리 방두고분」	
나주 복암리 1~8호 주구	07,09 ~11	구릉말단	8	제형	토2, 옹4			원저호,심발,옹관편,개배, 완,병,장란형토기,대부완, 이형토기,분주토기,철도자 등	국립나주문화재연구 소 2010, 「나주복암 리유적」;2013, 「나주복암리유적」Ⅱ	
나주 복암리 1,2,4, A~D호분	96	구릉말단	11	원(대)형,방 (대)형	제형	횡혈사석식 1, (옹, 석실)	옹5	개배,유개소호,대호,완,유공 광구소호,양이부호,직구소 호,외반호기,기대편,분주토 기 등.	전남대박물관 1999 「복암리고분군」	
나주 복암리 3호분	96 ~98	구릉말단	1	방대형		총41(옹22,토1,횡혈식 석실11 등)		96석실:개배, 고배,유공광 구소호,금동식리,금은장삼 엽환두도,철촉,재갈 등	전남대박물관 1999 「복암리고분군」, 국립 문화재연구소 2001, 「나주복암리3호분」, 국립나주문화재연구 소 2006, 「나주복암리 3호분」	3C중~7C초 96석실 내부: 옹관 47l 매장

유적	호분	입지	기수	형태	옹관수	기타	유물	출처	연대
나주 복암리 다시들	08	구릉말단	1	제형	옹10		완, 고배, 유공광구소호, 부형토기, 철겸, 철도자, 옥류	동신대문화박물관 2011 「나주 혈영·다시들유적」	3C후~5C전반
나주 영동리	06~07	구릉말단	8	제형(원형)	옹28,서석8석곽6		옹:호, 양이부호, 조형토기, 철겸 등	동신대문화박물관 2007, 「나주3차발굴조사지도위원회의자료」	1호분: 4C웅~공병기 ~6C전반 횡혈식석실~6C전반 백제석실묘
나주 정동리 1분	08	구릉정상	1	원형	옹1, 석곽1		옹:인골, 철부, 철겸	동신대문화박물관 2010 「나주 정동리 분」	
나주 신촌리 4~7호분	18, 39, 96~97	구릉능선~사면	4	제형 장고형 방형 대형	옹5	옹1	원저호, 직구호, 개배, 협도, 철촉, 옥류 등	국립광주박물관 1988, 「나주반남고분군」, 전남대박물관 2000, 「전남지역 고분측량보고서」	18년:5호/合井齊一발굴), 39년:6~7호井光敎(有井조~일발굴), 96~97년: 4~6호(전남대기조조사)
나주 신촌리 9호분	17~18, 99	구릉정상	1	방대형	옹11		금동관,금동신발, 이식, 분주토기, 한두대도, 옥류 등	국립광주박물관 1988, 「나주반남고분군」, 전남대박물관 2000, 국립문화재연 구소 2001, 「나주 신촌리 9호분」	17~18년 合井齊一발굴
나주 정동리 3호분	06	구릉사면	1	(방형 또는 제형)	옹4		호, 고배, 유공광구소호, 완, 철겸	동신대문화박물관 2009 「나주화정리마산3호분」	
나주 화정리 마산 4~6호분	07	구릉상	3	원형	옹4		직구단경호, 평저호, 광구소호, 개배 철겸편, 철도, 철촉多, 옹	국립나주문화재연구소 2009, 「나주 화정리 마산고분군·대안리 방두고분」	

유적	조사연도	입지	기수	분형	주구형태	매장주체부(1)	매장주체부(2)	유물	보고서	일제강점기
나주 덕산리 1~5, 11,13, 14호분	17~18, 39, 96~02	구릉정상~ 말단	14	제형,원형, 방형,원대 형		옹12,횡혈 식석실2	옹2	원저호, 평저호, 발, 고배, 유공 구소호, 개배, 곡식기대, 분주 토기,청동도자, 철촉,철부, 옥 류	국립광주박물관 1988,『나주반남고분 군』; 전남대박물관 2002, 『나주덕산리고분군』	일제강점기 (17~18호분: 1,4호, 39년:2,3,5호)
나주 신가리 당가	02	구릉사면	2		(제형)			원저호, 원형토기, 옹관편	동신대문화박물관 2005, 『나주당가유적』『장성 용흥리 태암지 석묘군』	
나주 장산리	05~06	구릉사면	1		제형				마한문화연구원 2008 『나주 장산리유적』	
나주 정촌	10	구릉말단	13		제형, 원형, 방형	토4, 옹9		호, 이중구연호, 완,직경호, 철기류	동신대문화박물관 2010,『나주~동강도로 확장공사내문화재(신 화리정촌유물산포지) 발굴조사약보고서』	
나주 도민동	09	구릉정상	3		제형	토1		단경호,대용편多, 석촉 등	전남문화재연구 원 2012, 『나주 도민 동·상야유적』	
함평 만가촌	94~95, 01	구릉능선	14	방향,제형		토26,옹7	토2,옹5	단경호,이종구연호,장란형 토기,직구소호,경배,환두도, 철도자;청동도;청동검,철겸,철 부,옥류 등	전남대박물관 2004 『함평 예덕리 만가촌 고분군』	2C~4C말, 13호 목탄연대:410년
함평 소명	99~00	구릉사면	1	원형				평저호,원저호, 연질파수편	전남대박물관 2003, 『함평 소명주거지』	5C말
함평 향교	03~04	선밀단	1		제형	토1		호, 평저자구호	호남문화재연구원 2004, 『함평 향교고 분』	4C전반

유적	연도	입지	기수	매장주체형태	토광·옹관	옹관	유물	참고문헌	편년
함평 신흥동	08	구릉정상~사면	16	제형	토2·옹1	옹1	호, 광구호, 본주토기, 대옹편파수부토기	대한문화재연구원 2010『함평 신흥동유적』; 2013『함평 신흥동유적』Ⅱ	5C말~6C전반
함평 중랑	99	신능선	1	방대형			본주토기180, 대옹, 발, 완, 개, 배	목포대박물관 2003『함평 중랑유적』Ⅰ·Ⅱ	
		신정선	1	제형		토2	호, 대옹편, 양이개, 시루, 편, 파수면		
함평 순촌	99~00	구릉사면	46	방형, 마제형, 제형	토9, 옹3	토2, 옹8	광구호, 발, 이중구연호, 양이부호, 철모, 철부, 철도자, 옥류	목포대박물관 2001『함평 월야 순촌유적』	2C~3C후반
함평 고양촌가	02~03	구릉정상	3	원형, (제형)			장란형토기, 경질토기편, 고배	호남문화재연구원 2005『함평 고양촌유적』	
함평 성남	99	구릉사면	2	(방형, 마제형)	토1		단경호, 이중구연호, 옹관편 등	목포대박물관 2001,『함평 성남유적』성남·국산유적	
함평 반암	04~05	구릉정상~사면	9	원형, 마제형, 제형	토2, 옹1	토2,옹2	호, 장란형토기, 시루, 철도자, 철부, 철동이식, 옥	호남문화재연구원 2007,『함평 반암유적』	
함평 송산	04~05	구릉정상	8	타원형 (방형) 제형	토5	토1	호, 이중구연호, 철도자, 철검, 철겸, 부형철기 등	호남문화재연구원 2007,『함평 송산유적』	
무안 고절리	99~00	구릉말단	1	방대형		옹1, 석곽1	호, 유공광구소호, 개배, 분주토기편	목포대박물관 2002『무안 고절리 고분군』	옹관6C
무안 덕암	10	구릉말단	2	제형 방형	옹8	옹4	원저호, 평저호, 유공광구소호 컵형토기, 철도자, 철준, 철겸, 각식, 옥류	대한문화재연구원 2012『무안 덕암고분군』	5C 3/4~4/4
무안 사창리	84	구릉정상	1	제형?	토1, 옹3		호, 양이부호, 유공광구소호철부, 철촉, 착, 지게, 맛지, 대도, 편소호, 관옥 등	국립광주박물관 1984,『무안 사창리옹관묘』,『영암 만수리고분군』	

유적		위치	기수					유물	출처	비고
무안 인평	97	신산면	1	방형	방형	토1,옹1	토2, 옹2	호, 철부, 철촉, 철차, 옥류	목포대박물관 1999, 「무안 인평고분군」	분구 수직 확장
무안 구산리	97	금산면	1	ㄴ		옹6		호, 발, 장경호, 개배, 고배, 철도자, 곡옥, 철모, 대도, 철촉, 옥	목포대박물관 1999, 「무안 구산리」, 「무안 인평고분군」	
영암 태간리 일곱메	85	구림말단	1	?(파괴심함)		옹1		평저호, 원저호	국립광주박물관 1986, 「영산강유역 옹관묘조사자료」 「영암 내동리 초분골분」	
영암 월송리 송산	85	구림사면	1	원형		옹1		직구호, 광구소호, 양이부호, 뚜껑, 철도자, 철제이기류	국립광주박물관 1986, 「영산강유역 옹관묘조사자료」 「영암 내동리 초분골분」	
영암 선황리 계양	85	구림상	1	?		옹3		호, 발, 이중구연호, 조형토기, 광구호, 개배, 유공광구소호	국립광주박물관 1986, 「영산강유역 옹관묘조사자료」 「영암 내동리 초분골분」	
영암 금계리	01~02	구림사면	26		제형	토3	토3,옹9	평저호, 원저호, 옥류	목포대박물관 2004, 「영암 금계리유적」	하한: 6C 전후
영암 양계리 금동식동(1호분)	85	구림말단	1	?(파괴심함)		옹3		평저호, 원저호, 옥류	국립광주박물관 1986, 「영산강유역 옹관묘조사자료」 「영암 내동리 초분골분」	
영암 만수리 4호분	89	구림정상	1	제형		토8, 옹3	토1	원저호, 평저호, 안, 장경호, 유공광구소호, 양이부호, 철도자, 철겸, 부형철기, 옥류	국립광주박물관 1990, 「영암 만수리 4호분」	
영암 내동리 초분골 1~2호분	85	구림말단	2	제형		토2,옹3	토1,옹3	단경호, 광구소호, 양이부호, 철도자, 옥류	국립광주박물관 1986, 「영암 내동리 초분골분」	

유적·고분	규모	입지	기수	분형	특수시설	매장주체부	부장유물	출전	비고
영암 내동리 1~6호분	67	구릉성	6	위형, 타원형 방 대응		옹11	호, 광구소호, 유공광구소호, 대호, 경배, 장경호, 철도자, 녹 등	경희대박물관 1974, 「영암내동리옹관묘조사보고」	5-1옹:인골1개체
영암 내동리 7호분	60	구릉성	1	방형		토1,옹6	평저호, 직구소호, 개배, 곡옥 등	김원용 1963, 「영암 내동리옹관묘」, 『울릉도』, 국립박물관	
영암 옥야리 방대형 1호분	09~11, 13	구릉정상	1	방대형	횡구식 석실1	토1,옹3, 수혈식 석관1	유공광구소호, 장경호, 고배, 철겸편, 철부, 철도자, 철모, 옥, 깍지 등	국립나주문화재연구소 2012,「영암 옥야리 방대형고분제1호분」, 2014,「영암 옥야리행 대형고분II」	석실(5C중후반). 도짜기로 석곽, 목곽.옹관(5 C중~6C전반) 조성
영암 옥야리 6호분	90	구릉말단	1	제형		옹3 / 옹1	광구소호, 양이부호, 유공광 구호소, 옥류	목포대박물관 1991 『영암 옥야리고분』	3C후반
영암 옥야리 14호분	90	구릉말단	1	위형		옹1 / 옹1	연질호편, 철도자, 옥류	목포대박물관 1991 『영암 옥야리고분』	3C후반
영암 옥야리 17~19호분	90	구릉말단	1	위형		옹1 / 옹1	연질호편, 철도자, 옥류	목포대박물관 1991 『영암 옥야리고분』	
영암 옥야리 신산	85	구릉정상	? (파괴심함)		옹1		이중구연호, 광구호, 완저 소호, 철도자, 철부 부형청기 등	국립광주박물관 1986,「영산강유역의 옹관묘자료」,「영암 내동리 초분골고분」	
영암 신연리 9호분	91	구릉정상	방형			토3, 옹4	평저호, 직구호, 발, 완, 철 모, 철도자옥류	국립광주박물관 1993 『영암 신연리 9호분』	
영암 만수리 1~2호분	81~82	구릉사면	위형			토1, 옹4	원저호, 양이부호, 장경호, 철부, 철도자, 철촉	국립광주박물관 1984 「영암 만수리 고분군」	
영암 와우리 서리 매리재 (여진)	85	구릉말단	? (파괴심함)			옹1	호저부편, 첩편	국립광주박물관 1986,「영산강유역의 옹관묘자료」,「영암 와우리 초분골고분」	

[표3] 서남해안 일원의 분구묘(주구묘 포함) 현황

유적명	조사연도	입지	기수	분구형태		매장시설 위치		출토유물	참고문헌 (조사기관)	비고 (보고서 연대)
				분구	주구	분구중앙	분구외 연·주구			
영광 군동	99	구릉 사면	22		방형,마제형,제형,	토4	토3, 옹7	흑도단경호,호,발,광구호,이중구연호,옹형토기,양이부호,철겸,옥	목포대박물관 2001, 『영광 군동유적』	
무안 두곡	09 ~10	구릉 능선	29		방형, 제형	토10 옹1	토5, 옹6	호, 양이부호, 발, 완, 개배, 시루, 철도자, 부형철기, 철정, 옥류	전남문화재연구원 2012,『무안두곡·둔전유적』	
무안 평림	04	구릉 사면	1		방형			연질옹관편	전남대박물관 2007 『무안 평산리 평림유적』	
무안 고읍	96	산사면	1	? (파괴 심함)	? (일부 확인)	옹1		철도자, 두개골	목포대박물관 2000, 『무안 고읍고분 수습조사보고』, 『문화유적 시발굴조사 보고』	4C전~중
무안 연리 오봉산	85	구릉 말단	1	(원형)			(옹)	직구호, 개배, 장경호,대옹편 多	국립광주박물관 1986,『영산강유역의 옹관묘조사자료』, 『영암 내동리 초분골고분』	
무안 연리	09 ~10	구릉 사면	1		방형			연질토기편, 미완성석기	전남문화재연구원, 2012,『무안 연리·대곡유적』	
신안 압해도 학동	11 ~12	산사면	6		제형		토1	호,옹관편, 연질토기편,	목포대박물관 2014,『신안 압해도 학동유적』	
해남 황산리 분토	05~ 07	구릉 능선 ~사면	14		제형, (방형), 원형	토11, 옹5, (석곽2)	옹2, 석곽1	호, 대호, 양이부호, 경배, 완, 철모, 철도자, 철겸,철정, 소도,부형철기,	전남문화재연구원 2008, 『해남 황산리 분토유적』I, 2009, 『해남 황산리 분토유적』II	3C후 ~5C후.
장흥 상방촌 B	01~ 02	평지	19		제형, 방형,원형	토13	토11, 옹2	호,장경호,평저광구호,양이부호,유공광구소호,개배,경배, 장경호,철정, 겸,부,도자,환, 옥류	호남문화재연구원 2006,『장흥 상방촌 B유적』	4C ~5C 전반

유적명	조사연도	입지	기수	분구형태		매장시설 위치		출토유물	참고문헌 (조사기관)	비고
				분구	주구	분구중앙	분구외연·주구			
장흥 신풍	01~02	산말단	12		방형,원형,마제형,제형	토5	토10, 옹7	호,발,광구호,완,양이부호,철도자,철겸,철부	호남문화재연구원 2006,『장흥 신풍유적』II	
고흥 장덕리 장동	09	구릉능선	2		제형	목곽4	목곽1	단경호,수평구연호,파배,철정,철모,철부,철도자,철정,겸형철기, 환옥	대한문화재연구원 2011,『고흥장덕리 장동유적』	5C 5/1 ~5C 2/4
고흥 신촌	08~09	구릉정상	2		일자형		토1	발형토기, 대호편, 철도자	마한문화연구원 2011 『보성 호동 ·고흥신촌유적』	

[표4] 전남 동부지역의 분구묘(주구묘 포함) 현황

유적명	조사연도	입지	기수	분구형태		매장시설 위치		출토유물	참고문헌 (조사기관)	비고
				분구	주구	분구중앙	분구외연·주구			
곡성 대평리	11	충적대지	25		방형,원형,마제형,제형	토12	토3, 옹1	무문토기호, 점토대토기편, 천발, 철겸,옥, 삼각형석도, 석촉	영해문화유산연구원 2012,『곡성 대평리유적』	장방형 주구를 두른 석개토광 2기
보성 거석리 구주	06	산사면	2		제형	토3		단경호,직구소호,경배, 철도자,철모,철겸,소도,옥류	전남문화재연구원 2007,『보성 거석리 구주유적』	
보성 용정리 활천	07	구릉정상	5		ㄷ, ㅡ자형	토5		호,광구평저호,양이부호,철부	동북아지석묘연구소 2011,『보성활천·춘정유적·보성안적·온동지석묘군』	매장시설의 장축방향이 등고선과 평행.

색   인

ㄱ

가족장 | 264

가평 달전리유적 | 74

가평 대성리유적 | 75

강진 수양리고분군 | 312

개성 장학리유적 | 75

검파두식 | 74

경질무문토기 | 89

고배 | 106

고분 | 29

고적조사위원회 | 321

고좌 | 38

고창 광대리유적 | 243

고창 남산리유적 | 221, 251, 261, 293

고창 만동유적 | 221, 248, 249, 252, 257, 258, 261, 293

고창 봉덕유적 | 42, 240, 255, 257, 258, 281, 289, 293

고창 부곡리 증산유적 | 222, 255, 256, 282

고창 상갑리유적 | 293

고창 선동유적 | 220, 221, 227, 260

고창 성남리유적 | 243, 262, 277, 293

고창 신덕리유적 | 243

고창 예지리유적 | 243, 293

고창 오호리고분군 | 293

고창 왕촌리유적 | 223, 233, 262, 282, 294

고창 용반리 회맹단고분 | 247, 248

고창 자룡리유적 | 262

고창 죽림리유적 | 293

고총 | 29, 43, 86

고훈시대 | 21, 26, 28

고흥 신촌유적 | 372

고흥 안동고분 | 257

고흥 야막리 야막고분 | 312

고흥 장덕리 장동고분 | 328, 372

곡봉형대구 | 187

곡성 대평리유적 | 39, 40, 133, 147, 330, 331, 372

공주 덕지리 유적 | 131, 147, 151, 175

공주 분강·저석리유적 | 156

공주 상서리유적 | 170

공주 수촌리유적 | 159, 257

공주 신영리 여드니 유적 | 145, 152, 174, 175, 198

공주 장원리유적 | 145, 152, 167, 169, 182

공주 하봉리유적 | 167, 169, 242

관곽토광묘 | 19, 31, 78

관모틀 | 302

광개토대왕비 | 91

광주 금곡유적 | 363

광주 기용유적 | 363

광주 명화동고분 | 299, 300, 326

광주 산정동유적 | 296, 297, 362

광주 선암동유적 | 298, 363

광주 쌍암동고분 | 296

광주 쌍촌동유적 | 319, 362

광주 외촌유적 | 40, 319, 330, 357, 358, 362

광주 용강유적 | 363

광주 운남동유적 | 38, 319, 363

광주 월계동 장고분 | 296, 297, 326

광주 조산 고분 | 299

광주 평동유적 | 363

광주 하남동유적 | 297, 298, 362

구축묘광 | 331

구획묘 | 40

구획분 | 333, 340

구획성토 | 332

군산 계남리유적 | 233

군산 산월리유적 | 246, 248, 270, 271, 283

군산 신관동유적 | 246

군산 조촌동유적 | 242, 243, 249

군산 축동유적 | 208, 209, 233, 251, 261, 278

군산 축산리 계남유적 | 209, 210, 261

군포 부곡동 | 79

궁륭식 | 291

궐수문장식 | 56

근초고왕 | 102, 352, 354

근초고왕릉 | 72

금동관 | 93, 307

금동관모 | 159, 172

금동식리 | 56, 141, 147, 159, 161, 365

금동이식 | 56, 59, 79, 85, 158, 159, 160, 173, 295, 296, 298, 299, 309

금박유리옥 | 221

기단식 적석총 | 86

기리영전투 | 60, 82, 89

김제 내죽리유적 | 261, 268, 279

김제 대동리유적 | 216, 217, 219, 243

김제 양청리유적 | 255, 261, 268, 272, 279

김포 구래동유적 | 54, 56

김포 구월동유적 | 85

김포 양곡유적 | 56, 61

김포 양촌유적 | 56, 58, 368

김포 운양동유적 | 43, 54, 56, 57, 58, 59, 61, 62, 63, 81, 85, 91, 155, 235, 236

김포 학운리유적 | 80, 81, 84

깔대기형토기 | 38

ㄴ

나주 가흥리고분 | 300, 301, 302, 326

나주 대안리 방두유적 | 365, 366

나주 대안리유적 | 289, 308, 321, 323, 365

나주 덕산리유적 | 289, 308, 320, 321, 323, 359, 367

나주 도민동유적 | 367

나주 반남고분군 | 287, 307, 321, 322, 324, 348, 365, 366, 367

나주 복암리고분군 | 23, 289, 300, 302, 318, 320, 323, 324, 325, 326, 331, 332, 333, 337, 338, 341, 352, 353, 359, 365

나주 복암리 다시들유적 | 301, 366

나주 송월동유적 | 364, 365

나주 송제리고분 | 300

나주 신가리 당가유적 | 367

나주 신촌리 | 23, 262, 289, 307, 308, 320, 321, 322, 326, 328, 331, 332, 366

나주 영동리유적 | 300, 301, 332, 334, 356, 366

나주 영천유적 | 364

나주 용호 | 266, 288, 320, 327, 365

나주 운곡동유적 | 289

나주 이암유적 | 365

나주 장동리유적 | 331, 366

나주 장등유적 | 251, 358, 364

나주 장산리유적 | 367

나주 정촌고분 | 289, 303, 367

나주 화정리 마산유적 | 365, 366

나주 횡산고분 | 45, 326, 364

나주 흥덕리고분 | 321

낙랑 | 37, 60, 82

낙랑계토기 | 56, 58

네벽수직식 | 291

네벽조임식 | 291

녹유탁잔 | 301

눈썹형 주구 | 13, 30, 40, 81, 85, 87, 109, 118, 167, 242

ㄷ

다장 | 35, 37, 42, 43, 46, 55, 59, 63, 68, 88, 137, 150, 152, 153, 154, 155, 160, 161, 172, 173, 181, 185, 189, 190, 192, 193, 195, 196, 199, 245, 253, 266, 268, 288, 322, 325, 328, 335, 341, 344, 345, 360

단장묘 | 63, 120, 123

담양 고성리 월성산 고분군 | 295

담양 서옥 고분군 | 45, 289, 295, 296

담양 성월리 월전고분 | 295, 296

담양 제월리 고분 | 295

담양 태목리유적 | 295, 362

당진 가곡2리 유적 | 142, 143, 147, 148, 150, 153, 156

당진 가곡2리유적 | 142, 172, 173

당진 도성리유적 | 124, 146, 172, 173

대방군 | 60

대전 궁동유적 | 167, 169

대전 노은동유적 | 167, 169

대전 용산동유적 | 167, 169

두형토기 | 36, 108, 211, 233, 235

ㅁ

마제형주구토광묘 | 83, 249, 250, 264

마한계 묘제 | 88

마형대구 | 32, 67, 79, 158, 160, 167, 169, 170, 171, 185, 187

말갈 | 89, 91

모한 | 347, 350

목곽 | 32, 34, 35, 42, 55, 58, 63, 87, 117, 129, 140, 183

목곽묘 | 21, 34, 56, 57, 58, 59, 63, 70, 76, 77, 78, 87, 88, 92, 93, 108, 178, 185, 195, 198, 205, 345

목곽봉토분 | 190

목관 | 22, 32, 33, 34, 35, 42, 55, 56, 57, 58, 63, 81, 87, 111, 112, 116, 117, 126, 129, 137, 140, 143, 149, 165, 183, 186, 195, 213, 220, 222, 229, 252, 254, 323, 325, 327, 328, 331

목관고분 | 329

목관묘 | 56, 58, 76, 78, 81, 87, 88, 92, 93, 117, 125, 165, 178, 185, 204, 205, 221, 222, 244, 249, 258, 260, 322, 325, 336, 345

목지국 | 102, 347, 348

목포 옥암동고분 | 312

뫼 | 27

무안 고읍유적 | 320, 371

무안 고절리고분 | 45, 320, 331, 332, 368

무안 구산리유적 | 289, 369

무안 덕암리 사창고분 | 289, 332

무안 두곡유적 | 371

무안 사창리 덕암고분군 | 306, 323, 368

무안 연리유적 | 371

무안 인평유적 | 320, 336, 359, 369

무안 평림유적 | 371

무암 사창리유적 | 323, 368

무암 연리 오봉산 | 371

ㅂ

반남식옹관 | 324

방대형 분구 | 353, 359, 360

방대형옹관분구묘 | 42

방분 | 26

방형구획묘 | 26

방형대상묘 | 26, 179

방형목관분구묘 | 42

방형분 | 26

방형분구묘 | 180, 245

방형주구 | 13, 26

방형주구묘 | 26, 27, 30, 37, 178, 179, 186, 188, 262, 344, 358, 359

방형주구특수유구 | 26

백색토기 | 39

백제식석실 | 353

백제화 | 78, 240, 253, 258, 269, 271, 272, 313, 352

벌집형 고분 | 326

보령 관창리유적 | 13, 25, 31, 36, 41, 43, 53, 80, 85, 86, 93, 104, 105, 106, 107, 108, 146, 149, 169, 171, 172, 173, 174, 175, 177, 178, 179, 180, 181, 182, 183, 186, 189, 190, 191, 196, 198, 243, 244, 338, 345, 346

보성 거석리 구주유적 | 331, 372

보성 용정리 활천유적 | 372

복발형 성토법 | 326

복합분구묘 | 19, 265

복합제형분 | 329

봉분묘 | 13, 20, 29, 34, 37, 168, 169, 174, 175, 180, 184, 186, 188, 196, 198

봉토고총 | 180

봉토묘 | 30, 45, 86, 94, 165, 180, 183, 184, 186, 194, 335, 337, 338, 339, 341, 342, 343, 357

봉토분 | 53, 73, 88, 165, 174, 178, 179, 180, 186, 190, 317, 335, 338, 340, 344, 353

봉토식고분 | 86, 342

봉토주구목곽묘 | 184

부안 대동리유적 | 219

부안 신리유적 | 218, 219, 243

부안 하립석리유적 | 218, 243

부여 대덕리유적 | 174, 175, 198

부여 증산리유적 | 104, 130, 147, 151, 173, 175

북해도식고분 | 26

분구고총 | 53, 180, 342

분구묘 | 11, 13, 14, 15, 16, 17, 18, 19, 20, 21, 22, 23, 24, 25, 26, 27, 28, 29, 30, 31, 32, 33, 34, 35, 36, 37, 38, 39, 40, 41, 42, 43, 44, 45, 46, 47, 48, 51, 53, 54, 55, 56, 57, 58, 59, 60, 61, 62, 63, 65, 68, 70, 74, 80, 81, 82, 84, 85, 86, 87, 88, 91, 92, 93, 94, 95, 96, 99, 101, 102, 103, 104, 105, 106, 107, 108, 109, 110, 111, 112, 113, 114, 115, 116, 117, 118, 119, 120, 121, 122, 123, 124, 125, 126, 127, 128, 129, 130, 131, 132, 133, 134, 135, 136, 137, 138, 139, 140, 141, 142, 143, 144, 145, 147, 148, 149, 150, 151, 152, 153, 154, 155, 156, 157, 158, 159, 160, 161, 162, 163, 165, 166, 167, 169,

171, 172, 173, 175, 176, 177, 178, 179, 180, 181, 182, 183, 184, 185, 186, 187, 189, 190, 191, 192, 193, 194, 195, 196, 197, 198, 199, 201, 203, 204, 205, 206, 207, 208, 209, 210, 211, 212, 213, 214, 215, 216, 217, 218, 219, 220, 221, 222, 223, 224, 225, 226, 227, 228, 229, 230, 231, 232, 233, 234, 235, 236, 237, 239, 240, 241, 242, 243, 244, 245, 246, 247, 248, 249, 250, 251, 252, 253, 254, 255, 256, 257, 258, 259, 260, 261, 262, 263, 264, 265, 266, 267, 268, 269, 270, 271, 272, 273, 274, 275, 277, 278, 279, 280, 282, 283, 285, 287, 288, 290, 292, 293, 299, 313, 315, 317, 318, 319, 320, 321, 322, 323, 325, 327, 328, 329, 330, 331, 333, 334, 335, 337, 338, 339, 340, 341, 342, 343, 344, 345, 346, 347, 348, 350, 351, 353, 354, 356, 357, 358, 359, 360, 361, 362, 364, 371, 372

분구분 | 19, 31, 154, 178, 181, 190, 317, 333, 338, 340, 344

분구선행형 | 22, 94

분구식고분 | 15, 19, 21, 86, 333, 340, 342

분구 옹관묘 | 186

분구 토광묘 | 186

분구형토광묘 | 19

분구확장 | 189, 205, 226, 344

분구후행형 | 22, 94

분묘 | 13, 20, 21, 22, 29, 34, 37, 67, 68, 69, 74, 75, 76, 77, 78, 85, 87, 92, 94, 95, 101, 105, 112, 114, 115, 117, 118, 119, 120, 124, 126, 127, 129, 131, 132, 138, 139, 142, 143, 146, 149, 150, 159, 165, 166, 167, 168, 169, 173, 174, 175, 178, 179, 180, 181, 182, 183, 184, 186, 187, 188, 190, 191, 192, 193, 194, 195, 196, 197, 198, 213, 240, 241, 242, 243, 246, 249, 256, 260, 263, 269, 271, 329, 330, 336, 337, 338, 341, 356, 358

분묘분리형 | 20, 21, 340

분묘일체형 | 20, 21, 22, 341

분주토기 | 43, 209, 210, 223, 233, 234, 294, 296, 297, 299, 300, 301, 304, 307, 308, 328, 365, 366, 367, 368

분할성토 | 22, 331

비사주식 원형주거지 | 30

ㅅ

사로국 | 188

사우돌출묘 | 26

사유훼룡문경 | 138, 147, 159

사주식 방형주구묘 | 30

사천 이금동유적 | 40

삼족토기 | 106, 110, 147, 157, 160, 161, 255, 296

서산 기지리유적 | 25, 138, 156, 186

서산 명지리유적 | 120, 146

서산 부장리유적 | 22, 42, 93, 94, 139, 140, 141, 142, 147, 148, 149, 150, 153, 156, 157, 159, 171, 172, 173, 177, 183, 333, 334, 340

서산 언암리 낫머리 유적 | 138, 153, 172, 173

서산 여미리 방죽골 분묘군 | 105, 118, 119, 120, 146, 148, 149, 150, 153, 155, 171, 172, 259

서산 예천동유적 | 36, 43, 104, 105, 121, 122, 123, 128, 146, 149, 150, 153, 155, 156, 158, 172, 173, 177, 191

서산 해미 기지리유적 | 25, 136, 137, 139, 147, 148, 149, 150, 153, 158, 159

서울 가락동고분군 | 13, 22, 35, 44, 68, 72, 83, 84, 181, 186, 194

서울 석촌동고분군 | 35, 44, 68, 69, 71, 72, 73, 83, 88

서울 우면동유적 | 84

서울 천왕동 연지유적 | 83

서천 갓재골유적 | 113, 114, 175

서천 당정리유적 | 109, 110, 117, 146, 173, 175, 178, 179, 243, 244, 346

서천 덕암리유적 | 115, 146

서천 도삼리유적 | 111, 146, 149, 174, 175, 197, 259

서천 문곡리유적 | 117, 146

서천 봉선리유적 | 111, 112, 113, 146, 149, 153, 156, 174, 175, 197

서천 수성리유적 | 114, 146, 184

서천 오석리유적 | 40, 110, 173, 175, 197, 198

서천 옥남리유적 | 113, 146, 174, 175

서천 옥산리 발동유적 | 118, 146

서천 우아실유적 | 113, 114, 175

서천 월기리유적 | 115, 146

서천 이사리유적 | 115, 146

서천 저산리유적 | 114, 146, 174, 175, 184, 186, 188, 194

서천 종천리 산말골유적 | 116

서천 추동리유적 | 110, 146, 149, 174, 175, 259

서천 칠지리고분군 | 160

서천 화산리 수리넘어재유적 | 116, 146

석곽 | 30, 33, 45, 70, 75, 76, 88, 92, 118, 130, 134, 138, 151, 159, 168, 169, 171, 173, 174, 175, 186, 204, 213, 215, 228, 235, 239, 241, 242, 252, 254, 255, 256, 260, 263, 269, 270, 272, 289, 290, 293, 295, 299, 301, 309, 311, 312, 329, 365, 366, 368, 370, 371

석곽고분 | 30

석곽묘 | 30, 70, 76, 92, 118, 130, 138, 151, 159, 168, 171, 175, 186, 228, 235, 242, 256, 260, 263, 270

석관묘 | 40, 113, 196, 310, 330, 343, 357

석실 | 42, 216, 260, 271, 279, 281, 282, 289, 299, 300, 301, 304, 310, 311, 329, 353

석실고분 | 30

석실묘 | 30, 31, 70, 76, 84, 92, 93, 154, 168, 171, 175, 186, 196, 257, 259, 267, 270, 317, 318, 322, 333, 338, 339, 344, 366

석실분 | 45, 84, 130, 134, 151, 159, 160, 204, 228, 239, 241, 242, 248, 259, 260, 270, 271, 272, 283, 287, 295, 317, 329, 346, 347, 351, 352, 353

선매장후봉토 | 338

선매장후분구 | 15, 23, 24, 88, 183, 204, 205

선분구조성 후옹관매장 | 20, 334

선분구후매장 | 14, 15, 22, 23, 24, 88, 185, 203, 205, 322, 338

선분후묘형 | 21, 341

선황리식 옹관 | 245, 258, 290, 302, 331

성토분 | 21, 28

성토분구묘 | 19, 53, 55, 59, 86, 88, 95, 179, 184, 185, 186, 253, 260, 264, 265, 266, 267

세문경 | 67

세형동검 | 42, 74, 81, 91, 235

소다유리 | 249

속노부사국 | 60

송국리문화 | 37, 189, 196, 246, 267, 331, 358

송국리형 주거지 | 107, 109

송국리형토기 | 36

송산리식 옹관 | 324

수묘 | 45, 46, 273

수산리식 옹관 | 324

수장 | 27

수직확장 | 24, 43, 46, 150, 154, 185, 213, 287, 288, 301, 307, 317, 342, 360

수평확장 | 24, 46, 136, 140, 150, 160, 173, 185, 192, 193, 256, 260, 287, 288, 298, 301, 317, 327, 358, 360, 365

신미국 | 347, 348, 349, 350

신분고국 | 60, 83, 89

신산식 옹관 | 324

신안 배널리고분 | 312

신안 압해도 학동고분 | 371

신창리식 옹관 | 324

ㅇ

아궁이틀 | 296, 307

아산 남성리유적 | 168, 170

아산 대흥리 큰선장유적 | 170

아산 명암리 밖지므레 | 168, 170, 192, 233

아산 명암리유적 | 168, 170

아산 신남리유적 | 170

아산 와우리유적 | 167, 169

아산 용두리 진터유적 | 192

아파트형 고분 | 326

안산 신길동유적 | 84

안성 도기동유적 | 79

안성 신두리유적 | 80

알칼리혼합유리 | 249

양벽조임식 | 291

양이부호 | 32, 38, 58, 63, 67, 85, 106, 110, 111, 112, 119, 120, 123, 126, 127, 129, 131, 146, 147,

156, 160, 161, 169, 170, 171, 172, 173, 175, 244, 254, 256, 257, 298, 299, 309, 311, 362, 363, 364, 365, 366, 368, 369, 370, 371, 372

양직공도 | 349, 350

양평 문호리유적 | 74, 75

여자형 주거지 | 89

연기 나성리고분 | 169

연기 대평리유적 | 132, 133, 149, 150, 151, 152, 153, 155, 158, 160

연기 석삼리유적 | 168, 171

연기 송담리유적 | 168, 170, 283

연기 송원리유적 | 168, 171, 269, 270

연기 용호리유적 | 167, 168, 170, 171

연기 응암리유적 | 167, 170

연천 삼곶리 적석총 | 75

연천 학곡리 적석총 | 75

연천 횡산리유적 | 75

영광 군동유적 | 36, 43, 53, 181, 190, 250, 294, 295, 320, 327, 331, 336, 346, 358, 359, 371

영광 수당리유적 | 295

영광 하화유적 | 295

영광 학정리고분군 | 295

영산강식석실 | 339

영산강유역형 주구 | 318, 323, 325, 333, 338, 341

영암 금계리유적 | 327, 369

영암 내동리고분 | 34, 308, 309, 310, 320, 322, 323, 324, 370

영암 내동리 밭섬고분군 | 310

영암 내동리 쌍무덤 | 325

영암 내동리 초분골고분 | 320, 323, 324, 369, 370, 371

영암 만수리고분군 | 308, 309, 320, 323, 351, 368,

369, 370

영암 선황리고분 | 230, 245, 258, 290, 302, 324, 331, 369

영암 수산리 조감고분 | 324

영암 신연리고분군 | 309, 320, 323, 370

영암 신월리 방형분 | 310

영암 양계리유적 | 369

영암 옥야리고분군 | 325, 370

영암 옥야리 방대형 | 45, 331, 332, 352, 359, 370

영암 와우리 서리매리제유적 | 370

영암 월송리 송산고분 | 369

영암 자라봉고분 | 309, 326, 331, 332

영암 장동리고분 | 289

영암 태간리 일곱뫼 | 369

예족 | 68, 89, 90

오산 궐동유적 | 78, 79, 80

오산 수청동유적 | 70, 78, 79, 80, 95

옹관 | 33, 34, 42, 134, 145, 206, 213, 215, 219, 245, 252, 254, 257, 258, 290, 297, 301, 309, 322, 323, 326, 327, 328, 359

옹관고분 | 30, 53, 59, 182, 203, 243, 245, 247, 250, 317, 318, 322, 325, 328, 329, 335, 338, 345, 346, 347, 348, 349, 351, 352, 353, 355

옹관묘 | 20, 30, 33, 34, 35, 36, 56, 73, 88, 101, 111, 112, 113, 114, 118, 121, 130, 131, 132, 134, 138, 140, 175, 186, 204, 205, 212, 213, 219, 220, 228, 229, 230, 231, 243, 244, 246, 250, 255, 256, 258, 260, 267, 288, 303, 322, 323, 324, 325, 329, 330, 332, 334, 335, 336, 339, 343, 345, 346, 351, 352, 354, 360, 368, 369, 370, 371

옹관장 | 335, 343

완주 상운리유적 | 23, 42, 177, 213, 214, 226,

227, 232, 233, 240, 252, 260, 263, 268, 272, 278, 334

완주 용흥리유적 | 229, 367

용봉환두대도 | 307

용인 구갈리유적 | 79

용인 대덕골유적 | 70, 79

용인 두창리유적 | 77, 79

용인 마북리유적 | 77, 79

용인 상갈동유적 | 79

용인 신갈동유적 | 80

우휴모탁국 | 82

원통형토기 | 170, 199, 233, 251, 261, 262, 328

원형점토대토기 | 53

위구묘 | 267, 344

유공광구소호 | 173, 262, 293, 295, 296, 297, 298, 299, 300, 302, 307, 308, 309, 362, 363, 364, 365, 366, 368, 369, 370, 371

은제관식 | 354

이조돌대주조철부 | 56, 82

이중구연토기 | 32, 72, 75, 88, 106, 123, 146, 156, 160, 161, 169, 171, 173, 175, 205, 231, 244, 248, 252, 254, 256, 257, 260, 263, 295, 297, 303, 362, 363, 364, 365, 367, 368, 369, 370, 371

이형분구묘 | 245, 329

이형토기 | 38, 85, 365

익산 간촌리유적 | 233, 249

익산 모현동2가유적 | 212

익산 묵동유적 | 212, 226, 255, 280

익산 어량리유적 | 210, 211, 259

익산 영등동유적 | 25, 53, 179, 211, 233, 242, 243, 244, 249, 263, 264, 337, 345, 346

익산 와리 정동유적 | 261

익산 율촌리 분구묘 | 180, 181, 212, 213, 245, 255, 261, 277

익산 입점리유적 | 257

익산 장선리유적 | 210, 211, 259

인천 구월동유적 | 54, 56, 83

인천 동양동유적 | 14, 54, 56, 80, 83, 84

인천 연희동유적 | 54, 56, 58, 61, 85

인천 영종도 는들유적 | 81, 84

인천 운북동유적 | 39, 82

인천 운서동유적 | 54, 56, 84

인천 중산동유적 | 54, 56, 80, 85, 155

일변개방형 | 111, 112

임나일본부 | 111, 321

ㅈ

장고분 | 289, 295, 296, 297, 323, 326, 338, 339

장고형 | 287, 289, 290, 292, 293, 295, 296, 299, 303, 304, 309, 311, 313, 366

장란형토기 | 76, 79, 147, 298, 304, 364, 365, 367, 368

장성 만무리고분 | 297

장성 야은리유적 | 298, 362

장성 영천리고분 | 289, 298

장성 학성리고분군 | 295, 304

장성 환교유적 | 298, 299, 362

장흥 상방촌유적 | 311, 320, 328, 371

장흥 신풍유적 | 311, 372

저봉토묘 | 30, 86, 180, 339, 342

저분구고분 | 26

저분구묘 | 26, 30, 53, 86, 154, 180, 184, 190, 193, 287, 293, 339, 342

적석목관묘 | 42

적석묘 | 37

적석분구묘 | 19, 53, 74, 86, 88, 184, 253

적석총 | 19, 21, 37, 70, 71, 73, 74, 86, 88, 89, 179

전문도기 | 304, 306, 309

전방후방형주구묘 | 27

전방후원분 | 26, 28, 182, 321, 350, 352

전방후원형고분 | 323, 326, 328, 338, 339

전실고분 | 30

전실묘 | 21, 30

전주 마전유적 | 215, 216, 229, 240, 254, 263, 270, 271, 272, 279, 283

전주 안심유적 | 259, 260, 271, 282

전주 암멀유적 | 260, 272

전주 장동유적 | 214, 215, 226, 240, 248, 254, 268, 272, 328, 372

점토곽 | 213, 252

점토대토기 | 36, 53, 104, 107, 108, 172, 189, 190, 191, 235, 267, 372

점토블럭 | 331

정읍 신면유적 | 219, 220, 255, 256, 280

정읍 신천리유적 | 256

정읍 운학리고분 | 239, 241, 256, 267, 272, 276

정읍 은선리유적 | 239, 241

정읍 증천리유적 | 170

정읍 지사리고분 | 256, 267

제형목곽분구묘 | 42

제형분 | 258, 266, 287, 288, 289, 292, 293, 295, 297, 298, 299, 301, 303, 305, 307, 309, 318, 325, 327, 328, 329, 331, 334, 337

조개팔찌 | 309, 310

조선고적연구회 | 321

조족문토기 | 67

조형토기 | 32, 38, 175, 303, 365, 366, 369

주구 | 13, 14, 16, 22, 23, 25, 30, 31, 32, 46, 78, 92, 106, 109, 114, 115, 131

주구목관묘 | 165, 178

주구묘 | 13, 14, 19, 25, 26, 27, 29, 30, 31, 36, 37, 53, 80, 86, 92, 104, 105, 106, 107, 109, 165, 169, 171, 172, 173, 174, 175, 176, 177, 178, 179, 180, 181, 182, 183, 185, 186, 187, 188, 189, 190, 191, 192, 193, 194, 195, 196, 197, 198, 199, 203, 243, 244, 246, 248, 249, 251, 262, 264, 267, 318, 319, 329, 333, 334, 335, 336, 337, 338, 339, 342, 344, 345, 357, 358, 359, 362, 364, 371, 372

주구봉토묘 | 32, 174, 184, 185, 194

주구부목관 | 183

주구부 토광묘 | 77, 78

주구분 | 77, 87, 333, 340

주구 · 분구묘 | 169, 172, 175, 195

주구석관묘 | 40, 330, 343, 357

주구토광묘 | 19, 30, 31, 32, 33, 37, 40, 41, 56, 58, 59, 70, 77, 78, 83, 85, 86, 87, 88, 92, 93, 95, 96, 101, 102, 105, 106, 110, 118, 128, 134, 145, 152, 155, 156, 158, 165, 178, 179, 180, 181, 182, 183, 184, 185, 186, 187, 188, 190, 191, 192, 194, 195, 197, 199, 203, 204, 205, 206, 207, 230, 242, 243, 246, 248, 249, 250, 253, 258, 263, 264, 265, 267, 329, 330, 331, 335, 336, 337, 339, 343, 345, 357, 358

중국제청자 | 147, 240, 257

중도유형문화 | 89, 91

즙석봉토분 | 73, 88, 178

즙석분구묘 | 19, 59, 68, 74, 86, 88, 184, 253

즙석식적석묘 | 74

즙석식적석총 | 89

증평 증평리유적 | 168

지미 | 347, 350

지상 매장 | 29, 31, 68

지상 분구 | 13, 16, 37, 189, 267

지석묘 | 44, 46, 189, 363, 364, 367, 372

지하매장 | 29, 31

진주 옥방유적 | 40

진천 신월리유적 | 168, 170

집단구획묘 | 206

집단봉토분 | 184

집단장봉토분 | 186

ㅊ

천안 두정동유적 | 134, 135, 147, 148, 153, 154, 166, 167, 169, 174, 181, 183, 184, 186, 190, 193, 194

천안 신풍리유적 | 167, 169, 311

천안 용원리유적 | 156, 157, 159

천안 운전리유적 | 40, 170

천안 청당동유적 | 13, 25, 166, 177, 187, 242, 335, 336, 337

청원 상평리유적 | 167, 169

청원 송대리유적 | 167, 169

청자반구호 | 72, 293

청주 문성리유적 | 168, 171

청주 미평동 195-1번지유적 | 170

청주 봉산리유적 | 206

청주 산남동유적 | 168, 170

청주 송절동유적 | 108, 145, 156, 167, 169, 182, 242

청주 신봉동유적 | 156

청주 원흥리유적 | 170

초두 | 141, 159, 160, 173

추가매장 | 88, 140, 150, 205, 215, 226, 228, 229, 231, 232, 235

추가장 | 16, 22, 23, 24, 37, 46, 55, 63, 130, 204, 213, 250, 268, 270, 271, 322, 325, 341, 342, 344

춘천 중도유적 | 75

춘천 천전리유적 | 40

칠성판 | 34

칠초철검 | 104, 123, 146, 173, 191

침미다례 | 347, 348, 349, 350

ㅌ

태안 달산리유적 | 124, 146, 149, 150, 153, 155

토괴 | 331

토낭 | 331

토돈묘 | 16, 21, 22, 35, 37, 38, 39, 189, 267, 268, 330, 344

토장 | 27, 28

토장묘 | 186

토축묘 | 19, 35, 347

ㅍ

파주 갈현리유적 | 84

판교 삼평동유적 | 84

평묘 | 28, 29

평사천정식 | 353

평천정식 | 353

평택 동창리유적 | 80

평택 마두리유적 | 79

포타쉬유리 | 249

풍장 | 27

ㅎ

하남 광암동유적 | 84

하남 덕풍동 수리골유적 | 83

함평 고양촌유적 | 368

함평 만가촌고분군 | 25, 34, 35, 288, 303, 304, 320, 323, 325, 326, 337, 358, 367

함평 미출고분 | 304, 307

함평 반암유적 | 368

함평 석계고분군 | 295, 304, 306

함평 성남유적 | 368

함평 소명주거지 | 367

함평 송산유적 | 368

함평 순촌유적 | 327, 336, 368

함평 신덕고분군 | 289, 303, 305, 326

함평 신흥동유적 | 368

함평 죽암리고분 | 304

함평 중랑유적 | 304, 368

함평 표산고분군 | 289, 304, 306

함평 향교유적 | 367

합장 | 250

합장묘 | 120, 144, 153

해남 내동리 밭섬 고분 | 312

해남 만의총 3호분 | 331

해남 방산리 장고봉 고분 | 311

해남 성산리 만의총 고분군 | 309

해남 용일리 용운 고분 | 311

해남 월송리 조산고분 | 309, 369

해남 황산리 분토고분 | 310, 371

혈연공동체 | 46, 47

홍성 대동리유적 | 125, 146

홍성 동성리유적 | 126, 146

홍성 봉신리유적 | 125, 146, 172, 173

홍성 석택리유적 | 105, 127, 128, 129, 146, 149, 152, 155

홍성 성호리고분군 | 160

홍성 신경리유적 | 144, 147

홍성 자경동유적 | 144, 147

홍성 하봉리유적 | 126

화분형토기 | 74

화성 마하리고분군 | 70, 76, 79

화성 향남 요리유적 | 56, 57, 59, 62

화성 화산동유적 | 79

화순 관영리고분군 | 299

화순 내평리유적 | 299, 364

화순 백암리유적 | 299

화순 석정리유적 | 319, 364

화순 용강리유적 | 363

화순 천덕리유적 | 299

화순 품평리 봉하촌유적 | 363

화순 품평리 앞들유적 | 364

화순 회덕고분군 | 299

화장 | 27

화장골취납방형묘 | 26

화장유구 | 73

환두대도 | 55, 56, 58, 59, 60, 63, 77, 79, 80, 81, 84, 85, 93, 112, 138, 141, 147, 157, 159, 160, 161, 173, 175, 301, 307, 366

환두도 | 56, 85, 119, 121, 123, 129, 131, 146, 161, 169, 170, 171, 172, 173, 175, 212, 220, 221, 231, 232, 247, 248, 251, 256, 260, 303, 309, 311, 365, 367

환호 | 115, 127, 128, 129, 146

흑도장경호 | 36, 53, 104, 107, 108

흑색마연토기 | 72, 106, 129, 138, 147, 157, 161, 363